本书由腾讯基金会、北京曹雪芹文化发展基金会资助出版

曹 | 学 | 文 | 库

胡德平
张书才　主编

曹雪芹溯源

朱淡文 — 著

浙江古籍出版社

图书在版编目(CIP)数据

曹雪芹溯源/朱淡文著. —杭州:浙江古籍出
版社,2024.4
（曹学文库 / 胡德平,张书才主编）
ISBN 978-7-5540-2834-6

Ⅰ.①曹… Ⅱ.①朱… Ⅲ.①曹雪芹(1715－1763)
－人物研究 Ⅳ.①K825.6

中国国家版本馆 CIP 数据核字(2024)第 006229 号

曹学文库

曹雪芹溯源

朱淡文　著

出版发行	浙江古籍出版社	
	（杭州市体育场路 347 号　邮编:310006)	
网　　址	https://zjgj.zjcbcm.com	
责任编辑	石　梅	
封面设计	吴思璐	
责任校对	张顺洁	
责任印务	楼浩凯	
照　　排	浙江大千时代文化传媒有限公司	
印　　刷	浙江海虹彩色印务有限公司	
开　　本	710mm×1000mm　1/16	
印　　张	18.75	
字　　数	288 千	
版　　次	2024 年 4 月第 1 版	
印　　次	2024 年 4 月第 1 次印刷	
书　　号	ISBN 978-7-5540-2834-6	
定　　价	58.00 元	

如发现印装质量问题,影响阅读,请与市场营销部联系调换。

前　言

20 世纪 20 年代，以胡适、顾颉刚、俞平伯等先贤为代表开启的"新红学"时代，也可看作"曹学"研究之发轫。"新红学"反对索隐派的"本事说"，倡导科学的考证方法。但胡适的"自叙说"也引来了后来学者的质疑与商榷。不过，我们必须承认：真实可靠的文献史料、科学严谨的考证方法，确是曹雪芹相关研究（又简称"曹学"）的立足之本。

"曹学"一词最早由顾献梁先生在 20 世纪 40 年代提出，并在 1963 年发表《"曹学"创建初议》一文，倡议"以'曹学'取'红学'而代之"，认为"曹学"应该成为每一所大学里"文学系的必修课，文学院及其他学院的选修课"，因为"'曹学'不是一朝一夕之功，也不是一人一家之事，那是需要大家的努力"①。余英时先生 1979 年在《近代红学的发展与红学革命》一文中也提出这一概念，以周汝昌先生《红楼梦新证》为例，谈及"新红学"的趋向，认为"考证派红学实质上已蜕变为曹学了"。虽然余先生的本意是批判，但他在另一篇文章中，却又讲到红学研究中存在着两个世界，"一个是曹雪芹所经历过的历史世界，一个则是他所虚构的艺术世界"，并认为两个世界"无法截然划分"②，显然肯定了"曹学"与"红学"的不可分割。二者你中有我，我中有你，虽然各有侧重，却又互相融合，互为补充，相辅相成，并驾齐驱。张书才先生认为，"红学"主要解决"是什么"的问题，"曹学"则不仅要解决"是什么"的问题，还要解决"为什么"的问题。《红楼梦》讲了什么，传达了什么样的思想，它为什么伟大？曹雪芹是谁，他为什么要写《红楼梦》，以及他为什么能创作出这么

①　《作品》第 4 卷第 1 期，1963 年。
②　余英时《红楼梦的两个世界》，上海社会科学院出版社 2002 年版，"自序"第 2 页。

伟大的作品？孟子说："颂其诗，读其书，不知其人，可乎？是以论其世也。"
（《孟子·万章下》）我们吟诵古人的诗文、研读古人的著作，不了解他们的为
人，可以吗？我们当然应该研究他们所处的时代，考察他们的思想经历，即
知人论世。因此，我们说，"曹学"的内涵包括曹雪芹的生平思想、作品、时代
及其作品的传播和影响。

从胡适发表《红楼梦考证》（1921），到周汝昌出版《红楼梦新证》（1953），
再到吴恩裕的《有关曹雪芹八种》（1958，1963 年扩展为"十种"出版，又于
1980 年汇辑成《曹雪芹丛考》出版）、《曹雪芹佚著浅探》（1979）、《考稗小记》
（1979），史景迁的《曹寅与康熙》（1963），冯其庸的《曹雪芹家世新考》
（1980）、《曹学叙论》（1992），吴新雷、黄进德的《曹雪芹江南家世考》（1983），
王利器的《李士桢李煦父子年谱》（1983），舒成勋口述、胡德平整理的《曹雪
芹在西山》（1984），中国曹雪芹研究会编的《曹学论丛》（1986），何锦阶的《曹
寅与清代社会》（1989），朱淡文的《红楼梦论源》（1992），王畅的《曹雪芹祖籍
考论》（1996），刘上生的《走近曹雪芹》（1997），李广柏的《曹雪芹评传》
（1998）……迈入新世纪，又有刘上生的《曹寅与曹雪芹》（2001），胡德平的
《说不尽的红楼梦》（2004），胡绍棠的《楝亭集笺注》，张书才的《曹雪芹家世
生平探源》（2009），方晓伟的《曹寅评传·年谱》（2010），黄一农的《二重奏：
红学与清史的对话》（2014）、《红楼梦外：曹雪芹〈画册〉与〈废艺斋集稿〉新
证》（2020），樊志斌的《曹雪芹文物研究》（2020），胡文彬主编的《曹寅全集》
（2023，包括胡绍棠、胡晴校注的《楝亭集》，段启明、秦松鹤校注的《曹寅戏曲
集》、张书才编注的《曹寅奏疏集》三种，另有胡文彬辑注的《楝亭集外集》和
校补的《楝亭书目》两种也即将出版）等等，伴随"新红学"走过的一百年，"曹
学"研究可谓硕果累累。此外，裴世安主持辑录的《曹雪芹文物资料》《曹雪
芹生卒年资料》，以及《曹雪芹研究》和《红楼梦学刊》两大曹、红学研究期刊
也都参与并见证了"曹学"发展的历程。曹雪芹家世生平的脉络已越来越清
晰地呈现在我们眼前，曹雪芹人文精神的光芒，不仅照亮了过去的中国社
会，也必将照耀一代又一代中国人的心灵。

张书才先生在《曹学断想》一文中说："就曹学研究而言，目前仍需着力
于史料的发掘，以期澄清史实，运用历史文献、文物遗迹、调查资料三者结合
的三重证据法，对既有的聚讼日久的一些问题重新进行学理层面的探讨，并

不断发现、研究和解决新的课题,全面地了解曹雪芹生活时代的社会状况及其独特的家世遭际与人生经历,弄清造就曹雪芹、产生《红楼梦》的历史条件和时代背景,从而为更加准确地认知曹雪芹、阐释《红楼梦》提供可靠的基础。"①

胡德平先生在《探寻"曹学"之路》一文中,也为我们指引了几条新时期的"曹学"研究路径:一是细化曹雪芹生活时代的研究,二是延长"曹学"的证据链条,三是用大数据搜集海内外文献资料,四是以大百科全书的视角观察历史。他说:"如果我们将曹雪芹生活时代的历史事实与《红楼梦》中透露出来的时代信息对照的话,将大大拓宽曹学的研究范围,从经济、思想、美学、艺术、宗教等各个角度均可展开细致深入的研究。"②

北京曹雪芹学会自 2010 年成立以来,秉承其前身中国曹雪芹研究会的立会宗旨,致力于研究和收集、整理曹雪芹家族的文物、文献资料和相关非物质文化遗产,推动对曹雪芹的家世、生平、思想及其作品和时代的认识,致力于对曹雪芹精神、《红楼梦》文化的大众化传播,并倡导"《红楼梦》精雅生活"走入百姓日常。在出版方面,除了每年四期的学术期刊《曹雪芹研究》,学会还陆续出版了《说不尽的红楼梦——曹雪芹在香山》《红楼梦八旗风俗谈》《〈种芹人曹霑画册〉论争集》《曹雪芹家族文化探究》《大观园之谜》《红楼梦贾府建筑布局研究》《文史链接:〈红楼梦〉与曹雪芹的世界》《考稗小记——曹雪芹红楼梦琐记(增订本)》等曹、红学专著,以及《曹寅全集》《续琵琶笺注》《虚白斋尺牍笺注》《红楼梦(蒙古王府藏本)》《红楼梦脂评汇校本》等曹、红学研究必备的古籍文献。

现在,我们又联合浙江古籍出版社陆续推出以张书才、刘上生、朱淡文等学者为代表的曹学研究者的成果,编入"曹学文库"。本套丛书由胡德平会长和张书才先生共同主编。需要说明的是,学术发展有其阶段性,"曹学文库"系列图书,虽经作者补充修订,仍尽可能保留着学者最初的研究观点。虽然新的文物文献的发现会对前期研究结论有补充和修正,但这样处理也能很大程度上反映"曹学"推进的完整过程。

总之,"曹学文库"这套书旨在为当代读者"认识曹雪芹、读懂《红楼梦》"

---

① 《曹雪芹研究》2018 年第 3 期。
② 《曹雪芹研究》2014 年第 1 期。

提供翔实可靠的参考资料,希望得到广大读者的认可,也欢迎有志曹学研究的学者朋友们不吝赐教。

北京曹雪芹学会

2024 年 1 月 18 日

目　录

上　编

中　编

下　编

|上　编|

情:曹雪芹对未来世界的理想

有两种历史:人类行为史与人类精神进步史,后者即持续不断地追求最重要精神价值即人类意义的过程。数千年来,人类的行为固然充满了假、恶、丑,人类的精神却总是在向往着真、善、美。曹雪芹《红楼梦》同时描写这两种历史,现实与理想的交织使它成为史诗性质的文学巨著,而它所体现的作者对未来世界的理想,亦即曹雪芹本人所概括的"情",乃这部文学巨著必将流传不朽并永为后世所激赏的根本原因。

(一)"情"的提出:情根、空色情、情痴情种

《红楼梦》第一回是全书的楔子(缘起)和序曲(概括),其中对神话世界和现实世界的描述都包涵着丰富的象征。通过这些象征,曹雪芹提出了"情"。

首先,女娲补天所遗的青埂峰顽石,其命名即谐音"情根",肯定了"情"在宇宙及人类历史中的地位:在曹雪芹的哲学体系中,"情"是根本,它不是本体论意义上的本原,而是决定万物(人类)性质并促使其发展变化的力量。为"情根"所引发而投入人世历尽悲欢离合炎凉世态,最后又回到"情根"的青埂峰顽石,亦即情根之石,正象征着《红楼梦》主人公贾宝玉以"情"为其人生哲学的起点与终点。

其次,作为青埂峰顽石别名的三生石,根据其典故出处的蕴含意义,乃是友情之象征。曹雪芹描写了神瑛侍者(青埂峰顽石的神格化身)与绛珠草在三生石畔的甘露情缘,于是三生石进一步从友情之石发展为友情与爱情的象征。青埂峰顽石与三生石的同一,象征着"情"乃人类发展与进步(包括失败与悲剧)的真正原由。

作为现实世界与神话世界之中介的空空道人因抄录青埂峰顽石上"大旨谈情"的《石头记》而"因空见色,由色生情,传情入色,自色悟空,遂易名为情僧",显示他以"色"作为"空"与"情"的中介,因受到《石头记》中"情"的洗礼而最终由"空"入"情"并归结于"情"。从空空道人向情僧的转化,正象征着"情"战胜了"空",即"情"战胜了统治中国人灵魂的佛教哲学。

在第一回的现实世界中,出现了两组人物:甄士隐与贾雨村,甄英莲与贾娇杏,其人生浮沉象征着现实世界中人的命运。曹雪芹描写了甄士隐对女儿英莲的亲子之情,对落魄书生贾雨村的友情:这"情"表现为利他的行止,为曹雪芹所肯定。曹雪芹也描写了贾雨村对甄士隐友情的感激、利用与最终出卖。又描写了贾雨村与贾娇杏的"情":他取娇杏的"眉目清明""风尘知己",她取雨村的"生得雄壮""必非久困之人",均以现实功利为"情"的出发点。对这种世俗之情,曹雪芹借茫茫大士的《好了歌》及甄士隐的《好了歌注》作了概括:那实质上只是对现实功利即功名利禄妻妾儿孙等物质欲望的无餍足的追求。曹雪芹以甄士隐之飘然出家否定了这世俗之情的终极价值。

接着在第二回,曹雪芹借贾雨村之口提出了一个新的概念:"情痴情种"。那是秉正邪两赋之性,其聪明灵秀在万万人之上,乖僻邪谬不近人情又在万万人之下的特殊人物。从作者借贾雨村列举的人名看来,这些号称"情痴情种"的人物都是诗人或艺术家,他们的"情"是对所爱者(可以是人,也可以是文学艺术)的执着不舍,为之甘愿舍弃自己的一切(包括皇位及生命)。曹雪芹理解并赞赏其为"情"而甘愿舍弃一切的人生态度,但这些人还不是真正的"情种",因为第五回《红楼梦曲·引子》首句即提出:"开辟鸿蒙,谁为情种?都只为风月情浓。"这破题两句就将"情种"与"风月情浓"区别开来。据此可见,曹雪芹所认为的"情痴"是指对文学艺术等执着追求的痴情者,而真正的"情种"至此尚未出现或尚未真正成熟。第二回"情痴情种"名单中的陈后主、唐明皇等人显然还只是"风月情浓"者,或亦可称"情痴",而绝非真正的"情种"。当然,贾雨村的评价并不能完全代表曹雪芹的立场,因为贾雨村本人就是追求世俗之情欲的"风月情浓"者,他与情爱女神警幻仙子的立场当然会有差异。

因此,曹雪芹笔下"情"虽一字,意义有别。举凡"风月情浓""宿孽总因情""情既相逢必主淫"等"情"，其实质是"欲"，乃对物质欲望的无餍追求，且以他人为满足自己欲望的工具，而"情种"之"情"，警幻仙子称为"意淫"，重在精神追求，亦即不求个人私利的对他人的爱与同情，虽然其中并非没有"欲"的成分，但在情与欲这一对精神与物质的矛盾中，显然"情"占了主导地位。甲戌本"谁为情种"旁有脂批："非作者为谁？余又曰：亦非作者，乃石头耳。"可知脂砚斋认为：只有曹雪芹本人及他所构思的贾宝玉形象（"石头"即青埂峰顽石，乃贾宝玉之象征）才是"开辟鸿蒙"以来真正的"情种"。这是曹雪芹的自许自信，也是他对自己创造的贾宝玉形象的真实评价。

正因为曹雪芹以贾宝玉为真正的"情种"，所以他笔下的贾宝玉在情爱女神警幻仙子主管的太虚幻境品尝了"群芳髓（碎）""千红一窟（哭）"与"万艳同杯（悲）"，这象征着贾宝玉将一一目睹众女儿的人生悲剧，亲尝她们的苦痛，承受她们的苦痛总和的重负，并为之付出他全部的爱与同情。而这一切，无疑是曹雪芹本人对他那时代悲剧女性爱与同情的艺术再现。

（二）"情"概念的历史发展

随着人类精神的发展，"情"概念的内涵亦在不断发展变化。至曹雪芹，"情"有了完全不同的涵义。

先秦诸子的著作把"情"看作属于人本能范畴的天性。如儒家著作《礼记·礼运》："何谓人情？喜怒哀惧爱恶欲，七者弗学而能。"因之有"七情"之说，涵盖了人的情感本能和食色本能。

佛教中，梵文 Sattva 意译为"有情""有情众生"，乃对一切有情识生物（即动物，包括人在内）的总称。反之，草木、山河、大地等谓之"无情""非情"。故菩萨（即菩提萨埵的简称，梵文为 Bodhi Sattva）意译为"觉其情"：使一切有情众生觉悟，以断绝"情"这根本的烦恼来源。则佛教哲学中所谓的"情"当指一切动物（包括人类在内）的感觉、感情、思想之总和。

魏晋南北朝文学中，"情"的涵义有所变化。应场《正情赋》和陶潜《闲情赋》都专写想象中的男女情爱。

刘义庆《世说新语》多次言及"情"，将"情"的涵义更转向人对他人的情感。如：

王戎丧儿万子,山简往省之,王悲不自胜。简曰:"孩抱中物,何至于此?"王曰:"圣人忘情,最下不及情。情之所钟,正在我辈。"(《伤逝》)

和(按,即顾和,有孙顾敷及外孙张玄之)与俱至寺中,见佛般泥洹(即"涅槃"的另一音译)像,弟子有泣者,有不泣者。和以问二孙。玄谓:"被亲故泣,不被亲故不泣。"敷曰:"不然。当由忘情故不泣,不能忘情故泣。"(《言语》)

孙子荆除妇服,作诗以示王武子。王曰:"未知文生于情,情生于文?览之凄然,增伉俪之重!"(《文学》)

以上各例所言之"情",包括夫妇之爱、亲子之爱、师弟之情等。由此可见,南北朝以降,"情"之内涵已转向人与人之间的情感了,"情"指男女情爱只是其狭义特指,不能涵盖"情"的全部内涵。

晚明小说家冯梦龙编辑《情史类略》共二十四卷,有署名"吴人龙子犹"(可能即冯梦龙本人的化名)的序,并作情偈:

天地若无情,不生一切物。一切物无情,不能环相生。生生而不灭,由情不灭故。四大皆幻设,惟情不虚假。有情疏者亲,无情亲者疏。无情与有情,相去不可量。我欲立情教,教诲诸众生。子有情于父,臣有情于君,推之种种相,俱作如是观。万物如散钱,一情为线索。散钱就索穿,天涯成眷属。若有贼害等,则自伤其情。如睹春花发,齐生欢喜意。盗贼必不作,奸宄必不起。佛亦何慈悲,圣亦何仁义。倒却情种子,天地亦混沌。无奈我情多,无奈人情少。愿得有情人,一齐来演法。

吴人龙子犹序

在这篇序文中,冯梦龙毫无保留地赞颂"情",主张以"情"作为处理人际关系的伦理学准则,甚至意欲建立一种称为"情教"的新宗教。冯梦龙所谓的"情"显然与佛学的"情"不同,因为他主张"天地若无情,不生一切物。一切物无情,不能环相生。生生而不灭,由情不灭故"。他认为天地万物皆有生命,"情"是生命的源泉,世界依靠"情"而生生不灭,是靠"情"来维系的:"万物如散钱,一情为线索。"清初张潮《幽梦影》受冯梦龙此说的影响,更明确提出:"情之一字,所以维持世界。"张潮的朋友曹铨(字冲谷,乃曹雪芹祖父曹寅的好友,同姓联宗,寅称其为"冲谷四兄")补充说:"情字如此看方大,若非情之维持，久已天崩地裂。"可见冯梦龙的"情教"对清初人也有广泛影响。

冯梦龙的"情教"，虽然对社会的总体设想仍不脱"君君臣臣，父父子子"的封建宗法忠孝模式（所谓"子有情于父，臣有情于君"），但其解释已有了新的内容：它已不再是单按儒家"天理"去规划、组织并运行，而是以"情"来规范、调节并发展，"情"要求人们自觉地纳入封建宗法忠孝模式，更多地适应他人的要求，更主动地关心他人，同情他人，以"情"来统一维系世界。"情教"较之当时的官方哲学（道学）更要求人们的主动性。冯梦龙对封建道德伦理的新解是与晚明社会人的主体意识之崛起有密切关联的，但是它显然带有空想的色彩："无奈我情多，无奈人情少，愿得有情人，一齐来演法。"明末的社会动乱直接打碎了他的梦想，清初理学占领官方哲学阵地更使其"情教"变成了空幻。

至十八世纪中叶，曹雪芹以《红楼梦》贾宝玉形象进一步扩大并神话了"情"的内涵，将"情"升华为对人（以人类中最美的一部分即少女为主体）以及自然和艺术中真善美的追求，显示了理想主义者对生命意义即人生价值的深邃理解，对其在未来世界之实现的热切期待。

（三）情：曹雪芹对未来世界的理想

曹雪芹自述、脂砚斋记录的谈话被保存在《红楼梦》各版本的卷首（甲戌本《凡例》、梦觉本第一回回前总评、他本第一回正文），向世人坦露了他创作《红楼梦》的思想动机：

> 今风尘碌碌一事无成，忽念及当日所有之女子，一一细推了去，觉其行止见识皆出于我之上。何堂堂之须眉，诚不若彼一干裙钗？实愧则有余、悔则无益之大无可奈何之日也。当此时则自欲将已往所赖：上赖天恩，下承祖德；锦衣纨绔之时，饫甘餍美之日；背父母教育之恩，负师兄规训之德；已致今日一事无成，半生潦倒（按，"潦倒"出于嵇康《与山巨源绝交书》："足下旧知吾潦倒粗疏，不切事情。"意为：落拓不羁，举止不自检束。见《辞海》。）之罪编述一记以告普天下人。虽我之罪固不能免，然闺阁中本自历历有人，万不可因我不肖，则一并使其泯灭也。

正是出于不忍令当日所有之女子泯灭于历史长河的博大胸怀，曹雪芹立志创作《红楼梦》，使她们能作为艺术形象得到永生。为此，曹雪芹花费了十九年的时间，忍受了长期"举家食粥酒长赊"的困苦，忽略了自己的妻儿（以致爱子夭亡，妻子病故，继妻飘零），抛弃了重振曹氏家族的责任，在贫困寂寞中坚持《红楼梦》的创作。乾隆十九年甲戌（1754），曹雪芹已批阅（即创作）十载，增删五次，纂成目录，分出章回，完成了《红楼梦》第四次增删稿。为了精益求精，确保《红楼梦》流传后世，他再次投入创作，进行第五次增删，直至"壬午除夕（1763 年 2 月 12 日），书未成，芹为泪尽而逝"。笔者认为：促使曹雪芹长期坚持创作《红楼梦》的动力之源，直接出于他那对于往日所有之女子博大深厚的爱与同情。曹雪芹以自己的行为体现了对人类最重要的精神价值之追求，为人类树立了一座"情"的丰碑，一座可以展望未来并属于未来的丰碑。

凡是伟大的天才，对未来世界总会有自己的信念：孔子的大同之世、柏拉图的理想国、托马斯·摩尔的乌托邦、马克思的共产主义，都是人类精神价值观念的具象化。曹雪芹以"情"为未来世界的价值标志，它不涉及未来世界的制度，而只是对未来世界人类精神进步的期待。为此，他构思了"情"的女神警幻仙子，"情不情"的贾宝玉形象，乃至全部《情榜》的金陵十二钗三十六名女子。曹雪芹以贾宝玉与金陵十二钗的人生悲剧展示了"情"在现实世界之终于成"幻"，显现了它的未来性质：它并不属于现实世界，它只能是一个十八世纪中国文学天才之梦，一个属于未来世界的理想。

笔者在本书《贾宝玉形象探源》中指出：曹雪芹以"情不情"概括了贾宝玉形象的本质特征。"情不情"第一层面的涵义是扩大并深化了的"意淫"；其第二层面的涵义是"情"与"不情"的辩证同一。曹雪芹所谓的"情"具有极丰富的内涵：尊重女性，反对个性束缚，主张个性解放与自由、平等、博爱等新时代的人文精神。在曹雪芹笔下，贾宝玉形象所体现的人文精神已扩大并神化为对人、自然和艺术真善美的追求。贾宝玉的"不情"即"情"的对立面，是对"情"的坚持与对"欲"的弃绝，表现为自觉地、有理论地离经叛道，不忠不孝，拒绝走立身扬名的仕途经济之路。"情"体现了贾宝玉形象对真善美理想之追求，是其性格的主导方面。显然，贾宝玉形象性格的这相辅相成的两大特征是属于未来的。我们回顾历史，确实无法在十八世纪的中国找到这样一个先知先觉的历史人物原型。即使是创造了贾宝玉形象的曹雪芹本人，也未必在思想上、精神上、行动上达到了贾宝玉形象的高度。贾宝玉形象终究只可能是曹雪芹理想中的未来世界新人。清末民初陈蜕《列〈石头记〉于子部说》云：

> 《石头记》一书虽为小说，然其涵义乃具有大政治家、大哲学家、大思想家之学说，而合于大同之旨。谓为东方《民约论》，犹未知卢梭能无愧色否也。其意多借宝玉行为谈论而见，而喻以补天石，谓非此则世不治也。胎中带来，谓非此则人性不灵也。见于行为者，事顽父嚚（音yín，愚蠢）母而不怨，得祖母偏怜而不骄，更视谗弟而不忮（音zhì，妒嫉），趋王侯而不谄，友贫贱而能爱，处群郁之中而不淫，临悍婢呆童而不怒，脱屣（音xǐ，鞋，喻看得很轻）富贵而不恋。综观始终，可以为共和国民，可以为共和国务员，可以为共和议员，可以为共和大总统矣。

> （引自《红楼梦卷》卷三）

个别词句虽不无可商，其主要观点即《红楼梦》合乎大同之旨，贾宝玉形象乃未来时代的理想人物，不能不说是陈蜕慧眼独具。正因为贾宝玉是作者理想中的人物，所以曹雪芹始终注意突出这一形象的未来性质：

在人类历史上，只有少数人能在物质欲望前永不迷失。为了突出贾宝玉形象对精神价值的追求，曹雪芹将他送入富贵簪缨的贾府，花锦繁华的大观园，令其在环境中物质欲望完全得到满足。如果他不是来自青埂峰的顽石，来自西方灵河岸上的神瑛侍者，有其得天独厚的禀赋，他完全可能像其周围的男性青年一样，在物质欲望的迷津中沉沦，成为贾琏、贾蓉式"金玉其外，败絮其中"的贵族公子，乃至薛蟠、孙绍祖式的市侩败类。到中老年时，或则成为贾政式的假道学，贾雨村式的"禄蠹"及政治野心家，或则成为贾赦、贾珍式的色情狂。曹雪芹以物质欲望完全满足与精神追求永不满足的反衬，显示贾宝玉形象在此环境中而能坚持追求最高人生价值即精神价值"情"的不同凡响。贾宝玉形象一生所追求的是非现实功利的属于未来范畴的真善美之理想，这就显示出贾宝玉形象的未来性质。

贾宝玉形象所追求的"情"，其内涵也显示出它乃曹雪芹对未来世界的理想：

1.贾宝玉形象的"情"，在两性关系上，表现为他以男子之身而在美的女儿面前自惭形体与精神的污浊，尊重女儿、美化女儿乃至崇拜女儿，视她们为山川日月灵秀、清净洁白之化身。这就与当时社会男尊女卑的传统思想划清了界线。贾宝玉形象对悲剧女性的爱与同情正是在此基础上的进一步发展。

贾宝玉形象对悲剧女性的爱与同情,就其本质而言,是无私的给予,平等的同感,有以女儿之乐为乐、以女儿之忧为忧的博大气象,而非满足个人私欲或居高临下的怜悯。正如鲁迅《中国小说史略》所指出:贾宝玉形象为女儿而"昵而敬之,恐拂其意,爱博而心劳,而忧患亦日甚矣"。贾宝玉形象甘愿为众女儿而忍受巨大的精神痛苦,以致"我便为这些人死了,也是情愿的"(第三十四回)。贾宝玉形象对悲剧女性无私奉献的爱与同情,性质上与拉丁文 agape(博爱)相似①。而这显然来自曹雪芹本人对当时所有之女子那博大深厚的爱与同情。这同样是属于未来性质的,因为它体现了曹雪芹对真善美的肯定与向往。即使在世人目光中那只是"小才微善""或情或痴",也非常宝贵:它是人类迈向真善美未来世界的第一步。积跬步而达千里,只要方向正确,曹雪芹的理想必有实现之一日。

2.贾宝玉形象的"情",在社会关系上,表现为否定传统与现实一致肯定的最高道德价值"忠孝",追求个人的独立与思想的自由,这也就是"不情"。

贾宝玉形象"见识自为高过世人"(第十六回末,见甲戌、己卯、庚辰及蒙、戚诸本),他是自觉地、有理论地背弃当时社会的传统思想。对"始于事亲,中于事君,终于立身"(《孝经》卷一)的封建时代根本伦理道德,贾宝玉形象漠然处之。如果说对"始于事亲"他尚有基于自然法则的对父母长辈的骨肉亲情(他"把一切男子都看成混沌浊物可有可无""兄弟之间不过尽其大概的情理罢了",思想上其实已经大大背离"孝悌"这根本伦理),对"中于事君"他已完全违背:他始则对姐姐元春晋封皇妃"视有如无,毫不曾介意",表现了对"皇恩"的蔑视;继则公开驳斥"文死谏,武死战",反对极端的君权,反对君臣之间的主奴关系,甚至甘犯"大不敬"之"十恶"大罪,帮助"奉旨从内园赐出"(见列藏本第三十三回)的御用小旦琪官逃离忠顺亲王府,以致其父贾政见微知著,推断他将来必然发展到"弑君杀父"!对"终于立身",他更是坚定不移地拒绝:他"最恶每日子曰诗云的读书",却又"每日家杂学旁收的"渴

---

① 拉丁文 agape 意为怜悯、同情,引申为博爱,无私地给予。详见叔本华《论道德的基础》。参见夏志清《〈红楼梦〉里的爱与怜悯》(收入《海外红学论集》)。

求并接受各种非正统思想。他蔑视"读书上进"的"禄蠹"，反对束缚思想的八股取士制度，拒绝立身扬名光宗耀祖，甚至做出惊世骇俗的"焚书"之举："除四书外，竟将别的书焚了。"所谓"别的书"，显指他最厌恶的官方哲学著作以及为"立身扬名"作指导的科举考试八股范本。贾宝玉形象的这些思想言行都显示出追求思想自由与人格独立的特征。而这一切与封建主义的传统观念是格格不入、背道而驰的。

封建社会是身份社会，人与人之间的等级制度神圣不可侵犯，而贾宝玉形象却主张人与人之间的平等相处：他不仅平等对待贾家的姐妹与清客身份的女尼，也平等对待庶出兄弟贾环（甚至在受到其陷害后还为其遮掩）。对出身不同阶层的男性友人也能平等相处：在家境贫寒人品出众的秦钟面前，他毫不以富贵自骄，反而自惭如"泥猪癞狗"，且与秦钟"不论叔侄，只论弟兄朋友"，以表字相称。他与家道中落的世家子弟柳湘莲"最合得来"，与身为贱民的小旦蒋玉菡即琪官"相与甚厚"。即使对兴儿等贾府小厮，他也毫不摆主子架子："喜欢时没上没下大家乱顽一阵，不喜欢各自走了，他也不理人。我们坐着卧着，见了他也不理，他也不责备。"（第六十六回）对贾府侍女，除了喝醉酒或淋了雨等极少数特殊状态时例外，他都称为"姐姐"，关心同情，甚至"甘心为诸丫环充役"。这些为现实社会所不容的种种不安分、反传统礼法的言行，显示贾宝玉形象向往人与人之间的友好平等相处，而这显然是曹雪芹理想中的人与人之间关系的反映。

贾宝玉形象向往人的个性之自由与解放，尊重女奴的人格尊严，特别表现在他对待晴雯与龄官的态度上。端阳佳节，他因心中不快而与晴雯发生舌战，最终却是他这个主子以"撕扇子作千金一笑"的方式向晴雯道歉。第三十六回（"识分定"一回）龄官见他近身坐下，忙起身躲避，又正色拒绝唱一套《牡丹亭》中"袅晴丝"曲的要求。他虽是从未经历这等被人嫌弃，却只是红了脸保持沉默讪讪地出来了。正如一位清代点评家所说，如是薛蟠，晴雯、龄官早就被打成齑粉了。贾府有众多的美貌侍女，无论是"家生子"如鸳鸯、司棋，或"外头的"如袭人、晴雯，本来就是供老爷少爷玩乐的工具；贾宝玉形象是大观园内唯一的青年男性，他却能尊重这些侍女的人格，除了与袭人有过性关系外（这也是袭人同意的），连美貌如黛玉每晚睡在他外床的晴雯，长达五年八个月之久，他还是与她各不相扰：则贾宝玉形象与其他侍女关系亦纯洁可知。如果是贾琏、薛蟠、孙绍祖之流进入大观园做了怡红公子,那真不知要把大观园糟践成什么样子!老于世故的贾母经仔细查试冷眼观察,确知"他与丫头们好却是难得""究竟不是为此"。显然,贾宝玉形象对女奴的人格尊重,正是曹雪芹本人思想与情操的折射。这种对女性的人格尊重,即使是现代社会的男性也未必能够完全做到,更遑论在一夫多妻制度下三妻四妾女奴成群的中国封建社会的男性。曹雪芹赋予贾宝玉形象这种品质,显然是他本人对未来世界两性关系的理想化投射。

曹雪芹在《红楼梦》中创造了"天上人间诸景备"的大观园以及大观园在天国的投影太虚幻境:"朱栏白石,绿树清溪,真是人迹稀逢,飞尘不到。"是既宁静朴素又为人类文明妆点得更为美丽的自然,"有自然之理,得自然之气"的"天然图画"。曹雪芹笔下的大观园堪称中国园林建筑艺术的典范,人化了的自然与艺术相融合的结晶。曹雪芹让贾宝玉形象有充裕的时间与合适的机缘从容欣赏大观园建筑园林艺术以及四时自然景观的特异之美,并借其感觉想象表现出一种独特的审美情趣。这也是贾宝玉形象"情"的组成部分,已从社会中的人(以少女为主体)扩大到了自然与艺术。贾宝玉形象把一切美的自然物与艺术品都看作有灵气、有生命、有思想情感的有情之物,脂评所谓"情不情":"凡世间之无知无识,彼俱有一痴情去体贴。"(甲戌本第八回眉批)在他想象中,宁府小书房的画美人和黛玉放走的美人风筝都会感到寂寞,需自己设法望慰或令其同类陪伴(见第十九回及第七十回)。大病初愈,他眼望杏树流泪不舍,因为他把结满青杏的杏树看成出嫁了的女儿,把枝头啼叫的雀儿看成在为女儿的命运而悲啼(第五十七回)。他觉得女儿斗草丢弃的并蒂菱蕙似有灵魂,需要用落花铺垫挖坑掩埋,不可遭人践踏(第六十二回)。种种痴情痴意被仆妇传说为"时常没人在跟前就自哭自笑的,看见燕子就和燕子说话,河里看见了鱼就和鱼说话,见了星星月亮不是长吁短叹就是咕咕哝哝的"(第三十五回)。

由此可见,在贾宝玉形象的心目中,天地万物无不有情,这与斯宾诺莎的"泛神论"①以有暗合,因此笔者认为可以称之为"泛情论"。一个十八世纪中叶的封建中国之贵族公子即贾宝玉形象,在物质欲望完全满足的同时,能

---

① 　斯宾诺莎(1632—1677)认为自然界是万物之神。参见《辞海》。

有这种形而上的精神追求，不能不令人赞叹曹雪芹文心之深细。

这里，曹雪芹实际上向我们提出了一个严肃的问题：在未来世界，当人们的物质欲望都得到满足的时候，人类将怎样寻求生活的意义？人类将怎样追求自身的进步？这也是曹雪芹创作《红楼梦》的最高价值亦即最终目的。

（刊载《红楼梦研究辑刊》第 7 辑）

西番莲:曹雪芹理想之象征

"情",概括蕴含曹雪芹对未来世界之理想,而西番莲,即曹雪芹理想之象征。在曹雪芹笔下,西番莲乃大观园总体之浮雕,文献证据就在《红楼梦》第十七回。贾政带领贾宝玉及众清客游历刚建成的大观园:

> 贾政先秉正看门。只见正门五间:上面桶瓦泥鳅脊;那门栏窗隔皆是细雕新鲜花样,并无朱粉涂饰,一色水磨群墙;下面白石台矶,凿成西番草花样。(据己卯本)

查今存各脂本及程甲、乙本,此段文字庚辰本、杨藏本、蒙府本、戚序本、舒序本等皆同。唯"台矶"梦觉本和程甲、乙本作"台阶";"西番草"列藏本及程甲、乙本作"西番莲"。"矶"原意为水边突出的大石,故"台矶"应指建筑物高出地面底座上突出的大石(今人写作"台基"),此处特指大观园正门白石底座左右台阶中间突出的长方形斜面浮雕大石。台矶上雕刻的花样不仅有装饰作用,还具象征意义,如故宫太和殿前的云龙台基,即是"飞龙在天"皇帝权威的象征。

曹雪芹写大观园正门之雕花,只用"那门栏窗隔皆是细雕新鲜花样"一略带过,却细写台矶上的西番莲雕刻,显然在将读者的目光移向那个浮雕,唤起读者对"西番莲"象征涵义的思考。按,西番莲亦称西番草,蔓生植物,原产南美巴西,晚明已传入中国,因为明代天启元年(1621)成书的王象晋《群芳谱》已收入西番莲。张岱《陶庵梦忆》卷一提及,明末在南方西番莲已广泛种植。康熙四十七年(1708),汪灏等受圣祖之命编《广群芳谱》一百卷,在卷三十一《花谱十·莲》后附录《西番莲》引《群芳谱》之原文云:

> 西番莲花淡雅似菊之月下西施。自春至秋相继不绝,亦花中佳品。

春间将藤压地自生根，隔年凿断分栽。

《楝亭书目》卷三收有《群芳谱》及《广群芳谱》，可见曹雪芹祖父曹寅已收藏此两书，曹雪芹理应读过。上海植物园编著出版的《花》载西番莲之彩照，与《群芳谱》所记形色相同。其旁文字说明云：

> 西番莲 *Passiflora caerulea*
>
> 西番莲是半耐寒性强健藤本。花大，径 8—10 厘米，花瓣里面淡红，背面绿白，花丝长而向四面展开，颇为奇特。有很多不同的园艺变种，花期自春末至秋相继不绝。上海地区要在温室内越冬。原产南美巴西，植物原名的意思是"受难之花"。据说花朵的某一部分象征耶稣受难的十字架部件，大约在明清之交传入我国。①

曹雪芹让象征耶稣受难的西番莲出现在大观园正门的白石台矶上，我认为必有其深刻含义。细观此花，其花心中有一形状奇特的副花冠突起，形如交叉十字，十字中心有突起的雄蕊，其顶端为状如人头裂分为二的黑色花药，确令人联想起耶稣受难。根据 1963 年牛津大学出版社 *The Advanced Learner's Dictionary of Current English* 编译的《现代高级英汉双解辞典》（香港，1970）在 passion flower 下注："n. Kinds of（usu. climbing）Plants with flowers that are thought to resemble the crown of thorns placed on thehead of Jesus. 西番莲，苦难花，此花被认为与耶稣受难时所戴的荆棘冠冕相似。"综而观之，大观园正门西番莲台矶的象征意义应与《圣经·新约》所记耶稣受难有关。

事实上，早在晚明万历、天启、崇祯年间，天主教来华教士已将《新约》的大部分译成汉语印刷出版。这有实物可证。1739 年英国收藏家 Hans Sloane（1660—1753）通过东印度公司从香港购得晚明的《新约》中文译本，原书今仍在英国不列颠博物馆。在曹雪芹生活的时代，单在北京就有天主教的四座教堂，被称为东堂、西堂、北堂与南堂。还有东正教的两座，称为北馆和南馆。北馆是俄罗斯东正教会传教士团驻地，在东直门内，康熙二十四年（1685）始建；南馆雍正七年（1729）建于东江米巷（即后来的东交民巷），本名

---

① 　上海植物园：《花》，上海人民出版社 1982 年版，第 57 页。

"奉献圣婴堂";两馆都有蓝色大圆屋顶为其建筑特征。天主教的教堂始建于明末:东堂在东安门;西堂在西直门;北堂在蚕池口(后迁西什库);南堂在宣武门内,明万历三十八年(1610)由利玛窦建成小教堂,清顺治七年(1650)德国传教士汤若望改建为大教堂,名"无玷始胎圣母堂",后因地震毁于火,康熙四十二年(1703)康熙帝赐白银十万两重建,西墙上立有明末所置高达4米的铁十字架。天主教堂外观多呈哥特式、巴洛克式,或罗马穹顶风格。这些教堂离曹雪芹雍正六年(1728)入京后居住的蒜市口旧居都不远,北堂与南堂离清代内务府所属各司署尤近。满怀好奇心的少年曹雪芹在北京"城里城外大廊小庙的逛"(见《红楼梦》第二十七回宝玉与探春对话),必定会对这些建筑外观新奇的教堂感兴趣,并可能进而注意到这种外来宗教的教义,寻觅阅读有关书籍,乃至与西方传教士(以及中国籍的神甫)有所交往。像曹雪芹这样对儒家思想已产生怀疑并开始反叛的智者,一旦与这种宗教接触,就必然会注意到《新约》四福音书所记载的耶稣为爱人类而甘愿上十字架之事迹。当然,曹雪芹是一个受儒家传统教育成长的中国人,他不大可能相信神的存在,更不可能成为基督徒,但他必定深为耶稣之爱所感动,并试图以自己的行为来模仿。

曹雪芹在大观园正门台矶上凿成一大片西番莲,不仅象征众女儿的受难,而且象征曹雪芹笔下的贾宝玉形象因众女儿的受难而甘愿为她们背负十字架,为她们承受更大范围和更深程度的苦痛,以使受难的众女儿得以解救,灵魂回归他心目中的天国——太虚幻境。

这一切有关西番莲的细节描写显示:西方文化对曹雪芹思想的影响是十分深刻的。正是由于受耶稣之爱的影响,曹雪芹才能出于不忍当日所有之女子的美好灵魂泯灭于历史长河的博大胸怀,甘愿以毕生的精力与心血撰写《红楼梦》,使她们能作为艺术形象超越时空局限而万世流芳。为此,他不仅抛弃了自己的"一生事业"即他对曹氏家族复兴的责任,以至成为家族的不肖子孙,而且忽略了自己最宝爱的儿子。壬午秋,曹雪芹的爱子不幸夭殇,他的精神受到极大打击,终于"感伤成疾"。曹雪芹毕竟是人而不是神:神可以为解救人类让自己的儿子上十字架,曹雪芹却不能那样毫不后悔并无所畏惧地献上自己的爱子,精神难以真正皈依任何一种宗教的中国智者曹雪芹,终于只能与爱子一起重归自然。

　　综而观之，《红楼梦》中的西番莲是曹雪芹以丰富的想象力与洞察力对人生意义的渴求，也是曹雪芹对未来世界理想之象征。

（刊载《曹雪芹研究》2016 年第 2 期）

《红楼梦》神话论源

在人类的童年时代,各民族都产生过大量的神话,其中最为丰美完整的是希腊神话,它对欧美文学艺术影响甚巨。我国古代神话没有专书,仅散见于《楚辞》《山海经》《淮南子》等典籍中,断简零札,不成系统。鲁迅先生指出:中华民族先居黄河流域,自然条件较差,求生太为劳苦,民族性重实际轻幻想;再则我国神鬼不别,同一神祇常常变更,易于忘却,故神话不可能发达并流传下来①。虽则如此,作为人类童年时代想象产物的神话,对我国文学——无论是诗歌、戏曲还是小说,都产生了不可磨灭的影响,并成为它们丰富瑰丽的题材来源。到明代,甚至出现了文人创作的长篇神话小说《西游记》《封神演义》等。《红楼梦》毫无疑问是现实主义巨著,但亦以神话为"楔子",从女娲补天所遗顽石的幻形入世引出全部故事,用警幻仙姑揭示《情榜》,神瑛绛珠重证前缘结束全书:这就把小说套入了神话的框架。书中亦偶有穿插神话描写的章节,如第五回"贾宝玉神游太虚境",起了提纲全书主要人物命运结局的作用。曹雪芹为何要给《红楼梦》蒙上一层神话的面纱呢? 二百年来的读者,没有人认为这是作者"有意说鬼话",而把它看成作者掩盖创作动机、避免文字之狱的手段。这当然是很对的。但除此而外,还应该有美学方面的原因。曹雪芹有意利用神话作为表现人物及反映现实生活的一种方式,为现实主义的作品穿上浪漫主义的外衣,给读者以迷离飘忽、似假如真的特殊美感。恩格斯说过:"作者愈让自己的观点隐蔽起来,对艺术作品也就愈好。"②曹雪芹对文艺的见解未必会如此明晰,可是他的《红楼梦》却使二百年来的读者聚讼不休,甚至闹出拥林、拥薛派"几挥老拳"的笑

① 见鲁迅《中国小说史略》及《汉文学史纲要》。
② 引自恩格斯 1888 年 4 月给哈克奈斯的信。

话,这不能说与曹雪芹的美学思想毫无关系。因为曹雪芹"发愿不作模仿文字",所以他笔下的神话基本上都是创作。创作并不等于没有渊源。改造原来的神话人物或从旧有神话取其一点生发开去,写成"故事新编",为其创作思想和美学思想服务,也很新巧别致。现试将《红楼梦》中的神话故事和神话人物择其要者分析溯源,俾更明雪芹原意。非敢存探骊得珠之想,聊作抛砖引玉之举而已。

(一)女娲补天

曹雪芹在小说一开始就给我们讲了个女娲炼石补天的神话故事,母题(motif)虽古老,细节却全系独创。

这个以女性为英雄的古老神话,应是在母权制原始社会产生的。现有最早记载,当推西汉刘安《淮南子·览冥训》:

> 往古之时,四极废,九州裂,天不兼覆,地不周载;火爁炎而不灭,水浩洋而不息;猛兽食颛民,鸷鸟攫老弱。于是女娲炼五色石以补苍天,断鳌足以立四极,杀黑龙以济冀州,积芦灰以止淫水。苍天补,四极正,淫水涸,冀州平,狡虫死,颛民生。

《列子·汤问》也有类似记录,文字较简,且在女娲补天之后即记共工破坏:

> 天地,亦物也。物有不足,故昔者女娲氏炼五色石以补其阙,断鳌足以立四极。其后共工氏与颛顼争为帝,怒而触不周之山,折天柱,绝地维。故天倾西北,日月星辰就焉;地不满东南,故百川水潦归焉。

《淮南子》将共工撞折不周山归入《天文训》:

> 昔者共工与颛顼争为帝,怒而触不周之山,天柱折,地维绝。天倾西北,故日月星辰移焉;地不满东南,故水潦尘埃归焉。

可知刘安也认为女娲补天在前,共工撞折不周山在后。

根据上述两种早期著作,女娲补天是在天地混沌初开、人类始生时期的事。因为天地本身有缺陷,引起了洪水大火,猛兽食人,毒蛇横行,给人类以巨大的痛苦,于是女娲才炼石补天,为她的孩子们创建适于生存发展的环境。这一原始的神话反映了人类与自然的斗争,不牵涉任何社会原因,与共工撞折不周山而致地陷东南也毫无关系。

但随着阶级社会的产生和发展,女娲补天的神话也发生了变异。东汉王充《论衡·谈天》首先将共工撞折不周山作为女娲补天之因:

> 儒书言共工与颛顼争为天子,不胜,怒而触不周之山,使天柱折,地维绝。女娲销炼五色石以补苍天,断鳌足以立四极。天不足西北,故日月移焉;地不足东南,故百川注焉。

王充根据的是哪一部"儒书",他没有说。到中国封建社会高峰时期的唐王朝,司马贞为补《史记》撰《三皇本纪》,发挥了王充的引述,女娲补天的神话进一步演化了:

> 女娲亦木德王……当其末年也,诸侯有共工氏,任智刑以强,霸而不王,以水乘木,乃与祝融战,不胜而怒,乃头触不周山崩,天柱折,地维缺。女娲乃炼五色石以补天……于是地平天成,不改旧物。

这样,神话进一步历史化,维持旧秩序的最高统治者娲皇氏的偶像树立起来了。

回顾补天神话的演变过程,可以清楚地看到社会发展的痕迹。究其本来面目,女娲补天与共工并无关系。而且,据《淮南子·天文训》及《列子·汤问》,共工撞折不周山后,天地倾斜,并没有人去补过天。因此笔者怀疑王充的说法乃是记忆有误,系把《淮南子》一书的《览冥训》和《天文训》搞到一起,合二而一的结果。

以曹雪芹之博学,女娲补天神话的由来和发展该是烂熟于心的。由于曹雪芹本人是封建社会的叛逆者,故他选取了《淮南子》《列子》中补自然之天的女娲,而不选那个按照封建王道需要塑造出来的使"地平天成,不改旧物"的偶像娲皇氏。何以见得?且看石头所记正文第一句:"当日地陷东南",明指共工撞折不周山而言。小说中女娲补天是石头身前之事,而"地陷东南"发生在石头身后,可知曹雪芹所引女娲补天神话并非出自《论衡》和《三皇本纪》。小说第二回那张"应运而生"的"大仁者"名单里也没有娲皇。这说明曹雪芹根本就没有把女娲当作"修治天下"的封建统治者。因而小说开头炼石补天的女娲绝不是"补封建社会之天"的形象。

曹雪芹在楔子中运用这个以女性为英雄的神话,并添写了许多"荒唐无稽"的细节,本是妙手拈来,文章偶成,不过要引出那块青埂峰顽石而已。

(二)青埂峰顽石和曹寅《巫峡石歌》

小说"楔子"介绍了一块女娲补天所遗的青埂峰顽石,它"自经锻炼之后,灵性已通",因不甘寂寞而"幻形入世","历尽悲欢离合,炎凉世态",以自己的尘世经历写成《石头记》一书,由空空道人抄录回来,问世传奇。青埂峰顽石即是小说的叙述者。这奇特的构思,独创的表现手法,在中国古典小说中真可谓独辟蹊径,前无古人,因此大家都以为是曹雪芹的"杜撰"。当然这确是曹雪芹的创作,而创作的灵感实来自他祖父曹寅的《巫峡石歌》。

《巫峡石歌》是首古风,共三百八十五言,收入《楝亭诗钞》卷八,应是曹寅晚年在扬州所作。为方便论述,下引该诗:

> 巫峡石,黝且斓,周老囊中携一片,状如猛士剖余肝。坐客传看怕殢手,扣之不言沃以酒。
>
> 将毋流星精、神蛟食,雷斧凿空摧霹雳。娲皇采炼古所遗,廉角磨砻用不得。或疑白帝前、黄帝后,漓堆倒决玉垒倾;风煦日暴几千载,旋涡聚沫之所成。胡乃不生口窍纳灵气,峻嶒骨相摇光晶?
>
> 嗟哉石,顽而矿。砺刃不发硎,系春不举踵。研光何堪日一番,抱山泣亦徒浑浑。(中略)
>
> 嗟哉石,宜勒箴。爱君金剪刀,镌作一寸深。石上骊珠只三颗,勿平崄巇平人心。

如将此诗与"楔子"的文字比较,我们可以清楚地看到青埂峰顽石与巫峡石的渊源关系。现分条缕述之:

(1)曹寅对巫峡石的来历提出五个新鲜的设想,其中之一即"娲皇采炼古所遗,廉角磨砻用不得",这与"楔子"对青埂峰顽石来历的介绍大致相同。它们都是娲皇补天所遗,巫峡石因棱角磨损无法使用,青埂峰顽石是"无材不堪入选"。所谓"无材",大约是不符合"高经十二丈,方经二十四丈"的补天标准吧?那与巫峡石的"廉角磨砻"也差不多。

(2)曹寅对巫峡石提出质询:"胡乃不生口窍纳灵气,峻嶒骨相摇光晶?"他不满于巫峡石的缄默不语,愿它生出五官,呼吸天地万物之灵气,转而具有人的骨格与风采。在曹雪芹的笔下，那块青埂峰顽石"自经锻炼之后，灵性已通"，比巫峡石已高一着。他因"无材补天"而"自怨自叹，日夜悲号惭愧"，他有眼能"见"，有耳能"听"，有求于人时会"口吐人言"，"苦求再四"，目的达到后会"感谢不尽"，"喜不能禁"：真是七情六欲，无所不备。这种自然物的人格化，与曹寅于巫峡石之愿完全一致。而一旦巫峡石人格化了，它便不再是顽石一块，而变得"崚嶒骨相摇光晶"——骨格嶙峋，光彩横溢。巫峡石的这一人性形象，令我们联想到曹雪芹对那神秘的一僧一道，即茫茫大士和渺渺真人的外形描写："骨格不凡，丰神迥异。"在此八字下面，蒙戚三本及梦觉本都有双批："这是真像，非幻像也。"据传靖本上有眉批："作者自己形容。"而"骨格不凡，丰神迥异"正是"崚嶒骨相摇光晶"的同义语。我们从敦敏兄弟的诗中得知，曹雪芹爱石，画石，酒酣以石击节作歌；脂批亦曾多次称雪芹为"石头""石兄"，因此曹寅对巫峡石的人性描绘必然会对他产生微妙的影响。曹雪芹将其祖父的诗句略加点染，以寥寥八字勾勒了自己的形象，并把它赋予自己所创造的神话人物写入小说，犹如女娲按照自己的形态面貌造人一般，这是完全可能的。

　　(3)在将巫峡石人格化以后，曹寅用嘲讽的口吻叹惜巫峡石的瓠落无用："嗟哉石，顽而矿。砺刃不发硎，系春不举踵。研光何堪日一番，抱山泣亦徒涓涓。"对巫峡石无所誉之，直截了当地称之为"顽而矿"。什么叫"顽"？辞书上注得明白：钝也(《玉篇》)、愚也(《广韵》)、痴也(《韵会》)。什么是"矿"？郑玄注《周礼·矿人》云："金玉未成器曰矿。"段玉裁注《说文》进一步说明："未成器谓未成金玉。"所以"顽而矿"即指巫峡石痴顽愚钝而成不了金玉。曹寅叹惜巫峡石毫无实用，磨刀不锋利，春米也不行，和氏"悲宝玉而题之以石""抱璞泣于荆山之下"，还有楚文王识货；而谁要抱巫峡石而泣，眼泪流尽也白搭，因为巫峡石并非宝玉，只是一块不成器的，即成不了金玉的顽石。很明显，这里的"顽而矿"已经不是指巫峡石的自然性质，而是指人的气质、才能和价值。《红楼梦》里也有一块"顽而矿"的石头，即青埂峰顽石。他自叹"无材"，"无材"即《庄子·山木》所谓的"不材"：不成材，不成器，也就是"矿"；他自恨"粗蠢"，自称"蠢物"，也就是"顽"。茫茫大士嘲笑他："若说你性灵，却又如此质蠢，并更无奇贵之处，如此也只好踮脚而已。"说的是顽石"未成金玉"时的真像。可是经茫茫大士"大施幻术"，"顽而矿"的石头居然变成了扇坠般大小可佩可拿的通灵宝玉，这便是顽石的幻像。可是这顽石幻像通灵宝玉的主人，封建宗法家庭的正统继承人，"名不虚传，真个似宝如玉"的贾宝玉，却实实在在只是个假宝玉。宝玉般的外形，难改其"顽而矿"的本性，他"潦倒不通世务，愚顽怕读文章"，"天下无能第一，古今不肖无双"，"可怜辜负好韶光，于国于家无望"。但贾宝玉宁为"顽石"，不做"宝玉"，坚持不走封建家庭为他安排的功名正途，坚持不向封建势力低首屈膝，终于告别人间，"复还本质"——恢复了他顽石的真像，回到青埂峰下。上述"顽石—通灵宝玉（假宝玉）—顽石"的演化过程，应是从曹寅对巫峡石的感慨发展而来的。经曹雪芹改造之后，"顽石"已不再具有贬义，而成为叛逆者的代称。

（4）曹寅是理学家，故不忘在诗中以巫峡石的不成器进行说教，教训子孙不可作此"顽而矿"的不肖人物。他在此诗的结尾提出："嗟哉石，宜勒箴。爱君金剪刀，镌作一寸深。石上骊珠只三颗，勿平嵚巇平人心。"曹寅要在巫峡石上镌刻箴言，警戒后代。然而他的箴言并不能将其孙子"规引入正"，正如宁荣二公托警幻仙子为说客并不能使贾宝玉"万万解释，改悟前情，留意于孔孟之间，委身于经济之道"。曹雪芹本人正是以那块痴顽愚钝而不成器、不堪补天之用的顽石自居，走上了封建社会叛臣逆子的道路。小说中，顽石的化身通灵宝玉真的镌上了字，"复还本质"之后，石上"字迹分明，编述历历"，顽石所记的故事成了记录贵族家庭的衰亡和封建时代女性悲剧的现实主义巨著《红楼梦》。

由此可知，曹雪芹是从曹寅《巫峡石歌》得到启发，才设计出青埂峰顽石幻形入世的神话故事作为《红楼梦》的开头。

（三）神瑛和绛珠

《红楼梦》男女主角贾宝玉和林黛玉的前身是神瑛侍者和绛珠仙子。绛珠原是灵河岸三生石畔的一棵仙草，因神瑛侍者日以甘露灌溉，才得久延岁月，修成女体。于是，在他们投向人间之后，她就以一生的眼泪来偿还他的甘露。

瑛是"似玉美石"（《玉篇》），瑛而冠以神，该即已通灵性，具有知觉、意识、思想及感情的假玉真石。青埂峰顽石"自经锻炼之后,灵性已通",又经茫茫大士施以幻术,变成了通灵宝玉,故神瑛是假,顽石是真,神瑛与顽石本是一而二、二而一,神瑛侍者就是那人格化了的青埂峰顽石。程高本让警幻仙姑封青埂峰顽石为神瑛侍者,把曹雪芹"假作真时真亦假"的寓意全部坐实,可谓大杀风景。

准此,绛珠草的命名亦应与其形态性状有关。按《说文》注:"绛,大赤也。"绛珠草应是生有大红珠状果实的仙草。甲戌本第一回旁批:"细思绛珠二字岂非血泪乎?"可以为证。程高本第一百十五回写绛珠草是"一棵青草,叶头上略有红色","略有红色"谈不上"绛",更何况"珠"字没有着落。可见其描绘不合雪芹原意。赵之谦《章安杂说》认为绛珠草即野田所有的珍珠莲,别名珊瑚草,"类天竹而细,红艳娇娜,叶一茎七片"[1],已注意到绛珠草应有大红珠状小果。但他将天界仙草还俗成人间野草,犯了可笑的错误。

笔者认为,绛珠草就是古代方士与诗人想象中的灵芝草,亦即古代神话中记载的灵芝仙草(不是我们今日所见的菌状灵芝)。《红楼梦》中常把绛珠草称为"木",如"木石姻缘""木石前盟""草胎木质"等,林黛玉也自说"我们不过是草木之人",可知绛珠既可称木,又可称草。而灵芝草恰别名神木,又名灵草[2]。《文选》卷二张衡《西京赋》描绘了它的形态:"神木灵草,朱实离离。"薛综注:"灵草,芝英,朱赤色。"灵芝草结满了红色小果,一串串垂挂于密叶之间,不就是"绛珠"的生动写照吗?又据葛洪《抱朴子·仙药》介绍,灵芝草共有三百六十种,形状或如龙虎车马,或像蟠桃飞鸟,其中有名"紫珠芝"者,"茎黄叶赤,实如李而紫色",紫亦红色之一种,"绛珠"之名或由此而来。"紫"字改"绛",音韵更为响亮,色彩更加鲜明,形态更为妍丽,因此也就更使读者觉得她之可怜可爱。

据《文选》卷十六江淹《别赋》李善注引宋玉《高唐赋》,灵芝草本是炎帝季女瑶姬的精魂所化(今存《高唐赋》无此段文字):

> 我帝之季女,名曰瑶姬。未行而亡,封于巫山之台。精魂为草,实曰灵芝。

---

① 引自一粟编《红楼梦卷》上册。
② 见《文选》卷一班固《西都赋》李善注:"神木灵草,谓不死药也。"不死药即灵芝草。

李善又引《山海经·中次七经》：

> 姑瑶之山，帝女死焉，名曰女尸，化为䔄草。其叶胥成，其花黄，其实
> 如兔丝，服者媚于人。

郭璞注："䔄与瑶同。"可见炎帝未嫁而逝的少女瑶姬被封为巫山女神，其精魂却化为䔄草——灵芝仙草。

很有趣！在传统的神话里，炎帝季女瑶姬变成了巫山女神和灵芝仙草，在《红楼梦》的神话里，却是绛珠草变为绛珠仙子，又下凡成了林黛玉。甲戌本第一回眉批点明了作者设计顽石绛珠神话的缘由：

> 以顽石草木为偶，实历尽风月波澜，尝遍情缘滋味，至无可如何，始
> 结此木石因果，以泄胸中悒郁。

可知作者构思时是根据现实生活的素材虚构出贾宝玉和林黛玉，又进一步幻化成神瑛和绛珠，而神瑛、绛珠却是来源于痴顽愚钝不成器的巫峡石及精魂化为灵芝草的巫山女神瑶姬。可见曹雪芹在构思神瑛绛珠故事时确实借鉴了古代神话。

雪芹将顽石绛珠结为情偶渊源有自。我们上面论证了青埂峰顽石系从巫峡石发展而来，绛珠实即灵芝，原是巫山女神的精魂。而屈原《九歌·山鬼》正有咏唱顽石与灵芝的诗句：

> 采三秀兮於山间，石磊磊兮葛蔓蔓。

朱熹《楚辞集注》云："三秀，芝草也。"灵芝草一年开花三次，故又名"三秀"。研究者认为："於山"即巫山，山鬼即巫山女神[①]。清初顾成天《九歌解》已提出："楚襄王游云梦，梦一妇人，名曰瑶姬，通篇辞意似指此事。"原来山鬼就是炎帝季女瑶姬！怪不得瑶姬精魂所化的灵芝草就生长在巫山顽石旁了。可顽石又何来甘露呢？试想：山间顽石峻嶒不平，最易成为清露凝聚之处，石畔灵芝因而多得甘露之惠，滋生繁茂。是否从这一点出发，曹雪芹构思了绛珠仙子以眼泪还露的凄婉的神话？从神瑛绛珠的神话源流联系曹雪芹"远师楚人"的文学主张，以上设想的可能性是

---

① 详见闻一多《怎样读九歌》、郭沫若《屈原赋今译》注及马茂元先生《论九歌》。支持此说的学者很不少，陈子展先生、金开诚先生等都认为山鬼即巫山神女。

存在的。

　　而且,在这位屈原笔下的巫山女神身上,我们时时能够发见绛珠仙子的影子。她"既含睇兮又宜笑",含睇即含情斜视,可以略带幽怨也可略带喜悦,白居易《长恨歌》"含情凝睇谢君王"及元稹《莺莺传》"凝睇怨绝"均可为证;而雪芹在林黛玉出场时对她的外形描写,恰恰是突出她"两湾似蹙非蹙罥烟眉,一双似喜非喜含露目",其间的联系十分明显。她栖身于竹林深处——"余处幽篁兮终不见天",林黛玉也正住在"有千百竿翠竹遮映","凤尾森森,龙吟细细"的潇湘馆。她"采三秀兮於山间,石磊磊兮葛蔓蔓",在乱石葛藤之中固执地寻觅着自己失去的精魂,想以此作为爱情的信物赠送给自己的恋人,表露出一种缠绵生死终古不化的深情;而"君思我兮不得闲","君思我兮然疑作","思公子兮徒离忧"又细微地流露了她的心理。这一切都令人联想到林黛玉在封建礼教的磐石下曲折生长的爱情及其幻灭。巫山女神尽管在失恋的绝望之中,支配她生命的力量仍然是爱情,正如绛珠对神瑛的爱情坚贞纯洁始终不渝。屈原诗中的巫山女神冰清玉洁善良美丽,她渴望得到真诚的爱情,也十分恳挚地将自己的全部感情乃至精魂奉献给所爱的人:美的形象,美的灵魂,美的情操,这正是曹雪芹笔下以眼泪还债的绛珠仙子。而托名宋玉的《高唐赋》把巫山女神写成趋炎附势向楚怀王自荐枕席的流荡女子,明显有损于她的形象完美,曹雪芹当然不会把这一点赋予他深爱的"质本洁来还洁去"的绛珠仙子的。但是否他对宋玉笔下的巫山女神就毫无借鉴之处呢? 也并不。林黛玉那"闲静时如娇花照水,行动处似弱柳扶风"的飘灵超逸的风度,显然又取法于宋玉的《神女赋》。由此可见,曹雪芹在利用古代神话时不但有所选择,而且按自己的创作意图改造了旧神话,创作出新颖的神话故事,塑造了新的典型人物。

　　此外,小说楔子写绛珠草生于灵河岸三生石畔亦非泛笔。三生石典出唐袁郊《甘泽谣》中的《圆观》故事,见《太平广记》卷三百八十七。明末张岱《西湖梦寻》有《三生石》一篇,引苏轼《圆泽传》,情节与《圆观》大致相似,但改"圆观"之名为"圆泽"。清初古吴墨浪子《西湖佳话》据此改编成《三生石迹》一文,内容更为具体,描写更加细腻。文繁不引。

　　然中有三点值得注意:

　　(1)圆观转世投生之处,正在巫峡地区,可与巫峡石及青埂峰顽石发生联想。圆观与李源两世情好,堪称情僧而无愧,《红楼梦》别名《情僧录》,与此或有关系。

(2)圆观转世前约李源十二年后相见,苏轼《圆泽传》改为"十三年",为张岱及古吴墨浪子所袭用。《红楼梦》二十五回写癞头和尚持诵通灵宝玉,叹道:"青埂峰下一别,转眼已过十三载矣。"书中对贾宝玉十三岁一年写得特别详尽,共占三十六回篇幅,为全书的三分之一(按全书一百零八回计算),其原因可能是多方面的,兹不详论。但作者把宝黛"诉肺腑"安排在这一年或有深意:神瑛、绛珠在分别十三年后终于在对方心灵中发现了自己,重又契合了他们的灵魂。

(3)十三年后中秋月夜,李源与圆观在杭州天竺寺外三生石畔重逢,圆观已转世为牧童,歌《竹枝词》两首:

> 三生石上旧精魂,赏月吟风不要论。
> 惭愧情人远相访,此身虽异性长存。
>
> 身前身后事茫茫,欲话因缘恐断肠。
> 吴越溪山寻已遍,却回烟棹上瞿塘。

歌罢遂去,不知所之。据古吴墨浪子《三生石迹》,李源即"记其事于天竺之后那一片石(三生石)上"。

圆观与李源的故事记在三生石上,神瑛、绛珠的故事写在青埂峰顽石上。青埂峰顽石自称"此系身前身后事,倩谁记去作奇传",或即来源于圆观的《竹枝词》,故青埂峰顽石与三生石具有同一性。

这样,生于"西方灵河岸上三生石畔"的绛珠草,其实也就是生于青埂峰顽石之旁了。他们确实是情结三生:前生是顽石和绛珠草,在天国(太虚幻境)是神瑛侍者和绛珠仙子,在人间是贾宝玉和林黛玉。据靖本脂批,末回有"证前缘"之文,应即写神瑛、绛珠在青埂峰下重证木石前盟。在泪债清偿之后,他们必不会后悔自己的人间之行,而定然将更加深切地体认生死不渝的真情之可贵吧。

在中国古典小说里,神仙下凡本是常见的表现方式,可是神瑛、绛珠的神话在众多的神仙下凡故事中显得那么幽婉清丽,超尘拔俗。我们在青埂峰顽石、三生石、通灵宝玉、神瑛侍者、贾宝玉、甄宝玉之间产生丰富的联想,作者生花妙笔真真假假变幻无穷,读者却始终理解它们概念内涵的一致性。至于绛珠草、绛珠仙子、灵芝草、巫山女神与林黛玉之间的联系,似云中神龙,隐约而又清晰,把神话、传说和屈大夫奇幻瑰丽的诗篇贯串在一起,犹如一缕彩线穿上了圆润晶莹的大小珍珠,怎不令人有千回百转、缠绵不尽之感? 这样的神话,应该称为诗。那些粗制滥造的俗套,岂能望《红楼梦》神话之项背呢?

(四)警幻仙姑——中国的爱神

《红楼梦》中虚无缥缈的太虚幻境里有一位端庄秀美的女神警幻仙姑。小说第五回有一篇赋,专以描绘她的容仪神态,赞叹她"瑶池不二,紫府无双",誉之为天国最美的女神。这篇赋与曹植《洛神赋》在用字炼句上有很多类似之处,看来曹雪芹在写作时曾有所借鉴。

警幻仙姑所司何职? 据其自称:

> 吾居离恨天之上,灌愁海之中,乃放春山遣香洞太虚幻境警幻仙姑是也。司人间之风情月债,掌尘世之女怨男痴。

这么说来,警幻仙姑竟是曹雪芹创造的中国爱神了。

在公元前九世纪,希腊神话里就有了爱神——阿佛洛狄忒(Aphrodite),即罗马神话中的维纳斯(Venus)。她专管人类的爱情、婚姻、生育以至一切动植物的生长繁殖。这位美与爱的女神常成为西方文艺的创作对象,莎士比亚就曾以她的恋爱故事为素材写了著名的长诗《维纳斯和阿多尼斯》(Venus and Adonis)。中国有没有爱神? 郭沫若《屈原赋今译》认为,《楚辞·九歌》中的少司命是"司恋爱的处女神"。茅盾《中国神话研究初探》也说:

> 《少司命》全篇是很好的恋歌,从"满堂兮美人,忽独与余兮目成……悲莫悲兮生别离,乐莫乐兮新相知"等缠绵悱恻的句子而观,少司命似是司恋爱之神。爱神也可以算作运命之神。譬如巴比伦神话中的爱神就兼有了运命神的性质。……少司命又似是女神,《九歌》是中部民族的神话,应该有一个恋爱女神。

两位前辈的意见都很新颖,但未得学术界普遍承认。然而从历史的观点看,当时封建社会尚处幼儿时期,封建礼法更远远未臻完善,在保留原始风俗较多的楚国还存在这么个恋爱女神也在情理之中(当然,这位恋爱女神的产生还要在屈原作《九歌》之前)。

中国有否爱神虽无定论,婚姻之神却早就有了。她就是补天的女娲,亦即《礼记·月令》中所称的"高禖",见《绎史》卷三引汉应劭《风俗通》:

> 女娲祷神祠,祈而为女媒,因置昏(婚)姻。

到唐代,人们又创造了一个新的婚姻之神,即大名鼎鼎的月下老人,见唐李复言《续玄怪录·定婚店》。月下老人有一本记载普天下男女婚姻的"幽冥之书",手携布囊,内装"赤绳子","以系夫妻之足。及其生,则潜用相系。虽仇敌之家,贵贱悬隔,天涯从宦,吴楚异乡,此绳一系,终不可逭"。这位婚姻之神只管婚配,从不顾及男女双方的感情和意愿。他以老头子的形象出现,似显示了封建家长在婚姻上的权威身份。

月下老人的形象不美,尤其是需要婚姻之神在舞台上露面时,白须飘拂的月下老人到底不太漂亮。所以后代的剧作家又临时设计了一些婚姻之神。如汤显祖《牡丹亭·惊梦》拉了花神(男性)来介绍杜丽娘与柳梦梅相会,这位穿红袍的花神自称"专掌惜玉怜香",或者也可以称为爱神吧。洪昇《长生殿》把月老的职务转给了牛郎织女,大约是受了陈鸿《长恨歌传》的启示。

总之,我国未曾有过普遍为人民承认的爱神。只有婚姻之神,虽然屡改面目,却是古已有之。其原因在于:封建礼教认为恋爱是不正当的,不需要的;而婚姻却是"人之大伦",不可没有。这种传统观念决定了:恋爱之神可以无,婚姻之神必须有。

于是,蔑视封建礼法的曹雪芹反其道而行之,创造了爱神警幻仙姑,一个与传统的婚姻之神完全不同的神。

首先,她所掌管的"情"——爱情并不以婚姻为前提,更不以大团圆式的婚姻为结束。她是爱神,并不履行婚姻之神的职责。她的配殿上藏有"普天下所有的女子过去未来的簿册",记载着诸女儿的人生悲剧,其内容与月下老人的"婚姻之牍"根本不同。因此,贾宝玉和林黛玉、尤三姐和柳湘莲、司棋和潘又安等青年男女之间虽有真挚的爱情而不能结合;而小说中的夫妇们都毫无爱情可言。曹雪芹看得很清楚,在封建社会里,爱情与婚姻分离的现象是普遍的。恩格斯说得透彻：

> 那古代所仅有的一点夫妇之爱，并不是主观的爱好，而是客观的义务；不是结婚的基础，而是结婚的附加物。[①]

曹雪芹通过青年叛逆者的爱情悲剧，首先在中国思想史上提出了：婚姻应该以当事者的互爱为前提，爱情应该以共同的思想为基础。然而这仅是曹雪芹的理想，在当时是不可能实现的幻想。

其次，在封建社会里，社会属于男性，女性只有家庭。故她们的命运无不与爱情婚姻有关。既然礼法不允许青年男女产生爱情，则爱情的结局必然是悲剧。因此爱神警幻仙姑只能是象征女性不幸的神。在太虚幻境里，普天下的女子统统进了"薄命司""朝啼司""秋悲司"……真是"千红一哭，万艳同悲"。曹雪芹在谈到"情"的时候，常常用"幻"字来陪伴，"幻情"一词屡见于小说正文及脂批。第五回秦可卿判词首句即谓"情天情海幻情身"，又蒙戚三本第十三回回后总评指出，"情即是幻，幻即是情"，也就是说，爱情必然破灭成为幻影。这与佛家"色即是空，空即是色"的命题不同，"色空说"根本否定情，而曹雪芹的"幻情说"首先肯定了"情"，"情"之所以成"幻"，是由于不合理的社会现实扼杀了"情"。故"警幻"实即"警情"（参见《研红小札》第五则）。曹雪芹以"幻情"示"警"，用以唤醒为封建主义的传统思想和礼法所麻醉、毒害，而不能充分认识自己不幸地位的女性。在黑暗势力的包围之中，曹雪芹勇敢地创造了爱神警幻仙姑，以博大的胸怀对在封建主义的铁蹄下辗转求生的少女寄予了真切的同情，为她们二千年来几乎是无声的悲剧喊出了反抗的先声。

神是人按照自己的愿望创造的。曹雪芹反对封建主义的传统思想和礼法，所以他笔下的爱神警幻仙子也冲破了传统的束缚。她敢于说"吾所爱汝者，乃天下古今第一淫人也"，她敢于提出"意淫"之说，这都是不见于中外神话的石破天惊之言，"足以把一切封建主义的正人君子吓得掩耳疾走"[②]。周汝昌先生指出，意淫"即和封建世务、八股文章相对立的

---

① 引自恩格斯《家庭、私有制和国家的起源》。
② 引自《曹雪芹所谓的"空"和"情"》，见《献芹集》。

那种'偏僻乖张'的思想行为"①,所以警幻仙姑的理论实具有个性解放的意义。在封建社会开始崩溃的前夜,思想敏锐的曹雪芹用民主主义的色彩描绘了爱神警幻仙姑,寄托了遥远的理想,反抗了冥顽的时代,向黑暗王国投射了一线光明。

(刊载《红楼梦学刊》1985 年第 1 辑)

---

① 引自《曹雪芹所谓的"空"和"情"》,见《献芹集》。

《红楼梦》第一回析论

从现存《红楼梦》版本情况来看,甲戌本第一回与其他各本有显著差异。陈毓罴先生指出:第一回应据甲戌本从"列位看官,你道此书从何而来? 说起根由虽近荒唐,细按则深有趣味。待在下将此来历注明,方使阅者了然不惑"开头;各本第一回"此开卷第一回也"以下约三百七十余字应是第一回回前总批(甲戌本录为《凡例》第五条)①。笔者同意这种意见,因此本文所讨论的"《红楼梦》第一回"即以甲戌本第一回为依据。

综观《红楼梦》第一回,实际由两个部分构成:

其一,楔子,介绍青埂峰顽石,引出顽石所记的故事。

其二,序曲,简介甄士隐和贾雨村、甄英莲和贾娇杏的故事,透露全书情节发展的轮廓,概括小说的主线、主题和主要人物的结局,并引出小说的主体故事。

这两个部分前后承接,有其内在联系。对整部小说而言,它们也是不可分割的有机组成部分,以后的主要情节和人物结局都在这里埋下了伏线。因而我们认为,《红楼梦》第一回在全书结构上实居有特殊的地位,不但系整部小说之引线,而且系全书之总纲,颇有细加析论之必要。

(一)

作者在第一回开始先讲了个青埂峰顽石"无材补天,幻形入世","历尽悲欢离合,炎凉世态",又复还本质,将自己的尘世经历编写成书,镌刻石上,

---

① 详见《〈红楼梦〉是怎样开头的》,《红楼梦论丛》,185 页。

由空空道人抄录问世传奇的神话故事。这段文字直到"出则既明,且看石上是何故事"结束,甲戌眉批称之为"楔子"。

就小说的"楔子"而论,其渊源似可追溯到宋元话本的"得胜头回"("入话")。"得胜头回"是话本前的一个相对独立部分,有时是诗词,如《碾玉观音》;一般是与话本正文主题类似或相反的小故事。如果删去,并不影响话本故事本身的完整。楔子原是我国古典戏曲中的术语。"物有罅隙,人物以补其缺曰楔",元杂剧的楔子起序幕或过场作用。位置有时在两折之间,并不一定在剧首;即使在剧首,也并不概括全剧的情节。如王实甫《西厢记》与关汉卿《窦娥冤》,其剧首楔子只起介绍人物与背景之作用,按照现代戏剧理论,完全可以删去,由剧中人物的行动和对话来补明。明代传奇的第一出常称"标目",实际上就是楔子,用以介绍剧本的创作缘起和情节梗概,如汤显祖的《牡丹亭》。明末清初的传奇改"标目"为"传概""谈概"或"先声",如李玉的《一捧雪》、洪昇的《长生殿》和孔尚任的《桃花扇》。这时的"传概"(或"谈概"等)比"标目"又有发展,除介绍剧本创作缘起与情节梗概外,有的还有点明主题之作用,如《长生殿·谈概》中一支《满江红》曲就点明了剧本的爱情主题。这种"标目"或"传概"相当于莎士比亚戏剧的"开场诗"(prologue),如《罗密欧与朱丽叶》(*Romeo and Juliet*)第一幕前就有"开场诗"介绍情节点明主题。小说之引端称"楔子"自金圣叹始。金圣叹删改《水浒传》,将原本的引首和第一回合并,改称"楔子",并解释说:"楔子者,以物出物之谓也。"楔子内洪太尉误走之妖魔,就是小说后文梁山泊一百零八员头领,这属于"以物出物",然正文即从高俅另起头绪,与楔子全不连属。《儒林外史》第一回"说楔子敷陈大义,借名流概括全文",以元末画家王冕的故事提示全书主题思想,并引起后文儒林文人的故事。王冕所见"坠向东南方"的"百十个流星",即小说中的儒林诸人,其引出正文的手法与《水浒传》相似。

回顾我国古典戏曲与小说楔子(或相当于楔子)部分的发展变化,可以看出《红楼梦》楔子与它们大不相同。除了在"以物出物"一点上有类似之处外,《红楼梦》楔子的其他作用则是它们所不具备的。

首先,作者以青埂峰顽石补天不成幻形入世的神话将小说套入了神话的框架,顽石及其幻形通灵宝玉成为小说的叙述者。现代红学研究者大都认为这是曹雪芹为了避免文字狱所采用的"烟云模糊"法。这当然是正确的，但除此而外，还应有美学方面的原因。曹雪芹有意利用神话给小说罩上一层恍惚迷离的面纱，给人以朦胧的美感，吸引读者去探索云雾后面的秘密。作者只给我们介绍了这块顽石，至于这块顽石的所见所闻，那要它自己来叙述。小说的全部人物和故事都是透过这块顽石以第三人称来叙述的，这就使小说与作者、读者与小说、作者与读者之间保持了一定的距离，而适当的距离正是美感得以产生的条件之一。

其次，作者介绍青埂峰顽石实即为小说主人公贾宝玉的"痴顽"性格作铺垫。顽石"无材补天"，"无材"即"不材"：不成材、不成器，亦即不是补天的材料。顽石有其两面性，一方面"自经锻炼之后，灵性已通"，另一方面"如此质蠢，并更无奇贵之处"，只好与人"踮脚而已"，这正隐喻贾宝玉秉正邪两赋之性，"聪俊灵秀"而又"乖僻邪谬"，以致"天下无能第一，古今不肖无双"。贾宝玉鄙弃功名利禄，拒绝走仕途经济之路，即拒绝补封建社会之天，与顽石之自认"无材不堪入选"态度相同①。

再次，作者通过顽石之言阐述了自己的文艺思想。曹雪芹反对俗套，借石头之口贬斥"皆蹈一辙"之"野史"、"淫秽污臭"之"风月笔墨"，以及"千部共出一套"之"才子佳人之书"，提出"令世人换新眼目"，实际上提出了文学必须创新的主张。而石头所言"至若离合悲欢、兴衰际遇则又追踪蹑迹，不敢稍加穿凿，徒为供人之目而反失其真传者"，则强调求真，这实际上是曹雪芹提出的现实主义创作原则。

其四，作者借空空道人对石头所记之事的印象运用"画家烟云模糊"法掩盖小说的创作动机：

> 因见上面虽有些指奸责佞、贬恶诛邪之语，亦非伤时骂世之旨。及至君仁臣良、父慈子孝，凡伦常所关之处皆是称功颂德，眷眷无穷，实非别书之可比。虽其中大旨谈情，亦不过实录其事，又非假拟妄称，一味淫邀艳约、私订偷盟之可比。因毫不干涉时世，方从头至尾抄录回来问世传奇。

为了避免文字狱以有利于小说的流传，作者只能用这种事先声明的方

---

① 详见本书《〈红楼梦〉神话论源》。

式给小说涂上一层保护色。

最后，作者又介绍了小说的创作过程。除了点出小说的五个题名外，着重指出：

> 曹雪芹于悼红轩中披阅十载，增删五次，纂成目录，分出章回。并题一绝云：满纸荒唐言，一把辛酸泪。都云作者痴，谁解其中味？

可见作者在创作时系先写成长篇故事，再按流行体裁剪接成章回小说，这就从侧面证明了《红楼梦》旧稿已然完成。曹雪芹题诗慨叹小说浸透了作者的辛酸血泪，并倾吐了深恐小说不能为读者所理解的忧虑，这反映出创作过程之艰辛以及小说主题的深刻而不易为时人所了解。因此，雪芹有在开宗明义第一回内提纲挈领地提示全书的主线、主题的必要，这任务将由小说"序曲"来完成。

（二）

作者既已以楔子交代小说创作缘起，以下从"当日地陷东南"开始即为石头所记的故事。为了让读者对小说的主线、主题、故事情节发展的大致轮廓与人物结局有一个总的概念，作者在正文开始先简略介绍了甄士隐从富贵到衰败、贾雨村从落魄到发迹的过程。此段文字在性质上已不同于传统的楔子，但是由于它具有相对的独立性，且又具引出后文主体故事之作用，因而可以认为它实际上是作者对传统小说楔子的发展。西方古典歌剧（意大利式）、话剧有所谓"序曲"（overture）以之概括全剧的主题及情节内容，并作为开场音乐在幕前演奏（如贝多芬《爱格蒙特序曲》），这段文字在性质和作用上与此类"序曲"相当，为了论述的方便，我们即称之为"序曲"。

序曲与楔子的连接是隐约而巧妙的。序曲上承楔子，从它们的承接亦可见出作者的意匠经营。

楔子介绍青埂峰顽石系女娲补天所遗，茫茫大士"大施佛法"将它变成"一块鲜明晶莹的美玉"，然后"袖了这石同那道人飘然而去，竟不知投奔何方何舍"。而序曲第一句即"当日地陷东南"，明指共工撞折不周山而言，正用《列子·汤问》典,与楔子开始女娲炼石补天先后呼应①。接着,作者简介甄士隐一家,转写甄士隐之梦。梦中甄士隐"忽见那厢来了一僧一道,且行且谈",甲戌本此句旁批:"是方从青埂峰袖石而来也。接得无痕。"所批极确。而甄士隐梦中见到的"镌着通灵宝玉四字"的"鲜明美玉",就是那块青埂峰顽石的幻相。楔子中携带顽石入世的茫茫大士和渺渺真人在序曲中三次出现:第一次出现于甄士隐梦中;第二次出现在甄士隐门首,预言了甄英莲的不幸未来;第三次出现在大如州,唱《好了歌》,接引甄士隐出家。这样,通过诸方面的文字关合和呼应,序曲与楔子隐然相连,融为一体。

《红楼梦》第一回回目"甄士隐梦幻识通灵,贾雨村风尘怀闺秀"就是对序曲内容的概述。我们在上节已经指出,曹雪芹创作《红楼梦》系先写成长篇故事,再按流行体裁剪接成章回小说;而为了引起读者的悬念,剪接时常常不按情节的起讫分回(如第二十七回"滴翠亭杨妃戏彩蝶,埋香冢飞燕泣残红",按内容应包括第二十八回开始约一千二百六十余字在内)。因此如从情节的完整着眼,第二回开始约四百七十余字至"偶因一着错,便为人上人"亦应属此序曲范畴。按照情节内容划分,序曲实际由四个部分组成:(1)甄士隐梦幻识通灵;(2)贾雨村风尘怀闺秀;(3)甄士隐败落终出家;(4)贾雨村发迹娶娇杏。

(1)(3)部分写甄士隐(包括甄英莲)之荣枯,(2)(4)部分记贾雨村(包括贾娇杏)之暴发。甄、贾四人的人生浮沉既有联系,又为对比,正是小说所要反映的封建末世社会现实的缩影。按照曹雪芹的设计,序曲中的四个主要人物:甄士隐、贾雨村、甄英莲、贾娇杏在一定程度上不是作为典型的艺术形象,而是作为托言寓意的人格化身而存在。故从艺术形式看,序曲实带有黑格尔所谓"自觉的象征表现"之性质。然序曲内容仍具自身的独立价值,因为其中"形象与意义的分裂还不显著,比喻的主体性也还不很突出,因此,借以说明普遍意义的个别具体现象的描绘还占主要地位"②。

---

① 详见本书《〈红楼梦〉神话论源》。
② 引注自黑格尔《美学》第二卷序论。

（三）

甲戌本《凡例》第五条指出：

> 作者自云：因曾经历过一番梦幻之后，故将真事隐去，而撰此《石头记》一书也。故曰“甄士隐梦幻识通灵”。

这由曹雪芹自说、脂砚斋所记录的谈话清楚地说明了序曲第一部分的象征意义。

这部分的主要情节是甄士隐之梦，而其首要内容是脂砚斋称为“二玉合传”的神瑛侍者与绛珠仙子的神话故事。作者在正文一开始即交代这幽美凄婉的木石前盟，正是为了点出在真事已然隐去的《红楼梦》中，贾宝玉和林黛玉的爱情悲剧乃是小说情节发展的主线。

神瑛与绛珠的神话同青埂峰顽石的神话有着密切的然而又若隐若现的联系。青埂峰顽石与神瑛侍者是二而一、一而二，明敏的读者完全可以发挥自己的联想体认出神瑛即顽石的人格化，并不需要小说点明神瑛系顽石之化身（如程高本）。甲戌本此处眉批：

> 以顽石草木为偶，实历尽风月波澜，尝遍情缘滋味，至无可如何，始结此木石因果，以泄胸中悒郁。

可知作者是在现实世界中经受了爱情生活中的重大变故，才虚构出这段“木石前盟”的神话，为小说将要作为主线正面描写的宝黛爱情悲剧作了彼岸世界的解释。笔者《〈红楼梦〉神话论源》一文中曾论证：青埂峰顽石系从曹寅《巫峡石歌》中的巫峡石发展而来。曹雪芹在构思神瑛绛珠的神话时，有借鉴《山海经》《九歌·山鬼》《高唐赋》等作品中有关神话的可能，巫峡石、青埂峰顽石与三生石有同一性，而绛珠草实即古代神话传说中的灵芝仙草。灵芝仙草乃炎帝季女瑶姬精魂所化，生长于巫山顽石之旁。顽石崚嶒不平，最易成为清露凝聚之处，石畔灵芝因而多得甘露之惠，滋生繁茂①。曹雪芹很可能从这儿出发，虚构了绛珠仙子以眼泪还债的神话。这美丽而凄

① 详见本书《〈红楼梦〉神话论源》。

伤的"木石因果"注定了此岸世界中宝黛爱情的必然成为悲剧。它为第三回宝黛相见时的心灵惊悸及第五回的《终身误》《枉凝眉》曲作了先期说明。这个神话将贯串宝黛爱情悲剧的始终,一直关合到黛玉的泪尽而逝与宝玉的"悬崖撒手"。宝黛的爱情悲剧是小说情节发展的主线,在开卷第一回中以神话先作预示确有必要。

这一部分的另一内容是对甄士隐之女英莲一生遭际的预示,那是癫僧所说的"有命无运,累及爹娘"八字及四句言词:

> 惯养娇生笑你痴,菱花空对雪澌澌。
>
> 好防佳节元宵后,便是烟消火灭时。

英莲在元宵之夜被拐走了。七八年后她被卖给呆霸王薛蟠,改名香菱,沦为婢妾。按照曹雪芹的原意,她将被夏金桂折磨而死。甄英莲的悲剧不是孤立的,甲戌第一回眉批指出:

> 看他所写开卷之第一个女子便用此二语以订终身,则知托言寓意之旨。谁谓独寄兴于一情字耶?

可知作者的"托言寓意之旨"即在于:以甄英莲一生不幸遭际的预示概括封建时代女性的悲剧。甄英莲谐音"真应怜",作者深切地同情封建时代女性的不幸,认为她们的不幸都与她们的爱情和婚姻有关,因而他创造了一个象征封建时代女性不幸的爱神警幻仙姑①,在她的太虚幻境里建立了女性理想的乐园。而这些"风流孽鬼"(全书少女的总称)一旦离开了太虚幻境来到人间,就不得不受男性的统治与支配,等待她们的就只有悲剧的结局。作者不能解决理想与现实的深刻矛盾,只能以他的笔写出他对女性真诚的哀怜与同情。甄英莲是作者笔下金陵十二钗(广义)的代表,也是封建时代女性的代表。"真应怜":这就是作者对那一时代薄命少女的基本态度。英莲的被拐以至夭亡,实有象征封建时代女性悲剧命运的意义,而这正是小说所要表现的主题之一。

---

① 详见本书《〈红楼梦〉神话论源》。

（四）

序曲的第二部分可以"贾雨村风尘怀闺秀"概括。这时贾雨村尚是"穷儒"，得甄士隐帮助才能进京求取功名。贾雨村日后的发迹直至位极人臣，"时逢三五便团圆，满地晴光护玉栏。天上一轮才捧出，人间万姓仰头看"一绝已有预示。作者塑造这个封建统治阶级阴险、残忍、贪婪的典型形象，自有其暴露黑暗现实的意义，序曲仅给他勾画了极其粗略的轮廓，这形象本身将在后文多次渲染逐步丰满。然而，第一回中的贾雨村其托言寓意之作用实远过于形象本身。贾雨村之喻"假语村言"犹如甄士隐之喻"真事隐去"，此点早经第一回回前总评指出。而甲戌本《凡例》第五条又曰：

> 今风尘碌碌一事无成，忽念及当日所有之女子，一一细推了去，觉其行止见识皆出于我之上，何堂堂之须眉，诚不若彼一干裙钗？……虽我之罪固不能免，然闺阁中本自历历有人，万不可因我不肖，则一并使其泯灭也。……何为不用假语村言敷演出一段故事来，以悦人之耳目哉？故曰"风尘怀闺秀"，乃是第一回题纲正义也。开卷即云"风尘怀闺秀"则知作者本意原为记述当日闺友闺情……

由此可见，作者本意原在以"假语村言"即小说的形式写出封建时代女性的悲剧。因此，作者在风尘之中怀念的闺秀就是他那时代的不幸女性，亦即作为艺术形象在书中出现的金陵十二钗（广义，包括正、副、又副共三十六名女子）。而书中的女主角、领袖群钗的黛玉与宝钗，是必须以某种方式在卷首先行介绍的。作者既已在前面以神瑛绛珠的神话介绍了林黛玉的前身，借"二玉合传"预示了宝黛的爱情悲剧；按照"两峰对峙，双水分流"的原则，下面当然要点出另一位女主角薛宝钗了。这里作者又施展了他惯用的"画家烟云模糊"法，以曲笔预示宝玉与宝钗的婚姻悲剧。正如俞平伯先生所说：

> 他的生花之笔，随物寓形，"既因方而为珪，亦遇圆而成璧"，如黛玉

直,《红楼梦》写法也因之而多直;宝钗曲,《红楼梦》写法也因而多曲。①

这"曲笔"便是贫困落魄而野心勃勃的贾雨村所吟的一联:

> 玉在椟中求善价,钗于奁内待时飞。

这贾雨村言(假语村言)是什么意思呢? 如果不是脂批点明,只读到雪芹八十回原作的我们,恐怕也只能与甄士隐一样认为贾雨村抱负不凡了。幸而甲戌本在"钗于奁内待时飞"句旁有脂批"表过黛玉则紧接上宝钗",此对联下又有批语:"前用二玉合传,今用二宝合传,自是书中正眼。"我们这才知道:联语上句"玉"指宝玉,下句"钗"指宝钗,"二玉合传"即神瑛绛珠的木石前盟,"二宝合传"即宝玉宝钗的金玉良缘,作者以此联语预示宝玉与宝钗的婚姻悲剧。至于二宝婚姻悲剧的具体发展过程,我们将另撰专文探索,此处不拟枝蔓。根据小说的种种内证,可知金玉良缘的结局是:宝玉弃宝钗出家为僧,宝钗在压力之下被迫改嫁贾雨村。对此吴世昌先生《红楼梦原稿后半部若干情节的推测》②及本书《薛宝钗形象探源》都有论证,可以参看。

因此,序曲前两部分的主旨是:其一,交代"二玉合传"与"二宝合传",提示小说的情节主线即宝黛钗爱情婚姻悲剧;其次,以对甄英莲一生的预示概写封建时代女性的悲剧命运,点明小说的这一重要主题。

(五)

序曲第三部分的情节是甄士隐败落终至出家,疯道人所念的《好了歌》与甄士隐所作的《好了歌注》是其主要内容。甄士隐的出家,红学研究者均认为是小说主人公贾宝玉最后出家之预演。因为这出现在第一回的情节必有为小说主角传影的作用。当然甄士隐远非一个典型的艺术形象,作者塑造这个人物,结构上的需要实在大大超出形象塑造的需要。作者的目的不仅在于以甄士隐之出家暗示"真事隐去"——小说所据以创作的生活素材已经在艺术虚构之后形象地再现,而且在于通过《好了歌》与甄士隐所作的注文透露小说情节发展的脉络,概括全书主要人物的结局以及作品的主题。

---

① 引自《〈红楼梦〉中关于十二钗的描写》,《文学评论》1963 年第 4 期。
② 见《红楼梦探源外编》375—387 页。

作者对小说的总体构思从卷首开始就笼罩全书,融贯全书的故事情节,一直贯注到小说的结尾,令人不能不钦佩作者构思的精妙与功力之深厚。有人说第五回是全书总纲,其实在作者的创作计划里,第五回中的金陵十二钗图册和《红楼梦曲》所提示的人物结局在第一回《好了歌》及其注内早已有了概括的说明,而且《好了歌》及其注是在更大的范围、更深的意义上呈现了封建社会末世的画图。曹雪芹以朴素的辩证法解剖了封建社会中人与人之间的关系,分析了形形色色的社会现象,给我们展现了一幅由种种联系和相互作用交织起来的画面——封建末世统治阶级内部的剧烈争夺以及随之而出现的贵族之家的兴衰变幻图。一切都在运动、变化、产生、发展和消失,在逐步走向自己的反面。为了证实这种意见,需要将《好了歌》及其注与有关脂批对读。请看下表:

《好了歌》《好了歌注》及有关脂批对照表

好了歌	好了歌注	旁批	眉批
	陋室空堂,当年笏满床;	宁、荣未有之先。	先说场面。忽新忽败,忽丽忽朽,已见得反覆不了。
	衰草枯杨,曾为歌舞场。	宁、荣既败之后。	
	蛛丝儿结满雕梁,	潇湘馆、紫(绛)芸轩等处。	
	绿纱今又糊在蓬窗上。	雨村等一干新荣暴发之家。	
世人都晓神仙好,只有姣妻忘不了!君生日日说恩情,君死又随人去了。	说什么脂正浓、粉正香,如何两鬓又成霜?	宝钗、湘云一干人。	一段。妻妾迎新送死,倏恩倏爱,倏痛倏悲,缠绵不了。
	昨日黄土陇头送白骨,	贷(黛)玉、晴雯一干人。①	
	今宵红灯帐底卧鸳鸯。		
世人都晓神仙好,只有金银忘不了!终朝只恨聚无多,及到多时眼闭了。	金满箱,银满箱,展眼乞丐人皆谤;	熙凤一干人。② 甄玉、贾玉一干人。	一段。石火光阴,悲喜不了。风露草霜,富贵嗜欲,贪婪不了。
	正叹他人命不长,那知自己归来丧!		

---

① 此旁批按红学界意见下移一句。
② 此旁批按红学界意见下移一句。

续表

好了歌	好了歌注	旁批	眉批
世人都晓神仙好，只有儿孙忘不了。痴心父母古来多，孝顺儿孙谁见了。	训有方，保不定日后作强梁。	言父母死后之日。柳湘莲一干人。	一段。儿女死后无凭，生前空为筹画计算，痴心不了。
	择膏粱，谁承望流落在烟花巷！		
世人都晓神仙好，只有功名忘不了。古今将相在何方？荒冢一堆草没了。	因嫌纱帽小，致使锁枷扛。	贾赦、雨村一干人。	一段。功名升黜无时，强夺苦争，喜惧不了。
	昨怜破袄寒，今嫌紫蟒长。	贾兰、贾菌一干人。	
	乱烘烘你方唱罢我登场，反认他乡是故乡。	总收。太虚幻境、青埂峰一并结住。	总收。古今亿兆痴人共历幻场，此幻事扰扰纷纷，无日可了。
	甚荒唐！到头来都是为他人作嫁衣裳。	语虽旧句，用于此妥极是极。苟能如此，便能了得。	

《好了歌注》第一段概写全书"场面"。荣宁二府兴起了，又衰败了。"雨村等一干新荣暴发之家"在既败之后的宁荣二府的基础上又重建了他们的乐园。于是绿纱又糊上了潇湘馆和绛云轩的蓬窗，新贵贾雨村成了荣府的主人。可是他又怎能逃脱"忽新忽败，忽丽忽朽"，"反覆不了"的规律呢！此段所写贵族之家的典型代表贾家的兴衰史正是小说所要反映的重要主题。

第二段概写封建时代女性的悲剧。反抗时代，追求自由与爱情的黛玉、晴雯等人受封建势力的迫害而夭折了；顺应时代，为环境所容纳的宝钗、湘云等人也逃不脱社会变动与自然规律的支配，只能"迎新送死"，改嫁他人，落得两鬓成霜，苦痛余生。一切美的人物都将消失，化为黄土陇中的白骨，或者变成扰扰世上的"鱼眼睛"。这些薄命少女是封建末世社会变动中最直接的、最无辜的因而也是最可同情的牺牲者。封建时代的女性，无一不是悲剧中人：这正是小说所要着力表现的另一主题。

第三段概写金钱贪求者的悲剧。金钱拜物教的狂热信徒王熙凤贪婪地追求财富，转眼满箱金银化为泡影，"及到多时眼闭了"。为财富所牢笼的锦衣玉食公子贾宝玉最后陷入贫困，沦为乞丐，体验了人生的另一面："寒冬噎酸齑，雪夜围破毡"①，终于"悬崖撒手"，出家为僧，以涅槃割断对人生的

---

① 见己卯、庚辰、蒙戚三本第十九回双批。

系恋。

第四段概写贵族家庭后继无人的悲剧。世代簪缨,诗礼传家,号称"教子有方"的贵族名门,随着大家庭的崩溃,儿孙流散甚至落到男盗女娼的可悲境地。

第五段概写权势追逐者的悲剧。一等将军荣国公贾赦、兵部尚书军机大臣贾雨村身居显要,仍然欲壑难填,妄想攫取更大的权力,终于锁枷银铛,充军发配,"荒冢一堆草没了"。只有贾兰、贾菌在困苦中发愤读书,功成名就,"威赫赫爵禄高登",可是恐怕也难免古今功名追求者悲剧的重演。以上三段乃是第一段主旨的延伸,它们以概括而形象的语言,集中展示了小说的重要主题:贵族之家必然会走向衰亡。

第六段总收。总写封建末世统治阶级内部的剧烈争夺:"乱烘烘你方唱罢我登场",指出对功名、金钱、爱情、子孙的执着或追求全都是徒劳与枉费心力。

从整体看来,《好了歌》及其注对封建末世社会生活的各个方面作了现实主义的速写,强调了客观事物的发展和变化,指出世界上的万事万物无不走向自己的对立面,这恰恰是朴素辩证法的观点,而并非一般所认为的乃是色空观念的形象图解。虽然作者哲学思想的外壳是唯心主义的,其表述是带有虚无色彩的,但其合理的朴素辩证法的内核却是不能否定的。

如果剥去《好了歌》及其注先验的外壳,透过笼罩它们的空幻面纱,它们合理的辩证内核就呈现在我们面前,闪耀出曹雪芹哲学思辨的光华。在结构上,《好了歌》及其注的作用亦很显著。它们不仅透露了小说故事发展的脉络和轮廓,预示了小说主要人物的结局,并且点明了全书的主题:贵族家庭的必然衰亡及封建时代女性的必然毁灭。这两个主题交织在一起,在错综复杂的矛盾冲突中发展深化,汇成一部封建末世的人生大悲剧:在贵族之家的典型代表贾府逐步没落的背景中,一场"千红一哭,万艳同悲"的美的毁灭的悲剧正以各种不同的形式几乎是无声地出现于人生的舞台。

笔者认为,《好了歌》及其注形象地表达了作者的哲学思想,概括了小说的主题,因而它们实际上是全书的主题歌。

（六）

如前所述，《好了歌注》第一段概写全书"场面"，暗示贾府的败落与雨村的暴发将是小说情节结构的两大部分。事实上，我们从前八十回看到，这两大部分始终是一明一暗、一详一略、一实一虚地在不断展现，正与《注》文的预示一致。而在序曲的第四部分，当"猩袍乌帽"的贾雨村荣任知府，喝道进衙之际，甲戌眉批点明："所谓'乱烘烘你方唱罢我登场'是也。"这句引自《好了歌注》末段的点睛之语从侧面证实了这个预示：贾府衰败之后，登场表演的乃是贾雨村一干新贵。因此序曲第四部分所写贾雨村发迹娶娇杏的小小喜剧，正是日后贾雨村官场得意直至位极人臣，逼娶宝钗的预演①。作者写此小小喜剧，目的还是在预示小说的情节发展及作品的主题。这里，不但贾雨村的发迹是封建末世统治阶级内部的剧烈争夺和贵族之家兴衰交替的具体表现；娇杏的"命运两济"，其"托言寓意之旨"也仍是概写封建时代女性的悲剧。

在今本五十三回贾雨村已升任大司马（兵部尚书），入军机，贵至从一品，娇杏当然也成了一品夫人，得到了那一时代的妇女所能取得的几乎是最显赫的地位。然而她仍然是一个悲剧人物。这不仅因为贾雨村系"奸雄""下流之人"，娇杏"亦不过偶然侥幸耳，非真实得尘中英杰也"（甲戌第一、二回旁批）；而且因为娇杏成为贵夫人，不过取得了贾雨村附属品的资格，做稳了其奴婢的总头领而已——那也只是封建时代女性悲剧的另一表现形式罢了。小说中元春、探春、宝钗等人的悲剧就是属于这种看似"侥幸"，实则不幸的类型。

作者在序曲中叙写了英莲和娇杏的遭遇，并以她们"托言寓意"，从广义来看当然是概括封建时代女性的悲剧命运，但就其狭义来说，英莲、娇杏又何尝不是黛玉、宝钗的投影？如从小说表现封建时代女性悲剧的主题观察，似确应认为黛玉与英莲的悲剧属同一形式，是"真应怜"；而宝钗与娇杏的悲剧又属另一形式，是"假侥幸"。在贾府被抄破败之后，沦为奴婢的宝钗因偶

---

① 有人认为后三十回没有可能容纳宝钗与雨村的故事。其实这只是个如何处理的问题。如用快节奏约略交代，那是只要数千字就能解决的。

然的机会"但脱青衣便上升"(黄仲则《绮怀》),实现了她"好风频借力,送我上青云"的宿愿,与其他飘零沦落的群芳相比,她是"侥幸"的吧。虽然宝钗未必会充分意识到自己的悲剧地位,可在曹雪芹的眼里,她与黛玉、英莲等人一样,都是封建祭坛上的无辜牺牲,都是应该寄予深切同情的不幸的悲剧人物。曹雪芹将书中女子统统归入"薄命司",以"千红一哭""万艳同悲"概括了普天下女子的悲剧,甚至将贵妃元春、王妃探春①、贵夫人宝钗等跻身青云之上的女性亦包括在悲剧人物之内,这正是曹雪芹思想深刻的地方。

要之,序曲暗示了全书主线、主题,透露了全书情节发展的脉络及主要人物的结局,实有总摄全书之作用。如果小说后半部分未曾散佚,它对全书的概括与预示作用将会更加明显。有的研究者认为"甄士隐的故事仅仅是一个插曲,在全书结构上的意义还不甚显著"②,这种看法忽略了它在全书结构中的重要作用,似乎失之粗疏。

(七)

综上所述,我们看到的《红楼梦》第一回实际由楔子和序曲两个部分组成。楔子介绍了小说的创作缘起,青埂峰顽石及其幻相通灵宝玉成为小说的叙述者贯串全书,携带顽石下世历劫的一僧一道也时时在小说中以各种幻像出现。这种独特的处理方式使楔子与正文的联系更为密切,成为整部小说不可缺少的有机组成:这与传统"楔子"独立于正文前,与正文联系松散,即使删去亦无碍于故事完整的情况不同。从这里,我们可以见到曹雪芹对小说结构艺术继承与发展的痕迹。由于我国传统的美学观念强调对称美,对小说、戏剧等叙事文学的创作和欣赏都以有头有尾、结构完整为美,因此在小说末回必有尾声部分与此楔子相呼应。这一推论可以从富察明义《题红楼梦》组诗第十九首"石归山下无灵气,总〔纵〕使能言亦枉然"得到证实。

小说序曲简略介绍了甄士隐和贾雨村的人生浮沉,虽具相对的独立性而实已成为正文的开端。它概括了全书的主线、主题和主要人物的结局,具

---

① 详见本书《贾探春形象原型和曹寅次女》。
② 引自刘梦溪《论〈红楼梦〉前五回在全书结构上的意义》,见《红楼梦新论》。

有总摄全书的作用。在它的结尾,又极其自然地由序曲中的人物贾雨村引出小说的主体故事,贾雨村和甄英莲(后改名香菱)成为直贯全书的人物,这样,序曲就与主体故事连成一片,形成浑金璞玉般的完美整体。

这两个部分——楔子和序曲——结合起来,就构成了全书的引线,亦即我们所见到的《红楼梦》第一回。它实际由两个相对独立的部分组成,因此小说出现了已经开头重又开头的现象。由于第一回介绍了小说的缘起和情节梗概,预示了小说的主线和主题,我们可以认为它是全书总的提纲。有研究者认为:

> 《红楼梦》前五回在全书结构上的意义是比较特殊的。它不仅是一
> 部书的总的提纲,约略介绍了整个悲剧的发展轮廓和主要人物的生活
> 遭遇,而且也是全书的一个引线,以后的许许多多情节、事件都在这里
> 埋下了根蒂。①

这种意见当然有其正确的方面,然如对第一回细加缕析,似应承认这一结构任务其实已由第一回完成。从第二回到第五回,已经不再是小说的引线或总纲,而是小说主体故事的开始。第二回上承第一回,由第一回中的人物贾雨村引出对小说男女主角贾宝玉和林黛玉童年情况的初步介绍,并以冷子兴演说荣国府正面介绍典型环境,以贾雨村的正邪两赋说提出对小说主要人物性格形成的哲学解释。主角贾宝玉和林黛玉在第三回内正式出场,作者在黛玉眼中继续介绍贾府这一典型环境;小说另一条情节线索的主角王熙凤也开始露面,今后将围绕她展开一系列的情节和故事,以充分展示典型环境,并以她为中心刻画一部分典型形象。第四回贾雨村乱判葫芦案,则是对更大范围的典型环境,即社会背景(黑格尔所谓的"一般世界情况")的介绍,"护官符"就是反映这社会背景的有力一笔。随着此案的结束,另一女主角薛宝钗也来到了贾府。至此,小说的两条平行线索:宝黛钗爱情婚姻悲剧及王熙凤理家悲剧的主角都已出场。而第五回太虚幻境的金陵十二钗图册和《红楼梦曲》,实际是对第一回《好了歌》及其注的进一步具体说明,而且主要是就《好了歌》及其注所反映的主题之一——封建时代女性的悲剧对金陵十二钗的归宿所作的说明。这四回文字已经进入典型环境与典型人物

---

① 引自刘梦溪《论〈红楼梦〉前五回在全书结构上的意义》,见《红楼梦新论》。

的描写,似不应再看作小说的引线或总纲。亚里士多德《诗学》指出悲剧由头、身、尾三个组成部分,然亚氏所说悲剧的"头"是情节(行动)的重要构成,与引线的涵义并不相同。对《红楼梦》小说而言,悲剧的"头"或应划分至二十二回。悲剧的深入展开,即它的"身",那是从二十三回直到贾府抄没的一段。从二十三回起,小说的三位男女主角宝黛钗进入了他们的少年时代,在象征着人生舞台的大观园内开始了他们爱情与婚姻的悲剧。贾宝玉的人生悲剧和众女儿的悲剧也由此逐步向深广发展。而小说所反映的典型环境——贵族之家贾府,表面虽处于"烈火烹油、鲜花着锦"之时,实际却已踏上了"盛筵必散"的起点。在这一大段悲剧的"身"中,小说的情节围绕两条平行线索充分展开,逐步推进,到黛玉泪尽而逝,宝玉弃宝钗而为僧及贾府抄没,悲剧即到达了它的高潮。以后贾府子孙的流散和群芳的飘零,就是悲剧的"尾"。至于全书的引线与总纲,就笔者的管见所及,那应该是《红楼梦》第一回。

(刊载《红楼梦学刊》1984 年第 4 辑)

鹿车荷锸葬刘伶——关于曹雪芹墓石

曹雪芹卒于何时？葬于何方？因文献不足，研究者颇有争议。近在北京市通县张家湾发现一片曹雪芹墓石①，作"曹公讳霑墓壬午"七字。对此墓石真伪的鉴定，除了对墓石本身作科学检测而外，尚可从现有的文献中寻索佐证。清初朴学大师阎若璩曾云："古人之事，应无不可考者。纵无正文，亦隐在书缝中，要须细心人一搜出耳。"（《潜丘札记》卷六）笔者何敢以"细心人"自居，然亦何妨试从文献中一搜剔之。

（一）曹雪芹卒于"壬午除夕"

曹雪芹的卒年，学术界有壬午除夕（1763 年 2 月 12 日）、癸未除夕（1764 年 2 月 1 日）和甲申春（1764 年春）三说②。笔者对此三说并无成见，唯因"壬午除夕，书未成，芹为泪尽而逝"明见于甲戌本第一回页八眉批和靖本藏主靖应鹍提供的"夕葵书屋《石头记》卷一"批语抄件，而其他二说均未能否定此直接文献记录，故笔者在拙著《红楼梦论源》中仍赞同文献有征之"壬午除夕"说。

"癸未除夕"说认为：甲戌本第一回页八脂批中的"壬午除夕"为"癸未除

---

① 据冯其庸《曹雪芹墓石目见记》，该墓石于 1968 年被当地农民发现，当时并未引起重视。1992 年，该墓石被捐献给当地文物部门，引起了红学界极大关注。本文首次发表于 1993 年。

② "癸未除夕"说可参见周汝昌《红楼梦新证》及吴恩裕《曹雪芹丛考》，"甲申春"说详见梅挺秀《〈红楼梦〉作者曹雪芹生卒年之新推定》和徐恭时《文星陨落是何年？》（分别载《红楼梦学刊》1980 年第 3 辑、1981 年第 2 辑）。《红楼梦论丛》载刘世德《关于曹雪芹卒年问题的讨论》对"壬午除夕"及"癸未除夕"二说的讨论有概要介绍，可参阅。

夕"之误,因为此批署年"甲午八日",与"癸未除夕"已相隔十一年,批者脂砚斋年事已高,错记了一年。此说的主要根据是:曹雪芹好友敦敏《懋斋诗钞》中有一首五律《小诗代简寄曹雪芹》作于癸未春,诗云:

> 东风吹杏雨,又早落花辰。
>
> 好枉故人驾,来看小院春。
>
> 诗才忆曹植,酒盏愧陈遵。
>
> 上巳前三日,相劳醉碧茵。

"上巳前三日"为三月三日之前三天,癸未年二月二十二日清明,二月底杏花已谢,故此诗所写符合癸未春天的时令特征。而且,在《懋斋诗钞》钞本(1955 年影印本)上,它的前三首为《古刹小憩》,题下注有"癸未"。可见《小诗代简寄曹雪芹》是癸未春之作。敦敏既能在癸未春天写诗请曹雪芹赴宴,则曹雪芹在"壬午除夕"不可能去世,甲戌本脂批有误。

为了验证"癸未除夕"说的根据,1972 年美国威斯康辛大学教授赵冈先生将哈佛大学燕京图书馆善本书库藏《八旗丛书》第二十七册《懋斋诗钞》清钞本与北京图书馆(今国家图书馆)藏原钞本(即 1955 年据以影印的底本)详细对校后,考出北京图书馆藏原钞本系《八旗丛书》编者恩丰用两个钞本剪贴编辑而成。它并非严格编年,《古刹小憩》下的"癸未"原为"庚辰",乃恩丰所挖改(详见《〈懋斋诗钞〉的流传》)。因此,《小诗代简寄曹雪芹》亦应作于庚辰,它不能作为否定"壬午除夕"说的证据。

"甲申春"说以敦诚《四松堂集》抄本《挽曹雪芹》七律下小注"甲申"为立论的根据。此说认为甲戌本第一回页八的眉批应分读为三条,实际上是把其中"能解者方有辛酸之泪哭成此书壬午除夕"独立为一条,"壬午除夕"成为署年。这样就从根本上否定了曹雪芹卒于"壬午除夕"或"癸未除夕"二说。

但是,"夕葵书屋《石头记》卷一"批语的存在,证明甲戌本第一回页八的眉批不仅不能分割为三条,而且它原应与同页"满纸荒唐言"一绝下的批语"此是第一首标题诗"合为一长批。下录此批(圆括号内为甲戌本的异文,斜线表示甲戌本上脂批分开之处,曲线表示"甲申春"说假定的脂批分割处):

> 此是第一首标题诗⌇ /,能解者方有辛酸之泪哭成此书。壬午除

夕}，书未成，芹为泪尽而逝。余常(尝)哭芹，泪亦待尽。每思(意)觅青埂峰再问石兄，奈(余)不遇赖(獭)头和尚何，怅怅。/} 今而后愿(惟愿)造化主再出一脂一芹(一芹一脂)，是书有幸(何本)，余二人亦大快遂心于九原(泉)矣。甲申(午)八月(日)泪笔。

俞平伯先生 1964 年有《记"夕葵书屋〈石头记〉卷一"的批语》一文考证，认为此抄件比甲戌本第一回页八的批语在文字和抄写形式上均更准确(见《俞平伯论〈红楼梦〉》)。根据俞先生的考证，"甲申春"说认为甲戌本第一回页八眉批应分抄为三条就不能成立。最显著的证据有二：其一，"能解者方有辛酸之泪哭成此书"一句之"者"字乃代词，代前句中"第一首标题诗"，故此句不能独立成批，"壬午除夕"也就不可能是署年；其次，"今而后"乃承上之词，不能独起一条。由此可见，"甲申春"说亦不能否定"壬午除夕，书未成，芹为泪尽而逝"的脂批明文。

甲戌本第一回页八的眉批与"夕葵书屋《石头记》卷一"的批语均系源自甲戌原本的脂批，虽系同一来源，然既经两次传抄而最重要的一句"壬午除夕，书未成，芹为泪尽而逝"一致，可证此句抄写无误。曹雪芹卒于"壬午除夕"文献有征，应该可信。

(二)敦诚挽诗显示：敦诚没有参加雪芹葬仪；雪芹可能裸埋；雪芹与其子同葬于曹家祖坟

曹雪芹好友爱新觉罗·敦诚《挽曹雪芹》七律两首见《鹪鹩庵杂记》抄本，诗云：

四十萧然太瘦生，晓风昨日拂铭旌。
肠回故垄孤儿泣(前数月伊子殇，因感伤成疾)，泪迸荒天寡妇声。
牛鬼遗文悲李贺，鹿车荷锸葬刘伶。
故人欲有生刍吊，何处招魂赋楚蘅？

开箧犹存冰雪文，故交零落散如云。
三年下第曾怜我，一病无医竟负君。
邺下才人应有恨，山阳残笛不堪闻。

> 他时瘦马西州路，宿草寒烟对落曛。

因前首用八庚韵而"伶"字九青出韵，敦诚后来将它们改写成一首，见于《四松堂集》抄本。诗云：

> 四十年华付杳冥，哀旌一片阿谁铭？
> 孤儿渺漠魂应逐（前数月伊子殇，因感伤成疾），新妇飘零目岂瞑？
> 牛鬼遗文悲李贺，鹿车荷锸葬刘伶。
> 故人惟有青衫泪，絮酒生刍上旧坰。

题下注有"甲申"。为行文方便，以下将这三首《挽曹雪芹》诗简称为挽诗一、挽诗二、挽诗三。

关于这三首挽诗，二十世纪六十年代讨论曹雪芹卒年时，专家们都发表了自己的意见。今日重新研读，笔者认为有四点比较清楚，值得注意：

（1）挽诗三题下所注"甲申"，应系敦诚改写此诗之年。

挽诗三的写作时间离曹雪芹去世必已有一段相当长的时间，因为：挽诗一中的"泪迸荒天寡妇声"所写乃曹雪芹新丧时的情况；挽诗三改成"新妇飘零目岂瞑"，其时，敦诚已明确知道曹雪芹的"新妇"已"飘零"他去，离开了西山旧居，离开了曹家（如她仍由曹家人照顾，即不得称为"飘零"）。而据张宜泉的《伤芹溪居士》，在雪芹死后第二年的春夏间，张宜泉去西山吊问时，"新妇"似尚未"飘零"，因为他还在西山旧居见到曹雪芹的琴剑遗物："琴裹坏囊声漠漠，剑横破匣影铿铿。"因此，"新妇"在为雪芹守丧一年后"飘零"离京似乎更合。挽诗三既写于"新妇飘零"之后，则题下所注"甲申"就不能解释为雪芹逝世之年，而只能解释为敦诚改写之年。

（2）敦诚没有参加雪芹的葬礼。

挽诗一结句云："故人欲有生刍吊，何处招魂赋楚蘅？""生刍"即新刈下之青草，《诗经·小雅·白驹》有"生刍一束，其人如玉"之句。《后汉书·徐稚传》记：郭林宗丧母，徐稚往吊，"置生刍一束于庐前而去"。因此束草吊丧乃古代习俗。清代虽已无此风习，作诗用典也是可以的。"故人"当然是敦诚自称，既云"欲有生刍吊"，"欲"者，想做而未做之谓，据此句可见敦诚并没有亲去吊丧送葬。

正因为挽诗一显示敦诚未亲自参加曹雪芹之葬礼，故此诗第二句"晓风昨日拂铭旌"应系想象之辞。"昨日"亦应是泛称。

（3）敦诚于甲申清明亲去曹雪芹墓地吊祭，归家后改写挽诗三，其时他已知雪芹与其子同葬于曹家祖坟之内。

挽诗三结句云"故人惟有青衫泪，絮酒生刍上旧坰"，显示甲申年（乾隆二十九年，1764）敦诚曾亲去曹雪芹墓地祭奠，按一般民俗，应系清明之时。因敦敏、敦诚兄弟每年清明必去京东潞河南之水南庄祖茔祭扫，故吊祭曹雪芹墓当系顺道。挽诗一有"肠回故垄孤儿泣"句，"故垄"意为旧坟，据本句小注，"孤儿"才死数月，如所葬处非曹家祖坟，似不得称为"故垄"。坰，《诗经·鲁颂·駉》："駉駉牡马，在坰之野。"毛传："坰，远野也。邑外曰郊，郊外曰野，野外曰林，林外曰坰。"但此地"坰"应解作坟墓，"旧坰"语出温庭筠《过孔北海墓二十韵》："墓平春草绿，碑折古苔青。……兰蕙荒遗址，榛芜蔽旧坰。"（《全唐诗》九函第五册580页）诗末"旧坰"明指孔融（北海）旧坟。敦诚挽诗三"旧坰"与此同义。"故垄""旧坰"均指曹家祖坟。雪芹与其子当同葬于北京远野曹家旧时坟地。

（4）曹雪芹葬时既无铭旌，亦无棺木，极其草草。

敦诚挽诗一云"晓风昨日拂铭旌"，应系想象之辞；挽诗三已改写为"哀旌一片阿谁铭"，乃疑问句式，有问而无答，实际上是说曹雪芹丧葬草率简陋，连铭旌亦没有。"铭旌"即明旌，或作名旌，是标明灵柩的旗帜，亦称"灵幡"。它一般以绛色帛制成，宽一幅，长七至九尺不等，以白粉书写死者的官衔或称呼于其上，用与帛同样长度的竹竿竖起，停灵时立于棺前，出丧时引导灵柩（详见朱熹《家礼·丧礼·立铭旌》）。明清小说屡有描写，如《金瓶梅》第七十九回："徐先生来到，祭告入殓，将西门庆装入棺材内，用长命丁钉了，安放停当，题了名旌：'诰封武略将军西门公之柩。'"《儒林外史》第二十六回写向道台为戏子鲍文卿题铭旌："皇明义民鲍文卿享年五十有九之柩。赐进士出身中宪大夫福建汀漳道老友向鼎顿首拜题。"《红楼梦》第十四回写秦可卿出丧，前面铭旌上大书"奉天洪建兆年不易之朝诰封一等宁国公冢孙妇防护内廷紫禁道御前侍值龙禁尉享强寿贾门秦氏恭人之灵柩"。雪芹丧葬时不用铭旌，当是死后即葬，不用棺木之故。

这从"牛鬼遗文悲李贺，鹿车荷锸葬刘伶"一联可以得到旁证。挽诗从初稿两首改定为一首，而此联一字未改，可见它们乃挽诗之重心：前句悲雪芹天才早逝,后句写雪芹对生死的达观及身后丧葬的实际情况。后来敦诚又将此联写入《鹪鹩庵杂记》回忆曹雪芹的条目中,可见此联极为重要。如所周知,下句典出《晋书·刘伶传》:

> (刘伶)常乘鹿车,携一壶酒,使人荷锸而随之,谓曰:"死便埋我。"

刘伶语意确乎是命仆人将自己死后即埋,裸葬而不用棺木。故敦诚三次写下"鹿车荷锸葬刘伶"确包含了曹雪芹可能裸埋的信息,值得我们予以充分的注意。

(三)敦敏和张宜泉悼诗显示:曹雪芹之墓不在西山

敦敏《懋斋诗钞》有《河干集饮题壁兼吊雪芹》,诗云:

> 花明两岸柳霏微,到眼风光春欲归。
> 逝水不留诗客杳,登楼空忆酒徒非。
> 河干万木飘残雪,村落千家带远晖。
> 凭吊无端频怅望,寒林萧寺暮鸦飞。

据徐恭时先生考证,"河干"系指北京东郊的潞河之滨(见《登楼空忆酒徒非——曹雪芹在燕市东郊活动史料钩沉》,载《红楼梦研究集刊》第2辑),故"集饮"之楼必系潞河边的酒楼。敦敏家之祖坟在潞河南之水南庄,每年清明敦敏和敦诚兄弟均去祖茔祭扫,甲申清明两人又顺道祭奠了曹雪芹之墓地(详上节),回京途中集饮于潞河之滨酒楼,故敦敏题壁诗"兼吊雪芹"。

敦敏在潞河之滨凭吊雪芹,写下了"凭吊无端频怅望"之句:既无从凭吊而又要频频远望,所望当是雪芹之墓,可见雪芹坟墓离潞河并不很远。如果曹雪芹葬在西山,那敦敏到东郊潞河边上去凭吊,未免南辕北辙。

张宜泉《伤芹溪居士》诗也从反面证实了曹雪芹之墓不在西山旧居附近。诗云:

> 谢草池边晓露香,怀人不见泪成行。
> 北风图冷魂难返,白雪歌残梦正长。
> 琴裹坏囊声漠漠,剑横破匣影铓铓。
> 多情再问藏修地,翠叠空山晚照凉。

末句显示此诗作于春末夏初,其时宜泉始得雪芹死讯到西山吊问。"多情再问藏修地"绝不能解释为张宜泉去西山的曹雪芹墓祭扫,因为"藏修地"典出《礼记·学记》:"故君子之于学也,藏焉修焉。"实指曹雪芹潜心读书写作的地方,即曹雪芹的西山旧居。如果曹雪芹之墓就在西山旧居附近,则张宜泉既已至西山访其家,必会顺道往祭其墓。而张宜泉此诗并无一字提及曹雪芹的墓地,正可反证曹雪芹未曾埋骨西山。

(四)文献显示:曹家祖坟有可能在张家湾

曹家祖坟,康熙五十年(1711)正月十八日李煦《安排曹颙后事折》曾经提及:"奴才谨拟曹颙于本月内择日将曹颙灵柩出城,暂厝祖茔之侧。""俟秋冬之际,再同伊母将曹寅灵柩扶归安葬,使其父子九泉之下得以瞑目。"此折证实曹家祖坟在北京城外。

那么,曹家祖茔到底在北京城外何处呢?

首先,我们可以肯定曹家祖茔不在宝坻田庄附近。清军入关后,在直隶省及京畿圈占了大量土地,分配给八旗官兵,曹家在宝坻县西分得一批庄田,见于《楝亭文钞·东皋草堂记》。此文系曹寅为表兄甘国基(1651—1705)所写①。甘国基当时(康熙四十年五月初三日,1701)在江宁织造署,已离职准备回宝坻崔口东皋田庄终老(甘家属汉军正蓝旗)。曹寅文末称:"予家受田亦在宝坻之西,与东皋鸡犬之声相闻,仆仆道途,沟塍多不治。兄归,幸召佃奴挞而教之,且以勖弟筹石。至东皋墙垣、篱落、庖湢之处,耕艺之事,筹石爱弄柔翰,尚能记之。予以未及见,故不书。"暗示曹家宝坻田庄已

---

① 甘国基字靖之,号鸿舒,甘文焜(云贵总督,吴三桂叛乱时死难殉职)第三子,历任甘肃巩昌府及广西南宁府同知,山西太原府知府,福建巡海道,河南按察使、布政使、护理巡抚,所以曹寅文中说他"仕宦于四方""南走儋耳,北度瀚海,舞筝跃马,奋扬英华,视功名易若唾手;脱亲于危亡之难,急义于死绝之域,何其伟也"。甘国基卒于康熙四十四年乙酉三月二十九日(见嘉庆九年刻本《沈阳甘氏宗谱》,周汝昌先生《红楼梦新证·人物考》有引录),而曹寅《太平乐事》自序曾称:"余表兄东皋,酷爱其词……武林稗畦生(即洪昇)击赏此词……未几,有捉月之游(洪昇于康熙四十三年六月初一日在浙江乌镇失足落水溺死)。又一年,东皋亦下世。"又曹寅《楝亭诗别集》卷二《过甘园》诗末自注:"谓鸿舒表兄。"合而观之,知"东皋"表兄即甘国基,《东皋草堂记》应为甘国基而作。此点因研究者易忽视,故拈出之。

为曹宣(筠石)所有,且为曹宣所管理,而曹寅本人则既未去过甘氏东皋田庄,也没有去过宝坻田庄。如果曹家祖坟在宝坻田庄附近,那他自然是去过那里的。

其次,从曹寅在通州有典地、张家湾有当铺推测,曹家祖坟确有在张家湾的可能。

曹寅在北方的财产,据曹頫在康熙五十四年(1715)七月十六日向康熙帝报告:"惟京中住房二所,外城鲜鱼口空房一所,通州典地六百亩,张家湾当铺一所,本银七千两。"(《关于江宁织造曹家档案史料》第117件)通州典地六百亩必非宝坻田庄的"受田",而是以"典"的方式(即购买一定年限的使用权和所有权,在到期之前,原业主可以原价赎回,超过年限即归典买者所有)购进的田地。这批典地至少价值白银三千两。当时官僚家族都在祖茔附近购置田地房产,其原因正如《红楼梦》第十三回秦可卿灵魂托梦凤姐所说:"趁今日富贵,将祖茔附近多置田庄、房舍、地亩,以备祭祀供给之费皆出自此处……便是有罪,凡物可以入官,这祭祀产业连官也不入的,便败落下来,子孙回家读书务农,也有个退步,祭祀又可永继。"曹寅在张家湾又有个本银七千两的当铺,清代当铺月利三分,除去管理费用,以纯利润每月二分计算,每年可有一千六百八十两的收益。这还仅仅是利息收入,如再加上变卖死当所得,年收入大约可以有二千五百两。笔者在《红楼梦论源》中指出:曹寅未曾继承其父遗产,曹玺的产业均由其嫡子曹宣承继,因而通州典地六百亩和张家湾本银七千两的当铺都应系曹寅自己购置。曹寅何故要在此地投资一万两白银呢?土地或许只能购自京畿,但当铺完全可以开到京城里,不仅管理方便,资金周转快,利润也更高,张家湾虽是水陆交通要道,毕竟不能与北京相比。其原因当是张家湾有曹家祖坟祠堂,产业置于此地比较可靠的缘故。

(五)曹寅《北行杂诗》显示:曹家祖茔在张家湾潞河畔一处地势较高的荞麦地附近

曹寅《楝亭诗钞》卷一有《北行杂诗》二十首。此组诗系康熙二十四年乙丑(1685)六月至九月曹寅携母弟扶父枢北行回京途中所作,反映出他当时的思绪心态及曹家的家庭情况。曹寅本人对此组诗极为重视,曾亲笔以小楷写于扇面，扇面今尚存天津文物管理处。全面考察这组诗，我们可以从中得到有关曹家祖茔所在地的信息。

康熙二十三年(1684)六月曹玺在江宁病故，停灵于江宁织造署。同年十二月初，康熙帝南巡至江宁，亲至江宁织造署抚慰曹玺家属，并派内大臣为皇帝代表以"工部尚书"的赠衔祭奠曹玺。曹寅、曹宣兄弟及孙氏在江宁守灵共十一个月，次年五月方始扶柩回京。据《北行杂诗》所写，这次北行费时三月有余。五月在江宁下船，有曹寅忘年交杜岕《思贤篇》(《岕山集辑》卷二)题下自注为证："送荔轩还京师。时乙丑五月，登舟日也。"六月初方始在镇江渡长江至瓜洲入运河(《北行杂诗》之一"六月水初宽""未及渡江看")，八月初过黄河(时黄河夺淮，在清江浦渡河。组诗之九"过淮声不断，八月竟无闻"；之十三"欲就纤纤月，黄河浪几层")，中秋前过下邳(今江苏邳县。组诗之十五"层阴孤月出，返照下邳城。去路秋将半，思家眼倍明")，九月初过济水(组诗之十八"济水寒无滓""犹伤髀里肉，三月舵楼前")。舟行迟迟，较一般正常速度慢了几乎一倍，即是因携带曹玺灵柩之故。《北行杂诗》之八有"难将青草泪，万里问苍旻"，之十九又有"同舟无主客，歌泣不知频"(指全家母子、兄弟、仆从每日哭祭曹玺灵柩)，皆显示此行必系扶柩北归。因孙氏身份特殊(皇帝保母、一品夫人)，曹寅又得康熙帝宠信，曹玺政绩斐然，康熙帝且特加礼遇赐赠工部尚书衔，派内务府大臣设祭——地方官员自然不敢怠慢曹家一行。曹玺灵柩在江宁入舟时即可能(甚至必定)开吊，接受江宁官绅的祭送。灵柩所过之处，地方官员及曹家戚友也会迎送设祭，此时曹寅兄弟就应停舟按礼接待。舟行如此之慢，即是因为这一套繁礼缛节所致①。

《北行杂诗》之十九、二十最值得注意，需要细读。下录二诗：

> 同舟无主客，歌泣不知频。
> 尘面由来假，秋光即此真。
> 云霾深地肺，虎豹据天津。
> 明日黄花外，萸囊意倍亲。
>
> 野风吹侧帽，断岸始登高。

---

① 此点曾蒙邓云乡先生指教，谨此致谢。

阔绝无鸿雁,提携有桔槔。

清寒荞麦气,哀响白杨号。

掩泪看孤弟,西山思郁陶。

九月初九重阳有登高簪菊插茱萸的民俗,故组诗之十九显示舟过天津是九月初八,诗中"天津"双关银河及天津卫地名。组诗之二十写到泊舟登岸,从"明日黄花外,萸囊意倍亲"及"断岸始登高"句,知其时正是九月初九重阳节。当时南来官私舟船皆于张家湾泊舟上岸,曹寅母子一行自不例外。而从天津舟行一日,正可至张家湾潞河(今通惠河)畔。"桔槔"原指汲水工具,引申可指杠杆之属。灵柩乃沉重之物,将其吊运上岸再运至坟墓需利用杠杆,故下联"清寒荞麦气,哀响白杨号"即写墓地景象。古代民俗于坟场多植白杨以寄哀思,如《古诗十九首》之十三:"驱车上东门,遥望北郭墓。白杨何萧萧,松柏夹广路。"之十四:"去者日以疏,生者日以亲。出郭门直视,但见丘与坟。古墓犁为田,松柏摧为薪。白杨多悲风,萧萧愁杀人。"陶渊明《挽歌诗》:"荒草何茫茫,白杨亦萧萧。严霜九月中,送我出远郊。四面无人居,高坟正嶕峣。"在坟园中种植白杨,明清时尚如此,见李时珍《本草纲目》,又见西湖花隐翁陈淏子《花镜》(康熙二十七年出版)卷三:"白杨遇风则簌簌有声,人多植之坟墓间,高可十余丈。"《红楼梦》第五十一回麝月也提及坟地的白杨树。"哀响白杨号"乃以移情手法写曹玺下葬入土时曹家母子、兄弟、仆从悲哀哭泣之声,故以下即有"掩泪看孤弟,西山思郁陶"之句。"西山"乃首阳山的别称,伯夷叔齐兄弟曾隐居于此,汉代扬雄《法言·渊骞》、晋代陆机《演连珠》、《梁书·刘显传》均称"首阳山"为"西山"。"思郁陶",忧思积聚之谓,语出《孟子·万章上》,乃舜之弟象对舜言:"郁陶思君尔。"曹寅在曹玺逝世后所作《放愁歌》(《楝亭诗别集》卷二)中已提出"我今褰裳,采藿采薇",要效法伯夷叔齐隐居首阳山。故《北行杂诗》二十首以"掩泪看孤弟,西山思郁陶"两句结束组诗,意谓父亲丧葬大事已完,我将隐居首阳山,在那里将"孤弟"思念。

综上所析,可见曹家祖茔应即在张家湾潞河(即今通惠河)畔的一处荞麦高地之旁。

《北行杂诗》显示的曹家祖坟之地理位置,符合清代满洲正白旗坟茔在北京东远郊的规定。李煦家亦属满洲正白旗,其父李士桢葬于通州城西之王瓜园,见杜臻为李士桢所撰墓志铭(《碑传集》卷六十六)。

如再将《北行杂诗》所反映的曹家祖坟所在地与敦敏《河干集饮题壁兼吊雪芹》合看:敦敏在潞河边悼念曹雪芹,远望雪芹之墓,而张家湾正在潞河之南,则敦敏"凭吊无端频怅望"或正是敦敏在潞河边酒楼南望张家湾,不见雪芹之墓而只见"寒林萧寺暮鸦飞"以至感慨万端之实录吧。

据康熙二十五年(1686)朱彝尊编《日下旧闻·京畿·通州》引明蒋一葵《长安客话》:"张家湾为潞河下流南北水陆要会,自潞河南至长店四十里,水势环曲,官船客舫骈集于此,最称繁盛。"又引明嘉靖内阁首辅徐阶《张家湾城记》云:"自都门东南行六十里,有地曰张家湾。凡四方之贡赋与士大夫之造朝者,舟至于此,则市马僦车陆行以达都下,故其地水陆之会,而百物之所聚也。"清代前期,张家湾仍是京畿的水陆重镇,至嘉庆以后漕运改走海道,张家湾方逐渐失去其地理优势。史志载当时张家湾多有古寺道观,倾圮者不计,尚有广福寺、圆通寺、弥陀寺、立禅庵、观音寺、佑民观、海藏寺、古城寺等。这些寺庙中,当有曹家香火,它们都是可供停灵或送灵者寄居的。曹雪芹的好友张宜泉,其曾祖(当为内务府镶黄旗包衣)的灵柩就寄存在张家湾某寺,《春柳堂诗稿》有《赴张家湾寻曾祖柩》五律一首(见影印本第 80 页):

> 宗枢遗萧寺,高僧不可寻。
> 特留三月宿,要觅百年音。
> 枯骨风前土,空基月下阴。
> 知情非有处,徒抱问津心。

从"枯骨""空基"一联,可知张宜泉家的坟茔就在张家湾,其曾祖灵柩运至祖茔之侧而未及时安葬,暂寄厝于某寺。此次张宜泉亲来此地,准备花三个月的时间寻觅曾祖灵柩并将其落葬。《红楼梦》曾写及贾家在京郊有铁槛寺、水月庵等香火庙,秦可卿及贾敬死后都曾停灵于此,又有可供送灵人口暂住的阳宅,都有可能是曹家当日祖茔所在地情况的艺术反映。

要之,根据曹寅《北行杂诗》及其不动产在张家湾的记载,再辅以其他文献资料综合分析,曹家祖茔确有在张家湾地区的可能。

（六）关于曹雪芹之墓石

上面，笔者根据现有的文献资料综合分析探讨，对曹雪芹卒于壬午除夕、曹雪芹可能裸埋及曹家祖坟在张家湾等提出了自己的看法。在此探讨的基础上，笔者认为，在张家湾出土的曹雪芹墓石是可信的。

目前，这块曹雪芹墓石的真实性虽尚不能百分之百地肯定，但墓石发现者张家湾农民李景柱在报告现场情况时提及尸骨系无棺裸埋，这就似乎不是一个普通农民所能想象虚构的。事实上，在张家湾农民发现此墓石之前，学术界没有人认为曹雪芹可能是裸葬的，虽然大家明知"鹿车荷锸葬刘伶"句隐含着"死便埋我"亦即裸埋的信息。因为从前一般死者均有棺木可盛，即使是街头的乞丐，刑场的死囚，无家的流民，死后亦有当地的慈善者施给薄棺一口；曹雪芹虽穷，还有"新妇"以及脂砚斋、畸笏叟等家人，且有敦敏、敦诚、张宜泉、明义等友人，绝不至于无棺裸埋。然天下之奇事，必奇人方能为之：曹雪芹"素性放达"，刘伶"死便埋我"之说反映了他追求与自然合一的旷达生死观，这当然是曹雪芹所赞同的。试看《红楼梦》第三十六回贾宝玉对身后之事的设想："趁你们在我就死了，再能够你们哭我的眼泪流成大河，把我的尸首漂起来，送到那鸦雀不到的幽僻之处，随风化了，自此再不要托生为人，就是我死的得时了。"曹雪芹的这种浪漫想象与刘伶的"死便埋我"其实质真是何等相似！

敦诚挽诗"故垄""旧垌"证实曹雪芹与其殇子同葬于旧时曹家坟茔，提醒我们曹雪芹可能并不是死于西山悼红轩，而是死于张家湾曹家祖坟之侧即其先人庐墓之间。按照旧时民俗，这里必当有祠堂或茅庐为守坟的家仆所居，或为因败落而流离失所的子孙栖身之处。雪芹之子在壬午秋夭亡，雪芹因而感伤成疾，但儿子之丧葬自当由他本人料理。按照当时丧葬惯例，他会将其子遗体送往张家湾祖坟与其生母合葬。曹雪芹很可能因此而离开西山来到张家湾先人庐墓之侧，葬儿时的过于哀痛更可能促使他病情加重，至除夕乃泪尽而逝。当时已及新岁，如去亲友家报丧自属人情所不许，"新妇"及祖坟家仆料理雪芹丧事，尊重他本人"死便埋我"的遗愿，将其裸葬于祖坟之内，是有可能的。雪芹草草裸埋，甚至墓而不坟，不表不树，"日久不过随土化了,岂不干净"。那块随手凿刻的墓石,称"曹公讳霑墓",该是守坟的家仆所刻。王利器先生在 1992 年国际《红楼梦》研讨会上发言,认为墓石是曹家庄户所刻,与笔者看法可谓不谋而合。张家湾的曹家庄户当然负有守坟之责,其实际身份也正是曹家奴仆,由他们凿刻的家主曹雪芹之墓石,当然称"公"。守坟家仆文化程度低下,随手所刻的墓石自然不合正式墓碑的规范。因其不合规范而否定其真实性,根据似乎不足。

结合文献资料综合考虑,曹雪芹墓石各点皆合,恐非张家湾普通农民所能伪造。今后如能在墓石出土处附近发现曹氏家族其他成员的墓志或有关文物,则可进一步旁证墓石之真实可信。时间将会是最好的鉴定人,我们不妨拭目以待。

(刊载《红楼梦学刊》1993 年第 2 辑)

曹雪芹与黄宗羲

在《论曹雪芹裸葬之可能》①一文中，笔者已论及曹雪芹之裸葬（即不棺而葬，亦即敦诚《挽曹雪芹》所谓的"鹿车荷锸葬刘伶"）有受明清之际思想家黄宗羲影响的可能。实际上，作为新时代先驱的启蒙思想家黄宗羲对曹雪芹的影响是多方面的，特别是其政治学著作《明夷待访录》更可能直接影响到曹雪芹初步民主主义思想的形成。因兹事体大，本文只能先就曹雪芹对封建君主与君权本质、君臣关系及科举取士等三方面试作讨论。

（一）"借省亲写南巡"与贾元春的
人生悲剧：对封建君主与君权本质的揭示

揭露封建君主与君权的本质，乃是启蒙思想家反封建的第一步。《明夷待访录》首篇《原君》即针对这最根本的问题作了深入剖析：

> 后之为人君者不然，以为天下利害之权皆出于我，我以天下之利尽归于己，以天下之害尽归于人，亦无不可。使天下之人不敢自私，不敢自利，以我之大私为天下之大公。始而惭焉，久而安焉，视天下为莫大之产业，传之子孙，受享无穷。……古者以天下为主，君为客，凡君之所毕世而经营者，为天下也。今也以君为主，天下为客，凡天下之无地而得安宁者，为君也。是以其未得之也，屠毒天下之肝脑，离散天下之子女，以博我一人之产业，曾不惨然，曰："我固为子孙创业也。"其既得之也，敲剥天下之骨髓，离散天下之子女，以奉我一人之淫乐，视为当然，

① 载《红楼梦学刊》1994 年第 3 辑。

曰:"此我产业之花息也。"然则为天下之大害者,君而已矣。

黄宗羲以锐利的语言将封建君主与君权的本质揭示于世人之前:封建君主完全是为了自己的私利用武力屠戮人民以夺取国家的统治权。这就从根本上粉碎了封建君主自称"天子"、制造"受命于天""君权神授"的谎言。这石破天惊的新论对中国封建社会长期束缚于传统思想的知识阶层尤其具有根本性的震撼力量,对动摇人们对君主与君权的迷信起了极大作用。毫无疑问,这样深刻的理论分析实乃吹响了反封建的第一声号角,将会唤起人们对封建制度长治久安的怀疑与否定。

《红楼梦》是文学作品,自然不可像《原君》一样作深入的理论剖析。但曹雪芹在形象塑造及叙述语言的字里行间亦流露出与黄宗羲相似的民主主义思想,特别是"借省亲写南巡"及对贾元春人生悲剧的描绘与构思,都以文学形式对君主与君权的本质作了最生动形象的揭露。

第十六回凤姐与赵嬷嬷谈及"太祖皇帝仿舜巡",贾府"只预备接驾一次,把银子都花的淌海水似的";江南的甄家"接驾四次","别讲银子成土泥,凭是世上所有的,没有不是堆山塞海的,'罪过可惜'四个字竟顾不得了"。而"今上"偶令妃嫔回家探亲,贾府等"椒房贵戚"就挥金如土建造"省亲别院",贾府单为置办小女戏、乐器行头及花烛彩灯、帘栊帐幔就花了白银五万两,建造大观园与省亲一次的花费则无法计算。为了制造春光明媚的假景观,还在元宵之夜的大观园大规模制作布置人工花鸟:"柳杏诸树虽无花叶,然皆用通草、绸绫、纸绢依势作成粘于枝上","更兼池中荷荇凫鹭之属,亦皆系螺蚌羽毛之类作就的"。曹雪芹在此采用了隋炀帝的素材:"(西苑)宫树秋冬凋落,则剪彩为花叶,缀于枝条,色渝则易以新者,常如阳春。沼内亦剪彩为荷芰菱芡,乘舆游幸则去冰而布之。"(《资治通鉴》卷一百八十)据甲戌本第十六回回首总评"借省亲写南巡,出脱胸中多少忆惜〔昔〕感今",曹雪芹在有关省亲情节中运用隋炀帝的素材,显然是在指斥清代康熙、乾隆二帝南巡之奢华已步亡国之君隋炀帝的后尘。(参见《研红小札》第二十五则《省亲、南巡与隋炀帝》)

贾元春的人生悲剧,更是对封建君主和君权的直接控诉。按清代的秀女制度,八旗少女十四至十六岁之间必须先供皇室挑选,落选者方可自由择配。贾元春十五岁挑入宫中做"女史",数年后封为凤藻宫尚书、贤德妃。在世俗的眼光中,贾元春何等荣耀、尊贵、幸运!然在她"体仁沐德"探亲归省之时,曹雪芹所着力描写的,却是她对那"不得见人的去处"即皇宫的怨愤。皇宫,这君主与君权的化身,禁锢了千千万万贾元春式的少女,埋葬了她们美好的青春、欢乐与生命,造成了无数封建时代"假侥幸"的女性悲剧。贾元春省亲时的一次次哭泣就是她对自己悲剧的预感。据考证,贾元春的"虎兔相逢大梦归",就是她将在朝廷两派政治力量的争斗中,被皇帝作为替罪羊赐死的预示(参见《研红小札》第二十四则《虎兕与虎兔》)。曹雪芹以贾元春的人生悲剧揭露封建君主的凶残,与"借省亲写南巡"揭露封建君主的奢侈靡费一样,都是《原君》中"敲剥天下之骨髓,离散天下之子女,以奉我一人之淫乐""为天下之大害者,君而已矣"的形象表现。

(二)斥"文死谏,武死战":揭示封建君臣之间的主奴关系

第三十六回,贾宝玉评论作为封建时代臣子最高道德规范的所谓"文死谏,武死战"云:

> 人谁不死?只要死的好。那些个须眉浊物,只知道"文死谏,武死战",这二死是大丈夫死名死节,竟何如不死的好!必定有昏君他方谏,他只顾邀名,猛拼一死,将来弃君于何地!必定有刀兵他方战,猛拼一死,将来弃国于何地!所以这皆非正死。
>
> 那武将不过仗血气之勇,疏谋少略,他自己无能送了性命,这难道也是不得已!那文官更不可比武官了,他念两句书横在心里,若朝廷少有疵瑕,他就胡谈乱劝,只顾他邀忠烈之名,浊气一涌,即时拚死,这难道也是不得已!还要知道:那朝廷是受命于天,他不圣不仁,那天地断不把这万几重任与他了。可知那些死的都是沽名,并不知大义。

曹雪芹借贾宝玉的这段言论反对所谓"大丈夫死名死节"的"文死谏,武死战",斥之为"沽名""并不知(君臣)大义",实际正是反对君臣之间的主奴关系,反对臣以仆妾自处,只向皇帝个人负责的愚忠,反对在中国封建社会后期即明清时代无限扩大了的极端君权。曹雪芹的这种民主主义思想显然来自《明夷待访录》。继此书首篇《原君》将批判的锋芒指向君主与君权之后,次篇《原臣》即集中批判明清时代自居于仆妾的臣子:

有人焉,视于无形,听于无声,以事其君,可谓之臣乎? 曰否。杀其身以事其君,可谓之臣乎? 曰否。夫视于无形,听于无声,资于事父也;杀其身者,无私之极则也,而犹不足以当之。则臣道如何而后可? 曰:缘夫天下之大,非一人之所能治而分治以群工。故我之出而仕也:为天下,非为君也;为万民,非为一姓也。吾以天下万民起见,非其道,即君以形声强我,未之敢从也,况于无形无声乎! 非其道,即立身于其朝,未之敢许也,况于杀其身乎! ……盖天下之治乱,不在一姓之兴亡,而在万民之忧乐。是故桀纣之亡,乃所以为治也;秦政、蒙古之兴,乃所以为乱也;晋、宋、齐、梁之兴亡,无与于治乱者也。为臣者轻视斯民之水火,即能辅君而兴、从君而亡,其于臣道固未尝不背也。夫治天下犹曳大木然,前者唱邪,后者唱许。君与臣,共曳木之人也。……君臣之名,从天下而有之者也。吾无天下之责,则吾在君为路人。出而仕于君也,不以天下为事,则君之仆妾也;以天下为事,则君之师友也。

黄宗羲认为,君臣关系是相互唱和、齐心协力,亦即是师友、同事的关系,而绝不是主奴关系,臣之道"为天下,非为君也;为万民,非为一姓也":这就从根本上冲决了封建时代"三纲"之一的"君为臣纲"。曹雪芹所抨击的"只知沽名,并不知(君臣)大义"的文武官员,以"文死谏,武死战"为最高道德规范,正是由于他们将君臣关系看成主奴关系,自居于仆妾地位,鼓吹"杀其身以事其君"(亦即所谓"文死谏,武死战")的愚忠,君主才得以无所顾忌,逞其狂暴专制,天下乃至不治而乱。

《明夷待访录·置相》有云:"有明之无善治,自高皇帝罢丞相始也。"明太祖杀胡惟庸后即不设丞相,国家的军政大权全部集中于皇帝个人手中,内阁大学士只备皇帝顾问,没有决策权,一切听从皇帝个人的意旨。皇帝可以任意对大臣实施廷杖,撤换或诛杀,直至将大臣抄家灭族(如明末崇祯帝在位十七年,撤换内阁大学士 50 人,诛杀总督 18 人、巡抚 11 人)。明太祖废丞相使我国后期封建社会的君主独裁专制走向极端,君臣关系乃蜕变为主奴关系。清代入关以后继承了明代不设丞相的制度,满族君主统治中国,而满族的经济、文化均较汉族落后,为巩固满族的统治地位,不惜对文化先进的汉族实施残酷的民族压迫,更有将汉族人民视为"家奴"的倾向。清代前期,甚至连皇帝亲信的满族大臣,在皇帝前亦须自称"奴才"。曹雪芹家是内务府包衣汉人,乃是皇帝的私家"奴才":主子喜则犬马厮养,怒则抄家问罪,曹雪芹对此当更有切身的感受。因而,曹雪芹借贾宝玉之口坚决反对"文死谏、武死战",正是反对这种为理学家们所美化了的名为君臣实则主奴的封建伦理。实际上,那些鼓吹"文死谏,武死战""大丈夫死名死节"的文武大员不过是"小儒规规焉以君臣之义无所逃于天地之间"(《原君》),"不以天下为事"而只对君主个人负责的"君之仆妾":这才是所谓"将来弃君于何地""将来弃国于何地"的真实涵义。

从《红楼梦》的实际描写看,曹雪芹不仅反对"文死谏,武死战",而且主张不谏不战,亦即拒绝为封建君主效力。"必定有昏君他方谏","必定有刀兵他方战":君主既是"昏君",臣子就不必谏,不必战,更不必为此"昏君"而"死名死节"。正是基于这一理由,曹雪芹笔下的贾宝玉才拒绝走"仕途经济"之路,拒绝"补天",实际是拒绝为封建君主效力。张宜泉《题芹溪居士》有"羹调未羡青莲宠,苑召难忘立本羞"之句,显示曹雪芹本人有过拒绝为皇室如意馆画师的经历,也证明了曹雪芹有构思拒绝补天之贾宝玉形象的思想基础。

至于贾宝玉所谓"那朝廷是受命于天,他不圣不仁,那天地断不把这万几重任与他了":曹雪芹既已以省亲及贾元春的人生悲剧揭露了封建君主的"不圣不仁",则贾宝玉此言应该理解为对君权"受命于天"的怀疑与否定。《原君》已然指出,君主为夺取国家权力,不惜"屠毒天下之肝脑,离散天下之子女,以博我一人之产业";并因而反诘:"岂天地之大,于兆人万姓中独私其一人一姓乎!"曹雪芹在《红楼梦》第五十三回中,借"颂扬"贾演贾源兄弟辅佐君主平定天下的功勋,为贾氏宗祠拟写了"肝脑涂地,兆姓赖保育之恩"的联语(其字面意义为:百姓依赖皇恩的保护培育,愿为皇恩而肝脑涂地,死而不怨),以春秋笔法讥刺这些君臣名为"保育"、实则屠杀兆姓的罪行。将两者合看,后者从思想到语言都显示出受《原君》影响的痕迹,可为以上解说之确证。

(三)评"禄蠹""时文八股"与焚书:对科举取士的攻击

曹雪芹不仅借贾宝玉之口对封建君主、君权及君臣关系之本质进行无

情的揭露,还多次通过其言行攻击以八股取士的明清科举制度:

> 凡读书上进的人,你就起个名字叫做"禄蠹"。(第十九回袭人语)

> 或如宝钗辈有时见机导劝,反生起气来,只说"好好的一个清净洁
> 白女儿,也学的钓名沽誉,入了国贼禄鬼之流。这总是前人无故生事,
> 立言竖辞,原为导后世的须眉浊物。不想我生不幸,亦且琼闺绣阁中亦
> 染此风,真真有负天地钟灵毓秀之德!"因此祸延古人,除四书外,竟将
> 别的书焚了。(第三十六回)

> 更有时文八股一道,因平素深恶此道,原非圣贤之制撰,焉能阐发
> 圣贤之微奥,不过作后人饵名钓禄之阶。(第七十三回)

明清两代的科举制度以八股取士,考试内容局限于四书(朱熹注本)、五
经(考生只需通其中之一)等传统的儒家经典。因此,当时的"读书上进"有
其特定的涵义:努力攻读四书五经,精通以八股文的形式阐释儒家哲学(伦
理学)之技巧,在科举考试中取得举人、进士功名,然后进入仕途逐步升迁,
完成"光宗耀祖"的封建家族之期望。这类封建社会的理想人才,宗法家族
的孝子贤孙,却是贾宝玉眼中的"禄蠹""国贼禄鬼"!曹雪芹笔下的主人公
这样蔑视科举制度,毫不迟疑地焚去所有注释阐发四书五经的书籍以及八
股范本,显然流露了他本人对科举制度与八股时文的态度。如所周知,以八
股取士的明清科举制度毒害了无数中国知识分子长达五百年之久,扼杀了
知识分子的自由思想,阻碍了自然科学的发展,造成了中国在近代的落后。
晚明以来的有识之士已开始对此制度进行抨击。《明夷待访录》有《取士》上
下两篇专论科举与八股之失,谓:

> 取士之弊,至今日制科而极矣。……时文者,帖书、墨义之流也。
> 今日之弊,在当时权德舆已尽之。向若因循不改,则转相模勒,日趋浮
> 薄,人才终无振起之时。……今日之时文,有非诵数时文所得者乎?同
> 一诵数也,先儒之义学,其愈于饾饤之劗说亦可知矣。非谓守此足以得
> 天下之士也,趋天下之士于平实,而通经学古之人出焉。昔之诗赋亦何
> 足以得士,然必费考索,推声病,未有若时文,空疏不学之人皆可为
> 之也。

对八股文流弊之尖锐批评真乃一针见血。明代思想家李贽,屡次参加乡试

不得售,就背诵五百篇八股文应试,当即中举。后又以此法中进士,故李贽以讥讽的口吻云:"题纸下,但作缮写誊录生,便可高中矣!"对八股取士的科举制度,曹雪芹与李贽、黄宗羲等思想家的看法是一致的。

(四)余论:曹家与黄宗羲的关系

《红楼梦》与《明夷待访录》在封建君主与君权之本质、君臣关系及科举取士等重大问题上的看法如此一致,推论曹雪芹的初步民主主义思想曾受启蒙思想家黄宗羲的影响已可成立。为使此推论更具说服力,笔者认为有必要对历史文献再作查证。

众所周知,《明夷待访录》完成于康熙二年癸卯(1663),先以钞本形式在江南知识分子中传阅。据顾炎武《致黄梨洲书》:"顷过蓟门,见贵门人陈、万二君,具稔起居无恙,因出大著《待访录》,读之再三。"知其时(康熙十五年丙辰,1676)黄宗羲的学生陈锡嘏(时为翰林院编修)与万斯同(康熙十八年后入明史馆修撰《明史》)已将《明夷待访录》的钞本带至北京,并在高级知识阶层内传阅。乾隆初,全祖望作《梨洲先生神道碑文》(《鲒埼亭文集》卷十一)记其拒赴康熙己未博学鸿儒考试事云:

> 康熙戊午(十七年,1678),诏征博学鸿儒,掌院学士叶公方蔼先以诗寄公,从臾就道。公次其韵,勉其承庄渠魏氏之绝学,而告以不出之意。叶公商于公门人陈庶常锡嘏,曰:"是将使先生为叠山、九灵(按,指南宋末谢枋得与元末戴良,皆以不仕新朝而自杀)之杀身也。"而叶公已面奏御前,锡嘏闻之大惊,再往辞,叶公乃止。未几,又有诏,以叶公与同院学士徐公元文监修《明史》。徐公以为公非能召使就试者,然或可聘之修史,乃与前大理评事兴化李公清同征,诏督抚以礼敦遣。公以母既耄期,己亦老病为辞。叶公知必不可致,因请诏下浙中督抚抄公所著书关史事者送入京。……庚午(康熙二十九年,1690),刑部尚书徐公乾学因侍直,上访及遗献,复以公对,且言:"曾经臣弟元文奏荐,老不能来,此外更无其伦。"上曰:"可召之京,朕不授以事,如欲归,当遣官送之。"徐公对以笃老,恐无来意。上因叹得人之难如此。

叶方蔼是曹寅友人,《楝亭诗钞》中有唱和诗;徐元文乃徐乾学之弟,顾炎武之甥,兄弟二人都是曹寅好友纳兰成德之师长:这三位荐举黄宗羲的大官僚都与曹寅颇有来往。康熙帝既已注意到黄宗羲其人并有意任用,其亲信曹寅当然不会忽略他。康熙十七年(1678)春曹寅南下江浙一带为次年春的博学鸿儒科考试作准备,拜会江浙地区的隐士(见拙著《红楼梦论源》),就极有可能去余姚拜访过这位名闻天下的明代遗民。曹玺康熙二年至二十三年(1663—1684)连任江宁织造达二十二年之久,曹寅二十九年(1690)亦南下先后任苏州、江宁织造,而黄宗羲至三十四年(1695)方始去世:与明遗民关系密切且负有团结江南地区汉族上层知识分子重任的曹玺曹寅父子不可能与黄宗羲无所往来。查《楝亭书目》卷一有《明儒学案》,即曹寅藏有其书之证。《明夷待访录》今存最早版本为浙江余姚梨洲文献馆藏乾隆慈溪郑氏二老阁初刻本,全祖望书跋云:

> 《明夷待访录》一卷,姚江黄太冲征君著。同时顾亭林贻书,叹为王佐之才,如有用之,三代可复。是岁为康熙癸卯(1663),年未六十,而自序称梨洲老人。万西郭为余言:征君壬寅(1662)前,鲁阳之望未绝,天南讣至,始有潮息烟沉之叹。饰巾待尽,是书于是乎出。盖老人之称所自来已。原本不止于此,以多嫌讳勿尽出,今并已刻之板亦毁于火。征君著书兼辆,然散亡者什九,良可惜也。全祖望跋。

全祖望《梨洲先生神道碑文》亦谓其"身后故庐,一水一火,遗书荡然",合而观之,可知《明夷待访录》在黄宗羲生前曾刻板印行,所刻木板在其身后不久即毁于火。《楝亭书目》未载《明夷待访录》,但此书目不全,清代著作尤所缺失,故不能排除曹家藏有此书。况曹雪芹"每日家杂学旁搜"式的读书,更有获见此书的可能。由前文之探讨可以肯定:至少在对君主、君权、君臣关系及科举取士这些封建社会最敏感的问题上,曹雪芹的思想与黄宗羲基本一致。则以此推论曹雪芹读过《明夷待访录》自非无据:因为曹雪芹的先进思想毕竟不可能全无渊源,也不可能脱离时代与环境的影响。

(刊载《红楼梦学刊》1995 年第 2 辑)

论《红楼梦》文献学研究之前景

　　1988年春，笔者在《红楼梦论源·自序》中提出："就研究方法而论，全部《红楼梦》研究可以划分为文艺学研究和文献学研究两大领域。《红楼梦》文艺学研究即从美学角度研究《红楼梦》的思想艺术，诸如主题、风格、结构、语言、情节、人物形象及表现手法等各个方面。它更多地侧重《红楼梦》的客观意蕴，而较少地考虑作者的主观命意，属于文学鉴赏与文学评论的范畴。而对《红楼梦》进行文献学研究，其目的不是要概括这部名著的美学价值，而是要探导追溯并力图再现作者曹雪芹创作《红楼梦》的背景、构思及成书过程，因而其研究范围包括作者家世和生平，《红楼梦》的社会历史背景、情节素材和人物原型，作者的创作思想，《红楼梦》的成书过程和版本源流等内容。《红楼梦》文献学研究以《红楼梦》的各种早期版本和有关历史、哲学、文学等文献资料为研究的出发点，它要求研究者尽可能减少自己的主观色彩，取尽可能客观的立场和态度，重视文献证据以作出尽量接近于客观实际的结论。因此，《红楼梦》文献学研究与文艺学研究虽然都以这部名著为研究对象，但前者却更接近于历史科学。"由于前辈学者与众多红学研究者的努力，《红楼梦》文献学研究已经取得可观的成就，但就其总体而言，它仍然有着广阔的发展前景。

　　《红楼梦》文献学研究可以大致分成背景研究、作者研究、版本研究、成书过程研究及创作思想研究等五个部分，它们虽相对独立但互有联系，实际上是一个不可分割的整体。背景研究可从社会文化背景及作者背景两方面探讨，但后者又属于作者研究的范围；版本研究是《红楼梦》文献学研究的基础；成书过程研究实有赖于作者研究和版本研究的成果为之提供文献证据；创作思想研究则必须在以上四方面研究的基础上方能进行。因而如孤立研究其中一个部分就可能会出现局部或能自圆其说而从总体考察难以成立的缺失。展望《红楼梦》文献学研究之前景,尚有大量问题等待着研究者去思考、分析与解决。试分别论述之。

(一)背景研究

从宏观上看,《红楼梦》的创作背景即中国的社会文化背景。中华民族五千年历史的积淀以文化、思想、风俗、习惯的形式显现于社会,《红楼梦》之诞生于中国封建社会开始崩溃的前夜,正体现了文学对历史呼唤的回响。对此,文献学研究的任务是要将《红楼梦》与历史文献结合起来,研究中国后期封建社会特征,重点研究晚明以来的社会思潮,清代前期的政治、经济、宗教、法律、文艺、风俗等各个方面。这方面的研究实际上已进入历史研究范畴,红学研究者可以也必须借助历史学家的研究成果,把《红楼梦》放在中国后期封建社会的大背景之下观照剖析,不仅可以研究《红楼梦》与背景各局部之联系,而且可以从宏观上概括并描述《红楼梦》产生的社会文化背景。

背景研究一向是红学中的热门课题,且更为学问渊博的前辈学者所擅长。在前辈学者研究成果基础上进一步深入,写出严谨精警而有所发现的论文与专著,乃是研究者的一大任务。

(二)作者研究

《红楼梦》的作者研究在实践中已发展为对曹雪芹及其家族的研究。种种文献及研究成果显示:曹雪芹在《红楼梦》中作为情节主线之一虚构的贾氏家族衰亡史,其主要素材实来自他本人赖以生活并成长的曹氏家族;小说中的某些艺术形象,其原型亦系曹氏家族成员。因而,对曹雪芹及曹氏家族的研究除了具备一般文学作品作者研究之意义外,还具备作品背景研究与作者创作思想研究之意义。

《红楼梦》的作者研究,可从纵横两方面深入。从纵向看,曹氏家族兴衰史的研究应为重点,特别是曹振彦以下曹氏家族的世系及曹氏家族的内部情况。曹家的重要戚畹如平郡王、李煦、傅鼐等之家史也可能是曹雪芹汲取创作素材的来源，可以作为曹氏家族兴衰史研究的附属内容。从横向看，曹雪芹的交游相当广阔，除了敦诚、敦敏兄弟及额尔赫宜（墨香）等宗室外，与皇室贵戚富察明义及其兄弟明仁、明琳等人亦有相当交谊，辞官隐居的内务府包衣汉人张宜泉也是其知友，而敦敏、敦诚、明义和张宜泉都有诗文集传世。与曹雪芹无直接交往的永忠、裕瑞也留下了有关记载。故曹雪芹的交游乃以八旗满洲的上层知识分子为主，应在此范围内作进一步研究。

除目前已见的文献资料外，中国第一历史档案馆还保留着大量内务府满文档案，或许还能有所发现。恩丰所编《八旗丛书》清抄本现藏美国哈佛大学燕京图书馆，恩华所藏八旗满洲文人的诗文集现归北京图书馆（今国家图书馆），似均可进一步搜索，即使只能获取一些间接记载也是很可宝贵的。这纵横两方面的研究结合起来，我们即可对曹氏家族及曹雪芹的生平活动作出立体描述。

《红楼梦》的作者研究数十年来取得了丰硕成果，以至它被称为"曹学"。当然，这方面的研究很大程度上与新资料的发现有密切关系，如最近（1992年）曹雪芹墓石的发现为考证曹雪芹的卒年及身后状况提供了新的材料，有助于作者研究深入。但是，在现有资料的基础上，也未始没有深化研究的可能。例如，研究者一致认为曹氏家族的衰亡对曹雪芹有极大影响，但目前对其衰亡原因至少有四种不同意见：政治原因说、经济原因说、骚扰驿站说、内部矛盾说。这些意见都有大量文献资料为依据，完善这些意见并通过积极的论难以取得较为一致的看法，应是《红楼梦》作者研究今后的重要工作之一。

作者研究还有一项文献整理研究工作要做，即作者祖父曹寅著作之编辑、校勘与注释。1978年上海古籍出版社影印出版《楝亭集》，包括了《楝亭诗钞》八卷、《楝亭诗别集》四卷、《楝亭词钞》一卷、《楝亭词钞别集》一卷、《楝亭文钞》一卷；如再以曹寅的剧作《续琵琶》《虎口余生》及《太平乐事》编入，加上今存的曹寅奏折119件以及可能收集到的佚诗和信札，可以编一本《曹寅集》。编辑校订方面困难不大，但注释工作难度很高。因曹寅博学多才，涉猎儒、佛、道各个领域，其诗、词、文不仅大量用典，与康熙时期的政治历史、曹氏家族的家庭情况及其个人广泛的社会交往也有密切联系，其中涉及大量人名、地名，又无前人旧注可供参考，故注释需脚踏实地从基础工作做起,稍有疏忽即易失误。试以《楝亭集》第一首诗为例。此诗题为"坐弘济石壁下及暮而去",首联"我有千里游,爱此一片石",有人认为"一片石"是山海关附近清军与李自成军激战之地。其实,如果仔细考察曹寅的生平和交游,可知题中"弘济"指江宁的弘济寺,在长江南岸燕子矶,曹寅青年时代的友人明遗民释大健(蒲庵)挂锡于此,"一片石"乃弘济寺的临江石壁,与山海关附近的"一片石"无关。因注释工作离不开对曹寅生平的研究,所以我想可以同时做其他两项工作:其一,结合历史背景材料编著《曹寅年谱》;其二,撰写《曹寅传》,描述与评价曹寅的生平及历史贡献。这些工作如能完成,不仅可为《红楼梦》研究者提供必备参考书,亦可对清初文学研究及清史研究有所裨益,还是很有意义的。

(三)版本研究

三十年来,绝大部分乾嘉时期的抄本陆续影印,《红楼梦》的版本研究已从少数专家扩大到一般红学研究者。自冯其庸先生 1978 年在《论庚辰本》中提出需要对《红楼梦》的各早期抄本作全面对比研究之后,这一领域的研究就进一步发展成为系统全面的版本源流研究。由于研究者观点和方法的不同,在版本研究领域同样存在纷繁歧出的意见。笔者认为,《红楼梦》版本研究不能拘泥纠缠于某些细枝末节,这里也需要爱因斯坦所说的研究物理学的基本方法:"学会识别出那种能导致深邃知识的东西,而把其他许多东西撇开不管。"(《自述》)此即抓主要矛盾的哲学方法。因为抄本及活字本均可能频繁出现种种漏夺错衍甚至编辑、抄写者的有意增损删改,如不能抓住版本特征,势必虚废时日且难明源流。目前,对下列各点版本研究者已基本达成共识:

(1)己卯本和庚辰本同出于己卯庚辰原本;

(2)蒙府本和戚沪本、戚宁本为一分支;

(3)梦觉本和程甲、乙本为一分支;

(4)杨、列、舒本是拼配本。

综观迄今为止版本研究的成果及现状,对杨、列、舒等拼配本的研究显然不足,它们的构成及来源均需要进一步研究。然后才能在全面版本研究的基础上,对《红楼梦》的版本源流作出概括。如能对版本源流取得一致意见,必将有助于对《红楼梦》成书过程和作者创作思想的认识。

版本研究之前景如一一论说势必冗杂,这里先以杨藏本为例略作讨论。林冠夫先生《谈杨本》(《红楼梦研究集刊》第2辑)是一篇很见功力的文章,笔者在前人研究基础上作考察后亦认为杨本前八十回原抄为脂本系统拼配本,其构成可以肯定者有:第一至七回来自己卯原本系统,第二十五、二十七回与列藏本同出一源;第三十七、五十五、六十三回与列藏本有相间删漏,舒序本第三十七回亦同,其祖本同出一源似无问题;第六十七回原抄基本同己卯本(武裕庵抄补),又与程甲本相近;第二十九、五十八、六十六、六十八、六十九回与蒙戚三本相近。其后四十回原抄是程乙本的过录本或删节本。全书添改文字主要据程乙本,"兰墅阅过"四字系杨继振所书。杨本不可能是高鹗的手定稿本,与高鹗也没有什么关系。因此我个人以为对杨本的进一步研究可从四方面进行:

其一,考定杨继振的生卒年以及第七十二、八十三回末的两处署年为"己丑"之题记的确切年代。

其二,考索杨继振为此抄本题签"红楼梦稿"、称其"兰墅太史手定《红楼梦稿》百廿卷"并朱笔题"兰墅阅过"四字的缘由。

其三,继续仔细研究杨本上添改文字之笔迹及来源。

其四,对杨本前八十回的构成作进一步研究,特别是对目前未知其版本来源的章回,应在与现存各脂本及程甲、乙本作横向对勘的基础上考订其版本源流。

以上对杨藏本研究前景的建议乃是基于笔者对此抄本的综合研究观感:咸丰五年乙卯(1855)杨继振年龄不足二十岁,他当时随其父钟裕浙江嘉兴知府任,误信于源的鉴定,购买了这部号称"兰墅太史手定《红楼梦稿》"的抄本,据程甲本抄补了第四十一至五十四回以及每册首尾的零星残页,并在卷首作了题签和抄补说明,第七十八回末的"兰墅阅过"四朱笔字亦系当时所书。光绪十五年己丑(1889),杨继振已年逾五十,且为海内著名收藏家,颇自悔其少年轻率,遂作两则"己丑"题记。至于全书的添改文字,绝大部分(特别是后四十回的十六张夹条)应出于杨继振本人之手。对此笔者将作《杨藏本考》详论。以上意见或有失误,但学术研究不妨开拓思路扩大视野,我特别希望今后有笔迹专家参与研究杨藏本的抄补与添改文字,以对此抄本的形成作出合乎客观实际的结论。

其次,谈谈《红楼梦》的版本源流问题。1988 年开始出版的《脂砚斋重评石头记汇校本》汇集了今存十一种脂本与程甲本作对比校勘,为全面考察《红楼梦》之版本源流提供了方便。笔者个人认为:《红楼梦》版本可以分为甲戌原本系和己卯庚辰系两个分支,今存各本除甲戌原本系统而外,其他皆属己卯庚辰原本系统。但自今庚辰本始,已有据甲戌原本校改的痕迹(显著的例子,如己卯本第二回"成则公侯败则贼",庚辰本同甲戌本为"王侯";第三回己卯本有黛玉"十三岁了"等语,庚辰本与甲戌本均无。只是目前我还不能肯定这是曹雪芹"庚辰秋月"之所"重定",抑或此后畸笏或他人所点改。很可能是兼而有之)。而版本源流的明了,可为校勘时选择底本及主要参校本、考订文字决定取舍提供依据。今存脂本中甲戌本和己卯、庚辰本分别是甲戌原本与己卯庚辰原本的过录本,其版本价值最高。但甲戌、己卯本已严重残缺,校勘时自只能以庚辰本为底本而以甲戌、己卯二本为首选参校本。

考订文字决定取舍,可以第三回林黛玉眉目为例。今存八个文本,当据何者为是? 甲戌本上尚是未定草,己卯本上已写定"两湾似蹙非蹙罥烟眉,一双似笑非笑含露目",其中"笑非笑含露"五字乃旁添,然系原页抄手笔迹,应亦来自己卯原本。"似笑非笑"典出元稹《莺莺诗》"依稀似笑还非笑,仿佛闻香不是香",因此它必定是曹雪芹本人的原稿(第十九回"意绵绵尽日玉生香"中宝玉闻香一段情节亦于此联想构思);列藏本的"似泣非泣"和梦觉本的"似喜非喜"亦可能为己卯庚辰原本上旁添的拟稿:它们的祖本各择其一,遂造成版本差异。其他版本的祖本则可能忽略了这些旁添文字,将下句抄成了"一双似目"四字。因与上句无法对偶,故有的版本全部改写,如今存庚辰本和舒序本。蒙戚三本的共同祖本妄改成"一双俊目",留下了从"一双似目"变化而来的痕迹。杨藏本抄为"一双似百态生愁之俊眼","百"字可能为"目"字之误,抄手见"一双似百",同时又见蒙戚一类抄本作"一双俊目",乃自己添改成此句。笔者个人认为此两句宜据己卯本而参校梦觉本定为"两湾似蹙非蹙罥烟眉,一双似喜非喜含露目","含露目"对"罥烟眉",对仗新雅而工稳。"似蹙非蹙","蹙"为入声,与之对偶者应为平声,然"笑"去声,"泣"入声,故"似笑非笑"或"似泣非泣"均不很稳妥。但梦觉本的"似喜非喜"却是适宜的,因按音韵学理论,上声可以用作平声(宋词中常有"上作平"的实例)。且"喜"或"笑"对"蹙"在古典诗律中属于"反对",是一种较精致且内涵较丰富的对偶;"泣"对"蹙"则属"正对",且形象过于悲戚,如林妹妹眉目之间一片愁苦之色,岂有超逸之灵气可言。故"似喜非喜"最佳。从林黛玉眉目中"笼""罥"之改和"笑""泣""喜"之拟稿,联系古典诗词文赋及林黛玉性格,我们可以进一步追溯曹雪芹构思林黛玉眉目之文心(参见《研红小札》第十六、十七则)。类似的例子很多,值得我们去仔细思考研究。

总之,《红楼梦》版本研究不同于一般文献的版本考订,它除了辨明版本源流、考订版本文字而外,还具备为《红楼梦》成书过程研究及作者创作思想研究寻索文献根据的深层意义。但版本研究工作烦琐,如能将十一个脂本和程甲、乙本均输入电子计算机,或许在将来可能为版本研究提供新的途径。

(四)成书过程研究

《红楼梦》成书过程研究与作者研究和版本研究有密切关系,离开后两者的研究,成书过程的研究是不可能深入的。

首先,曹雪芹何时开始《红楼梦》初稿的创作? 回答这个问题无需假设和推测,因为有确切的文献证据:据第一回"曹雪芹于悼红轩中披阅十载,增删五次,纂成目录,分出章回"及"至脂砚斋甲戌抄阅再评",可知在乾隆十九年甲戌(1754),曹雪芹已创作十载,则《红楼梦》初稿的构思写作应开始于乾隆九年(1744)。这与作者研究的成果正相符合。曹雪芹很可能即是生于康熙五十四年夏(1715)的曹颙遗腹子曹天佑,乾隆九年时他正届三十岁;而曹氏家族又于乾隆八年(1743)夏之前彻底败落、子孙离散,曹天佑也失去了州同的职务。无论是家族还是个人的背景,都显示曹雪芹于乾隆九年开始创作以贾氏家族衰亡史为情节主线的小说《石头记》初稿最为可能。

由此可见,《红楼梦》成书过程可以乾隆十九年(1754)为界划分为前后两个阶段:前一阶段从乾隆九年曹雪芹开始创作至乾隆十八年年底完成第四次增删稿共计十年时间(1744—1753);后一阶段则自乾隆十九年曹雪芹迁居西山开始第五次增删至二十七年除夕(1754—1763初)逝世为止,共计九年,在此期间曹雪芹完成了第五次增删稿的前八十回及其后的部分书稿。如再扩大一些,则自作者身后至程乙本出版的乾隆五十七年(1763—1792)为第三阶段,乃今存各版本及后四十回开始过录并流传的阶段。对此成书过程三个阶段的研究尚有许多工作要做。因今本已是五次增删后的结果,研究《红楼梦》的成书过程只能就早期版本所显示的内在矛盾(包括正文及脂评)进行分析、归纳、推理、综合,可以用作印证的其他文献资料不够充分。笔者个人认为,曹雪芹系在初稿《石头记》的基础上改写成《风月宝鉴》,然后再将《风月宝鉴》增删、分回成明义所见《红楼梦》旧稿;乾隆十九年(1754)曹雪芹开始第五次增删,所成者即今《脂砚斋重评石头记》甲戌、己卯、庚辰本的底本,亦即甲戌原本和己卯庚辰原本所据以过录的原稿。对此,拙著《红楼梦论源》已有论述,是否合乎实际则尚有待于检验。目前,研究者对今《脂砚斋重评石头记》是在《风月宝鉴》的基础上增删成书一点并无异议,争议的焦点倒是在"《风月宝鉴》究竟是谁的作品",这实际上又牵涉《红楼梦》的著作权问题了。1987年复旦大学数学系李贤平教授用电子计算机研究《红楼梦》各回的语言风格,写成《红楼梦成书过程新说》(见《复旦学报》1987年第4期),得出今《红楼梦》是由石兄的《风月宝鉴》与曹雪芹的《红楼梦》相合成的结论。笔者并不赞同他的结论,但用电子计算机研究《红楼梦》成书过程或许是可行的。电子计算机作为研究的辅助工具可以代替人力做大量的统计分析,研究者可以从不同的角度建立不同的数学模型,从语言风格入手是一法,从情节结构入手亦是一法。但从不同的角度选择输入信息,电子计算机可能得出完全不同的结论;即使是从同一角度入手,研究者编制的软件程序不同或取样不同,其结论也不可能相同。如何抓住最本质的矛盾解决成书过程问题尚需进一步研究探索。

(五)作者创作思想研究

对曹雪芹《红楼梦》创作思想的研究需要以背景研究、作者家世及生平研究、成书过程研究以及版本研究为基础。作者创作思想如不能明确认识,必然会影响到文艺学研究的生命力;固然文学作品一旦问世就具备了独立的价值,但读者对文学作品的理解与诠释毕竟不能无视作者的主观命意。

迄今为止对《红楼梦》主人公贾宝玉这一人物形象尚难作出全面深刻而又能为学术界广泛接受的评论，其根本原因即在于对作者构思贾宝玉形象的创作思想认识不足。

作者创作思想研究似可从以下几方面取得进展：

（1）曹雪芹哲学思想研究。作者的一系列哲学概念：空、色、情、正邪、阴阳、幻情、真假、有无、好了等等，其内涵与中国古典哲学的传统解释有何不同？它们源自何方，继承并发展了哪些东西？在《红楼梦》中作者的这些哲学思想又是如何体现的？中国古典哲学由儒、佛、道三家融汇构成，曹雪芹有没有三教合一思想？他对儒、佛、道三教的态度若何？这些问题，都需要我们把中国思想史哲学史的研究与《红楼梦》研究相结合，以作出较为满意的回答。

（2）研究曹雪芹的构思。我们现在看到的《红楼梦》是曹雪芹构思的产品，从产品而追溯其构思及渊源，虽有难度，但不是不可能的。这方面可探索的问题很多，如大观园与太虚幻境的构思，贾氏家族衰亡史的构思，王熙凤形象的构思，宝黛钗形象的构思，乃至《红楼梦》全书的总体构思等等。拙著《红楼梦论源》第二编第二章就是专门探讨这问题的。囿于个人能力，研究尚难令人满意。其他一些背景的或细节的问题也可注意研究。如有更多的研究力量投入，对曹雪芹构思《红楼梦》的追溯必能取得更可观的成绩。

最后，我想提出一个不成熟的设想，即曹雪芹是否受到过西方文化影响的问题。在曹雪芹的思想中有极可注意的一点，关系到《红楼梦》的创作动机：他将自己博大深厚的爱与同情给予了"当日所有之女子"，因不忍使其泯灭，他立志创作《红楼梦》以"使闺阁昭传"。小说主角贾宝玉对悲剧女性的爱与同情即作者这种思想的体现。曹雪芹这种思想源自何处？它与中国传统的儒、佛、道三家的思想大不相同，与墨家的"兼爱"学说也不同。它会不会与《新约》记述的耶稣之爱有某些联系？十六世纪末期以后，基督教第三次传入中国。随着传教士的东来，天主教在中国已有小范围内的传播，下至普通市民，上至徐光启这样的礼部尚书兼大学士，甚至崇祯帝的妃嫔，永历帝的太后与后妃，都成为天主教徒；顺治帝和康熙帝本人也与西方传教士多有接触。到康熙后期，传教士的足迹至少已从两广、江西而及北京和江宁、苏州、杭州等东南沿海一带，亦即曹氏家族活动的地区。虽然后因教皇禁止中国教徒"敬天法祖"而激怒康熙帝将传教士驱逐出境不准继续传教,但天主教会当时在中国已有相当基础,不仅在各地建有教堂,且已培养了一批中国籍的神甫,它在北京及东南沿海的影响依然存在。1982 年南京黄龙先生提供过《龙之帝国》的资料,如能找到原始文献,则可以证实曹雪芹在童年时代就受到过西方文化的间接熏陶。即使这条材料无法证实,曹雪芹"每日家杂学旁搜"式的读书,或亦有读到宣传基督教教义书籍的可能。心理学的研究表明,人们在童年时期所受的思想启蒙会产生终身的影响。虽然曹雪芹青少年时代所接受的正规教育必定是正统的儒学,但纯粹的中国儒者向来忽视女性的人格价值,即使他们懂得"仁者爱人"的必要,也不过把这圣人之训作为齐家、收族乃至治国平天下的政治手腕,而绝不可能向悲剧女性奉献自己全部的爱与同情,为她们甘愿忍受巨大的精神痛苦;更不可能为之将"一生事业尽付东流","便为这些人死了,也是情愿的"。在正统儒者看来,这种思想完全是旁门左道,野狐禅,违背儒学根本精神的。我读书不多,在自己所涉猎的范围内,在中国思想史上还没有发现过相类似的精神。我个人认为,曹雪芹的这种思想境界有些仿佛为爱人类而甘愿钉上十字架的耶稣,当然也不可能完全一样,曹雪芹并不以救世主自居,也不能像耶稣那样为全人类(包括将他钉上十字架的罗马士兵)而牺牲自己。然而只要有这点精神,也足以保证曹雪芹及其《红楼梦》之不朽了。

(刊载《红楼梦学刊》1993 年第 1 辑)

中　编

曹雪芹《红楼梦》人物形象探源

（一）贾宝玉形象探源

贾宝玉是《红楼梦》的主人公，探索贾宝玉形象的素材与构思乃研究曹雪芹《红楼梦》创作思想的重要一环。

笔者在《红楼梦论源》中已然指出："贾宝玉的思想和性格显示出成年曹雪芹的思想与人生观。在现实生活中并不存在贾宝玉这样自觉背叛封建主义传统观念的贵族少年，即使是曹雪芹本人，在其少年时代也不可能达到贾宝玉的思想境界。因此，贾宝玉实际上是一个带有很浓的理想色彩的形象。""作者以文学典型化手法在几个原型的基础上集中塑造了艺术形象贾宝玉。此形象的思想性格多取自于成年曹雪芹，而具体的情节素材多取自脂砚、畸笏及作者等人，当然还有许多艺术想象、虚构的成分。"限于《论源》的篇幅，关于贾宝玉形象的构思未能充分展开，本文即以此为讨论目的。

1.六身一体的贾宝玉形象

佛教称观音有六种法相，可观三十三身；贾宝玉形象也有青埂峰顽石、神瑛侍者、贾宝玉以及随之而来的三生石、通灵宝玉、甄宝玉等六身，显示了物、神、人三种法相。笔者《〈红楼梦〉神话论源》对此已作了详细考证。凡此文已详论者，本文即简述之，并据以进一步讨论曹雪芹之构思①。

---

① 参见本书《〈红楼梦〉神话论源》。

(1)青埂峰顽石:贾宝玉之象征

曹雪芹将一块女娲炼石补天时抛弃在青埂峰下的顽石作为小说主人公贾宝玉的象征。作者这种构思乃受其祖父曹寅《巫峡石歌》的启发。曹寅称巫峡石"顽而矿","娲皇采炼古所遗,廉角磨砻用不得":"廉角磨砻"即棱角磨损,"顽而矿"即痴顽愚钝成不了金玉之器,因而这块顽石"无材不堪入选",实则因不合"高经十二丈,方经二十四丈"的补天标准,才被女娲弃于青埂峰下。据甲戌本第一回页四眉批:"妙,自谓落堕情根,故无补天之用。"可见外形边角的缺损只是它被弃的表层理由,深层的原因在于它本质上的痴顽愚钝及"落堕情根"。

"情根",这是从佛教典籍中"爱根"发展而来的新词。佛教认为爱欲是一切烦恼的根本,故《大乘同性经》卷上有"无明爱根"之语。孔尚任《桃花扇》李香君唱词有"情根爱胎,何时消败""拿住情根死不松"(分别见《逃难·香柳娘》曲及《栖真·醉扶归》曲)。爱乃七情之一,故"情根"较"爱根"涵义更为丰富。由此可见:为"情根"所引发而投入人世历尽悲欢离合最后又回到"情根"的青埂峰顽石,它的命名就显示了它与"情"的不解之缘。顽石倚"情根"而立,正象征着小说主人公贾宝玉以"情"为其人生哲学的起点与终点;顽石的"无材不堪入选",亦正显示了贾宝玉愤世嫉俗拒绝补天的块垒不平。

当然,顽石的投向人间亦有其"想要到人间去享一享这荣华富贵"的物质欲望;一僧一道携他"至昌明隆盛之邦,诗礼簪缨之族,花柳繁华地,温柔富贵乡去安身乐业",亦即有意将他送入荣府大观园这社会环境,令其物质欲望完全得到满足。作者以贾宝玉物质欲望的完全满足与其精神的不满足为反衬,凸现贾宝玉与周围男性的截然差异,显示其在此环境中而能不停息地寻觅最高人生价值即精神价值的不同凡响。虽然这是身倚"情根"之顽石先天禀赋之所决定,却亦是顽石即贾宝玉以其永不迷惑的精神理想对抗物质欲望引诱之胜利。

(2)神瑛侍者:贾宝玉的前身与青埂峰顽石的神格化身

在曹雪芹的构思中,赤瑕宫神瑛侍者是贾宝玉的前身。是他以甘露灌溉绛珠草,才使她脱去草胎木质,成为绛珠仙子;是他凡心偶炽意欲下凡,才使绛珠仙子决心下凡以一生眼泪偿还甘露之债。甲戌本在这段情史上有眉批："以顽石草木为偶,实历尽风月波澜,尝遍情缘滋味,至无可如何,始结此木石因果,以泄胸中恺郁。"可见在作者构思中,这"赤瑕宫神瑛侍者"就是青埂峰顽石的神格化身。《玉篇》谓"瑛"是"如玉美石",故"神瑛"意即已通神性,具有知觉、思想、情感、灵性的假玉真石,当然也就是那块变成晶莹美玉的青埂峰顽石了。神瑛侍者与青埂峰顽石在作者构思中本是一而二、二而一,可分可合,亦分亦合的统一体。

在他们投入人世之后,神瑛侍者成为贾宝玉,青埂峰顽石化为通灵宝玉。这块通灵宝玉与其主人贾宝玉又是不可须臾分离的统一体:它成为他的命根子,他人生经历的观察者、记录者与《石头记》小说的叙述者。当它"为声色货利所迷",他就陷于疯狂乃至昏迷不醒,如第二十五回所写。当通灵宝玉离开人世回到青埂峰下并恢复其顽石本相之时,贾宝玉亦将涅槃而回至太虚幻境,恢复为神瑛侍者,并进而与青埂峰顽石合而为一。富察明义《题红楼梦》组诗第十九:"石归山下无灵气,总〔纵〕使能言亦枉然!"证实作者的确有这样的构想。

(3)三生石:青埂峰顽石的别名

西方灵河岸上有一块三生石,石畔有一棵绛珠草。神瑛侍者日以甘露灌溉,绛珠草遂得长生,化为绛珠仙子,由此引出了神瑛与绛珠亦即贾宝玉与林黛玉的一段情缘。

西方灵河,或谓即印度恒河。笔者认为:这样以虚为实解释神话地名未必恰当,且并无文献出处可据。"灵河"原指银河(首见隋代萧琮《奉和月夜观星》诗:"灵河隔神女,仙辔动星牛。"后屡见于诗词),曹雪芹借用为神话河名;"西方"是佛教经典中天国所在地:"西方灵河"即呈现出神话和宗教境界宁静灵异的氛围。三生石及绛珠草情史发生于此,更为这神话和宗教境界增添了"情"的色彩。

"三生石"在唐代袁郊《甘泽谣·圆观》一文已经出现(见《太平广记》卷三百八十七),苏轼据以改写为《圆泽传》,张岱《西湖梦寻》也有短文《三生石》,清初古吴墨浪子《西湖佳话》又将它们合而改编成白话小说《三生石迹》。故事情节众所周知,不必重复。所可注意者,圆泽转世前与李源相约:十三年后(唯《甘泽谣·圆观》作"十二年后")在杭州天竺寺外三生石畔相逢。是年中秋之夕,转世为牧童的圆泽从寺后出现,歌《竹枝词》两首,词云:

"三生石上旧精魂,赏月吟风不要论。惭愧情人远相访,此身虽异性长存。"
"身前身后事茫茫,欲话因缘恐断肠。吴越溪山寻已遍,却回烟棹上瞿塘。"
歌罢遂去,不知所之。《三生石迹》小说云:李源"即记其事于天竺之后那一
片石(按,即三生石)上"。这块记述着李源与圆泽两世情好的三生石,就这
样进入了中国文化史,成为人们熟习的典故,激发了曹雪芹的创作灵感。甲
戌本第一回页九在"西方灵河岸上三生石"旁批:"妙,所谓'三生石上旧精
魂'也。"可为此说之确证。圆泽与李源之情记在三生石上,神瑛与绛珠之情
记于青埂峰顽石之上;青埂峰顽石作诗偈亦自称"此系身前身后事,倩谁记
去作奇传",显系模仿圆泽后身牧童所歌"身前身后事茫茫,欲话因缘恐断
肠"。故青埂峰顽石与三生石有同一性。

　　笔者《〈红楼梦〉神话论源》考出:曹雪芹构思中的绛珠草实即古代神话
中炎帝季女瑶姬精魂所化的灵芝仙草,而绛珠仙子即瑶姬形体所化的巫山
女神。巫山顽石峻嶒不平,最易成为清露凝聚之处,石畔灵芝因而多得甘露
之惠长青不凋。青埂峰顽石来源于巫峡石,又与三生石有同一性,则三生石
畔的绛珠草其实也就是生于青埂峰顽石之旁了。显而易见,在曹雪芹构思
中,西方灵河岸上兼有神话、宗教、"情"之色彩的三生石实即青埂峰顽石。

(4)通灵宝玉:青埂峰顽石的幻相

　　通灵宝玉是青埂峰顽石的幻相。曹雪芹的生花妙笔多次皴染,方绘出
它们之间的关系以及通灵玉的形貌。第一回楔子中,茫茫大士"大展幻术,
将一块大石登时变成一块鲜明莹洁的美玉,且又收缩成扇坠大小的可佩可
拿"。在甄士隐梦中,它第二次出现:"原来是块鲜明美玉,上面字迹分明,镌
着'通灵宝玉'四字,后面还有几行小字。"第二回冷子兴演说荣国府,读者方
知贾宝玉"一落胎胞,嘴里便衔下一块五彩晶莹的玉来,上面还有许多字
迹"。第三回袭人介绍:"听得说落草时从他口里掏出,上头有现成的穿眼。"
第八回又借薛宝钗"识通灵"细细描写:"只见大如雀卵,灿若明霞,莹润如
酥,五色花纹缠护",正面有"通灵宝玉""莫失莫忘,仙寿恒昌",反面有"一除
邪祟,二疗冤疾,三知祸福"等篆字,然后才点明"这就是大荒山中青埂峰下
那块顽石的幻相"。这块通灵宝玉,具有真假的两重性。真,因为它在世人
眼中确是块晶莹美玉;假,因为它本是"落堕情根"的顽石。宝玉其表而顽石
其实,正象征着贾宝玉秉正邪两赋之性,聪明灵秀而又乖僻邪谬的性格特

征。在曹雪芹的构思中,通灵宝玉、青埂峰顽石、神瑛侍者、三生石四者的实际同一已是无可置疑。

(5)甄贾宝玉:贾宝玉与其对立面的同一

在贾宝玉之外,有一甄宝玉在焉。"甄贾"之谐音"真假"已由脂评点明,则甄贾宝玉构成对比当不成问题。

在中国古代的辩证思维中,对立面双方必趋向同一的思想早已相当成熟(如《老子》《庄子》中就不乏此类论述)。故曹雪芹构思中的甄贾宝玉当是对比而又同一的人物,实际可能是同一人物向两个相反方向之发展。这不仅由前八十回对甄贾宝玉的重叠对比描写可以见出,而且有多条脂批为佐证:

①甄家之宝玉乃上半部不写者,故此处极力表明以遥照贾家之宝玉,凡写贾宝玉之文,则正为真宝玉传影。(甲戌本第二回页三一旁批)

②与甄家子恰对。(甲戌本第三回"乃衔玉而诞,顽劣异常"句旁批。又见蒙戚三本)

③甄玉贾玉一干人。(甲戌本第一回"金满箱"三句旁批)

今前八十回仅在第二、五十六回侧笔写及甄宝玉,且都是在强调二人之同。则在曹雪芹的构思中,后半部将写二人之由同趋异(今后四十回对甄宝玉走"立身扬名"之路的处理,我认为是符合曹雪芹构思方向的)。最后甄贾宝玉又趋于同一,这也可在脂评中略见端倪:己卯本、庚辰本、蒙戚三本、列藏本及梦觉本在第十八回元春省亲演戏第三出《仙缘》下均有双批:"《邯郸梦》中,伏甄宝玉送玉。"众所周知,《邯郸梦》系汤显祖据沈既济《枕中记》改编,《仙缘》乃其中第二十九出《合仙》(《缀白裘》名为《仙圆》,是舞台演出本),内容为吕洞宾将梦醒后的卢生带至仙境,七仙点化卢生,卢生醒悟,遂离尘而去。可见小说最后将使甄贾二人相遇并合二而一同归太虚幻境。当然,具体的情节构思已难确知,但大致的构思方向即甄贾宝玉的由同趋异,最后又趋于同一却是可以推知的。

综上所论,可见曹雪芹在构思描绘贾宝玉形象时,采用了一种特殊的手法,即同时以六个形象立体构成之。其中,以对入世后的贾宝玉(即小说主人公)的描写为主体,其他五个形象都是这主体的背影或侧影。在人类艺术史上，可以用来类比的大约只有法国现代画家毕加索的立方主义绘画了：采用同时从不同角度表现人物的技法显示其立体的存在。生活于十八世纪中国的曹雪芹，真是个超越了时空的天才啊！

2. 贾宝玉形象性格本质两重性之构思

曹雪芹以六身一体的新颖艺术手法表现贾宝玉形象，显示出作者构思中这一形象本身的复杂性。但无论何等复杂的性格，仍然有其稳定一贯的、定向发展的基本特征，表现出这一形象的本质。贾宝玉形象当然也是如此。

早在第二回冷子兴演说荣国府，作者就借贾雨村之口提出了对贾宝玉性格形成的哲学解释亦即"正邪二赋"说：

> 清明灵秀，天地之正气，仁者之所秉也。残忍乖僻，天地之邪气，恶者之所秉也。……使男女偶秉此气而生者，在上则不能成仁人君子，下亦不能为大凶大恶。置之于万万人中，其聪明灵秀之气，则在万万人之上，其乖僻邪谬不近人情之态，又在万万人之下。

这哲学解释本身的正确与否是另一问题，但从中已可见：曹雪芹对贾宝玉形象的两重性格已有清楚的理性认识。综观《红楼梦》全书，曹雪芹也确实是在表现贾宝玉形象复杂性格的同时，突出展示了他性格本质的两重性：他离经叛道、不孝不忠，自觉地有理论地拒绝"立身扬名"，拒绝走仕途经济之路；他胸怀博大，尊重女性，向悲剧女性奉献了自己全部的爱与同情。

曹雪芹赋予贾宝玉以这样的典型性格，显示出他本人思想及人生观与小说主人公的重合。这是何等伟大卓绝的胸襟，需要何等勇敢无畏的胆识！因为，按照封建正统的代表者贾政判断：这两方面的本质性格，后者证明贾宝玉是"酒色之徒""淫魔色鬼"，前者显示他将来必然会发展到"弑君杀父"！相对这性格本质而言，贾宝玉形象的其他特征都是次要的、非本质的。当然，为了丰满这一形象，作者也必须多方描绘并表现这些性格侧面。限于篇幅，本文将就曹雪芹对贾宝玉形象性格本质的构思试作考察与论述。

其一：离经叛道，不忠不孝的"天下无能第一，古今不肖无双"。

> 无故寻愁觅恨，有时似傻如狂。纵然生得好皮囊，腹内原来草莽。
> 潦倒不通世务，愚顽怕读文章。行为偏僻性乖张，那管世人诽谤！

富贵不知乐业,贫穷难耐凄凉。可怜辜负好韶光,于国于家无望。

天下无能第一,古今不肖无双。寄言纨绔与膏粱,莫效此儿形状。

这是第三回贾宝玉出场时作者从封建正统立场所作的评论。两词显示:作者将要塑造的贾宝玉形象"潦倒(落拓不羁,举止不自检束)不通世务,愚顽怕读文章""行为偏僻性乖张",以致封建正统视为"天下无能第一,古今不肖无双"。这就证明:曹雪芹所要塑造的贾宝玉形象,乃是一个在中国历史上最为"不肖",因而也就是最为叛逆、最为反动的人物。然而贾宝玉却对自身思想行为充满了合乎道德与正义的自信:"那管世人诽谤!"贾宝玉视封建正统的评价为"诽谤",显示他必不会接受任何劝谏,必将我行我素,终身决不回头。

为了塑造这在中国文化史上前所未见的新人,曹雪芹选择了他对最基本的封建道德伦理"忠孝"的态度以及围绕这一核心思想的言行一笔笔描绘渲染,层层推进,终于凸现了贾宝玉形象反"忠孝"的性格本质。

(1)"忠孝"内涵及相互关系的历史发展

忠、孝是儒家伦理学的范畴,其涵义及相互关系都在不断发展。曹雪芹笔下的贾宝玉离经叛道,反对"忠孝";然他所反对的并非孔子所说"忠""孝"的本来涵义,而是经汉儒改造以后,特别是封建社会后期明清时代官方哲学所提倡的"忠孝"。

"孝"的基本涵义是敬爱父母,就此层面而言,"孝"应该是全人类共同的道德要求。孔孟对"孝"所作的解释是:"孝子之至,莫大乎尊亲。"(《孟子·万章上》)"今之孝者,是谓能养,至于犬马,皆能有养,不敬,何以别乎?"(《论语·为政》)他们认为"孝"不是单指赡养父母,而是指对父母长辈的尊重;如果缺乏尊重之心,那赡养父母即等于饲养犬马,乃大逆不孝。孔子还认为父母可能有过失,儿女应该"事父母几谏"(《论语·里仁》),即婉言相劝力请改正,并非主张对父母要绝对服从。曹雪芹笔下的贾宝玉,对这一意义的"孝",应该说是做到了。

但"孝"的涵义在扩大、发展并变化。《论语》中"孝"字出现 19 次,《学而篇》记孔子弟子有若所说名言:"其为人也孝弟(悌,意为顺从兄长)而好犯上者,鲜矣;不好犯上而好作乱者,未之有也。君子务本,本立而道生。孝弟也者,其为仁之本与!"即把"孝弟"作为维持社会制度与既定秩序的基本道德力量。由于"孝"从纵的方面、"弟"从横的方面维系并团结了古代社会的血缘宗法家族,而我国的封建君主专制制度实际上只是宗法家族制度的扩大,只有巩固宗法家族才能进一步巩固封建君主专制制度。这样,"孝悌"当然成为历代封建帝王提倡的"为仁之本",成为全民特别是男性最根本的道德责任与社会责任。

与"孝"一样,"忠"的涵义亦在发展变化。《论语》中"忠"字出现18次,曾参将孔子的"忠"概括为:"夫子之道,忠恕而已矣。"(《论语·里仁》)朱熹注:"尽己之谓忠,推己之为恕,而已矣者,竭尽而无余之辞也。"故孔子所谓"忠",本义为对他人忠诚老实且尽心竭力。《论语》中名言"为人谋而不忠乎""行之以忠""忠告而善道之""君使臣以礼,臣事君以忠"等句之"忠"都是此义。细读《红楼梦》,可见这一意义的"忠",贾宝玉对其周围诸人,特别对姊妹、侍女及友人都已真正做到。

到汉代,先后出现了《孝经》和《忠经》两部儒家后学编写的经典。《孝经》在广泛论述"孝"的基础上将"孝亲"与"忠君"合而为一:"君子之事亲孝,故忠可移于君。"注:"以孝事君则忠。"(《孝经·广扬名章第十四》)《忠经》更进一步将忠孝并列论述:"孝者俟忠而成之,所以答君亲之恩,明臣子之分。"(《忠经·序》)"忠能固君臣,安社稷,感天地,动神明,而况人乎? 夫忠,兴于身,著于家,成于国,其行一也。"(《忠经·天地神明》)可见汉儒认为:非"忠"不足以成"孝","忠"又不仅是"孝"的发扬光大,而且是"孝"的检验标准与最高典范。后来经过历代儒学大师韩愈、二程、朱熹等从理论上反复阐述、论证、推行,"忠孝"终于成为最根本的政治道德范畴,神圣不可侵犯的"天理"了。从韩愈的"臣罪当诛,天王圣明"到明清时代的"父要子死,子不得不死""君要臣亡,臣不得不亡","君父"的权威越来越走向极端,以致明清之际的启蒙思想家黄宗羲在《明夷待访录》首二篇《原君》《原臣》中大声疾呼,反对极端之君权,反对臣对君的无条件服从,实际上正是对封建社会后期官方哲学提倡之"忠孝"的否定。

从黄宗羲《明夷待访录》以后,思想界在高压下对此敏感论题保持沉默近一百年。这黎明前的黑暗与沉寂竟为曹雪芹之《红楼梦》所冲破,因为我们从曹雪芹所构思的贾宝玉形象惊异地看到:弃绝这一意义层面的"忠孝"乃至在行动上坚持不忠不孝,正是贾宝玉所自觉选择的人生道路,而且是坚持不改，至死不悔。

（2）贾宝玉反对"立身扬名"即反对"忠孝"

贾宝玉最厌恶并反对"立身扬名"。反对"立身扬名"实即反对"忠孝"，因为名列"十三经"的儒家要典《孝经》卷一将"忠孝"的内涵作了这样的规定：

> 仲尼居，曾子侍。子曰："先王有至德要道，以顺天下，民用和睦，上下无怨。汝知之乎？"曾子避席曰："参不敏，何足以知之！"子曰："夫孝，德之本也，教之所由生也。复坐，吾语汝。身体发肤，受之父母，不敢毁伤，孝之始也。立身行道，扬名于后世，以显父母，孝之终也。夫孝，始于事亲，中于事君，终于立身。"

这段论述十分简要，它指出了实行"孝"的三个阶段："始于事亲，中于事君，终于立身。"邢昺注："言行孝以事亲为始，事君为中。忠孝道著，乃能扬名荣亲，故曰终于立身也。"《红楼梦》中贾宝玉所拒绝的"立身扬名"，正是《孝经》所规定的最高之"孝"，即所谓"立身行道，扬名于后世，以显父母"。根据这一权威理论，曹雪芹所构思的贾宝玉形象显然是一个离经叛道、不忠不孝之人。

对"始于事亲"的初步之"孝"，贾宝玉并没有拒绝。作者有不少笔墨写及少年贾宝玉对贾母、王夫人和贾政的血缘亲情，即使面对贾政的训斥，也未有明显的悖逆之语。第十七回游园题额时关于"天然"的提问固然有冒犯严父之嫌，但合乎孔子"事父母几谏"的教诲。从贾宝玉对贾母和王夫人的亲密，更可见他并不是缺乏骨肉亲情的冷人。在"不肖种种大承笞挞"之前，对尊长的晨昏定省他也还能做到。因而在这"孝"的第一阶段"始于事亲"，少年贾宝玉行动中尚无大错。然而，此时少年贾宝玉思想上的不忠不孝已经开始萌芽生长。在第二十回，我们看到，对维系巩固封建宗法家族的"孝悌"这一根本伦理，他漠然处之，"把一切男子都看成混沌浊物，可有可无。只是父亲、叔伯、兄弟中，因孔子是亘古第一人说下的，不可忤慢，只得要听他这句话。所以，弟兄之间不过尽其大概的情理就罢了，并不想自己是丈夫，须要为子弟之表率"。贾宝玉既"把一切男子都看成混沌浊物，可有可无"，其中当然也包括了他自己的父亲、叔伯、兄弟。虽勉强在表面上听从孔子教诲,实际"不过尽其大概的情理罢了"。可见在"始于事亲"这一阶段,贾宝玉最多只做到了不违反血缘亲情的最低要求而已。在其思想深处,"孝悌"这一根本的为仁之道早已被他抛到九霄云外,不复顾念。

对"孝"的第二阶段要求"中于事君"亦即忠君,少年贾宝玉从思想、言语到行动都已大大背离。试看曹雪芹为展现贾宝玉形象之不忠而构思的两段情节:

其一,第十六回贾元春晋封凤藻宫尚书加封贤德妃,"宁荣两处上下里外莫不欣然踊跃,个个面上皆有得意状,言笑鼎沸不绝"。而贾宝玉却"虽闻得元春晋封之事,亦未解愁闷。贾母等如何谢恩,如何回家,亲朋如何来庆贺,宁荣两处近日如何热闹,众人如何得意,独他一个皆视有如无,毫不曾介意。因此众人嘲他越发呆了"。贾宝玉在此所显示的完全是对"皇恩"的蔑视。而在这蔑视的背后,正是他对封建君权的否定,最根本的叛逆,最根本的不忠。

其二,第三十六回贾宝玉与袭人闲谈春花秋月、粉淡脂莹以及女儿好、女儿死诸事,作者忽然让贾宝玉发一通议论,评论封建时代被誉为臣子最高道德规范亦即"忠"之最高表现的"文死谏,武死战",斥之为"沽名","并不知(君臣)大义",实际正是反对君臣之间的主奴关系,反对在明清时代无限扩大了的极端君权。"必定有昏君他方谏;必定有刀兵他方战":君主既是昏君,臣子就不必谏不必战,更不必为此昏君而"死名死节"。正是基于这样的理性认识,贾宝玉才拒绝走仕途经济之路,实际已进入拒绝为封建君主效力的层次①。

贾宝玉在思想上既已蔑视君权,拒绝忠君,第三阶段的"孝"即"立身行道,扬名于后世,以显父母"就更不可能实行。曹雪芹多次描绘贾宝玉拒绝"立身扬名"的言行:

①第十九回,袭人以妾妇手段劝谏贾宝玉改去三件毛病:"第二件,你真喜读书也罢,假喜也罢,只是在老爷跟前或别人跟前,你别只管批驳诮谤,只作出个喜读的样子来,也教老爷少生些气,在人前也好说嘴。他心里想着:我家代代读书,只从有了你,不承望你不喜读书,已经他心里又气又愧了。

① 参见本书《曹雪芹与黄宗羲》。

而且背前背后乱说那些混话,凡读书上进的人,你就起个名字叫作'禄蠹';又说只除'明明德'外无书,都是前人自己不能解圣人之书,便另出己意,混编纂出来的。这些话,怎么怨得老爷不气,不时时打你。叫别人怎么想你?"从袭人之言可以推知贾宝玉反对当时社会上"读书上进"、追求功名(其实追求高官厚禄亦即金钱与权势)的须眉浊物,否定除"四书"而外的所有儒学(包括宋元以来的理学)著作。这正是他反对"立身扬名"的具体表现。

②第三十二回写贾宝玉为坚持走自己的路,不惜得罪自己平时亲近的表姊妹薛宝钗与史湘云。史湘云劝他"常常的会会这些为官做宰的人们,谈谈讲讲些仕途经济的学问,也好将来应酬世务,日后也有个朋友",贾宝玉立即说"姑娘请别的姊妹屋里坐坐,我这里仔细污了你知经济学问的",对素昔友爱的湘云下了逐客令。据袭人说:"宝姑娘也说过一回,他不管人脸上过的去过不去,他就咳了一声,拿起脚来走了。"并从此与宝钗"生分"。贾宝玉甚至表示:"林姑娘从来说过这些混账话不曾? 若他也说过这些混账话,我早和他生分了。"视劝导"立身扬名"之言为"混账话",谁说这"混账话"就和谁"生分",即使她是最亲近的姊妹乃至深心爱慕的意中人:由此可见贾宝玉拒绝"立身扬名"的坚定性。

③第三十六回,贾宝玉被笞之后,仍然我行我素,拒绝走"立身扬名"之路:"那宝玉本就懒与士大夫诸男人接谈,又最厌峨冠礼服贺吊往还等事,今日得了这句话,越发得了意,不但将亲戚朋友一概杜绝了,而且连家庭中晨昏定省亦发都随他的便了,日日只在园中游卧,不过每日一清早到贾母王夫人处走走就回来了,却每每甘心为诸丫鬟充役,竟也得十分闲消日月。或如宝钗辈有时见机寻劝,反生起气来,只说'好好的一个清净洁白女儿,也学的沽名钓誉,入了国贼禄鬼之流。这总是前人无故生事,立言竖辞,原为导后世的须眉浊物。不想我生不幸,亦且琼闺绣阁中亦染此风,真真有负天地钟灵毓秀之德',因此祸延古人,除四书外,竟将别的书焚了。""独有林黛玉自幼不曾劝他去立身扬名等语,所以深敬黛玉。"所谓"别的书",显指宣扬封建伦理道德及阐发四书涵义的为"立身扬名"作理论指导的书籍。焚书之举进一步显示了贾宝玉拒绝"立身扬名"的坚定性。

④第七十三回,贾宝玉认为:"更有时文八股一道,因平素深恶此道,原非圣贤之制撰,焉能阐发圣人之微奥,不过作后人饵名钓禄之阶。"表现了对

科举八股取士制度的深恶痛绝。第七十八回贾宝玉撰《芙蓉女儿诔》，曹雪芹有一长段文字写宝玉构思诗文时的心理活动，其中再次突出贾宝玉"我又不希罕那功名"的人生态度，可见其拒绝"立身扬名"之坚定不移。

⑤第四十八回香菱学诗，宝玉称赞她"地灵人杰，老天生人再不虚赋情性的"，宝钗乘机劝导宝玉："你能够像他这苦心就好了，学什么有个不成的。"宝玉不答，实际是以沉默再次拒绝其劝导。据庚辰本第二十一回回前总评，曹雪芹构思中的后半部将有"薛宝钗借词含讽谏"而"他日之玉已不可箴"，贾宝玉终于弃宝钗而为僧的情节。可见贾宝玉拒绝"立身扬名"的人生态度终身未曾改变。

综上所论可知：拒绝"读书上进""立身扬名"是贾宝玉一以贯之始终不变的思想与人生态度。在封建社会即将开始崩溃的黑暗前夜，曹雪芹勇敢地直面整个社会与传统，构思并创作了贾宝玉这样坚定不移地践行不忠不孝的典型形象，显然表露了曹雪芹本人的思想及人生态度与贾宝玉形象的重合。

（3）贾宝玉反"忠孝"的自觉性与先验性

为了显示贾宝玉反"忠孝"思想行为的自觉性，曹雪芹构思了秦钟临死前忏悔的情节。秦钟给唯一的知己贾宝玉留下遗言："你我自为见识高过世人，我今日才知自误了。以后还该立志功名，以荣耀显达为是。"（见第十六回，据甲戌、己卯、庚辰及蒙、戚诸本）这遗言透露出贾宝玉拒绝追求功名，不以"忠孝"为意，乃"自为见识高过世人"，亦即有其不同凡俗的思想，有反"忠孝"的理论根据。秦钟临死后悔，证明了他思想的动摇及反"忠孝"的不彻底性。然此后贾宝玉并没有接受好友的劝谏，仍然我行我素，一次次地拒绝袭人、宝钗、湘云等亲近少女的劝导，一次次地拒绝王夫人和贾政的软硬兼施。正如前文所论，贾宝玉坚持不走"立身扬名"的"忠孝"之路。

根据《红楼梦》成书过程研究的成果，我们知道：有关秦可卿和秦钟姊弟的情节均发生于贾宝玉迁入大观园后数年之间（详拙著《红楼梦论源》）。故秦钟临死的规劝也显然应出自一个二十岁左右的青年而不是如今本那样十一二岁的少年。曹雪芹让秦钟提前死去固然有集中情节的作用，但这样处理也就更突出了贾宝玉反"忠孝"的先验性。这与卷首的顽石神话和正邪两赋说形成了前后呼应：贾宝玉的反"忠孝"思想是与生俱来的，气质禀赋中固有的。他生来就是这样一个特殊人物,所以他才有这样的思想,这样的言行。他并不是为任何外力所逼迫,也不是接受了任何的命令,更不是为名利所引诱;他只是适应内心的必然,就像蚕要吐丝,太阳要发光。如说曹雪芹这样的构思违背了"存在决定意识"的唯物主义理论,那么这也正是曹雪芹本人的思想;对贾宝玉反"忠孝"思想之来源,他就是这样认识并表现的,因为这思想特征显然更多地与那块"无材不堪入选"的青埂峰顽石相联系。早在彼岸世界,他就是一块"顽而矿""廉角磨砻用不得"的顽石;因而在此岸世界,当他与顽石的幻形通灵宝玉一起降生时,他就开始了独特的人生旅程。儿时的"顽劣"、少年时的拒绝"读书上进""立身扬名"以及种种反"忠孝"的思想言行均来源于此。

(4)贾宝玉反"忠孝"思想行为的发展

为了表现贾宝玉反"忠孝"思想行为的进一步发展,曹雪芹构思了第三十三回"不肖种种大承笞挞"的情节。以往在思想言论方面冒犯"忠孝"大义、拒绝"读书上进""立身扬名"的贾宝玉,在封建正统的代表贾政看来,终于发展到了"引逗"琪官出走并"淫辱母婢"致死亦即在行动上侵犯君权、父权这不可饶恕的地步。封建时代母亲的侍女实际上即父亲的婢妾,"淫辱母婢"不是一般可以原谅的"好色",而是为传统与法律所严禁的"乱伦上烝",侵犯父权,乃是十分严重的罪名①;"引逗琪官"则更为罪在不赦,因为琪官不是普通的王府小旦,而是"奉旨所赐"(据列藏本,详拙著《红楼梦论源》),即原系供奉皇帝的优伶。琪官不堪忠义亲王的狎玩侮弄,贾宝玉为之设谋划策,在东郊紫檀堡置买房地,帮助他逃离王府。这不仅触犯了清代的"逃人法",而且侵犯了皇权,犯了"大不敬"的弥天大罪。两罪并发,贾宝玉不忠不孝罪案已定。因此"贾政气的面如金纸,大喝快拿宝玉来! 一面说一面便往里边书房去,喝令'今日再有人劝我,我把这冠带家私一应交他与宝玉过去!

---

① 除非父母尊长将侍女赐给儿孙为婢妾,如贾母以袭人给宝玉,贾赦以秋桐赐贾琏,否则"老太太、太太屋里的狗儿猫儿,轻易也伤他不的"。所以魏元帝、隋炀帝纳其父宫人,均为旧史学家丑诋。雍正帝在《大义觉迷录》所载谕旨中亦特意申明:"朕于皇考之宫人,俱未曾有一见面者,况诸母妃辈乎! 七年来,如当年皇考宫中之人,即使令女子辈,若曾有一人在朕左右,朕实不对天日以君临兆庶也。"(《清史资料》第四辑,中华书局 1983 年版,第 124 页)意在宣示其政敌攻击其"不孝"之荒谬。

我免不得做个罪人,把这几根烦恼鬓毛剃去,寻个干净去处自了,也免得上辱先人、下生逆子之罪!'众门客仆从见贾政这个情景,便知又是为宝玉了"。曹雪芹此处用一"又"字,显示贾政以往曾为宝玉大逆不道之思想言行多次气愤得失去常态。贾政一见宝玉,"眼都红紫了","只喝命堵起嘴来着实打死",而且自己亲手操起木板,把宝玉打得死去活来。他对儿子不是没有父爱,只是凭他的敏感直觉加理性判断,他清楚地认识到贾宝玉思想言行的危险性:在少年时代就胆敢蔑视君父的权威,他日必将发展到"弑君杀父"!

曹雪芹以浓墨重彩写出了这场父子冲突的严重性:它不是一般的严父与不肖子的冲突,而是坚持"忠孝"大义的贾政与坚持不忠不孝的贾宝玉之间的冲突,实际上是忠孝与反忠孝的冲突。在形式上,贾政似乎取得了斗争的绝对胜利;在实质上,这场斗争却是以贾宝玉的坚持不改宣告了"忠孝"大义的失败。当天傍晚他就对林黛玉"你可都改了罢"的提问回答:"你放心,我便为这些人死了也是情愿的。况已是活过来了。"他从死亡的边缘回到人世,不是"不知生,焉知死",而是"不知死,焉知生",获得第二次生命的他更懂得:宁可为所爱者而死,也决不为"立身扬名"而生。高扬儒学传统的中国封建社会将追求"忠孝"这根本的道德价值作为人生最高目的,曹雪芹却构思创造了否定"忠孝"的贾宝玉形象为《红楼梦》的主人公。显然,曹雪芹与其创造的贾宝玉形象所追求的乃是一种超道德价值。这超道德价值是什么呢?值得红学研究者思索。

在《红楼梦》成书过程研究中,我们注意到:今本第三十三、三十四回宝玉被笞原在第三十六回之后①。为什么曹雪芹要作此更动呢?联系第三十六回出现了大段的贾宝玉拒绝"立身扬名"、痛斥"文死谏、武死战"等描写分析,曹雪芹显然是要让贾宝玉在死过一次之后,更加懂得了生命的价值,从此便更义无反顾地走向叛逆的不忠不孝之路。

---

① 证据有二。其一,今第三十四回宝玉被笞后袭人去王夫人处回话,王夫人有"所以将你和老姨娘一体行事"之语,见于己卯本、庚辰本、蒙戚三本、舒序本、梦觉本、杨藏本等,而各本袭人加月钱与周、赵二姨娘同等待遇在第三十六回,显示第四次增删稿中宝玉被笞时间较晚。其二,今本宝玉从认识琪官到被笞仅隔十天,无法容纳两人交游过程,显示曹雪芹在增删修改过程中有大量删节,被笞情节显系从后文提前。详拙著《红楼梦论源》第二编第三章,参见张爱玲女士《红楼梦魇》。

其二:向悲剧女性奉献全部爱与同情的"古今天下第一淫人"。

在构思贾宝玉形象的神话渊源时,曹雪芹已以那块"落堕情根"的青埂峰顽石及其幻形通灵宝玉,西方灵河岸上记录生死不渝之情的三生石,以甘露之爱洒向绛珠草的神瑛侍者象征贾宝玉形象的灵秀颖慧、意淫情痴。这与生俱来的本质性格决定了他将与众多少女产生密切的感情联系。第二回作者借冷子兴之口追叙了贾宝玉周岁时行"抓周":"伸手只把些脂粉钗环抓来",以幼儿的无意识动作预示贾宝玉一生对女儿之美的赞赏与追求。然而曹雪芹并没有停留在将贾宝玉塑造为类似西方文学中的唐璜或日本文学中的源氏等美之爱悦者追求者的层次,而是让他目睹身历了一场美伴随着丑恶而毁灭的大悲剧,通过对众女儿人生悲剧的观照与思考认识了社会与人生,向她们奉献了自己全部的爱与同情。警幻仙子因而称赞贾宝玉为"古今天下第一淫人",与其离经叛道不忠不孝而致"天下无能第一,古今不肖无双"相辅相成,构成贾宝玉形象的本质性格。

(1)群芳髓、千红一窟、万艳同杯的象征

曹雪芹在第五回贾宝玉神游太虚幻境中构思描写了他品尝幻境之奇香、异茶和美酒的细节。作者让警幻仙姑介绍:"此香乃系诸名山胜境内初生异卉之精合各种宝林珠树之油所制,名为群芳髓"(旁有脂评:"好香。"髓谐音碎,见甲戌本);"此茶出在放春山遣香洞,又以仙花灵叶上所带之宿露而烹,名曰千红一窟"(脂评:"隐哭字");"此酒乃是百花之蕊、万木之汁,加以麟髓之醅、凤乳之曲酿成,因名为万艳同杯"(脂评:"与千红一窟一对。隐悲字")。这以各种灵异生物之精华制成的异香、仙茶和灵酒,都令人联想人间美质、万物精华的无价宝珠般的少女,她们为世界和人类奉献了最高的美之愉悦。而在曹雪芹的观照中,这作为人类精英、美之化身的,以群芳、千红、万艳所象征的少女们,却必然遭逢"碎""悲""哭"的命运。曹雪芹显然在以此预示封建时代女性悲剧的普遍性与必然性。然按照古典诗律,诗词语汇与语法、句法都存在多种意义,可作多种解释。故"群芳碎"既可解为群芳被碎,又可解作为群芳而碎,"千红一哭""万艳同悲"既可解作千红万艳同声悲哭,又可解作为千红万艳而悲哭。为自己被"碎"而同声悲哭的群芳、千红、万艳,正是《红楼梦》中的金陵十二钗(广义)乃至那个时代悲剧女性的象征。在曹雪芹构思中,贾宝玉是人间唯一进入太虚幻境并品尝了群芳髓、千

红一窟、万艳同杯的男性见证人,他必将为群芳之"碎"而心碎,为千红万艳的沦落飘零而悲哭,这正象征着贾宝玉将一一目睹身历金陵十二钗(广义)的人生悲剧,作为众女儿悲剧的参与者和观照者亲尝她们的苦痛,忍受她们苦痛总和的重负,并为之付出他全部的爱与同情。

曹雪芹笔下的贾宝玉对悲剧女性的爱与同情,其内涵不同于古代教义所弘扬的"爱":孔子的"仁爱"以"亲亲"为核心,"爱有等差";墨翟的"兼爱"主张无差别地爱他人;基督教的耶稣之爱则是神对人的爱,救世主对人类的爱。从《红楼梦》的形象描写,我们看到贾宝玉不爱也不同情那些追求金钱与权势的"禄蠹",那些追求肉欲满足的"皮肤滥淫"之俗物,那些老丑愚昏的"鱼眼睛"。他并不以救世主自居,甚至也不能像陀思妥耶夫斯基《白痴》中梅思金公爵那样,对一切受苦难的人们表示仁爱与怜悯。贾宝玉爱与同情的只是那些"真应怜"与"假侥幸"的悲剧女性,特别是"真应怜"的女儿们。因此,曹雪芹所刻画的贾宝玉之爱是基于同情的爱。这同情不是居高临下的怜悯,而是同感,具有相同的感觉与情感,所谓"感同身受",即以对方之忧为忧,以对方之乐为乐,与对方有同样的欢乐、焦虑、痛苦与幸福的感受。这种同情表明了最强烈的感情想象力和心灵感应力,在这同情基础上产生的爱才能经久不衰,如铭刻于石而不可磨灭;只要生命存在,爱与同情也就存在。

然而,贾宝玉以一己的身心承受全体悲剧女性的苦痛,这对于他毕竟是过于沉重的负担。他虽乐于挑起这重担,却不能不因不堪这精神重负而痛苦。他将以自己的个体生命背负全体悲剧女性的不幸与苦痛,一点一滴地付出他全部的爱与同情,直至离开人间,重新变成一块顽石。

(2)贾宝玉的女儿观

贾宝玉崇拜女儿,他的女儿观迥异世人,且随着其年龄与人生经验的增长而继续发展,从感性认识上升到理性认识,其表述也逐步理论化。七八岁的贾宝玉已能说出:"女儿是水做的骨肉,男人是泥做的骨肉,我见了女儿我便清爽,见了男子便觉浊臭逼人。"用孩子气的语言表现了他对"男浊女清"的看法。曹雪芹写童年时的贾宝玉便崇拜女儿,显系为了减弱其中异性吸引因素而突出其与生俱来的先验性。到他十二三岁时,这直觉便上升为理论:"天生人为万物之灵,凡山川日月之灵秀只钟于女儿,须眉男子,不过是些渣滓浊沫而已。"曹雪芹解释贾宝玉这理论产生的现实原因:"因他自幼姊妹丛中长大,亲姊妹有元春、探春,叔伯的有迎春、惜春,亲戚中又有史湘云、林黛玉、薛宝钗诸人。"可见曹雪芹构思的贾宝玉具有超凡的领悟力,他善于从特殊抽象出一般,从直觉提高到理性,并因而总结出"山川日月之灵秀只钟于女儿"的理论:他崇拜女儿之美,以女儿为大自然精华灵秀的人格化身;又以男子之身在美的女儿之前自惭躯体与精神的污浊,并进而彻底否定自以为高贵且敢于贱视女儿之男子。这种新颖奇特的理论不可能出自男尊女卑思想占统治地位的中国传统思想武库①,而只能是曹雪芹本人对历史与现实作深刻观察、剖析与反思之后的结论。对统治中国社会之男性三千年来的种种假恶丑表演的深恶痛绝,对不出闺门未婚少女形体与精神之"清净洁

---

① 有研究者认为:曹雪芹对贾宝玉这一理论的构思源自庞元英《谈薮》所记南宋士人谢希孟之逸事,因他对自己的老师陆九渊说过一句名言:"自逊、抗、机、云之死,而天地英灵之气,不钟于世之男子而钟于妇人。"然笔者认为:谢希孟此言本意不过在讥讽其师陆九渊不及其祖先陆逊、陆抗父子和陆机、陆云兄弟,并非真有尊重女性的意见。故曹雪芹最多只受谢希孟言词的影响,其尊重女儿思想的起源绝不在此。因《谈薮》所记谢希孟事有两段,需全部引录:

　　谢希孟在临安狎娼,陆象山责之曰:"士君子乃朝夕与贱娼居,独不愧于名教乎?"希孟敬谢,请后不敢。他日,复为娼造鸳鸯楼,象山闻之,又以书责。希孟复谢曰:"非特建楼,且有记。"象山喜其文,不觉曰:"楼记云何?"即口占首句云:"自逊、抗、机、云之死,而天地英灵之气,不钟于世之男子而钟于妇人。"象山默然。

　　希孟在娼家忽起归意,不告而行,娼追送江浒,涕泣恋恋。希孟毅然取领巾,书一词与之,云:"双桨浪花平,隔岸青山锁。你自归家我自回,说着如何过? 我断不思量,你莫思量我。将你从前爱我心,付与旁人可。"

　　由此可见,谢希孟完全是一个浮浪青年,并无任何尊重女性的意识。当然,谢希孟本意虽如此,曹雪芹化用其言词加以改造,表达自己的新思想,还是有可能的。我们虽然无法找到曹雪芹这思想的直接源头而只能认为是他本人的创造性思维,但我国优秀的文学艺术作品或多或少地对这思想之形成起过积极作用。如《楚辞》中对女神的赞颂,唐代传奇小说《莺莺传》以及据其改编的元曲《西厢记》,古典诗词特别是晏几道与纳兰成德的小词,汤显祖《牡丹亭》等,就是较显著的例子。

　　曹雪芹仅将类似的热情颂赞给予少女而排除了人类半数的男子,究其原因,他必然是在历史和现实中看到了太多的男性所造成的丑恶,看清了他们为掩盖丑恶而制造的种种假面,由对男性的厌憎走向对少女的崇拜。甲戌本第二回页十一脂评:"盖作者实因鹡鸰之悲,棠棣之威,故撰此闺阁庭帏之传。"显然,脂砚认为:曹雪芹因有感于兄弟不和、彼此骨肉相残而创作《红楼梦》,以赞美聪明善良、秉山川日月之灵秀的清净女儿,贬斥渣滓浊沫之须眉男子(参见拙著《红楼梦论源》第一编第五章)。故家世现实对曹雪芹崇拜女儿思想之形成必有重大影响。

白"的由衷赞美:两者的结合,就是曹雪芹构思贾宝玉形象的起点。前者又与贾宝玉的反"忠孝"相联系,后者则直接形成了贾宝玉"山川日月之灵秀只钟情于女儿"的理论。

在少年贾宝玉直觉的认识中,"女儿是水做的骨肉","清净洁白"是女儿特有的品格;在其理性的认识中,山川日月即大自然之灵秀蕴集钟毓于女儿,体现为女儿的形体美与精神美。在他的心目中,她们不仅是美丽的异性,而且是有独立的感情、思想和精神的人;虽然在现实生活中她们的社会地位十分低下,只是依赖于男子的附属品、男子淫欲的奴婢和生孩子的工具。在平凡的日常生活里,她们之中的绝大多数都表现出不平凡的行止见识,显示出远比男子更为高尚的道德情操和精神世界。贾宝玉最能理解女儿,最能欣赏女儿之美,无论是博学多识、雍容娴雅而艳冠群芳如牡丹的薛宝钗,多才多情、高洁超逸而风露清愁如芙蓉的林黛玉,豪爽敏捷、霁月光风而香梦沉酣如海棠的史湘云,见多识广、诗才华赡且年轻心热如红梅的薛宝琴等高贵的小姐,还是温柔和顺似桂如兰的袭人,"心比天高身为下贱"的晴雯等低下的女奴,都以其独特的美令贾宝玉欣赏陶醉,为之赞叹:"老天,老天,你有多少精华灵秀,生出这些人上之人来!"然而自然规律不可抗拒,青春难以长在,美的女儿必将"红颜枯槁、乌发如银",形体之美固然将变形而不复存在,精神之美也将在环境的逼迫影响、诱导下逐步变异。美的女儿终将变化为令贾宝玉惋惜乃至厌恶的鱼眼睛。对此他有一条"女儿三变"的理论:

> 女孩儿未出嫁是颗无价宝珠;出了嫁,不知怎么就变出许多不好的毛病来,虽是颗珠子却没有光彩宝色,是颗死珠了;再老了,更变的不是珠子,竟是鱼眼睛了。分明一个人,怎么变出三样来?

这理论以结婚为女儿变化的条件,正如他所感叹惊异的:"奇怪奇怪!怎么这些人只一嫁了汉子染了男人的气味,就这样混账起来,比男人更可杀了!""染了男人的气味",亦即受了男性思想即统治阶级思想的毒害,为男性所改造以至异化走向美的反面,这才是造成"女儿三变"的真正原因。

大观园中的女儿们就是这"女儿三变"论的实例。一般说来,未出嫁的少女较少受现实利害的驱使,表现出人类本性的善良一面,有如李贽《童心说》所论,外形的美丽与心灵的美丽交相辉映,为贾宝玉叹为"无价宝珠"。但在少女中也未尝没有已受统治思想毒化者,薛宝钗是一个典型。少年宝钗也曾背着大人偷看非礼教的《西厢记》《牡丹亭》及《元人百种》,沉迷于浪漫的爱情传奇;青年时却改读"有益身心"的"正经书"(即"四书五经"等宣扬儒家道德伦理的经典以及阐发其涵义的理学著作),引导众姊妹写《咏太极图》(即以诗的形式阐述理学的本体论和宇宙发生论哲学),教训嘲笑朱熹为"虚比浮词"的探春,教导醉心于诗词及爱情的林黛玉"女子无才便是德,总以贞静为主",特别着意并再三劝导不走正道的贾宝玉"立身扬名",以致被他当面训斥"好好一个清净洁白的女儿,也学的沽名钓誉,入了国贼禄鬼之流"。按照贾宝玉的标准,无疑薛宝钗已不再是"无价宝珠"了。从此,宝钗已不再具备对他的吸引力,因而他大梦中也喊骂:"什么金玉姻缘! 我偏说是木石姻缘!"拒绝那一度令其痴呆羡慕的宝钗。在他看来,精神美既已变质,形体美亦仅存躯壳,无可附丽,失去价值,从此他除因答谢而与黛玉一起去蘅芜苑拜访宝钗(第六十七回),再没有主动去看过她一次,更没有与她谈心或密切交往。宝钗何以由"清净洁白"的女儿变为醉心功名利禄的"国贼禄鬼",他认为:"总因前人无故立言竖辞,原为引导后世的须眉浊物。不想我生不幸,连闺阁中亦染此风,真正有负天地钟灵毓秀之德!"在薛宝钗的影响下,天真的史湘云也一度劝导贾宝玉走仕途经济之路,同样受到他的冷遇和讥讽。

由此可知,贾宝玉的女儿观在不断发展深化,他从美化女儿崇拜女儿逐步发现了女儿中的"禄鬼",发现了从女儿、少妇至老妇的自身三变,并进而发现了造成女儿异化的根本原因:"前人立言竖辞引导后世的须眉浊物",而"须眉浊物"又从而以此腐蚀教唆女儿特别是婚后的女性。在这些"渣滓浊沫"的影响诱导下,美的女儿乃渐渐失去其美质而一步步异化为丑,于是美与丑的界限逐渐模糊乃至泯灭,最后美乃混同于丑。这时,美的少女即"无价宝珠"已是白发枯颜的鱼眼睛了。

(3)贾宝玉的女性贞操观

曹雪芹赋予贾宝玉新颖的女性贞操观。这是贾宝玉能尊重同情女性的思想基础之一。

随着理学的日益成为官方哲学,明清时代对女性贞操的要求远较前代严格,在贾府这样的"诗礼簪缨"之族更是如此。在封建时代,贵族婚姻往往是一种政治行为,婚姻须由父母按照家族的利益安排。婚前少女,必须保证从思想到行为的绝对贞洁,如与男子(包括未婚夫)私相往来乃至发生性关系,即是"淫奔女","父母国人皆贱之",受到家族与全社会的唾弃。婚后女性必须忠于丈夫(即使丈夫是白痴),如与其他男性生情或发生性关系,即犯了"淫乱"的七出之条,夫家随时可以将其休弃。一旦丈夫早逝,妻子虽年青亦必须守节终身,否则谓之"失节",为正人君子所不齿。即使是一些比较进步的思想家如李贽公开赞扬卓文君再嫁司马相如(《藏书》卷二十九《司马相如传》),称誉红拂自择李靖"这是千古来第一个嫁法"(《评红拂记》),却还没有谁会谅解在婚前失足他人(非未婚夫,亦非后来的丈夫)的"淫奔女"①。而曹雪芹笔下的贾宝玉正是在对"淫奔女"的同情与敬重一点上走在同时代人前面,显现了新颖的女性贞操观。

在贾宝玉对尤氏姊妹的态度上,我们能够清楚看到他这种不同于世俗的新颖贞操观。他知道尤氏姊妹与珍蓉父子"素有聚麀之消",尤二姐嫁给贾琏为二房,被王熙凤骗进贾府,"园中姊妹如李纨、迎春、惜春等人,皆为凤姐是好意,然宝黛一干人暗为二姐担心。虽都不便多事,惟见二姐可怜,常来了,倒还都悯恤他"。二姐死后,"宝玉已早过来陪哭一场"(第六十九回)。显然,贾宝玉并没有因为尤二姐婚前失贞而对她失去尊重,仍然给予她真切的同情。当他听到平素"最合得来"的知友柳湘莲与尤三姐订婚时,他由衷地表示祝贺:"大喜,大喜!难得这个标致人,果然是个古今绝色,堪配你之为人。"可见贾宝玉对女性贞操的看法与传统思想迥然不同:贞洁与否无损于对女性个人品格的评价,女性的美恶并不由贞洁一事论定,尤三姐虽然曾经失贞于人,仍然可以与自己最相契合的友人相配,做他知己的合适妻子。

---

① 明代拟话本中偶有为婚前与未婚夫发生性关系或婚后偶一失足妇女开脱"淫乱"罪名的,前者如《乔太守乱点鸳鸯谱》《吴衙内邻舟赴约》,后者如《蒋兴哥重会珍珠衫》等,显示了晚明市民意识的崛起,然而拟话本作者的思想仍未脱离封建贞操观的樊篱,而是认为:女子失身于未婚夫或虽原非未婚夫而后来结婚便可"一床锦被遮盖";对婚后失贞的如王三巧虽情有可原仍不免将她降妻为妾加以惩劝,而既已为妾,则又"礼不下庶人",不必计及失身与否了。

贾宝玉的这种已有现代色彩的女性贞操观显然是曹雪芹本人思想的投影①。

柳湘莲就完全不同了。在片面要求女性贞操一点上,他与传统思想并无二致。他自己既"眠花卧柳,吹笛弹筝,无所不为",个人贞操荡然,却自以为这是风流韵事男性特权,不涉及任何道德问题。他曾扬言"只要一个绝色的",当是《世说新语·惑溺》所记荀粲(奉倩)"妇人德不足称,当以色为主"言论的翻版,其实质是不承认女性的独立人格。但既得到了尤三姐这古今绝色,却又不肯放过片面的封建道德,又追究起"品行"即贞洁与否来,果然不问青红皂白就嫌尤三姐"淫奔无耻之流,不屑为妻",以致尤三姐不得不自刎以明志,宁死勿再受辱:因为她如果再活下去,就只能永远做珍蓉之流的玩物,甚至进一步沦为烟花娼女。面对鸳鸯剑下尤三姐的鲜血,柳湘莲才认识到传统女性贞操观之可鄙,才出以谅解与尊重之心称死去的尤三姐为"刚烈贤妻,可敬可敬"(见各脂本,程甲、乙本改"贤妻"为"人",意义即不同),柳湘莲终于同意了贾宝玉对尤三姐"堪配你之为人"的评价,承认了尤三姐是他的"贤妻",他的女性贞操观发生了根本变化。

封建主义以"理"杀人,是造成尤氏姊妹悲剧的根本原因。曹雪芹这样描写贾宝玉因她们被迫害致死后心灵的痛苦:"宝玉因冷遁了柳湘莲,剑刎了尤小妹,金逝了尤二姐,气病了柳五儿,连连接接,闲愁胡恨,一重不了一重添。弄得情色若痴,语言常乱,似染怔忡之疾。"(第七十回)贾宝玉为"淫奔女"尤氏姊妹的人生悲剧而痛苦痴狂,正显示出他对悲剧女性尤氏姊妹深切的爱与同情,显示出不同于世俗的新颖女性贞操观。自然,在"以理杀人"的封建正统人物看来,这又正证明了贾宝玉乃"淫魔色鬼"。曹雪芹借警幻仙子之口盛赞贾宝玉为"古今天下第一淫人",正是对所谓"淫魔色鬼"的否

---

① 曹雪芹在柳湘莲梦见尤三姐一段描写中让她以"前生误被情感"(见各脂本,程甲、乙已删)为自己辩解。尤氏姊妹婚前失足于珍蓉之流,就是为其"情"(实为虚情、假情)所诱惑的结果,年青的少女缺乏人生经验,看不清珍蓉之流的"情"其实只是"欲"。正如聂绀弩所分析的:"她是个心有所爱的人。在那时候,心有所爱是件无可告语的事。她无法和她的所爱接触,无法向他剖白心情。到了珍蓉之流来诱惑她时,她觉悟到心有所爱对于她是太奢侈了。丢掉那杂念吧,只要能被爱也就够了。怎知刚一被爱,立刻觉察到这不是被爱而是被欺骗、被亵玩、被践踏!"(《略谈〈红楼梦〉的几个人物》,《红楼梦研究集刊》第1辑)正因为曹雪芹看透了珍蓉之流男性诱惑少女的伎俩,所以他能谅解并同情尤三姐,并让贾宝玉有了这种新颖的女性贞操观。

定。盖此"淫"非世人之"皮肤滥淫",而是"意淫"。

(4)贾宝玉的"意淫"

第五回贾宝玉梦游太虚幻境,警幻仙子谓贾宝玉:"吾所爱汝者,乃天下古今第一淫人也。"又云:"淫虽一理,意则有别。""如尔则天分中生成一段痴情,吾辈推之为意淫。惟意淫二字可心会而不可言传,可神通而不能语达。汝今独得此二字,在闺阁中固可为良友,然于世道中未免迂阔怪诡,百口嘲谤,万目睚眦。"在甲戌本和蒙戚三本上,且有脂评:"多大胆量敢作如此之文。""二字新雅。""按宝玉一生心性只不过是体贴二字,故曰意淫。"这些脂评又见于靖本批语抄件。

曹雪芹以"意淫"二字概括贾宝玉性格的一面,此二字前此未见,应系曹雪芹创铸的新词。《晋书》卷五十一《皇甫谧传》称其:"耽玩典籍,忘寝与食,时人谓之'书淫'。"显系曹雪芹联想构思之源。

那么,"意淫"的涵义是什么?曹雪芹借警幻仙子给予解释是:天分中生成可为闺阁之良友而违背世道的一段痴情。脂评认为即是"体贴"的意思,似过于简略,且剔除了"意淫"中违背世道的深层涵义,将曹雪芹的构思浅化,笔者认为不可引以为据。从警幻的解说可知,"意淫"的含义有两个层面,即可为闺阁之良友及违背世道两个层次的意义。

"意淫"第一层面的涵义如用现代语言加以诠释,可以表述为:爱护并崇拜女儿,"昵而敬之,恐拂其意"(引自鲁迅《中国小说史略》),主动给予自己的爱与同情,为女儿之忧而忧,为女儿之乐而乐,甚至为女儿之忧乐而忘却了自己。在《红楼梦》对贾宝玉形象的具体描绘中,我们随处可以见到他这"天分中生成"的"可为闺阁良友"的痴情。而所谓"闺阁"即女儿之代词,贾宝玉都称之为姐姐妹妹,虽然"女儿"中其实包含了两个不同的阶层:与他同一出身的上层社会的小姐们以及没有人身自由的丫鬟们。前者有他倾心爱慕的林黛玉,有他时而欣赏时而不满的薛宝钗和史湘云,有与他同一家族的元迎探惜四姊妹,亦有在贾府带发修行的女尼妙玉,还有亲戚宝琴、邢岫烟、李纹、李绮和尤氏姊妹等;后者则包括与他朝夕相处的怡红院之侍女以及在贾府上房和大观园服役的其他女奴。贾宝玉正是以这些女儿的"良友"自居,亲近、敬重、爱护她们,为她们奉献了自己全部的爱与同情。试分别以林黛玉、龄官、平儿、香菱、晴雯等为例稍作说明:

　　林黛玉是他自幼"日则同行同坐,夜则同止同息,真是言和意顺,略无参商"的亲密友伴,共同生活的长期岁月培养了他们的情感。到青春期,在共同的思想基础上,这种友爱自然而然地发展为爱情。经过一段少男少女恋爱过程中必有的试探、猜疑之后,第三十二回"诉肺腑"贾宝玉第一次当面向黛玉吐露了自己的肺腑之言,然而却只有"你放心"三个字。黛玉表示不明白这三个字的意思,他叹息反问:"你果不明白这话?难道我素日在你身上的心都用错了?连你的意思若体贴不着,就难怪你天天为我生气了。""果然不明白这话,不但我素日之意白用了,且连你素日待我之意也都辜负了。你皆因总是不放心的原故,才弄了一身病,但凡宽慰些,这病也不得一日重似一日。"没有任何此情此境中必有的甜言蜜语海誓山盟,有的只是对她的深深体谅、理解与同情,以及在此基础上萌生的爱情。宝玉所说正是黛玉所想,故她"如轰雷掣电,细细思之,竟比自己肺腑中掏出来的还觉恳切,竟有万句言语满心要说,只是半个字也不能吐,却怔怔地望着他"。此际一切言语都已多余,她只能以眼泪和"你的话我早知道了"来回答,因为她已完全理解了他的深情。贾宝玉因"独有黛玉自幼不曾劝他去立身扬名"而深敬黛玉,将她视为人生知己,"睡里梦里都忘不了你"——确实,在他的《四时即事诗》《红豆词》《白海棠诗》等诗作中,处处浮动着她的身影。宝玉被笞后派晴雯送来两块拭过为她所流泪水的旧帕,黛玉为之"神魂驰荡",走笔在旧帕上写下三首作为爱情见证的绝句。从此,她"放心"不再猜疑,"放心"将自己的少女之爱主动给予。

　　对那些地位低下的女奴们,他也是真诚地给予自己的爱与同情。龄官画蔷,贾宝玉随之而痴想:"这女孩子一定有什么说不出来的大心事才这样个形景。外面既是这个形景,心里不知怎么熬煎。看他的模样儿这般单薄,心里那里还搁得住熬煎。可恨我不能替你分些过来!"龄官淋了雨,他想:"这时下雨,他这个身子,如何禁得骤雨一激!"便叫龄官快别写了,下大雨了,却忘了自己已浑身透湿冰凉,赶忙一气跑回怡红院,"心里却还记挂着那女孩子没处避雨"(第三十回)。后来,龄官因与贾蔷相爱而回避他的亲近,拒绝他演唱"袅晴丝"一套曲子的要求;贾宝玉因之"情悟梨香院",他不仅不责备龄官无礼,反"不觉痴了,这才领会了划蔷深意","自此深悟人生情缘,各有分定",更添了一番感慨(第三十六回)。凤姐泼醋,平儿无故遭打挨踢哭得哽咽难抬。宝玉为之不平,请她到怡红院休息,代贾琏凤姐赔礼道歉,并细心周到地为她理妆,因能稍尽片心而怡然自得,"又思平儿并无父母兄弟姊妹,独自一人供应贾琏夫妇二人。贾琏之俗,凤姐之威,他竟能周全妥贴,今儿还遭荼毒,想来此人薄命比黛玉犹甚。想到此间,便又伤感起来,不觉洒然泪下"(第四十四回)。香菱苦心学诗,"挖心搜胆,耳不旁听,目不别视",终于在梦中得了八句,写成《吟月》佳篇。贾宝玉感叹,"这正是地灵人杰,老天生人再不虚赋情性的","可见天地至公"(第四十八回)。香菱斗草泥水拖脏了石榴裙,他为免她受责,为她安排换上袭人一模一样的裙子,又为她叹惜:"可惜这么一个人,没父母,连自己本姓都忘了,被人拐出来,偏又卖与了这个霸王。"(第六十二回)薛蟠将娶妻,他为香菱"担心虑后";夏金桂折磨香菱,他希望有一种"疗妒"的药方,使她能免受金桂的残害(第七十九、八十回)。"心比天高、身为下贱"的晴雯,"性情爽利,口角锋芒",遭受诽谤而为王夫人斥为"狐狸精"逐出大观园。宝玉素昔了解她的性格,处处予以关心爱护,当晚亲去探望病重的晴雯,与她换穿贴身小袄,满足她的最后愿望:"我将来在棺材内独自躺着,也就像还在怡红院的一样了。"晴雯受屈夭逝之后,宝玉亲自撰写《芙蓉女儿诔》,以"高标见嫉,闺帏恨比长沙;直烈遭危,巾帼惨于羽野"及"钳诐奴之口,讨岂从宽;剖悍妇之心,忿犹未释"等悲愤的诗句在芙蓉花前祭奠晴雯,愿她乘玉虬、驾瑶象,上天入地,化身为芙蓉花神,以此寄托对她的哀悼。贾宝玉为晴雯之死,藕、芳、蕊三官之被迫出家,司棋被逐而深感"羞辱、惊恐、悲凄","睡梦中犹唤晴雯,或魇魔惊怖,种种不宁"(第七十九回),终于大病一场。

以上这些从前八十回中摘出的实例,足以证实贾宝玉确是众女儿的"良友"。曹雪芹将贾宝玉的别号从"绛洞花王"改为"怡红公子"(第三十七回),于是他就从群芳之王变成与她们为友的少年,帝王尊贵化为平等的友情,他那"意淫"的独特性格亦得以在与众女儿日常生活的平等交往中逐步显现,日渐清晰,最终完成。

"意淫"之违背世道,可分两方面说。

首先,"意淫"是与世俗"皮肤滥淫"相对立的概念,两者的对立其实质即"情"与"欲"(sex)的对立,"情"的前提是将女性看作与男性相平等的人,必须"敬",亦即对女性的人格尊重。而"欲"则将女性当作泄欲工具(或传宗接代的工具,从个人的"欲"扩展至繁衍宗族的"欲"),表现为"悦容貌,喜歌舞,调笑无厌,云雨无时,恨不能尽天下之美女供我片时之趣兴"。然而中国封建社会却容许这"皮肤滥淫"之肉欲,视为当然,一夫多妻的婚姻制度保证了此类"皮肤滥淫之蠢物"肉欲的餍足,娼妓与女奴的广泛存在更为此肉欲提供了补充;因而贾母会公开容许贾琏与鲍二家的偷情,并为其辩护:"馋嘴猫儿似的""从小儿世人都打这么过",这本是祖祖辈辈所默许的男性纵欲的权利。"意淫"所违背的"世道",就是这样。这种世道,自然要认为贾宝玉的"意淫"是"迂阔怪诡",要对之"百口嘲谤,万目睚眦"了:因为在那将"男尊女卑"视为"天理"的社会,它有可能甚或必然直接损害并颠倒以对妇女和儿童之贱视为基础而建构的封建伦常,亦即破坏封建社会的理论支柱,威胁到这社会的长治久安。

那么,贾宝玉的"意淫"是不是完全没有"欲"的成分呢?并不。"情"与"欲"既是对立的,也有其同一性。纵观中外历史,天才人物在青少年时代由于身体内部激素水平的升高,常常在一个时期内具有特别强烈的欲望,甚至在短期之内陷入情欲之网(曹雪芹将它称为"迷津"),像但丁、康德等一生纯精神生活者在世俗中是极其稀有的。天才人物的不同凡俗之处,是他在一个时期的陷溺之后能跳出情欲的束缚与牢笼,冲破情欲之网,升华为对艺术、哲学、科学或宗教的思索、创造或奉献。西方社会的布鲁诺、拜伦、歌德、罗丹、毕加索等均是如此。东方社会向来把满足情欲视为男性特权,这种情况就更为常见,如李白、文天祥①、张岱②等人就是显例(笔者认为曹雪芹也是这样的天才人物,否则他就写不出我们今天所见的《红楼梦》)。曹雪芹以神游太虚幻境唤醒了贾宝玉少男的青春之梦,如前所论,以他品尝群芳髓、千红一窟和万艳同杯象征了他将为悲剧女性奉献自己的爱与同情,又以他与警幻之妹可卿成婚引发了他对情欲的渴望。前者贯串了他的一生,后者则是先表现为与袭人的"初试"。事实上,在进入大观园初期,贾宝玉有过一

---

① 见《宋人轶事汇编》卷十九引《鲒埼亭集》:"文山尤不羁,留情声色,而孰知其远有源流也。"

② 张岱《琅嬛文集·自为墓志铭》:"少为纨绔子弟,极爱繁华,好精舍,好美婢,好娈童,好鲜衣,好美食,好骏马,好华灯,好烟火,好梨园,好鼓吹,好古董,好花鸟,兼以茶淫橘虐,书蠹诗魔。"

段情欲膨胀的时期：他与秦钟的同性友谊热烈如异性恋爱，与蒋玉菡初次见面因其"妩媚温柔"就"十分留恋"，与袭人、碧痕等"绮栊日夜困鸳鸯"（第二十五回）的情欲生活亦无可否认。曹雪芹出于自己的美学理想，在"五次增删"过程中删除了早期稿本《风月宝鉴》中可能较为露骨的情欲描写。按照今本第五回的描述，贾宝玉将因"木居士掌舵，灰侍者撑篙"的木筏而渡过"迷津"，有研究者提出"木居士"即林黛玉，"灰侍者"为晴雯，贾宝玉凭借她们的爱情而渡过"迷津"，跳出情欲之网，此说可取。

其次，"意淫"之"违背世道"的实质在于，"用我们今日的话说，就是要求'个性解放'，要求'人性自由'，就是'人道观念'和'人权思想'，就是民主主义精神"[1]。贾宝玉深敬黛玉的高洁，理解妙玉的孤僻，欣赏湘云的英豪，赞赏晴雯的爽直；他既同情平儿和香菱在贪夫妒妇淫威下不得不委曲求全的痛苦，也同情支持鸳鸯在大老爷逼迫时誓死抗婚：这一切都显示出他对个性自由解放的理解与赞同。他尊重姊妹，也尊重普通的农村姑娘：在二丫头面前，他既不摆国公府少爷的架子，也不存秦钟那样调笑玩弄的杂念，而是客观地欣赏她纺纱的手艺与大方待客的态度。即使是对那些失去人身自由、为男性主子准备的女奴，他也能尊重她们的人格尊严，每晚睡在他外床貌美如林黛玉的晴雯，直到被赶出大观园与他还是"各不相扰"。因而，老于世故的老祖宗贾母根据自己多年的观察为他的"异常"担忧，说："我也解不过来，也从未见过这样的孩子。别的淘气都是应该的，只他这种和丫头们好却是难懂。我为此也担心，每每冷眼查看他，只和丫头们闹，必是人大心大，知道男女的事了，所以爱亲近他们。既细细查试，究竟不是为此。岂不奇怪？"贾母所不懂的缘故，其实正是警幻所说的"意淫"，亦即此处所论的在对少女爱与同情基础上产生的对她们人格的尊重，对她们人权的认同，因而能真正地与她们平等相处，甘心为她们充役，做她们的友伴，为她们的快乐而快乐，为她们的痛苦而痛苦。这种思想态度，当然已入于近代民主主义思想的范畴。

正是出于这种对身为下贱的侍女们的爱与同情，贾宝玉在着意体贴、与她们平等友好地相处并甘心为之充役即服务的同时，也为她们考虑着未来。按贾府规矩，她们未来只有两个选择：或配与小厮成为"某某家的"继续终身

---

① 吴组缃《论贾宝玉典型形象》，载《北京大学学报》1956 年第 4 期。

为奴,或尽力讨好做成半主半奴的姨娘。怡红院丫头春燕这样转述他的话:"宝玉常说,将来这屋里的人,无论家里的外头的,一应我们这些人,他都要回太太全放出去,与本人父母自便呢。"(第六十回)可见贾宝玉希望自己身边的女奴能得到自由与幸福,他在反复思考着在自己力所能及的范围内将怡红院所有丫鬟放出去,给予人身自由,解除她们的奴隶身份,无论是"家里的"即世代为奴者,还是卖身为奴的即"外头的",一视同仁。贾宝玉这种设想虽然尚未成为事实,仍然处于空想阶段,但其思想在世界范围内的先进性是无可否认的。因为众所周知,从十八世纪的法国资产阶级革命家提出"自由、平等、博爱"到 1862 年林肯的《解放黑奴宣言》发表,以及 1861 年俄皇亚历山大二世签署《关于农民脱离农奴依附关系的法令》废除农奴制,其间花费了一百多年的时间。虽然贾宝玉所要释放的只是家内奴隶,尚未涉及庄园奴隶的解放,但其思想的先进早于法国思想家卢梭,比美国和俄国的废奴运动早了整整一百年。这种先进思想,显示了贾宝玉正是一个中国封建社会崩溃前夜的理想主义者,一个已经开始思索并试图在自己力所能及的范围内追求自由、平等、博爱(虽然是有限度的、并未理论化的)的典型形象。

综上所论,笔者认为:曹雪芹借情爱女神警幻仙子为贾宝玉所作"意淫"的评价,其内涵既包括对悲剧女性的爱与同情,又包括要求个性解放、人性自由、男女平等诸方面的意义。它显示出与中国封建社会传统思想截然不同的特征,绽露了民主主义思想的萌芽。可见曹雪芹创造的典型人物"意淫"之贾宝玉带有浓厚的理想主义色彩,并非当代的现实人物。不言而喻,贾宝玉这未来时代理想之新人正是曹雪芹本人先进思想与美好理想的结晶。

3.“情不情”:曹雪芹对贾宝玉形象的概括

根据红学研究者的考证成果,我们知道:在曹雪芹未完成的后半部之末回,有警幻仙子揭示《情榜》的情节;《情榜》之上载有贾宝玉及金陵十二钗三十六人以"情"字为中心的评语。据下列脂评可知,贾宝玉和林黛玉的评语分别为"情不情"和"情情":

(1)后观《情榜》评曰:"宝玉情不情,黛玉情情。"此二评自在评痴之上。(己卯、庚辰、蒙戚三本第十九回双批)

（2）按警幻情讲〔榜〕，宝玉系"情不情"。凡世间之无知无识，彼俱有一痴情去体贴。（甲戌本第八回眉批）

（3）撕扇子是以不知情之物，供娇嗔不知情时之人一笑，所谓"情不情"。金玉姻缘已定，又写一金麒麟，是间色法也。

何颦儿为其所感，故颦儿谓"情情"。（己卯、庚辰、蒙戚三本第三十一回回前总评）

（4）天生一段痴情，所谓"情不情"也。（蒙府本第十九回旁批）

（5）情情。情情本来面目也。

情情衷肠。（甲戌、庚辰本第二十八回旁批）

据上引脂评的解释，"不情"乃名词，指"不知情之物"，"不知情时之人"；"情"则是名词作动词用，以不情为情，向不情用情，"凡世间之无知无识，彼俱有一痴情去体贴"，这当是"情不情"第一层面的涵义。

傅试家两个老嬷嬷转述贾府下人对贾宝玉言行的观察与评价乃世人对"情不情"的理解：

怪道有人说他家宝玉是外像好里头糊涂，中看不中吃的，果然有些呆气。他自己烫了手，倒问人疼不疼，这可不是个呆子？

我前一回来，听见他家里许多人抱怨，千真万真的有些呆气。大雨淋的水鸡似的，他反告诉别人"下雨了，快避雨去罢"。你说可笑不可笑？时常没人在跟前，就自哭自笑的；看见燕子，就和燕子说话；河里看见了鱼，就和鱼说话；见了星星月亮，不是长吁短叹，就是咕咕哝哝的。且是连一点刚性也没有，连那些毛丫头的气都受的。爱惜东西，连个线头儿都是好的；糟踏起来，那怕值千值万的都不管了。（第三十五回）

贾宝玉之"情不情"，在世人目中就是"痴""呆"。曹雪芹笔下的贾宝玉，他会在极不堪的繁华中想到去望慰小书房中寂寞的画中美人；对着结满青杏的杏树与雀儿他会产生种种痴想；斗草后女儿们丢弃在地的并蒂菱蕙，他独自用心掩埋平服；黛玉的美人风筝断线飘去，他怕它寂寞孤单，连忙剪断自己的美人风筝线，让它追逐相伴：这一切出人意外的思想言行，都是贾宝玉"向不知情之物"用情的典型事例。此外，诸如晴雯撕扇、玉钏送羹、龄官画蔷等情节，也有极为生动的贾宝玉向"不知情时之人"用情的描绘。从这些小说中大量出现的情节描绘可见:贾宝玉"情不情"之用情范围包括了人(以少女为主体)、自然和艺术。

曹雪芹在前八十回《红楼梦》描绘塑造贾宝玉形象时,正是以其向人(少女)、自然和艺术的用情作为基本内容之一。曹雪芹以大量篇幅描写了他的"意淫"即对少女的爱与同情,也以极为优美的笔调抒写了他对自然与艺术的爱与同情。为此曹雪芹将贾宝玉安排生活在"天上人间诸景备"的大观园,令其有充分的机缘与时间从容欣赏大观园园林建筑艺术和四时自然景观的特异之美,并借其感觉想象表现出一种令人惊叹的独特审美情趣。作者也细致描写了贾宝玉对各种形式的文学艺术,包括小说、诗词曲、散文、戏剧、绘画、书法、音乐乃至各类文物与手工艺品的欣赏爱好。甚至在日常生活的点点滴滴中,曹雪芹都不让贾宝玉忽略一丝一毫的生活之美:枫露茶、莲叶羹、合欢酒是美名美味的配合;以白玛瑙碟子盛鲜荔枝及颜真卿所书对联"烟霞闲骨格,泉石野生涯"做礼物,将美的色彩、端重素朴的线条和回归自然的情趣赠送给探春,安慰悦愉病人的心灵,更是只有怡红公子贾宝玉才能如此考虑周到、体贴入微。在前八十回,我们随处看到贾宝玉在对不情之物用情。他对美充满了幻想,一切美的自然物和艺术品在他心目中似乎都有灵气和生命。他爱怡红院的芭蕉和海棠,更爱潇湘馆的那片竹林。芭蕉的爽朗高远绿阴宜人、海棠的"红晕若施脂,轻弱似扶病"都象征着他理想中的少女之美质,竹子的劲节而刚、绿翠而柔、虚心而直、贞静而常更是吸引他倾心相爱的林黛玉之象征。"凤尾森森,龙吟细细"的竹林幽绿沁入他的心脾,令其周围的一切都变成了绿色,乃至"宝鼎茶闲烟尚绿":袅袅上升的绿色茶烟又令他联想起那"两湾似蹙非蹙胃烟眉",倍增爱怜。而黛玉逝后他"对景悼颦儿"之时,面对的已是"寒烟漠漠,落叶萧萧"帘幕空垂的潇湘馆,爱之光彩变换为悲凉之雾:显然,贾宝玉对"无知无识"的潇湘馆满怀着一片痴情。推而广之,他对栊翠庵的红梅、怡红院的海棠芭蕉、稻香村的稻浪菜花、蘅芜苑的香草藤蔓等等都充满了欣赏和爱意。事实上,贾宝玉之所以用"一片痴情去体贴""不知情之物",正是与在它们背后有"人"密切相关。他爱潇湘馆的竹林,是因为它们象征着林黛玉的品质与风格;他爱惜画中美人和美人风筝,是因为它们乃"美人"的艺术化身;他赞赏在白雪松柏围护下的红梅,是因为它们系高洁的妙玉乃至一切美的女儿之象征。即使是一枚手工艺品,也与女儿的妙思巧艺与深情有关:不仅探春那双"虚耗人力作践绫罗"精心制成的鞋,黛玉那枚"十分精巧,费了许多工夫"而又剪破的香袋,晴雯重病时连夜织补的雀金裘,就是袭人绣作的"红莲绿叶、五色鸳鸯"配白绫红里的兜肚,宝钗设计莺儿编织黑珠儿线配着金线的通灵宝玉络子,都无不浸透了这些心灵手巧的美丽少女之深厚情意。至于贾宝玉对文学艺术的爱与同情,更无疑是他对中国传统文化之精华的认同,亦即对优秀的中华精神"情"之结晶的肯定。贾宝玉赞赏众姐妹的诗词,特别是林黛玉的《葬花词》和《桃花行》,并为之流泪,为之恸哭,并不仅仅因为它们的艺术水平令他叹赏,更是因为它们流露了黛玉的真情,令他联想到女儿的命运与人生的意义。贾宝玉本人的诗歌创作,特别是《芙蓉女儿诔》,更是一篇"洒泪滴血、一字一咽、一句一啼"的情之至文。因而,贾宝玉对自然与艺术的爱与同情,其实质表现为对自然与艺术中理想之美的寻觅与追求,实际上正是对人类中最美的一部分即少女爱与同情的扩大与深化。

必须指出,贾宝玉对自然与艺术之美的追求,是与对自然与艺术之"真"的追求结合在一起的。这从第十七回贾宝玉关于"天然"的一番议论可以见出:

> 此处置一田庄,分明见得人力穿凿扭捏而成:远无邻村,近不负郭;背山山无脉,临水水无源;高无隐寺之塔,下无通市之桥;峭然孤出,似非大观。争似先处有自然之理,得自然之气,虽种竹引泉,亦不伤于穿凿。古人云"天然图画"四字,正畏非其地而强为地,非其山而强为山,虽百般精而终不相宜。

这番对自然与艺术美真假之评议,鲜明地显示了他对美真合一的肯定。至于贾宝玉对理想中女儿之美的追求,则由于对象是人,当然不仅与"真"而且与"善"结合在一起。而他那区分善恶的标准非常独特:劝导"立身扬名"者为恶,不劝"立身扬名"者为善;则宝钗袭人之为恶,黛玉晴雯之为善也就是贾宝玉选择的必然结果了。

综合以上分析,可见"情不情"第一层面的涵义即是扩大并深化了的"意淫"。根据《红楼梦》所显示的曹雪芹哲学思想特征即重视对立同一的朴素辩证法推论分析①，"情不情"还有其更为深刻的第二层面的涵义，即"情"与"不情"的辩证统一："情"即是贾宝玉对人（以少女为主体）、自然与艺术的爱与同情，"不情"即是其自觉而有理论地离经叛道、不忠不孝，拒绝"立身扬名"的仕途经济之路。"情"显示了贾宝玉对真善美理想的追求，是其性格的主导方面。正是由于贾宝玉一生所寻求的是非现实功利的属于未来范畴的真善美理想，因此他能否定为传统与现实一致肯定的以忠孝为本的封建道德伦理，并进而走向拒绝"立身扬名"、离弃现实世界之路。"情"与"不情"的辩证统一，构成了贾宝玉这一典型形象的性格。前节我们讨论了曹雪芹对贾宝玉形象性格本质两重性之构思，至此我们可以得出更为明确的结论：曹雪芹正是围绕"情不情"这核心构思创作贾宝玉形象的。当然，这核心的形成并理论化需要时间与创作实践，在《红楼梦》创作的早期，曹雪芹本人亦未必已有"情不情"的概念。在长达十几年的创作过程中，曹雪芹的创作思想不断变化、发展并深化，至贾宝玉形象"情不情"核心明朗并成为作者自觉之构思时，当已进入《红楼梦》创作的后期，亦即在乾隆十六年（1751）以后第四次增删稿开始形成的时候了②。

4."玉在椟中求善价"：曹雪芹对贾宝玉人生悲剧的构思

《红楼梦》是彻头彻尾的悲剧，贾宝玉是中国文学史上特殊的悲剧人物。然曹雪芹所构思的贾宝玉人生悲剧究竟是什么性质？研究者尚未达成共识：或谓爱情婚姻悲剧，或谓叛逆性格的悲剧，或谓家族制度的悲剧等等。笔者认为：这些提法虽各有其正确的方面，但对曹雪芹的构思尚未能全面把握。为了全面理解曹雪芹的构思，除了考察曹雪芹对贾宝玉形象性格特征的构思而外，还必须注意《红楼梦》第一回所展示的曹雪芹对全书的总体构思。

笔者在《〈红楼梦〉第一回析论》中曾指出："按照曹雪芹的设计，序曲中

---

① 详《研红小札》前七则：《空、色、情》《真与假》《有与无》《太虚幻境》《警幻与幻情》《好与了》《气：阴阳与正邪》。

② 据笔者考证：第四次增删稿即明义所见《红楼梦》旧稿，书末已有《情榜》，此稿形成约在乾隆十六年至十八年底。详见拙作《富察明义〈题红楼梦〉组诗笺证》，已收入笔者论文集《红楼梦研究》。

的四个主要人物:甄士隐和贾雨村、甄英莲和贾娇杏在一定程度上不是作为典型的艺术形象,而是作为托言寓意的人格化身而存在。"第一回内叙写贾雨村中秋对月口占一联:

> 玉在椟中求善价,钗于奁内待时飞。

甲戌本下有双批:"前用二玉合传,今用二宝合传,自是书中正眼。"下句有旁批:"表过黛玉则紧接上宝钗。"所谓"二玉合传"即此前所叙之神瑛侍者与绛珠草、绛珠仙子的木石前盟,"钗于奁内待时飞"又确指宝钗,则可以确切推知此联上句"玉在椟中求善价"乃贾宝玉之正传。笔者认为:它正是曹雪芹对贾宝玉人生悲剧构思之预示。

如所周知,曹雪芹此处用了《论语·子罕》中的名典:

> 子贡曰:"有美玉于斯,韫椟而藏诸? 求善贾而沽诸?"子曰:"沽之哉,沽之哉! 我待贾者也。"

"贾"通"價"("价"的繁体字),"善贾"即"善价",意即好价,高价;"椟"即木匣:曹雪芹以"善价"喻人生的最高价值,以"椟"象征封闭的贾氏家族及整个现实社会,包括属于这封闭社会的思想、文化、习惯与传统。贾宝玉曾叹息"我只恨我天天圈在家里,一点儿做不得主"(第四十七回),但更令他痛苦的当是思想与精神上的禁锢与窒息。曹雪芹将贾宝玉喻为一块禁闭在木匣内的美玉,然而这块美玉仍然在黑暗的环境中寻求着自身的最高价值。这正象征着生活在中国封建社会最黑暗时期的贾宝玉对人生最高价值永不停息的追求。

综前所论,贾宝玉既已否定了传统的"忠""孝"这最高的道德价值,那他就不可能去追求以伦理学为核心的儒家哲学所主张的精神价值"仁"。"毁僧谤道"的贾宝玉,也不可能去追求佛道二教的精神价值即所谓"涅槃成佛""羽化成仙"的宗教价值。对中国传统的儒、佛、道三教均已绝望的贾宝玉,他所追索寻觅的最高人生价值到底是什么呢?

贾宝玉既不可能像一般"须眉浊物"(包括受其思想毒害的女性)那样标榜"忠""孝"的道德旗帜而实际狂热地追求金钱权势等现实功利,则他所追求的最高人生价值只能是精神价值。根据《红楼梦》前八十回的具体描写以及本文对曹雪芹构思贾宝玉形象之探讨,我们可以推知:贾宝玉所追求的最高人生价值即精神价值是"情"。第一回中空空道人因抄录《石头记》而"因空见色，由色生情，传情入色，自色悟空，遂易名为情僧"，显示他以"色"为"空"与"情"的中介，因受到《石头记》中"情"的洗礼而最终由"空"入"情"并归结于"情"①。青埂峰顽石及其神格化身神瑛侍者也是从"情根"入世而又回到"情根"，这都象征着贾宝玉终其一生将永远不可能逃避"情"，也永远不可能停止对"情"的追求。清代涂瀛《红楼梦论赞·贾宝玉赞》评曰：

> 宝玉之情，人情也，为天地古今男女共有之情，为天地古今男女所不能尽之情。天地古今男女所不能尽之情，而适宝玉为林黛玉心中目中、意中念中、谈笑中、哭泣中、幽思梦魂中、生生死死中悱恻缠绵固结莫解之情，此为天地古今男女之至情。惟圣人为能尽性，惟宝玉为能尽情。……孟子曰："伯夷，圣之清者也；伊尹，圣之任者也；柳下惠，圣之和者也。"读花人曰："宝玉，圣之情者也。"

其评赞仅集中于贾宝玉对林黛玉之"情"，虽所论不深，但"圣之情者"的评赞确可借用：曹雪芹构思的贾宝玉，正是一个以"情"为最高人生价值的"圣之情者"。

"圣之情者"贾宝玉，是他在彼岸世界的前身神瑛侍者先以爱之甘露灌溉了绛珠草，才有此岸世界中林黛玉的眼泪还债。为了得到林黛玉的爱情和周围少女及少男的友情，他觉得："便为这些人死了，也是情愿的。"他准备为之付出自己全部的爱与同情，也甘愿为之付出生命。从本文对贾宝玉之"意淫"和"情不情"的论述，可见"圣之情者"贾宝玉所追求的"情"具有极为丰富的内涵：尊重女性，反对个性束缚，主张个性解放与人的自由、平等、博爱等新时代的人文精神（当然，正如前文所指出的，它尚是有限度的、非理论化的）；在曹雪芹的笔下，贾宝玉形象所体现的这种人文精神已扩大并深化为对人、自然与艺术中真善美的追求。因而，贾宝玉所追觅的"情"具备形而上的性质。

"圣之情者"贾宝玉常常从女儿的青春易逝联想到美的终将消失，并进而联想到人生固有的悲剧性；因此他对"情"的追求在很多情况下常常表现为对人类生存意义的寻觅与反思。他听到黛玉"一朝春尽红颜老，花落人亡两不知"的诗句，"不觉痴倒"：

---

① 详《研红小札》第一则《空、色、情》。

> 试想林黛玉的花颜月貌，将来亦到无可寻觅之时，宁不心碎肠断！即黛玉终归无可寻觅之时，推之于他人，如宝钗、香菱、袭人等，亦可到无可寻觅之时矣。宝钗等终归无可寻觅之时，则自己又安在哉！且自身尚不知何在何往，则斯处、斯园、斯花、斯柳又不知当属谁姓矣！因此一而二、二而三反复推求了去，真不知此时此际欲为何等蠢物，杳无所知，逃大造，出尘网，使可解释这段悲伤！（第二十八回）

他因紫鹃一句戏言"林妹妹回苏州去"而大病一场，病后：

> 只见柳垂金线，桃吐丹霞，山石之后一株大杏树，花已全落，叶稠阴翠，上面已结了豆子大小的许多小杏。宝玉因想道："能病了几天，竟把杏花辜负了！不觉到'绿叶成荫子满枝'了！"因此仰望杏子不舍。又想起邢岫烟已择了夫婿一事，虽说是男女大事不可不行，但未免又少了一个好女儿。不过两年，便也要"绿叶成荫子满枝"了。再过几日，这杏树子落枝空；再几年，岫烟未免乌发如银、红颜似槁了。因此不免伤心，只管对杏流泪叹息。（第五十八回）

因而，贾宝玉常常想到"死"：

> 只求你们同看着我，守着我，等我有一日化成了飞灰——飞灰还不好，灰还有形有迹，还有知识——等我化成一股轻烟，风一吹便散了的时候，你们也管不得我，我也顾不得你们了，那时凭我去，我也凭你们爱那里去就去了。（第十九回）

> 比如我此时若果有造化，该死于此时的，趁你们在，我就死了，再能够你们哭我的眼泪流成大河，把我的尸首漂起来，送到那鸦雀不到的幽僻之处随风化了，自此再不要托生为人，就是我死的得时了。（第三十六回）

> 我只愿这会子立刻我死了，把心迸出来你们瞧见了，然后连皮带骨一概都化成一股灰。灰还有形迹，不如再化一股烟。烟还可凝聚，人还看见，须得一阵大乱风吹的四面八方都登时散了，这才好！（第五十七回）

显然，他在思索生命的意义、生命的终极价值而得不到明确的答案。中国传统的儒家哲学追求的只是道德价值，他们拒绝追求人类生命的终极价值，孔子所谓"未知生，焉知死"，甚至拒绝思考死亡。显然，否定并拒绝了

"忠孝"大义的贾宝玉更关心死,关心人的终极价值。必须注意的是,在谈论个体生命的终极价值时,他所念念不忘的正是"情":"趁你们在,我就死了,再能够你们哭我的眼泪流成大河,把我的尸首漂起来,送到鸦雀不到的幽僻之处随风化了",他的遗体要由悲剧女性的眼泪来浸泡漂送,方能安心随风化灰化烟,再次确证贾宝玉所追求的人生的最高精神价值实乃一个"情"字。

正因为贾宝玉所追求的是超出于现实社会的功利价值、道德价值之上的精神价值,所以他能满怀寻觅真理的热忱通过"杂学旁收"去接触、了解并接受各种非正统思想,并出于对人类社会的历史和现实中种种假恶丑的痛恨而拒绝"立身扬名",否定并拒绝"忠孝"这为当代社会所肯定的最高道德价值。因而,从根本上说,贾宝玉所追求的最高人生价值即精神价值"情",应该是人类精神发展中可能达到的至情。这人类之至情,我们无以名之,只能称之为曹雪芹构思的贾宝玉典型形象对未来世界的理想,对真善美永不停息的追求。

然而,不幸的是,这追求着自身最高价值的美玉却被禁闭于暗无天日的木匣之中。玉求善价与玉在椟中的矛盾形成了不可调和的冲突:贾宝玉坚持追求最高人生价值即精神价值"情",而黑暗的现实社会却高扬"忠孝"的道德旗帜,以掩盖世人追逐金钱、权势等功利价值的假恶丑。这理想与现实的深刻矛盾不可避免地造成了理想主义者贾宝玉的人生悲剧:贾宝玉在现实世界寻觅追求最高精神价值"情"终于只能是一场梦幻。但是,贾宝玉对自己所认定的最高人生价值"情"的追求并没有停息,他终于为追求这精神价值(林黛玉就是这精神价值"情"的化身,故《情榜》评为"情情")而义无反顾地舍弃了代表现实功利价值的"无情"之淑女薛宝钗,并进而弃绝整个现实世界[1]。为了追觅这在现实世界无可追觅的精神价值,他宁可回到大荒山无稽崖青埂峰下,重新成为一块顽石。他将永倚"情根"傲立于天地之间,以涓涓不绝的清露灌溉滋润"情"之化身绛珠仙草,与"情"同在,相依相存,等待着人类精神的进步,真善美理想世界的来临。

(刊载《红楼梦学刊》1996 年第 1、2 辑)

---

[1] 详见《薛宝钗形象探源》。

(二)林黛玉形象探源

林黛玉是文学巨著《红楼梦》的第一女主角。二百多年来,读者在欣赏《红楼梦》的同时,都很想知道:曹雪芹是怎样构思林黛玉形象的? 林黛玉形象在中国古代文化中有否渊源? 她有没有生活原型? 若有,她的生活原型是谁? 这些问题不能解决,我们就不可能真正理解欣赏曹雪芹笔下的林黛玉。而要解决这些问题,就必须从《红楼梦》正文及脂评出发,结合源远流长的中华文化作全面细致的分析研究。

1. 绛珠草、绛珠仙子与林黛玉的三位一体

《红楼梦》卷首,曹雪芹即借甄士隐夏日午倦入梦听到一僧一道的对话记述了一段缠绵悱恻的神话故事:

> 那僧笑道:"此事说来好笑,竟是千古未闻的罕事。只因西方灵河岸上三生石畔,有绛珠草一株,时有赤瑕宫神瑛侍者日以甘露灌溉,这绛珠草便得久延岁月。后来既受天地精华,复得雨露滋养,遂得脱却草胎木质,得换人形。仅修成个女体,终日游于离恨天外,饥则食蜜青果为膳,渴则饮灌愁海水为汤。只因尚未酬报灌溉之德,故其五内便郁结着一段缠绵不尽之意。恰近日神瑛侍者凡心偶炽,乘此昌明太平朝世,意欲下凡造历幻缘,已在警幻仙子案前挂了号。警幻亦曾问及'灌溉之情未偿,趁此倒可了结的'。那绛珠仙子道:'他是甘露之惠,我并无此水可还。他既下世为人,我也去下世为人,但把我一生所有的眼泪还他,也偿还得过他了。'……"

这这一段绛珠愿以一生眼泪偿还神瑛甘露之爱的情缘,就是《红楼梦》男女主角贾宝玉与林黛玉爱情悲剧的神话渊源。

神瑛侍者投生为贾宝玉。据《玉篇》解释,"瑛"是"似玉美石",因此,"神瑛"就是已通灵性,具有知觉、意识、思想和情感的假玉真石,它实际上就是卷首"楔子"中所写那块"自经锻炼之后灵性已通"的青埂峰顽石之神格化身。青埂峰顽石经茫茫大士大施幻术,变成一块鲜明莹洁的美玉,它因不甘寂寞而投入人世,成为贾宝玉脖子上的"通灵宝玉"。

绛珠仙子投生为林黛玉。正如青埂峰顽石（通灵宝玉）、神瑛侍者和贾宝玉实即三位一体一般，绛珠草、绛珠仙子和林黛玉也是三位一体。当然，绛珠草及其神格化身绛珠仙子还泪的神话是曹雪芹的独创，但他在构思这神话故事时却也借鉴了中国古代神话。曹雪芹乃以丰美奇诡的中国古代神话为源、结合古典诗赋之流，再以艺术家绚丽丰富的想象进行了再创造。

（1）绛珠草与灵芝草

绛珠草，在《红楼梦》问世之前，人们从来没听说过她的名字，更不知她是何等形貌性状，生长何方。

据《说文》解释："绛，大赤也。"绛色即大红之色，绛珠草就应是生有大红色珍珠状果实的仙草。深知曹雪芹"拟书底里"（指创作动机、素材及构思）的脂砚在甲戌本第一回页九"绛珠草"旁批云："点红字。细思绛珠二字岂非血泪乎。""血泪"即大红珠状物，可知在曹雪芹的构思中，绛珠草必定是生有大红珠状果实的。只是在前八十回中，曹雪芹并未正面描写过她的形状，程高本第一百十六回写绛珠草是"一棵青草，叶头上略有红色"，"只见微风动处，那青草已摇摆不休。虽说是一株小草，又无花朵，其妩媚之态，不禁心动神怡，魂消魄丧"。"略有红色"谈不上"绛"，更何况"珠"字没有着落；写绛珠草令人"心动神怡"尚可理解，写她令人"魂消魄丧"就莫名其妙，不伦不类。这种文笔绝不会出于曹雪芹之手。清末民初赵之谦《章安杂说》云："珍珠莲类天竹而细，红艳娇娜，叶一茎七片，边有刺，干绿色，而有碧丝如划，插瓶亦耐久。常州人呼珊瑚草，遍考不知其名，疑《红楼梦》中绛珠仙草即是。此野田所有，得亦可奇。"赵之谦已注意到绛珠仙草生有天竹一样的大红珠状小果，但他将天界仙草还原成人间野草，犯了可笑的错误。

从其性状特征考察，绛珠仙草应即古代方士和诗人想象中的灵芝草，亦即古代神话中所记载的灵芝仙草。她与我们今日所见的菌状灵芝是完全不同的。《红楼梦》中常把绛珠草称为"木"，如"木石前盟""木石姻缘""草胎木质"，林黛玉亦自称"我们不过是草木之人"：可知绛珠草既可称草，又可称木。在古人的诗赋中，灵芝草被称为神木、灵草、不死药，《文选》卷一班固《西都赋》李善注："神木灵草，谓不死药也。"据说服后可以长生不老立地成仙。《文选》卷二张衡《西京赋》描绘了她的形态："神木灵草，朱实离离。"薛综注："灵草，芝英，朱赤色。"灵芝草结满了红色小果，一串串垂挂于绿叶之间,不就是"绛珠"的生动写照吗？晋人葛洪《抱朴子·仙药》专门讨论介绍灵芝草,说灵芝草分为石芝、草芝、木芝等三类各一百二十种,共有三百六十种不同的品类,其形状或如宫室车马,或如龙虎飞鸟,或如蟠桃莲花,或生于石山岛屿之涯,或长于深山之中山谷之阴,或附于千岁老松之上。张华《博物志》也说:"名山生神芝,不死之草:上芝为车马,中芝人形,下芝六畜形。"无论如何,古人都相信确有这样一种服食可以成仙的灵芝草,民间传说白娘娘昆仑山盗仙草救活许仙,那仙草也就是灵芝草。据葛洪这位仙药大师说,三百六十种灵芝中有一种名曰"紫珠芝",其形貌"茎黄叶赤,实如李而紫色,二十四枚,辄相连而垂如贯珠"。"紫"本"绛"(红)色之一种,所谓"红得发紫","紫珠芝"有一串二十四颗紫色珠状果实,这正是它得名之原因。"紫珠芝"常略称为"紫芝",屡见于诗人吟咏。西汉初商山四皓有《紫芝歌》:"莫莫高山,深谷逶迤;晔晔紫芝,可以疗饥。"陶潜《赠羊长史诗》:"紫芝谁复采,深谷久应芜。"曹雪芹祖父曹寅《楝亭诗钞》卷七有《栗花歌》咏及紫芝,不过曹家的紫芝已是人间的菌状灵芝,不再是神话中的不死药了。

曹雪芹构思的绛珠草应即从紫珠芝发展而来。"紫"字改"绛",色彩更为艳丽,音韵更为响亮,更令人觉得她的可怜可爱。这有今存多种版本的脂评为证:

①甲戌本脂评两次提及"紫芸轩"。一见于第一回茫茫大士语"温柔富贵乡"旁批:"伏紫芸轩。"二为《好了歌注》"蛛丝儿结满雕梁"旁批:"潇湘馆、紫芸轩等处。"

②蒙府本、戚序二本及梦觉本在"温柔富贵乡"下均有双批:"伏紫芝轩。"

在五个脂本上六次出现"紫芸轩"或"紫芝轩"之名,而它显然是今本中"绛芸轩"的旧称,"绛芸轩"之名应从紫芝轩、紫芸轩发展变化而来。曹雪芹在旧稿中将贾宝玉的居室命名为"紫芝(芸)轩",显然即从神话中"紫珠芝"而得名。新稿改"紫"为"绛",当与"绛珠草"密切相关,意在表现贾宝玉对绛珠仙子的朦胧记忆,这与第三回宝黛初会就相互触发了心灵的惊悸出于同一构思。蒙府本第八回在正文"绛芸轩"旁有"照应绛珠"四字脂评,可为确证。因此,林黛玉的前身绛珠草源自紫珠芝即灵芝仙草有文献依据。

有研究者说,曹寅《楝亭诗别集》卷一《樱桃》"上苑新芳供御厨,承恩赐出绛宫珠"系"绛珠"所源。按,此诗作于康熙十八年(1679)初夏,诗中"绛宫"指皇宫,"绛宫珠"指康熙帝所赐的御苑樱桃,只字面与绛珠草偶有所同,实际上并无更深层次的联系。

(2)绛珠仙子与巫山女神

在《红楼梦》中,绛珠草化身为绛珠仙子;而据中国古代神话,灵芝草是炎帝季女瑶姬的精魂所化,见《文选》卷十六江淹《别赋》李善注引宋玉《高唐赋》(今存《高唐赋》无此段文字),赋中巫山女神向楚襄王自我介绍(又见于郦道元《水经·江水注》):

> 炎帝之季女,名曰瑶姬。未行而亡,封于巫山之台。精魂为草,实曰灵芝。

李善又引《山海经·中次七经》:

> 姑瑶之山,帝女死焉,名曰女尸,化为蓋草。其叶胥成,其花黄,其实如兔丝,服者媚于人。

郭璞注:"蓋与瑶同。"可知蓋草即瑶草(李贺《天上谣》"王子吹笙鹅管长,呼龙耕烟种瑶草"),亦即灵芝仙草。炎帝未嫁而逝的少女瑶姬其形体被封为巫山女神,其精魂却化为瑶草——灵芝仙草。

很有趣,在传统的神话里,炎帝季女一分为二,变成了巫山女神和灵芝仙草。在《红楼梦》的神话里,却是绛珠草变为绛珠仙子,又下凡成了林黛玉。甲戌本第一回页九眉批介绍曹雪芹设计此神话的缘由:

> 以顽石草木为偶,实历尽风月波澜,尝遍情缘滋味,至无可如何,始结此木石因果,以泄胸中恁郁。

故作者构思时是根据现实生活中的素材虚构出艺术形象贾宝玉和林黛玉,又进一步幻化成神瑛侍者和绛珠仙子。而绛珠仙子又是绛珠草所化,她们源自精魂化为灵芝仙草、形体化为巫山女神的炎帝季女瑶姬。曹雪芹显然赞赏、继承并发展了古代神话对瑶姬的一分为二。

(3)木石前盟

绛珠草与绛珠仙子的神话渊源既明,就需进一步探索:曹雪芹怎样构思绛珠与神瑛的甘露情缘亦即《红楼梦曲·终身误》所谓的"木石前盟"。

据笔者《〈红楼梦〉神话论源》考证,神瑛侍者的前身青埂峰顽石实源自曹雪芹祖父曹寅《巫峡石歌》(见《楝亭诗钞》卷八)所咏唱的巫峡石。巫峡石乃"娲皇采炼古所遗,廉角磨砻用不得":它是女娲补天所遗的巫山顽石,因为棱角磨损而不合补天之用,又因"顽而矿"即痴顽愚钝且成不了金玉之器而为世所弃。三生石与青埂峰顽石具有同一性,绛珠草生于"西方灵河岸上三生石畔",其实亦即生于青埂峰顽石之旁。而屈原《九歌·山鬼》正有咏唱巫山顽石与灵芝草的诗句:

> 采三秀兮於山间,石磊磊兮葛蔓蔓。

"於山"即巫山,"三秀"乃灵芝草的别名,灵芝草一年开花三次,故名"三秀",见王逸《楚辞章句》注及《尔雅翼·释草三》。清初顾成天《九歌解》在释《山鬼》时就已提出:"楚襄王游云梦,梦一妇人,名曰瑶姬,通篇辞意似指此事。"现代楚辞研究专家闻一多、郭沫若、马茂元、陈子展及金开诚先生等亦都认为山鬼即巫山女神瑶姬。正因为如此,所以瑶姬精魂所化的"三秀"即灵芝草生长于巫山顽石之旁。可巫山顽石又何来甘露呢?试想:巫山十二峰云雾弥漫,巫山女神"朝为行云,暮为行雨",山间顽石崚嶒不平,最易成为清露凝聚之处,石畔灵芝因而多得甘露之惠,滋生繁茂,长青不凋。灵芝草受巫山石雨露滋养,绛珠草亦受神瑛侍者(青埂峰顽石之神格化身)的甘露灌溉,其间联想构思的痕迹清晰可见。

(4)《楚辞》中的巫山女神与林黛玉形象

《楚辞》是我国古代文化的渊薮。《楚辞》中以巫山女神为主角的诗篇有屈原的《九歌·山鬼》与宋玉的《神女赋》《高唐赋》。曹雪芹在构思林黛玉形象的外貌风度与精神世界时,对《楚辞》中的巫山女神特别是屈原笔下的巫山女神明显有所借鉴。

如前所述,林黛玉的前身绛珠仙子之构思源自古代神话中的巫山女神瑶姬,屈原《九歌·山鬼》所咏唱的就是这个深于情痴于情的巫山女神。古人称万物之精灵为鬼,楚人崇拜巫山,"山鬼"正乃巫山之女神。《九歌·山鬼》以其口吻唱道:

> 若有人兮山之阿,被薜荔兮带女萝。既含睇兮又宜笑,子慕予兮善窈窕。

乘赤豹兮从文狸,辛夷车兮结桂旗。被石兰兮带杜衡,折芳馨兮遗所思。

余处幽篁兮终不见天,路险难兮独后来。表独立兮山之上,云容容兮而在下。杳冥冥兮羌昼晦,东风飘兮神灵雨。留灵修兮憺忘归,岁既晏兮孰华予!

采三秀兮於山间,石磊磊兮葛蔓蔓。怨公子兮怅忘归,君思我兮不得闲。山中人兮芳杜若,饮石泉兮荫松柏。君思我兮然疑作。

雷填填兮雨冥冥,猿啾啾兮狖夜鸣。风飒飒兮木萧萧,思公子兮徒离忧。

这位巫山女神"既含睇兮又宜笑","含睇"即含情斜视,且又半喜半怨,白居易《长恨歌》"含情凝睇谢君王"的太真仙子和元稹《莺莺传》中"凝睇怨绝"的崔莺莺就具有这种半带幽怨半带喜悦的神情。而曹雪芹在《红楼梦》第三回林黛玉出场时对她的外形描写,正是突出那"两湾似蹙非蹙罥烟眉,一双似笑非笑含露目"(据己卯本)。巫山女神栖身于竹林深处,"余处幽篁兮终不见天",林黛玉也正住在"有千百竿翠竹遮映""凤尾森森,龙吟细细"的潇湘馆。巫山女神瑶姬的精魂早已化为灵芝仙草,她却"采三秀兮於山间,石磊磊兮葛蔓蔓",仍然在巫山的乱石葛藤之中固执地寻觅着自己失去的精魂,意欲"折芳馨兮遗所思":以此作为信物赠送给自己的恋人,表现出一种缠绵生死终古不化的深情。而巫山女神那"君思我兮不得闲""君思我兮然疑作""思公子兮徒离忧"的哀吟又细腻地流露了她的内心情感。这一切都令人联想起林黛玉在封建礼教的磐石重压下曲折生长的爱情特征。但巫山女神在失恋的绝望之中,支撑她生命的力量仍然是爱情,唯有爱而决无恨,正如林黛玉之爱情坚贞纯洁,甘愿为所爱者而泪尽。屈原诗中的巫山女神善良美丽,她渴望得到真诚的爱情,也十分真挚地将自己的全部感情乃至精魂奉献给所爱之人:美的形象,美的灵魂,美的情操,这正是曹雪芹笔下的林黛玉精神。而托名宋玉的《高唐赋》把巫山女神写成趋炎附势向楚怀王自荐枕席的流荡女子,明显有损于她的形象,曹雪芹当然不会把这一点赋予他深爱的绛珠仙子林黛玉的。但是否曹雪芹对宋玉笔下的巫山女神就毫无利用借鉴之处呢?也并不。林黛玉那"闲静时如娇花照水,行动处似弱柳扶风"飘灵超逸的风度,显然又与宋玉《神女赋》有所联系。宋玉这样描绘巫山女神的体态风度：

> 素质干之酽实兮，志解泰而体闲。既娬媚于幽静兮，又婆娑乎人间。宜高殿以广意兮，翼放纵而绰宽。动雾縠以徐步兮，拂墀声之珊珊。望余帷而延视兮，若流波之将澜。奋长袖以正衽兮，立踯躅而不安。澹清静其愔嫕兮，性沉详而不烦。时容与以微动兮，志未可乎得原。意似近而既远兮，若将来而复旋。

所描绘的正是一位幽娴灵秀的林黛玉般的少女。其中"娬媚"一词又为曹雪芹采用写入第七十八回，正可为上说作一佐证。曹雪芹主张文学创作应"远师楚人"（第七十八回），他从屈原和宋玉的歌赋中摄取林黛玉形象的素材是极可能的。

2. 潇湘馆、竹林、湘妃与林黛玉

林黛玉住在潇湘馆。潇湘馆有千百竿翠竹遮映，青苔小径，卵石甬路，小小三间房舍，幽雅绝尘的环境正衬托出林黛玉之性格。但曹雪芹构思林黛玉的居处有着更为丰富的内涵，有关潇湘馆及其翠竹的文化背景都与林黛玉形象密切联系而不可分割，显示出作者构思林黛玉形象的轨迹。

潇湘馆原名为"有凤来仪"，乃因其有竹林围绕而联想。相传凤凰以竹实为食，《庄子·秋水》："南方有鸟，其名鹓雏，子知之乎？夫鹓雏，发于南海而飞于北海，非梧桐不止，非练实不食，非醴泉不饮。"《注》："练实，竹实，取其洁白也。""鹓"乃鸾凤之属，"鹓雏"即小凤，乃古人所想象的最为高洁之生物，习惯以之象征高尚清洁之人。《韩诗外传》亦谓："黄帝时，凤凰栖帝梧桐，食帝竹实。"《述异记》所云更详："止些山多竹，长千仞，凤食其实，去九疑万八千里。"因而凤凰与梧桐、竹、九疑山有密切关联。

"有凤来仪"典出《尚书·益稷》："箫韶九成，凤凰来仪。"《传》："备乐九奏而致凤凰，则余鸟兽不待九而率舞。"《箫韶》是舜所制乐曲，奏乐一章为一成，《箫韶》演奏九章，连至贵至洁的凤凰也翩然飞来配乐应节而舞。潇湘馆青翠的绿竹引来了清雅高贵的凤凰，贾宝玉《有凤来仪》诗所谓的"秀玉初成实，堪宜待凤凰"，正象征着林黛玉孤傲高洁的品格吸引贾宝玉倾心爱慕。

但古人又常以凤凰比喻后妃，因此潇湘馆、竹林、有凤来仪又隐然与舜之二妃娥皇、女英以及她们泪洒斑竹的传说相联系。第三十七回"秋爽斋偶结海棠社",探春给林黛玉"想了个极当的美号",说道：

> 当日娥皇、女英洒泪在竹上成斑,故今斑竹又名湘妃竹。如今他住的是潇湘馆,他又爱哭,将来他想林姐夫,那些竹子也是要变成斑竹的。以后都叫他作"潇湘妃子"就完了。

娥皇、女英是尧之二女,嫁舜为妃,称为湘夫人或湘妃,见于多种先秦著作,《史记》中《五帝本纪》及《秦始皇本纪》等亦述及,大家都很熟悉,文繁不引。斑竹典出晋张华《博物志》卷十：

> 洞庭之山,帝之二女,尧之二女也,曰湘夫人。舜崩,二女啼,以涕挥竹,竹尽斑。

又见于梁任昉《述异记》卷上：

> 湘水去岸三十里许,有相思宫、望帝台。昔舜南巡而葬于苍梧之野,尧之二女娥皇、女英追之不及,相与恸哭,泪下沾竹,竹上文为之斑斑然。

"苍梧"乃山名,即九嶷(疑)山,在今湖南宁远之南,乃舜与娥皇、女英亡故埋骨之处。潇水发源于九嶷山,流入湘江,北向汇入洞庭湖,因合称潇湘。故"潇湘妃子"实即湘妃,唐代刘禹锡作《潇湘神》词两首咏娥皇、女英故事,就直接以词牌名"潇湘神"借代舜之二妃。词云：

> 湘水流,湘水流。九疑云物至今愁。若问二妃何处所,零陵芳草露中秋。

> 斑竹枝,斑竹枝。泪痕点点寄相思。楚客欲听瑶瑟怨,潇湘深夜月明时。

两词虽短,却概括了湘妃传说的全部精华：湘妃泪洒斑竹的悲剧以及她们对爱情坚贞不渝的高贵品格。因此,曹雪芹借探春之口为林黛玉取别号"潇湘妃子",不仅有以舜与娥皇、女英的爱情传说暗喻宝黛爱情的寓意,还有用以预示黛玉为思念宝玉而泪尽夭亡的内涵,更有以湘妃甘愿为爱情而泪尽的高风亮节象征林黛玉精神品格的作用。曹雪芹对林黛玉的钟爱与赞赏于此可见一斑。

要之,曹雪芹以有关舜妃娥皇、女英的神话传说为构思林黛玉的精神风貌和生活环境的素材,与以灵芝仙草和巫山女神瑶姬为绛珠草和绛珠仙子的神话渊源一样,都为这位《红楼梦》的第一女主角开掘并准备了丰富的美之源泉:她那含露带愁、似喜非喜"与众各别"之绝世姿容,超逸灵秀女神般的风度,热烈深挚的情感,坚贞高标的精神都已确定,林黛玉形象特别是她那孤傲高洁的品格与忠贞不渝的爱情融合渗透所形成的悲剧美亦已定性,作者构思创造林黛玉形象的第一步已经完成,林黛玉的身影已经呼之欲出了。

3. 从崔莺莺形象的联想构思

《红楼梦》在描绘林黛玉形象时曾多次提及文学形象崔莺莺。例如:

①第二十三回"西厢记妙词通戏语"中,宝黛共谈《西厢》,宝玉借以表达爱情,对黛玉说:"我就是个'多愁多病身',你就是那'倾国倾城貌'。"将黛玉比莺莺。第二十六回宝玉到潇湘馆去看黛玉,一时忘情,又对紫鹃说:"好丫头,若共你多情小姐同鸳帐,怎舍得叠被铺床?"又借《西厢记》唱词以莺莺比黛玉(按:曹雪芹所引《西厢记》唱词皆来自金圣叹批本《西厢记》)。

②第三十五回,黛玉"一进院门,只见满地下竹影参差,苔痕浓淡,不觉又想起《西厢记》中所云'幽僻处可有人行,点苍苔白露泠泠'二句来,因暗暗叹道:'双文,双文,诚为薄命人矣。然你虽命薄,尚有媚母弱弟;今日林黛玉之命薄,一并连媚母弱弟均无。古人云佳人命薄,然我又非佳人,何命薄胜于双文哉!'""双文"即崔莺莺,因其名为两个"莺"字叠成,元稹有《赠双文》诗,论者以为即指莺莺而言,金圣叹批《西厢》即称莺莺为双文。此外,第二十六回黛玉曾自叹"每日家情思睡昏昏",乃莺莺唱词;第四十回行牙牌令又引用张生唱词"纱窗也没有红娘报":皆可见黛玉以莺莺自比的潜意识。

《红楼梦》中这些具体描写显示:曹雪芹在塑造林黛玉形象,特别是在表现她内心深处对爱情的渴望方面,有从《西厢记》崔莺莺形象汲取素材及灵感的可能。俞平伯先生在《读〈红楼梦〉随笔》第三十六则《记嘉庆甲子本评语》谈到一个实例:第十六回黛玉奔丧后回到贾府,宝玉看见她,"心中忖度黛玉越发出落的超逸了"。这本子上有一条嘉道间人的旁批:"《会真记》'穿一套缟素衣裳'合评'精细',固也,然尚说出缟素来,此但从宝玉心中忖度,用'超逸'字、'越发'字,不觉黛玉全身缟素活现纸上。《红楼》用笔之灵往往如此。"俞先生云："作者写到这里,恐怕的确会联想到双文的一身缟素衣裳……下'超逸'二字得淡妆之神而遗其貌,正是作者的置身高处。"这是曹雪芹灵活运用《西厢记》崔莺莺形象写林黛玉风度的一例。

由于《西厢记》实乃据元稹《莺莺传》改编,故曹雪芹对元稹的《莺莺传》《莺莺诗》《会真诗》等必然十分熟悉,利用元稹笔下之崔莺莺形象写林黛玉当然更有可能。举显著的例子,元稹《莺莺诗》有"依稀似笑还非笑,仿佛闻香不是香"之句,而己卯本第三回写黛玉之眉目为"两湾似蹙非蹙罥烟眉,一双似笑非笑含露目",其下句显然来自《莺莺诗》。正因为其间的联系过于显明,故后来曹雪芹又有"似喜非喜"的拟稿(见梦觉本)。第十九回回目"情切切良宵花解语,意绵绵静日玉生香",不仅其中"花解语""玉生香"出于《西厢记·借厢》中的《耍孩儿·尾声》曲"娇羞花解语,温柔玉生香"之唱词,"玉生香"一段情节内,宝玉闻黛玉袖中异香之描写也可能是从《莺莺诗》"仿佛闻香不是香"联想构思。

至于"罥烟眉"的文学渊源,笔者在《研红小札》第十七则《"罥烟眉"诠释》中已有详论,此处从略。

4. 晚明才女冯小青、朱楚生和叶小鸾素材之利用

有历史学家说,晚明是中国的文艺复兴时代。这比拟或有不当之处,但十六世纪以来的中国社会,随着经济的不断发展,资本主义萌芽开始产生并增长,思想界也开始活跃,追求个性解放的人文主义思潮开始逐渐崛起。如果不是明末动乱与满族入主中原打断了这一历史进程,中国封建社会原有逐步孕育出东方式资本主义胎儿的可能。在晚明的人文主义思潮中,特别在经济和文化发达的江浙地区,先后出现了许多才华洋溢且富有个性的才女。她们都曾受过良好的教育,对窒息人性的封建礼教开始产生怀疑,有的甚至在思想乃至行动上开始了反叛。追求个人人格尊严、追求爱情与婚姻的自由成为她们的人生目的,如果不能达到这个目的,她们宁可舍弃生命。《杜十娘怒沉百宝箱》和《牡丹亭》中的女主角杜十娘和杜丽娘就是她们在文艺作品中的典型形象。

曹雪芹在塑造林黛玉形象时,为了渲染她的出身背景以及她那尊重自我、多愁多情的性格,又从冯小青、朱楚生、叶小鸾等晚明才女的传记中撷取

某些素材,加以变化改造,糅合于林黛玉形象之中。试分述之。

(1)冯小青

有关冯小青的传记,主要是明末冯梦龙《情史类略》卷十四的《小青传》以及清初张潮《虞初新志》所收佚名《小青传》,张岱《西湖梦寻》有《小青佛舍》短文一篇,明末清初吴炳《疗妒羹》传奇亦是据《小青传》改编。此外,清初的笔记小说中也有述及,内容大体一致。冯小青是万历时人(1595—1612),生于扬州,父早逝,母为女学堂教师。小青随母出入大户人家,因美慧敏捷而受人爱重。十六岁时,其母贪图巨额聘金将她嫁给杭州乡绅原国子监祭酒冯具区之子云将为妾。冯云将"憨跳不韵",实乃一粗鲁男子,小青当时年仅十六,身体尚未发育完全,不堪蹂躏以至性心理不能健康发展而停滞回流至自我恋,最后成为病态的"影恋"(与自己的影子发生恋爱,参见潘光旦《冯小青性心理探秘》),十八岁时得肺病吐血而死。在有关小青的记述中,曹雪芹选取了以下材料用于林黛玉形象的构思:

①《小青传》记(引自《虞初新志》):

> (小青)凤根颖异,十岁,遇一老尼授《心经》,一再过,了了,复之不失一字。尼曰:"是儿早慧福薄,愿乞作弟子。即不尔,无令识字,可三十年活尔。"家人以为妄,嗤之。

《红楼梦》第三回黛玉对贾母、王夫人等说:

> 那一年我三岁时,听得说来了个癞头和尚,说要化我去出家,我父母固是不从。他又说:"既舍不得他,只怕他的病一生也不能好的了。若要好时,除非从此以后总不许见哭声;除父母之外,凡有外姓亲友之人一概不见,方可平安了此一世。"疯疯颠颠说了这些不经之谈,也没人理他。

两者之间有明显联系。

②林黛玉多情多愁,常独自流泪。冯小青独居西湖孤山别墅,"远笛哀秋,孤灯听雨,雨残笛歇,谡谡松声。罗衣压肌,镜无干影,晨泪镜潮,夕泪镜汐"(《与杨夫人书》)。小青终日愁恨以泪洗面,对曹雪芹构思林黛玉形象显然有所影响。

③小青之诗与黛玉之诗有相通处。如小青赠杨夫人之绝句:

> 百结回肠写泪痕,重来惟有旧朱门。
>
> 夕阳一片桃花影,知是亭亭倩女魂。

小青以夕阳中的桃花影自比,与林黛玉《桃花行》中"闲苔院落门空掩,斜日栏干人自凭""凭栏人向东风泣,茜裙偷傍桃花立""胭脂鲜艳何相类,花之颜色人之泪。若将人泪比桃花,泪自长流花自媚"等构思一致。

④冯小青有七绝比芙蓉花:

> 脉脉溶溶滟滟波,芙蓉睡醒欲如何。
>
> 妾映镜中花映水,不知秋思落谁多。

曹雪芹亦比林黛玉为芙蓉:第六十二回她掣得芙蓉花签;祭晴雯的《芙蓉女儿诔》实际亦是为她而写(第七十九回庚辰本双批:"虽诔晴雯,而又实诔黛玉也。"又见靖本批语抄件第144条)。第八十九回写林黛玉听见宝玉定亲的消息后,"对着镜子,只管呆呆的自看。看了一回,那泪珠儿断断连连早已湿透了罗帕。正是:瘦影自临秋水照,卿须怜我我怜卿"。所引正是冯小青的诗句。这段描写也明显来自《小青传》,可见后四十回作者也有意运用冯小青的素材写林黛玉。

(2)朱楚生

朱楚生是晚明名伶,善演调腔戏和昆曲。张岱《陶庵梦忆》有文记述:

> 朱楚生,女戏耳。……楚生色不甚美,虽绝世佳人无其风韵,楚楚谡谡(楚楚,鲜明整洁貌。谡谡,劲挺有力貌,语出《世说新语·赏誉》"谡谡如劲松下风"),其孤意在眉,其深情在睫,其解意在烟视媚行。

朱楚生风韵极佳,既楚楚可爱又峭秀挺拔有林下风;她的双眉表现出一种独特的意态,她的睫毛显示出深切的情感,而她最善解人意者在那如烟含露的双目,妩媚的神情可令人意会而不可言传。张岱集中描绘楚生的眉目之美及整体风韵,曹雪芹第三回从宝玉眼中写黛玉,也正是突出她的"两湾似蹙非蹙罥烟眉,一双似喜非喜含露目"以及她那"闲静时如娇花照水,行动处似弱柳扶风"的风度。曹雪芹与张岱的审美情趣何等相似。

楚生虽是女伶而有诗人气质,她专深于情,爱好幻想,常常因幻想而失去自制力。她将所有的情感都给予了幻想中的自然、幻想中的情人与幻想中的艺术,以至现实世界不复存在。张岱这样描绘她的多情多愁:

> 楚生多遐想,一往深情,摇扬无主。一日,同余在定香桥,日晡烟
> 生,林木窅冥,楚生低头不语,泣如雨下。余问之,作饰语以对。劳心忡
> 忡,终以情死。

必定是夕阳西下的自然景观触动了她心灵深处的往日经验而感到人生的怅惘了吧?《红楼梦》以黛玉为"情情"之化身,她见落花飘零而自伤身世,常常"抱膝枯坐,自泪不干"(第二十七回),又闻《牡丹亭》曲而联想及唐宋诗词名句,认识到时间的永恒与美质的难以久留而产生了对人生的感伤:"仔细忖度,不觉心痛神痴,眼中落泪。"(第二十三回)林黛玉也正是朱楚生那样"多遐想,一往情深,摇扬无主",最终她亦将"劳心忡忡,终以情死"。在塑造林黛玉形象时,曹雪芹确有借鉴张岱关于朱楚生记述的可能。

(3)叶小鸾

叶小鸾(1616—1632),字琼章,是晚明吴江才女,出身名门:父叶绍袁字仲韶,乃天启进士,官至工部主事,因不耐繁冗事务而辞职家居;母沈宜修,字宛君,工诗善书。小鸾生而颖异,寄养舅家,三四岁时,"口授《万首唐人绝句》及《花间》《草堂》诸词,皆朗然成诵,终卷不遗一字","四岁能诵《离骚》,不数遍,即能了了"。十岁归家,十二岁能诗,十四岁能弈,又能书画、奏古琴。十七岁在婚前五日未嫁病逝。著有诗词文集《返生香》。小鸾之两姊纨纨、小纨亦善诗词,一家以诗词唱和为乐,作品编为《午梦堂全集》。叶小鸾有关素材为曹雪芹所采用于林黛玉形象者,较明显的有:

①小鸾的明敏早慧,精于诗词及未嫁而逝,均与林黛玉相仿。

②小鸾逝后,其父母哀痛,作《窃闻》《续窃闻》及《季女琼章传》悼念,其中言及小鸾之容貌、爱好、精神均与林黛玉相类似。如其母沈宜修《季女琼章传》记:

> 儿鬒发素额,修眉玉颊,丹唇皓齿,端鼻媚靥,明眸善睐,秀色可餐。
> 无妖艳之态,无脂粉之气,比梅花觉梅花太瘦,比海棠觉海棠少清,故名
> 为丰丽,实是逸韵风生。若谓有韵致人不免轻佻,则又端严庄靓。总之
> "王夫人林下之风,顾家妇闺房之秀"兼有之耳。……
>
> 作诗不喜作艳语。集中或有艳句,是咏物之兴。填词之体如秦少
> 游、晏小山代闺人为之耳,如梦中所作《鹧鸪天》,此其志也。

每日临王子敬《洛神赋》或怀素草书,不分寒暑,静坐北窗下,一炉香相对终日。余唤之出中庭,方出,否则默默与琴书为伴而已。其爱清幽恬寂,有过人者。又最不喜拘检,能饮酒,善言笑,潇洒多致,高情旷达,夷然不屑也。性仁慈宽厚,侍女红于,未曾一加呵责。识鉴明达,不拘今昔间事,言下即了然彻解。或有所评论,定出余之上。余曰:汝非我女,我小友也。

在沈宜修的实录中,我们仿佛看到了一个活生生的林黛玉!

③小鸾逝后,她父母思念不已,乃为之作佛法行冥事,请当时名闻江南的乩坛大师金寀(即金圣叹,详见孟森《明清史论著集刊续编·金圣叹考》),扶乩召请泐庵下坛,泐庵请小鸾的魂灵回家。据泐庵称:小鸾前世原来是月府侍书仙女寒簧(按:第七十八回《芙蓉女儿诔》有"寒簧击敔"之句,"寒簧"之名首见于叶绍袁《续窈闻》,可证曹雪芹必读过《午梦堂全集》,由此亦可推定探春之大丫鬟名"侍书"而非"待书")。《续窈闻》又记小鸾亡灵皈依佛门受戒时诸语,有"勉弃珠环收汉玉,戏捐粉盒葬花魂"之句,对曹雪芹构思《葬花词》及"冷月葬花魂"等都可能有所启发。家世渊源也会使曹雪芹注意到叶小鸾其人其事,因为叶小鸾的胞弟诗人叶燮及其从子叶藩都是雪芹祖父曹寅的好友,《楝亭诗钞》中屡见唱和。曹雪芹将叶小鸾作为林黛玉形象的素材来源之一是可能的。

5.竹、芙蓉与芭蕉之象征

从《楚辞》始,中国文学特别是诗歌已有"香草美人"的传统,意即以咏赞香草与美人以寄托作者之理想。曹雪芹《红楼梦》也有借花木香草象征人物品格的创作意图,显著的如杏花写探春,海棠比史湘云,牡丹和蘅芜苑的香草藤蔓拟薛宝钗,桃花和荼蘼花分别喻袭人和麝月等。对林黛玉,则是以竹、芙蓉和芭蕉来象征她的精神风貌。

(1)竹

林黛玉所住的潇湘馆为翠绿的竹林所围绕,如前所述,这与巫山女神和湘妃的神话传说有密切联系。由于竹子霜雪不侵、劲直不弯且终年常绿,我国的文学家和艺术家常常在诗文绘画中以翠竹为描写对象,颂赞她的高贵品格,以致在中国人特别是文人艺术家的心目中,竹子成为坚贞高标、清雅孤傲的化身。有关竹子的诗文繁多,不胜征引,单康熙四十七年(1708)出版的《广群芳谱》就收有《竹谱》五卷,《楝亭书目》载有此书,曹雪芹当然读过。略引数则:

> a.君子比德于竹焉。原夫劲本坚节,不受雪霜,刚也;绿叶萋萋,翠筠浮浮,柔也;虚心而直,无所隐蔽,忠也;不孤根以挺耸,必相依以林秀,义也;虽春阳气王,终不与众木斗荣,谦也;四时一贯,荣衰不殊,常也;垂蕡实以迟凤,乐贤也;岁擢笋以成干,进德也。(唐刘岩夫《植竹记》)

> b.风梢雨箨,上傲冰雹;霜根雪节,下贯金铁。(苏轼《戒坛院文与可画墨竹赞》)

> c.高节人相重,虚心世所知。凤凰佳可食,一去一来仪。(张九龄《和黄门卢侍御咏竹》)

> d.南天春雨时,那鉴雪霜姿。众类亦云茂,虚心宁自持。多留晋贤醉,早伴湘妃悲。晚岁君能赏,苍苍劲节奇。(薛涛《酬人雨后玩竹》)

> e.本是潇湘人,最爱潇湘竹。何处丘中琴,历历潇湘曲。(冯琦《竹》)

> f.凤尾森森半已舒,玟纹滴沥画难如。虚心不贮相思泪,还作风流向绮疏。(方伯谟《斑竹》)

上引这些诗人都可能对曹雪芹构思林黛玉形象有所影响,特别是以竹之品质劲节而刚、绿翠而柔、虚心而直、贞静而常等写林黛玉的精神世界,更为读者之所共见。

曹雪芹家亦有爱竹的传统。他的祖父曹寅素喜种竹,在北京、苏州、江宁和扬州等地都随处种竹,几乎与晋人王子猷一样到了"何可一日无此君"的程度(见《世说新语·任诞》)。《楝亭诗钞》中屡见以竹为题材的诗篇,如卷二有《题堂前竹》:"晚风洒洒长檐下,九月潇湘可卧游。"卷五《题西轩竹》:"自是西轩主,幽人岂厌幽。"卷六《使院种竹》之四:

> 夕月凌春烟,吹堕古亭右。流光上琅玕,媻姗如刺绣。仙人叱青鸾,俗目罕能觏。惊风一飘飖,逸气不可囿。帝丘杳何期,埃壒弥宇宙。所赖素心侣,洗伐脱泥垢。世占利执徐,此语益悠缪。惟有君子贞,周

防庶长茂。

强调竹子之潇洒、幽洁、飘逸、素心,誉之为君子,又语连"潇湘""娟婳",均与林黛玉的精神风貌相似,有影响曹雪芹构思之可能。

(2)芙蓉

《红楼梦》两次以芙蓉比黛玉:一见于第六十三回群芳夜宴,她抽得芙蓉花;二见于第七十八回,贾宝玉撰《芙蓉女儿诔》祭晴雯,在花丛中受祭者却是黛玉,庚辰本脂评又云:"当知虽诔晴雯,而又实诔黛玉也。"脂评又见于靖本批语抄件第144条。

据《广群芳谱》卷三十九,木芙蓉一名"拒霜花","最耐寒而不落不结子","种池塘边,映水益妍"。第三回林黛玉出场时,作者有一段韵文描写她的容貌风度,其中"闲静时如娇花照水","娇花"并非泛指,正指池上芙蓉而言。《广群芳谱》又记:"此花清姿雅质,独殿群芳,秋江寂寞,不怨东风,可称俟命之君子矣。"按此处典出唐代高蟾《下第后上永崇高侍郎》:"天上碧桃和露种,日边红杏倚云栽。芙蓉生在秋江上,不向东风怨未开。"曹雪芹在第五回《红楼梦曲·虚花悟》、第四十回湘云所言牙牌令诗句、第六十二回探春所抽杏花签三次运用过"日边红杏倚云栽",故高蟾此诗所写木芙蓉的精神必为曹雪芹注意且用为林黛玉形象之素材:秋江寂寞而不怨东风的木芙蓉,正是林黛玉清姿雅质高傲宁静品格的象征。曹雪芹为木芙蓉花签设计的题词"风露清愁",既切合木芙蓉的风韵,又与林黛玉多愁善感的气质相吻合,故众姊妹都说"除了他(林黛玉),别人不配作芙蓉"。

古人歌咏木芙蓉的诗词,亦多注意于此,例如:

a.翠幄临流结绛囊,多情常伴菊花芳。谁怜冷落清秋后,能把柔姿独拒霜。(刘程《木芙蓉》)

b.千林扫作一番黄,只有芙蓉独自芳。唤作拒霜知未称,细思却是最宜霜。(苏轼《和述古拒霜花》)

c.辛苦孤花破小寒,花心应似客心酸。更凭青女留连得,未必愁红怨绿看。(范成大《窗前木芙蓉》)

"青女"系神话中的霜雪女神。三诗皆注意颂赞芙蓉霜中独艳的"晚芳"品质,这种品质,除了菊花而外,在花中确是芙蓉之所独具,而且这与竹子的霜雪劲节亦相配合。曹雪芹取木芙蓉为林黛玉形象之象征确实贴切不移。

(3)芭蕉

怡红院中对植芭蕉与海棠,贾宝玉为之题额"红香绿玉"。"黛"为青绿色,黛玉之名意即绿玉,而此处却用为芭蕉的代词,可见曹雪芹有以芭蕉象征黛玉的意图。第十七回介绍"潇湘馆后院有大株梨花兼着芭蕉"。芭蕉叶阔大且终年绿翠,久已成为爽朗高远的象征。黛玉个性有其明朗幽默舒展宜人一面,以芭蕉为喻也很适当。种植芭蕉以观绿阴并听夜雨乃古代诗人之韵事,他们只要一写芭蕉诗,不是欣赏它的绿阴碧光,就是追求雨打芭蕉的凄清意境。贺铸《题芭蕉叶》谓:"隔窗赖有芭蕉叶,未负潇湘夜雨声。"曹雪芹之所以要在潇湘馆后院种上芭蕉,正是为了以芭蕉夜雨衬托象征林黛玉的凄凉处境与多愁性格。李清照晚年有《添字采桑子》即咏此情境,最合黛玉与芭蕉之关系:

> 窗前谁种芭蕉树,阴满中庭。阴满中庭,叶叶心心,舒卷有余情。
>
> 伤心枕上三更雨,点滴霖霪。点滴霖霪,愁损北人,不惯起来听。

芭蕉舒卷的碧叶,有如林黛玉那禁闭而又深广的内心世界;雨滴芭蕉则与雨洒竹林一般,都衬托并表现了林黛玉的愁苦幽婉的心境。在第四十五回林黛玉咏《秋窗风雨夕》有过特笔描写:

> 这里黛玉喝了两口稀粥,仍歪在床上,不想日未落时天就变了,淅淅沥沥下起雨来。秋霖脉脉,阴晴不定,那天渐渐的黄昏,且阴的沉黑,兼着那雨滴竹梢,更觉凄凉。……
>
> 黛玉自在枕上感念宝钗,一时又羡他有母兄,一面又想宝玉虽素习和睦,终有嫌疑。又听见窗外竹梢蕉叶之上,雨声淅沥,清寒透幕,不觉又滴下泪来。直到四更将阑,方渐渐的睡了。

雨滴竹梢蕉叶的气氛,与林黛玉当时心情的悲凉寂寞正相一致。

总而言之,曹雪芹在《红楼梦》中以竹、芙蓉、芭蕉等草木为林黛玉性格的象征,又随情境的变化加以特笔描绘衬托林黛玉的内心世界,实在是一种非常高明的文学技法,具有含蓄韵雅的美学价值。

6.“黛玉葬花”情节之构思

第二十三回和二十七回两次写及黛玉葬花,乃正面描绘黛玉诗人气质的场景,对林黛玉形象起了极好的烘托作用。这一情节的素材,显然自唐代刘庭芝(希夷)《代悲白头翁》和明代唐寅(子畏)《花下酌酒歌》及其葬花轶事联想构思。如《代悲白头翁》:

> 洛阳城东桃李花,飞来飞去落谁家? 洛阳女儿好颜色,坐见落花长叹息。今年花落颜色改,明年花开复谁在? ……年年岁岁花相似,岁岁年年人不同。(《全唐诗》卷八十二)

唐寅的《花下酌酒歌》已有受上诗影响的痕迹:

> 枝上花开能几日,世上人生能几何? 昨朝花胜今朝好,今朝花落成秋草。花前人是去年身,今年人比去年老。今日花开又一枝,明日来看知是谁? 明日今年花开否? 今日明年谁得知? (《六如居士全集》卷一)

将刘希夷与唐寅的诗句与《葬花词》比较,可见后者曾深受它们的影响与启发。至于黛玉葬花之情事,除了生活原型本身的素材而外,也有据唐寅轶事构思之可能:

> 唐子畏居桃花庵,轩前庭半亩,多种牡丹。花开时,邀文徵明、祝枝山赋诗浮白其下,弥朝浃夕,有时大叫恸哭。至花落,遣小僮一一细拾,盛以锦囊,葬于药栏东畔,作《落花诗》送之。(《六如居士外集》卷二)

刘庭芝和唐寅都是作者在第二回提及的"正邪两赋"之"情痴情种",以其诗句及轶事构思黛玉葬花的情节以充分表现林黛玉形象之美当极可能。

自唐寅之后至曹雪芹之前,"葬花"屡见于记述。如晚明冯梦龙编《醒世恒言》中《灌园叟晚逢仙女》中写及秋先有"葬花""浴花"之事:

> (秋先)花到谢时则累日叹息,常至堕泪。又不舍得那些落花,以棕拂轻轻拂来,置于盘中,时常观玩。直至干枯,装入净瓮。满瓮之日,再用茶酒浇奠,惨然若不忍释。然后亲捧其瓮,深埋长堤之下,谓之"葬花"。倘有花片被雨打泥污的,必以清水再四涤净,然后送入湖中,谓之"浴花"。

晚明吴江才女叶小鸾有"戏捐粉盒葬花魂"之诗句(详前)。明末清初的著名诗人杜濬(他是曹雪芹祖父曹寅的忘年交,入清不仕的明遗民)也常收集干枯的瓶花葬埋于屋旁,见其《变雅堂文集》卷八《花冢铭》:

余性爱瓶花，不减连林。……凡前后聚瓶花枯枝计百有九十三枚，为一束，择草堂东偏隙地，穿穴而埋之。铭曰：汝菊汝梅，汝水仙木樨。莲房坠粉，海棠垂丝。有荣必落，无盛不衰。骨瘗于此，其魂气无不之，其或化为至文与真诗乎！

"花冢"之名，始见于此。至于黛玉之花冢又名"埋香冢"，应取意于唐李贺《李长吉歌诗》卷四《官街鼓》"柏陵飞燕埋香骨"，第二十七回回目下句正作"埋香冢飞燕泣残红"：曹雪芹将黛玉比赵飞燕，除了以其形体之瘦削象征她性格之清高孤傲而外，从李贺诗句联想构思当亦可能。

此外，作者祖父曹寅《楝亭诗钞》卷四有《题柳村墨杏花》七绝（"柳村"姓陶，乃曹家所聘之老画师）：

勾吴春色自蔂苴，多少清霜点鬓华。

省识女郎全匹袖，百年孤冢葬桃花。

末两句之意象亦极可能予曹雪芹之构思黛玉葬花及花冢以影响。（按"蔂苴"，不熟粗糙之意。）

除了以上所引述的前人诗文的渊源及影响而外，黛玉葬花之情节也可能取自生活原型本人的往昔经历。第二十三回写黛玉葬花形象："肩上担着花锄，锄上挂着竹〔锦〕囊，手内拿着花帚"，庚辰本有三条脂评：

a. 一幅采芝图，非葬花图也。

b. 此图欲画之心久矣，誓不遇仙笔不写，恐袭〔亵〕我颦卿故也。己卯冬。

c. 丁亥春间偶识一浙省发〔客〕，其白描美人真神品物，甚合余意。奈彼因宦缘所缠无暇，且不能久留都下，未几南行矣。余至今耿耿，怅然之至。恨与阿颦结一笔墨缘之难若此。叹叹。丁亥夏，畸笏叟。

前两条批语应出于脂砚之手，末条乃畸笏所批，他们二人皆曹家人（脂砚可能是曹雪芹的堂兄弟，畸笏可能是曹頫），批语显示黛玉葬花乃曹家人熟习之旧事。林黛玉和薛宝钗的生活原型乃同一人（详后），葬花韵事即可能是她当日在江宁曹家西园或曹家桃源别墅（随园前身）的闺中游戏，受到曹家诸人的注意与欣赏，多年后为曹雪芹写入《红楼梦》中。

7. 林黛玉的生活原型

据《红楼梦》卷首自述,作者的创作动机之一是"使闺阁昭传"。正是由于曹雪芹那不忍"使其泯灭"的博大胸怀,才使这些"当日所有之女子"能作为艺术形象超越了时空局限流传至今。因而小说中的许多悲剧女性都有生活原型,作为第一女主角的林黛玉当然并不例外。

经研究,我们知道:林黛玉和薛宝钗是作者曹雪芹根据一个生活原型将其一分为二,再通过虚构、夸张等艺术手法创造的艺术形象。

林黛玉和薛宝钗的生活原型本是一人,这有脂评可证。庚辰本第四十二回回前总评云:

> 钗玉名虽二个,人却一身,此幻笔也。今书至三十八回时已过三分之一有余,故写是回,使二人合而为一。请看黛玉逝后宝钗之文字,便知余言不谬矣。

回前总评一般系脂砚所批。脂砚了解曹雪芹的构思,他所谓"使二人合而为一",并非超自然地将钗黛合为一身,而是指本回内容"金兰契互剖金兰语",钗黛从此契合和好如一人而言;此批所谓之"幻笔"乃指作者将生活原型之一身分写成林黛玉和薛宝钗两个性格有很大差异、代表两种不同类型古典少女的艺术形象。曹雪芹将生活原型性格中纯真的一面加以丰富发展,通过艺术虚构集中塑造成林黛玉这个带有初步民主主义色彩的封建主义叛逆者形象;又将生活原型性格中世俗的一面加以丰满并典型化,概括并创造了封建淑女薛宝钗。曹雪芹的这种构思是很深刻的:封建社会的黑暗现实扼杀了少女心灵中真与美的因素,使之逐渐消亡,最终悲惨地死去;却又保存了她身上的世俗之善并誉之为美,而这"善"最终却又不得不在环境的影响与压力下变而为"伪"。曹雪芹的这种创作意图有庚辰本第二十二回眉批可作旁证:

> 将薛林作甄玉、贾玉看书,则不失执笔人本旨矣。丁亥夏,畸笏叟。

此批又见于靖本批语抄件第86条。甄宝玉与贾宝玉实即一人两面,畸笏要读者将钗黛也看成甄贾宝玉,其意即第四十二回回前总评所谓的"钗玉名虽二个,人却一身"。脂砚和畸笏两次提出这个看法并认为是"执笔人本旨"即作者之创作意图,显示林黛玉和薛宝钗这两个艺术形象的生活原型实乃一人。曹雪芹在《红楼梦》中将她们写成两种不同性格、不同悲剧的代表,并在具体的情节描写中注意将她们并列以作对比,甚至在第五回金陵十二钗图册中将她们写入一诗一图,其原因就在这里。

至于林黛玉和薛宝钗的生活原型是谁,这问题尚难确切回答。但我们大致可以肯定她是作者少年时代的恋人,因为甲戌本第一回页九眉批云:

> 以顽石草木为偶,实历尽风月波澜,尝遍情缘滋味,至无可如何,始结此木石因果,以泄胸中悒郁。

> 知眼泪还债大都作者一人耳。余亦知此意,但不能说得出。

可知曹雪芹在现实生活中确曾经历过爱情方面的巨大变故,方构思出绛珠仙子以泪还债的爱情悲剧。从作者对《红楼梦》中钗黛形象之构思及描写推测,似乎曹雪芹少年时代有过一个恋人,由于某种原因(如家庭干涉、选为秀女入宫或因曹家衰败而离散等)而未能结合,此女后来被某显贵者所占有。作者始终不能忘怀她往日之痴情,故创造了林黛玉这个"情情",以充分表现她美好纯真的一面;作者谅解了她因环境逼迫和自身性格中的弱点而致的"无情",创造了另一个封建淑女薛宝钗。当然,这两个人物都曾经过艺术虚构与夸张,无论是林黛玉还是薛宝钗或者她们的合二而一,与其生活原型的距离都已很远。至第三十六回,作者明文"独有林黛玉自幼不曾劝他去立身扬名等语,所以深敬黛玉",林黛玉形象的反封建本质就鲜明凸显于读者的面前了。

(刊载《红楼梦学刊》1994 年第 1 辑)

(三)薛宝钗形象探源

薛宝钗是《红楼梦》女主角之一。在拙作《林黛玉形象探源》中笔者已经指出:林黛玉和薛宝钗的生活原型本系一人,曹雪芹将生活原型一分为二,再通过虚构、夸张、变形等艺术手法创造了这两个性格有很大差异的艺术形象。对林黛玉形象的素材与构思既已作较详探讨,对薛宝钗形象的素材与构思当然也不能忽略。

与贾宝玉和林黛玉形象不同,曹雪芹笔下的薛宝钗毫无彼岸世界的灵异色彩,她开始出场就在非常现实的背景中向我们走来。她以世代皇商之女、金陵恶霸薛蟠之妹、皇宫待选秀女的身份出场入京,没有神话,没有诗意,甚至也没有美的氛围。在她周围的一切都是那么世俗,那么平凡,却又笼罩着富贵豪奢的宝色金光。

1.冷香丸和梨香院之象征

薛宝钗一家住进了荣国府梨香院。院中有梨花树,树底下埋着专治她"胎里带来的一股热毒"之特效药冷香丸。冷香丸与梨香院的特点可用冷、艳、香三字来概括,而这集触觉、视觉和嗅觉三方面通感的冷、艳、香之特征,正是作者对薛宝钗形象的概括与预示。

冷香丸以春夏秋冬四时名花花蕊和雨露霜雪为配料:"春天开的白牡丹花蕊十二两,夏天开的白荷花蕊十二两,秋天的白芙蓉花蕊十二两,冬天的白梅花蕊十二两""雨水这日的雨水十二钱,白露这日的露水十二钱,霜降这日的霜十二钱,小雪这日的雪十二钱"。这些药料上应天时,下应地利,实际上曹雪芹始终在围绕一个"时"字作文章。作者惯用一字褒贬的春秋笔法为人物作定评,如探春为"敏",晴雯为"勇",而曹雪芹给予薛宝钗的评定,却正是一个"时"字。己卯、庚辰本及列藏本第五十六回回目为"时宝钗小惠全大体",脂评解释为"随时俯仰",可见作者深意之所在。随春夏秋冬四时而开的名花,在此作为冷香丸的主药,正是薛宝钗"随时俯仰"性格的象征。

冷香丸中四时名花均为白色,其花蕊之药性均有清热解毒之效,四种天降水除雨水得春气而外,霜露系秋天所降,雪水又系冬令之水:其间显又突出了一个"冷"字。作者因而名之为"冷香丸",亦正显示了薛宝钗性格中"冷"(或称"无情")的特征。

薛宝钗"胎里带来一股热毒",这正象征着她与生俱来的"欲":热切地顽强地追求现实功利之欲望。此"热毒"发作的症状为"喘嗽",需用十二分黄柏煎汤送服冷香丸,以冷制热,方可平服。黄柏之"苦",无疑也象征了悲剧女性薛宝钗必将遭逢的人生苦难。虽然她的"时"与"冷"压下"热毒",令其暂不发作或偶一发作即加以解决,但人生的苦痛毕竟将不可避免地伴随她的终身。

梨花，"二月间开白花，如雪六出"（《广群芳谱》卷二十七），其花色花形及其繁茂层叠的形态都令人联想起白雪。因而在诗人笔下，梨花与白雪结下了不解之缘：无论是岑参《白雪歌》"忽如一夜春风来，千树万树梨花开"的梨花喻白雪，还是吕中孚《梨花》诗"团枝晴雪暖生香"以白雪喻梨花，都显示出梨花与雪（薛）的密切联系。曹雪芹以"丰年好大雪，珍珠如土金如铁"写薛家之豪奢，雪、薛在吴方言中同音，乃从李玉《一捧雪》传奇中薛艳即雪艳之名联想取义①。作者又因而从"雪"联想至梨花，将薛家居处安排于梨香院。由于梨花丰腴雪白合乎唐宋时人的审美情趣，白居易《长恨歌》即以"梨花一枝春带雨"喻杨太真，此后诗人常常将它比为杨贵妃，如宋代陈藻《梨花赋》："匪冬而雪，匪夜而月；香山何人，题我太真。"赵福元《梨花》："玉作精神雪作肤，雨中娇韵越清癯。若人会得嫣然态，写作杨妃出浴图。"段继昌《梨花》："一林轻素媚春光，透骨浓熏百合香。消得太真吹玉笛，小庭人散月如霜。"（引自《广群芳谱》卷二十七）曹雪芹写薛宝钗"肌骨莹润，举止娴雅""肌肤润泽"，又多次将她比作杨贵妃，都可能来自与梨花、白雪的意象彼此联想构思。

2. 蘅芜苑之象征

薛宝钗住蘅芜苑，李纨因而为之题别号"蘅芜君"：这显示曹雪芹构思中蘅芜苑的背景及自然环境都与薛宝钗密切相关。"蘅芜"典出晋代王嘉《拾遗记》卷五《前汉上》所记汉武帝与李夫人故事：

> （汉武）帝息于延凉室，卧梦李夫人授帝蘅芜之香。帝惊起，而香气犹著衣枕，历月不歇。

"蘅芜"系香草杜蘅和蘼芜的合称，李夫人授汉武帝的"蘅芜之香"应即由此香草提炼之名香。可见"蘅芜君"之称或有将薛宝钗比为帝王后妃之意。薛宝钗雍容华贵，如有可能选入宫中，则凭其智慧机谋，以其顽强地追求现实功利的精神和"随时俯仰"的处世方式，必无坚不摧，攻无不克，元稹《莺莺传》所谓"使遇合富贵，秉宠娇，不为云为雨，则为蛟为螭，吾不知其变

---

① 分别见本书《研红小札》第三十四则《"丰年好大雪"与薛家兄妹的取名》、第三十六则《"蘼芜满手泣斜晖"笺》。

化矣"。然不可知的命运将她摒拒于皇宫之外,送进了荣国府内大观园的蘅芜苑中。

蘅芜苑以满栽藤蔓香草为其特色。第十七回贾政等游园至此,"只见许多异草:或有牵藤的,或有引蔓的,或垂山巅,或穿石隙,甚至垂檐绕柱,萦砌盘阶,或如翠带飘飘,或如金绳盘屈,或实若丹砂,或花如金桂,味芬气馥,非花香之可比"。这是春景。秋景则见于第四十回史太君两宴大观园:"一同进了蘅芜苑,只觉异香扑鼻,那些奇草仙藤愈冷愈苍翠,都结了实,似珊瑚豆子一般,累垂可爱。"而这些"奇草仙藤"的名色,据贾宝玉说,就有"藤萝、薜荔、杜若、蘅芜、茞兰、清葛、金䔲草、玉蕗藤、紫芸、青芷、丹椒、蘼芜"等十数种。然而《蘅芷清芬》诗首联即云:"蘅芜满净苑,萝薜助芬芳。"可见主要的是藤萝、薜荔、杜蘅、蘼芜。

曹雪芹以此四种藤蔓香草为蘅芜苑的自然背景,都有其隐含的象征薛宝钗性格的意义,并非无关重要的泛笔。

先说藤萝、薜荔,这两种都是蔓生攀缘植物。据清初陈淏子《花镜》卷五:

> 藤萝一名女萝,在木上者;一名兔丝,在草上者。但其枝蔓软弱,必须附物而长。其花黄赤如金,结实细而繁,冬则萎落。

> 薜荔一名巴山虎。无根,可以缘木而生藤蔓,叶厚实而圆劲如木,四时不凋。在石曰石绫,在地曰地锦,在木曰长春。藤好敷岩石与墙上。紫花发后结实,上锐而下平,微似小莲蓬,外青而内瓤,满腹皆细子。霜降后瓤红而甘,鸟雀喜啄,儿童亦常采食之,谓之木馒头,但多食发瘴。

又详见《广群芳谱》卷八十一《木谱十四》,文繁不多引。总之,这两种攀缘植物的特点是柔软蔓生,依附他物(山石或树木)蟠曲绵亘而上。由于它们的这种特性,古代诗人常常将它们比作依赖男性而上升的女子。显然,曹雪芹有以此象征薛宝钗性格某一侧面的构思。我们从小说的具体描写中所见薛宝钗性格之稳重和平、坚韧不拔,意图通过婚姻劝导夫君"立身扬名"以实现自己"好风频借力,送我上青云"的欲望,就是她这一性格特征的显露。

杜蘅和蘼芜都是香草。借香草以喻美人本乃中国文学的传统,故曹雪芹必有以它们象征薛宝钗形象的构想。按杜蘅即杜若,又名楚蘅,《楚辞》中常见提及。《广群芳谱》卷八十八《卉谱二》"杜若"条引《尔雅翼》云："杜若苗似山姜,花黄赤,子赤色,大如棘子,中似豆蔻。"《九歌·山鬼》咏巫山女神,有"若有人兮山之阿,被薜荔兮带女萝""山中人兮芳杜若,饮石泉兮荫松柏"之句,而巫山女神是林黛玉形象之前身绛珠仙子的原型①,可见此处薛宝钗形象与林黛玉形象产生了某种重叠。基于曹雪芹一分为二构思创造钗黛形象的理论,这种比喻象征中出现的重叠当是作者有意为之。

蘼芜是蘅芜苑内所植香草中最重要的。李时珍《本草纲目·草部》第十四卷"蘼芜"条下记:

> 蘼芜一作麋芜,其茎叶靡弱而繁芜,故以名之。当归名薪,白芷名蓠,其叶似当归,其香似白芷,故有薪蓠、江蓠之名。……司马相如《子虚赋》称"芎藭菖蒲,江蓠蘼芜"。《上林赋》云:"被以江蓠,揉以蘼芜。"似非一物,何耶?盖嫩苗未结根时则为蘼芜,既结根后乃为芎藭。大叶似芹者为江蓠,细叶似蛇床者为蘼芜。

蘼芜这种香草,在古典诗歌中似乎与弃妇特别有缘。如《古诗十九首》就有"上山采蘼芜,下山逢故夫"之句,唐代诗人赵嘏《蘼芜叶复齐》更发挥了弃妇思夫的情感:

> 提筐红叶下,度日采蘼芜。掬翠香盈袖,看花忆故夫。叶齐谁复见,风暖恨偏孤。一被春光累,容颜与昔殊。

第十七回"大观园试才题对额",有清客为后来的蘅芜苑题联"麝兰芳霭斜阳院,杜若香飘明月洲",却引唐代女道士鱼玄机"蘼芜满(盈)手泣斜晖"为典,引来其他人一片"颓丧、颓丧"的非议。"斜阳"之典极多,何故此处忽然引一句女道士鱼玄机之诗为出典呢?曹雪芹必有其深意。

鱼玄机是晚唐长安人,先嫁状元李亿为妾,因不容于大妇又为李亿所弃,乃出家咸宜观为女道士。鱼玄机妙有诗才而风流放荡,与诸名士官僚往来酬唱,有诗一卷,其中有"易求无价宝,难得有情郎""自能窥宋玉,何必恨王昌"等名句。清客所引鱼玄机诗题为《闺怨》,见《全唐诗》第十一函第十册,诗云:

---

① 详见本书《林黛玉形象探源》。

蘼芜盈手泣斜晖,闻道邻家夫婿归。

别日南鸿才北去,今朝北雁又南飞。

春来秋去相思在,秋去春来信息稀。

扃闭朱门人不到,砧声何事透罗帏。

曹雪芹让清客引此诗首句,显有以此诗预示薛宝钗未来之意。大可注意的是,她署名蘅芜君的《忆菊》诗竟与上引鱼玄机诗十分相类:

怅望西风抱闷思,蓼红苇白断肠时。

空篱旧圃秋无迹,瘦月清霜梦有知。

念念心随归雁远,寥寥坐听晚砧痴。

谁怜我为黄花病,慰语重阳会有期。

宝钗此诗写对菊花的忆念:从初冬至春,又到夏秋之际,她都在苦苦地思念着黄花,并因此而痴、而病、而断肠。"念念心随归雁远":大雁在古典诗词中是因与所爱者遥隔而苦思的意象,宝钗对菊花的忆念实际正象征着后来宝钗寂寞孤凄对"悬崖撒手"而去的丈夫贾宝玉之思念。必须指出,在曹雪芹笔下,大雁与宝钗密切相关,连她所放的风筝也是"一连七个大雁"(第七十一回),当它断线飞去时,即几乎再现了宝钗"念念心随归雁远"的意象。当然,宝钗之《忆菊》比之鱼玄机的《闺怨》,在艺术风格上典雅委婉得多了,但它们所反映的女主人公热切盼望丈夫归来的心态是多么一致!

综观曹雪芹对"蘅芜"的构想:在其表层意义上,他将宝钗比为雍容华贵的帝王之妃;在其深层意义上,他又借"蘼芜满手泣斜晖"的引诗将她比作为丈夫所弃而风流放诞的女道士。显然,曹雪芹有以此象征薛宝钗两重人格的构思。①

3. 薛宝钗容姿之构想

在曹雪芹笔下,薛宝钗容貌丰美雍容娴雅,与清瘦超逸的林黛玉正构成显著的对比:甲戌本第五回脂评所谓的"一如娇花,一如嫩柳",表现出两种不同的风度神采。曹雪芹将钗黛比为杨妃和飞燕、牡丹和芙蓉,正是出于这

---

① 分别见本书《研红小札》第三十四则《"丰年好大雪"与薛家兄妹的取名》、第三十六《"蘼芜满手泣斜晖"笺》。

种审美认识。前文已经述及,伴随着薛宝钗的一切都是十分现实的。以曹雪芹之妙才,林黛玉之眉目已有"两湾似蹙非蹙罥烟眉,一双似笑非笑含露目"之奇句,当然不难为薛宝钗的面容作一新鲜的描绘。可是第八回作者从贾宝玉眼中看薛宝钗之容貌,却只有"唇不点而红,眉不画而翠,脸若银盆,眼如水杏"的普通笔墨。第二十八回贾宝玉要看薛宝钗的红麝串子,他看着她的"雪白一段酥臂"发呆,"忽然想起金玉一事来,再看看宝钗形容,只见脸若银盆,眼似水杏,唇不点而红,眉不画而翠":再次出现相同的面容特写,为全书的人物外貌描写所仅见。曹雪芹为何要重复前文?大概宝钗的容貌的确难以令人产生浪漫的想象,只能令贾宝玉有这种最实际的感觉吧!

曹雪芹描写贾宝玉面对艳冠群芳的薛宝钗而只能生此普通的感想,还是在渲染宝钗的现实与平凡:她只是一个世俗的美女罢了。不仅如此,曹雪芹用这样的语言重复描写她的面容实亦隐含深意:因为它们并非曹雪芹创造的文学语言,而是直接来自《金瓶梅词话》对潘金莲和吴月娘容貌的描写。

《金瓶梅词话》第二回从西门庆眼中写潘金莲:"黑鬒鬒赛鸦翎的鬓儿,翠湾湾的新月的眉儿,清冷冷杏子眼儿,香喷喷樱桃口儿,直隆隆琼瑶鼻儿,粉浓浓红艳腮儿,娇滴滴银盆脸儿。"第九回又从潘金莲眼中写吴月娘:"生的面若银盆,眼如杏子,举止温柔,持重寡言。"曹雪芹用写市井世俗妇人容貌的词句写薛宝钗之容姿,不能不说是隐含贬意。

4. 牡丹之象征

"牡丹,花之富贵者也。"周敦颐《爱莲说》中的这一名句代表了传统中国文化对牡丹的共识。唐代以后,人们将牡丹誉为花王,培育了繁多的名贵品种。明代天启元年(1621)出版之王象晋《群芳谱》载有 180 余种牡丹。康熙年间此书增补为《广群芳谱》一百卷,其中牡丹就占了整整三卷(卷三十二至三十四),选录了唐宋以后有关牡丹的大量诗文。以上二书见于《楝亭书目》,曹雪芹必定读过。曹雪芹在第六十三回的花名签酒令中,以花王牡丹比薛宝钗,既合乎她美艳为群芳之冠的容姿,又合乎她皇商小姐"珍珠如土金如铁"的豪富身份,更隐合她醉心功名富贵追求直上青云的特殊心态。然而,在众多的牡丹诗赋中,曹雪芹偏偏选取了晚唐诗人罗隐《牡丹花》中的成句"任是无情也(亦)动人"为花名签之题诗,必有其深沉的涵义。如单看字面,仅重复宝钗冷(无情)、艳(动人)之品格,然如引出全诗,就可看到曹雪芹采用隐前歇后手法展现并预示薛宝钗性格与结局的深意。罗隐全诗为:

> 似共东风别有因,绛罗高卷不胜春。
>
> 若教解语应倾国,任是无情亦动人。
>
> 芍药与君为近侍,芙蓉何处避芳尘?
>
> 可怜韩令功成后,辜负秾华过此身。

结合《红楼梦》的实际描写,可以推知曹雪芹构思之深意所在:

(1)"解语花"原是唐玄宗对杨贵妃的爱称,见《开元天宝遗事》;以牡丹比杨贵妃亦是唐玄宗及唐代诗人的常用譬喻,如著名的李白《清平调》三章即以名花木芍药(牡丹)咏杨妃。而杨妃正是薛宝钗形象的喻体之一。罗隐诗中的牡丹美艳动人然而无情,曹雪芹最重情,在他构思的《情榜》中,黛玉考语"情情",宝玉为"情不情",则宝钗在《情榜》中的考语可以推为"无情"。在金钏投井、借扇双敲、三姐自刎等情节描写中,曹雪芹对薛宝钗性格中冷酷即"无情"的一面已数次揭示。

(2)在曹雪芹构思中,芍药是史湘云的象征,芙蓉是林黛玉的象征。史湘云年少豪爽而不更世事,一度对宝钗崇拜得五体投地,认为"这些姐姐们再没一个比宝姐姐好的","我但凡有这么个亲姐姐,就是没了父母,也是没妨碍的"。甚至学着宝钗的论调劝导宝玉走"仕途经济"之路,并执意要往蘅芜苑与宝钗朝夕相伴:这一时期的史湘云,确实是犹如"芍药与君(牡丹)为近侍"了。宝钗"品格端方,容貌丰美,人多谓黛玉所不及"(第五回),贾母更评为"千真万真,从我们家四个女孩儿算起,全不如宝丫头"(第三十五回):在世俗眼光中,林黛玉与她相比,真乃"芙蓉何处避芳尘"了。曹雪芹以芍药和芙蓉比湘云与黛玉,除了这两种名花本身品格与湘云和黛玉类似而外,也可能得到罗隐此诗的启示。

(3)罗隐此诗对牡丹颇有微词。首句即讥刺牡丹似乎与东风另有难解的因缘,"任是"句责其"无情","芍药""芙蓉"一联又刺其气势凌人,尾联运用唐代元和(唐宪宗李纯年号)年间中书令(宰相)韩弘命人砍去牡丹的典故,讥讽牡丹虽富贵风流得意一时,而终有被弃之日。据《唐国史补》:"京城贵游尚牡丹三十余年矣。每春暮,车马若狂,以不耽玩为耻。……元和末,韩令始至长安,居第有之,遽命斫去,曰:吾岂效儿女子耶?"显然,曹雪芹借

"韩令功成"喻贾宝玉"悬崖撒手",宝玉弃宝钗而为僧,犹如韩令斫去牡丹,而"辜负秾华过此身"的牡丹,亦正象征着"终身误"的宝钗。

5. "垂手乱翻雕玉佩,折腰争舞郁金裙":姿态万千的薛宝钗形象

牡丹繁复多瓣,天姿国色。李商隐《牡丹》诗曾以"垂手乱翻雕玉佩,折腰争舞郁金裙"的名句形象地描绘凸现了她的万千姿态,令人目眩神迷。曹雪芹以牡丹象征宝钗,亦有以此象征其多重性格的涵义。

与其他少女相比,薛宝钗性格堪称复杂。为了刻画这一复杂的形象,曹雪芹以类似于现代毕加索立方主义绘画的艺术手法从各个侧面加以表现。作者不仅围绕"停机德"与"时"的核心构思并表现其性格的本质方面,对她丰富多彩的性格侧面亦注意予以细致的描绘,以给予读者全面立体的薛宝钗形象,而不单单是平面的粗线条的勾画显示。曹雪芹早在第二回借贾雨村的"正邪两赋"说从哲学角度对人物形象性格的两重性作了概括论述,因而对薛宝钗形象的立体表现必然是曹雪芹有意为之。

曹雪芹以"停机德"即乐羊子妻为代表的顽强地追求现实功利的精神及"随时俯仰""随分从时"的处世方式作为薛宝钗性格的本质特征,构思了薛宝钗形象。

"停机德"见于金陵十二钗正册首页判词,典出《后汉书·列女传》:

> 河南乐羊子之妻者,不知何氏之女也。……(乐羊子)远寻师,学一年来归,妻跪问其故。羊子曰:"久行怀思,无它异也。"妻乃引刀趋机而言曰:"此织生自蚕茧,成于机杼:一丝而累,以至于寸;累寸不已,遂成丈匹。今若断斯织也,则捐失成功,稽废时月。夫子积学,当日知其所亡,以就懿德。若中道而归,何异断斯织乎?"羊子感其言,复还终业,遂七年不返。

曹雪芹以乐羊子妻喻薛宝钗有劝谏丈夫"读书上进"的封建妇德,但作者对此并不欣赏,而只是认为"可叹"。曹雪芹构思的贾宝玉拒绝"立身扬名",厌恶薛宝钗的"见机导劝",斥为"好好一个清净洁白的女儿,也学的沽名钓誉,入了国贼禄鬼之流",并且从此与宝钗"生分"。据庚辰本第二十一回脂评,曹雪芹构思中的后半部将有"薛宝钗借词含讽谏"的情节,然"他日

之玉已不可篦",贾宝玉终于弃宝钗而为僧。薛宝钗的"停机德",隐藏着她那顽强地追求现实功利的精神实质,曹雪芹在对薛宝钗形象的描绘中,突出刻画的也正是这一特征。

己卯、庚辰、列藏本第五十六回的回目为"敏探春兴利除宿弊,时宝钗小惠全大体",作者以一"时"字概括宝钗性格的本质特征。同回己卯、庚辰本双批:"宝钗此等非与凤姐一样,此是随时俯仰,彼则逸才逾蹈也。"对"时"字作了"随时俯仰"的解释。曹雪芹此"时"字典出《孟子·万章下》:"伯夷,圣之清者也;伊尹,圣之任者也;柳下惠,圣之和者也;孔子,圣之时者也。"赵岐注:"孔子时行则行,时止则止。"孔颖疏:"孔子之圣,则以时也。""时然则然,无可无不可。"朱熹《四书集注》:"孔子仕、止、久、速,各当其可。"各家均解为孔子圣人,能因时而通权达变,亦即脂评所谓"随时俯仰",第五回正文作者介绍宝钗"行为豁达,随分从时",也是这个意思。

纵观前八十回对薛宝钗形象的描绘,我们不能不承认:顽强地追求现实功利和"随时俯仰"两者确是宝钗性格的本质方面。

宝钗多次劝谏贾宝玉"立身扬名"即此"停机德"之显著表现,而且劝谏的对象较之乐羊子妻劝谏丈夫有亲疏之别:贾宝玉只是其表弟而已。这既显示了宝钗醉心功名利禄"停机德"之顽强,也透露了她潜意识中隐然有了"金玉姻缘"的目标。如此"停机德",自然较乐羊子妻更为强烈狂热。则宝钗婚后进一步劝谏丈夫,虽仅见于脂评,也可推定乃曹雪芹之构思了。

在曹雪芹构思中,薛宝钗是一个"生非其地"(甲戌本第五回"金簪雪里埋"句下脂批)的末世淑女。封建正统的"三从四德"已随着中华二千余年历史的变迁而部分改变了它的面目与实质,日渐增添了追求现实功利的商人精神的色彩。即使是她劝导贾宝玉"立身扬名",其实际涵义也已不同于孔子的"言寡尤,行寡悔,禄在其中",而是非常现实地通过科举考试取得做官资格以获取权势与金钱而已。所谓"立身行道,扬名于后世""始于事亲,中于事君,终于立身"(《孝经》)的忠孝伦理,只是这权势与金钱的道德遮羞布,因此宝玉才骂她"学的沽名钓誉,入了国贼禄鬼之流"。但表面上,她似乎是个正统的封建淑女:为教导爱读"杂书"的林黛玉,她宣扬"女子无才便是德""总以贞静为主";湘云谈诗论文,她笑其"不守其本分";宝琴以《西厢记》《牡丹亭》为素材编诗谜,她以"史鉴无考,我们也不太懂得"为由命其改作;她推崇程朱理学,不仅以此教导探春,还建议诗社以"咏太极图"为题阐释之。平时按淑女标准言谈处事,雍容娴雅,端庄温柔,"待人不疏不亲,不远不近""端肃恭严不可轻犯"(庚辰本及蒙戚三本第二十一回双批),贾母评为"稳重和平",俨然淑女风范。因而贾府家宴因贾政在座而众人拘束不乐,唯独宝钗一人坦然自若。可贵的是,曹雪芹在令人信服地刻画了这个标准淑女的同时,又毫不留情且十分自然地写出了她功利主义的价值观,与正统封建淑女的道德价值观全不相容。例如,金钏投井而死,王夫人因自疚而良心不安,宝钗却认为"不过多赏他几两银子发送他,也就尽主仆之情了",显然以为金钱的价值高于道德价值,金钱可以买到一切。又如:她有意在滴翠亭偷听小红与坠儿的私语,近乎刺探,已大失淑女风范;且又为一己的私利行"金蝉脱壳"之计不惜嫁祸于黛玉,更是为了一点现实利害而宁可失去道德了。再如:她深知以袭人的地位有影响贾母王夫人对宝玉婚姻取舍的可能,于是不惜屈身以就主动接近,促膝深谈,曲意相交,结成知己,其功利的目的十分清楚。总之,曹雪芹笔下的薛宝钗是一位以追求现实功利为人生目的而又以传统淑女面目出现的复杂形象。

为了实现这现实功利之目的,薛宝钗必须在待人处世的方式上做到"时",亦即"随时俯仰"或"随分从时",按照环境的需要随时调整自己的言行与态度,她本人所谓"只愁我人人跟前失于应候罢了"(第四十五回),以获取权势者的欢心及可借用力量的支持。对此,曹雪芹着重描绘了她的虚伪奉承、小惠拉拢和冷酷无情。虚伪奉承是对上,小惠拉拢是对下。贾母问宝钗爱吃何物爱听何戏,她便"总依贾母素喜者说了出来"。当着众人,宝钗说"凤丫头凭他怎么巧,再巧不过老太太去",一句话奉承了两个权势者。元春不喜"绿玉",她命宝玉改成"绿蜡"。探春兴利除弊,她从旁协助,"小惠全大体"。赠送土物也不忘贾环一份,竟至感化了赵姨娘。在姊妹之间,则往往是以好意照看为主:如主动关心照顾湘云和岫烟,满足香菱进园居住的愿望;夏金桂迫害香菱,她加以保护。对林黛玉则是数管齐下:她先是"兰言解疑癖",进行教导,接着当众多次称赞黛玉的"雅谑",又借问病为由送给燕窝,终于使黛玉认错,掏出了一颗赤诚之心。但宝钗对与己无关者常常冷酷无情,如金钏投井而死,她为安慰王夫人竟讲了一大篇冷酷无情的谎言,把金钏的愤而自尽以维护人格尊严说成是自行失足落水,死不足惜。尤三姐自刎、柳湘莲出家,她"并不在意",还是打点身边俗务要紧,对此她还不及薛蟠有人情味。总之,无论是虚伪奉承、小惠拉拢、善意照顾还是冷酷无情,都与现实功利相关,也都具备"时"的特色。第四十二回作者有一段叙述语言介绍宝钗住进大观园后的日常生活安排:"日间至贾母处王夫人处省候两次,不免又承色陪坐闲话半时;园中姊妹处,也要度时闲话一回,故日间不大得闲。"宝钗把林黛玉作诗、葬花、谈恋爱的时间用来应付最重要的人事关系,真是"随时俯仰"的专家。薛宝钗以顽强的追求现实功利加上随时俯仰的处世方式,必能得到最多的名利,逐步接近其人生目标。

　　曹雪芹就这样以追求现实功利的"停机德"和"随时俯仰"的处世方式为核心,塑造了丰满复杂的薛宝钗形象,表现了她性格的各个侧面。但薛宝钗这多侧面的丰富的性格,始终离不开带有资本主义折光的亦即追求现实功利的"停机德",一种进入十八世纪中叶封建中国淑女之"妇德",以及那通权达变随时变化,与世推移人生态度的两大核心制约。薛宝钗有如一颗在椭圆形轨道上运行的行星,她的太阳是一对伴星,这对伴星以追求现实功利和"随时俯仰"的人生态度两大引力规定着薛宝钗这颗行星的运动方向与人生轨迹。正是这两大核心力量持续不断地作用,才造成了薛宝钗人生悲剧的必然。环境的力量毕竟要通过人物形象内在的本质方能发挥其作用。

6."琴边衾里总无缘":薛宝钗与贾宝玉的婚姻悲剧

　　在曹雪芹的构思中,薛宝钗将成就金玉良姻,如愿以偿地与荣国府的继承人、当朝贵妃的爱弟、才貌仙郎贾宝玉成婚。

　　在贾宝玉的婚姻问题上,荣国府的当权者贾母及贾政、王夫人只能选钗弃黛,因为只有薛宝钗才能符合贾氏家族的当前和长远利益。在前八十回,曹雪芹已经通过形象而立体的描绘展示了贾氏家族的窘境:"赫赫扬扬将及百年"的贾氏家族财源枯竭,矛盾重重,后继无人。贾家最切近的唯一希望就是"聪明灵慧,略可望成"的贾宝玉,其他的子孙十之八九都已腐化堕落。贾府迫切需要为贾宝玉选择一个配偶,她既能为贾家带来财富,管理家政并团结家族成员,又能劝导不走正途的贾宝玉幡然悔悟,走"立身扬名"之路,重振贾氏家族的基业与昔日之雄风。而薛宝钗正是这样一个适合的候选者。曹雪芹以无可辩驳的形象描写展现了金玉良姻的必然性,虽然他没有概括出恩格斯在《家庭、私有制和国家的起源》中所说理论："结婚是一种政治行为，是一种借新的联姻来扩大自己势力的机会；起决定作用的是家世的利益，而决不是个人的意愿。"但他用形象所显现的，正是这一理论。

在曹雪芹的构思中，金玉良姻之成功当不仅是贾府当权者的主张，而且是皇权的代表贵妃元春的意旨。对此，第二十八回元妃所赐端午节礼物独宝钗与宝玉相同已是一个明确的表示。然而，贾宝玉与林黛玉有自幼培养的深切感情与共同的思想，虽未当面说出，已愿同生同死，化灰化烟；贾宝玉怎能忍情抛却他深爱的林黛玉与他人成婚？更何况"他人"是他所认为"沽名钓誉，入了国贼禄鬼之流"、思想上无论如何不能一致的薛宝钗？

于是，曹雪芹让贾宝玉采取了一个异乎寻常的反抗方式：与薛宝钗结婚而拒绝过夫妇生活。你们管得了我的人，管不了我的心！作此推论的根据是曹雪芹友人富察明义《题红楼梦》组诗之十七：

> 锦衣公子茁兰芽，红粉佳人未破瓜。
>
> 少小不妨同室榻，梦魂多个帐儿纱。

"未破瓜"即未破身，见翟颢《通俗编》卷二十二。此诗咏二宝虽已成婚而梦魂未通[①]，宝钗仍是"未破瓜"的处女。诗中称宝玉为"锦衣公子"，又将他喻为"茁兰芽"，可见他与宝钗成婚时贾府尚未败落。薛宝钗婚后遭如此冷遇，实际上已处于被弃的境地，这对宝钗而言自然是极为难堪，也是极难忍受的。然而"稳重和平"的宝钗还是忍受了，并以孟光"举案齐眉"敬重丈夫梁鸿为榜样尊重贾宝玉的感情与决定，终于也得到了贾宝玉的尊敬，即第五回《红楼梦曲·终身误》以他口吻所吟唱的："都道是金玉良姻，俺只念木石前盟。空对着山中高士晶莹雪，终不忘世外仙姝寂寞林。叹人间美中不足今方信。纵然是齐眉举案，到底意难平。"

如果说明义的题诗尚不足以证实此说，那么曹雪芹在第二十二回为薛宝钗所拟的更香诗谜应该是有充分说服力的了。笔者认为此诗谜预示的正是薛宝钗婚姻悲剧的发展，而此诗首联即预示她与贾宝玉的婚姻悲剧：

> 朝罢谁携两袖烟，琴边衾里总无缘。

---

① 详拙作《吟红后笺》，《红楼梦学刊》1986 年第 1 辑，《吟红新笺》见 1983 年第 1 辑。

首句改杜甫《奉和贾至舍人早朝大明宫》"朝罢香烟携满袖"为设问句，字面意义为：早朝回来两袖所沾宫中余香已经无影无踪，曹雪芹用以预示薛宝钗成就金玉良姻以后两手空空一无所得。"琴边衾里总无缘"：古人弹琴时用香炉焚香，睡觉时用精巧的被中香炉熏香，但这些都不是更香，所以此句乃用排除法指出谜底。在这表层意义下的深层含义却是：与白天弹琴知音相赏，夜晚同枕共衾的夫妇恩爱，她终究是没有任何缘分的。由此可见：薛宝钗既没有得到贾宝玉的爱情，也没有得到真正的夫妇生活，她所得到的只是宝二奶奶的空名。

据脂评，薛宝钗在婚后仍然以她的"停机德"劝导贾宝玉走仕途经济之路，然"他日之玉已不可箴"，终于为贾宝玉所抛弃：

> 按此回之文固妙，然未见后卅回犹不见此之妙。此曰"娇嗔箴宝玉，软语救贾琏"，后曰"薛宝钗借词含讽谏，王熙凤知命强英雄"。今只从二婢说起，后则直指其主。然今日之袭人、之宝玉，亦他日之袭人，他日之宝玉也……何今日之玉犹可箴，他日之玉已不可箴耶？……箴与谏无异也，而袭人安在哉？宁不悲乎？（庚辰本第二十一回回前总评；又见蒙戚三本，有微异。）

> 宝玉之情，今古无人可比，固矣。然宝玉有情极之毒，亦世人莫忍为者。看至后半部则洞明矣。此是宝玉三大病也。宝玉看〔有〕此世人莫忍为之毒，故后文方能"悬崖撒手"一回。若他人得宝钗之妻，麝月之婢，岂能弃而而〔为〕僧哉？玉一生偏僻处。（庚辰本第二十一回双批，蒙戚三本有微异。）

从拒绝与宝钗过夫妇生活、拒绝她的劝谏乃至最后弃而为僧，都是贾宝玉"世人莫忍为"之"情极之毒"。

7."钗于奁内待时飞"：薛宝钗改嫁贾雨村之预示

在第一回中，甄士隐和贾雨村、甄英莲和贾娇杏是两组具有象征意义的人物。他们在一定程度上不是作为典型的艺术形象，而是作为托言寓意的人格化身而存在，其象征意义实超过了形象本身的意义。在全书的总体构思中,这两组人物的人生浮沉与荣枯有象征小说人物命运的作用①。极可注意的是,贾雨村于中秋月夜对月高吟一联"玉在椟中求善价,钗于奁内待时飞",甲戌本在下句旁批:"表过黛玉则紧接上宝钗。"其下又有双批:"前用二玉合传,今用二宝合传,自是书中正眼。"确证"钗于奁内待时飞"乃有关薛宝钗之正传。

在《贾宝玉形象探源》一文中,笔者已指出"玉在椟中求善价"之涵义:贾宝玉犹如禁闭在匣中的美玉,在黑暗王国一隅坚持追求最高的人生价值亦即精神价值"情",为此他弃绝了代表现实功利价值的"无情"之化身薛宝钗。因而为贾宝玉所弃的薛宝钗终于只能"钗于奁内待时飞":在现实世界中寻觅她自己的归宿。

"钗于奁内待时飞",有人以为此句乃用郭宪《洞冥记》之典(引自《太平御览》卷七百十八):

> (汉武帝)元鼎元年,起招灵阁。有神女留一玉钗与帝,帝以赐赵婕好。至昭帝元凤中,宫人犹见此钗,共谋欲碎之。明旦视之匣,唯见白燕直升天。故宫人作玉钗,因改名玉燕钗,言其吉祥。

如是,则此联意为贾雨村自比美玉、玉钗,希望有人赏识,等待时机飞黄腾达。这当然很切合当时当地贾雨村的心境。但在曹雪芹展示其总体构思的第一回中,贾雨村的象征意义已超出形象本身的意义,更何况甲戌本脂评已然指出这一联语乃"二宝合传",仅按字面解释未免失之粗疏。因而有研究者解释为:"或谓宝玉内秀不露,欲求真正知音;宝钗安分守时,以待青云直上。"对下联的解释切合宝钗"随时俯仰"及追求现实功利的性格特征,但仍然忽略了曹雪芹隐藏其中的深意。作者在贾雨村出场时介绍:"姓贾名化,表字时飞,别号雨村。"此后即称其贾雨村,不再提及其表字。吴世昌先生指出:贾雨村之名、字取自《孟子·尽心上》"有如时雨化之者"句。"时飞"既是贾雨村的表字,则"钗于奁内待时飞"就与雨村发生了密切关系。众所周知,对联上下句必须严格对偶。"求善价"既是动宾结构,"待时飞"亦必如此;"善价"既意为好价、高价,乃名词,"时飞"亦必为名词。故"待时飞"绝不

---

① 详拙著《红楼梦论源》第二编第二章《红楼梦的素材与构思》第二节《从第一回看〈红楼梦〉的总体构思》。

能解为等待时机飞黄腾达直上青云。

"时飞"既为名词,那它只可能是贾雨村之表字,"待时飞"即等待贾雨村,不可能再有别的解释。钗本应插在发髻上,现弃而不用藏于"奁内"即梳妆匣内,显然象征薛宝钗已为丈夫贾宝玉所抛弃。而这弃妇宝钗,正在等待她新的丈夫"时飞"即贾雨村。可见在曹雪芹的构思中,薛宝钗在被贾宝玉抛弃后将改嫁贾雨村(参见吴世昌《红楼梦探源外编》,上海古籍出版社1980年)。

第八回薛宝钗手托通灵玉赏鉴,有一首嘲通灵宝玉的七律,内有"好知运败金无彩"之句。甲戌本旁批:"又夹入宝钗,不是虚图对的工。"据靖本批语抄件第49条,前面还有"伏下文"三字,可见在贾府运败抄没之后,宝钗要落到"金无彩"的地步。这显然是指她改嫁贾雨村之事了。对封建时代的妇女而言,改嫁乃是"失节",最大的不光彩。如果她如程高本所写守节终身并抚子成立,那按照明清时的法律,她将得到象征最高荣誉的贞节牌坊,得到皇帝亲自批准的"贞节可风"之类的褒扬,光彩万分,荣耀万分,怎么可能会"无彩"呢? 只有改嫁失节,才是封建时代妇女最大的"无彩"。这一点,只要对明清社会的一般情况有所了解,即无异议。

关于薛宝钗将改嫁贾雨村的预示,除此"钗于奁内待时飞"外,前八十回正文中还有不少:

(1)笔者曾根据第一回《好了歌》及其注,甲戌本《好了歌注》的眉批、旁批列表对照,此表显示:薛宝钗在贾府既败之后将落到"妻妾迎新送死""君死又随人去了"的地步;而"雨村等一干新荣暴发之家"却在既败之后的贾府基础上重建了他的天堂,绿纱糊上了潇湘馆和绛芸轩的蓬窗,新贵贾雨村成了荣府及大观园的新主人①。据脂评,贾府最后获罪抄没,贾宝玉和凤姐等一度关押狱神庙,贾赦铁枷锁颈,充军发配。则贾府的财产、人口、奴婢很可能就此为贾雨村所占有。(这在清代有现实依据。众所周知,多尔衮害死其侄肃亲王豪格,娶其妻博尔济锦氏为侍妾。曹𫖯的家产奴婢赏给隋赫德,李煦的家属一度在苏州变卖,其家产人口由年羹尧拣选,年羹尧赐死后其家财奴婢又转赐于蔡珽。)贾雨村一贯好色,对艳冠群芳的宝钗必起垂涎之心。而一旦贾雨村逼迫宝钗就范,这位以"冷"和"时"为性格特征的美人当然绝

---

① 详拙著《红楼梦论源》第二编第二章《红楼梦的素材与构思》第二节《从第一回看〈红楼梦〉的总体构思》。

不会刚烈地自杀以宁死不屈作成贾氏的烈妇,而必然会以理智战胜情感,随分从时,与世推移,顺从新主子的意旨。按照薛宝钗性格发展的逻辑,她只能选择改嫁"大司马"即兵部尚书贾雨村这条唯一的生路。

(2)第一回中的贾娇杏谐音"假侥幸",她是相对于"真应怜"(甄英莲)的封建时代女性悲剧的另一象征,以薛宝钗为代表的包括贾元春、探春等人"假侥幸"的悲剧即是其现实的表现形式。据笔者考证,贾娇杏乃金陵十二钗副册的第二人,在作者构思中,金陵十二钗的正册、副册和又副册的前两名形成彼此对照且密切相关的组合①。从横向看:

正　册　　林黛玉　　薛宝钗

副　册　　甄英莲　　贾娇杏

又副册　　晴　雯　　袭　人

三组人物的性格和结局均成对比,构成三对矛盾。从纵向看,则又构成两个人物系列:

林黛玉、甄英莲、晴雯

薛宝钗、贾娇杏、袭人

研究者常说晴雯和袭人是林黛玉和薛宝钗的影子,却忽略了甄英莲和贾娇杏正是林黛玉和薛宝钗的象征。晴雯和香菱(甄英莲)抱屈病夭,《芙蓉女儿诔》虽诔晴雯而实诔黛玉(庚辰本第七十九回双批,又见靖本批语抄件第144条),黛玉后亦病逝于春夏之交,《葬花词》竟成谶语:三人实具同一性。花袭人改嫁蒋玉菡,贾娇杏为贾雨村娶为侧室,后又扶正,贾雨村升任"大司马协理军机"(兵部尚书兼军机大臣,清代官阶为从一品)后贵为一品夫人:薛宝钗应与她们有相似之处。可见在曹雪芹的构思中,宝钗很可能先为雨村妾侍,娇杏死后扶册为正,终于实现了她"好风频借力,送我上青云"的宿愿。按:诸脂本皆作"频"(唯程甲、乙本作"凭"),可知"好风"非一阵而已,乃连续不断之阵阵"好风"。如薛宝钗在成就金玉良姻之后即被宝玉抛弃而无此一段"后文",则谈不上"好风频借力",更谈不上"送我上青云"也。做了一品夫人的宝钗,才可以说是达到了当时妇女的最高目标(除皇帝的妻妾皇

———————————

① 详《研红小札》第十一则《贾娇杏:金陵十二钗副册第二人》。

后、贵妃等以外），成就了"青云"之志。

（3）薛宝钗花名签上题诗为"任是无情也动人"，前文已经论及其隐含意义。

除小说正文所见内证外，富察明义《题红楼梦》组诗之十五、十九、二十诸首对此亦有评论，此处从略①。

8."焦首朝朝还暮暮，煎心日日复年年"：薛宝钗婚姻悲剧的发展

薛宝钗频借好风青云直上。她如愿以偿成就了金玉良姻。被弃沦落之后，她再次借来东风钗待时飞，通过第二次婚姻重上青云。真是"几曾随逝水？岂必委芳尘"。从表面看来，她"白玉堂前春解舞，东风卷得均匀"，何等得意！何等轻松自如！

然而，有谁知道，从金玉良姻成就之日开始，她就陷入了莫可名状的痛苦之中。艳比牡丹、博学多能、家财万贯且自信道德高尚的薛宝钗，竟然无法得到丈夫的爱情！这她还可以忍受。可是她竟得不到正常的夫妇生活，这就意味着她不可能把在丈夫那里得不到的期望寄托在儿子身上，通过教育儿子"立身扬名"达到劝谏丈夫走仕途经济之路的同一目的。在贾宝玉弃她而去之前，事实上她已被丈夫抛弃了。贾宝玉"悬崖撒手"，她更名副其实地成了弃妇。这第一次的婚姻悲剧，曹雪芹借她更香诗谜的首联"朝罢谁携两袖烟，琴边衾里总无缘"作了预示。

她与贾雨村的第二次婚姻，仍然是一个悲剧。她的确通过第二次婚姻成就了青云之志，然为了这一品夫人的凤冠霞帔，她付出了"失节"的代价。素受程朱理学熏陶的宝钗不能不为自己道德的失落而自我谴责：她毕竟是以封建淑女面目出现的皇商小姐，虽然在内心深处她的现实功利主义始终是其性格的本质方面，但表面的道德立场却不容失去。一旦失去，来自外部及内心的压力都会给她造成持久的、不堪忍受的痛苦，这痛苦使她终夜难眠，年年岁岁、朝朝暮暮难以摆脱：

> 晓筹不用鸡人报，五夜无烦侍女添。

---

① 详拙作《吟红后笺》，《红楼梦学刊》1986 年第 1 辑，《吟红新笺》见 1983 年第 1 辑。

焦首朝朝还暮暮,煎心日日复年年。

如果宝钗没有经受这第二次的婚姻悲剧,未曾蒙"失节"之羞而愧对世人愧对自心,则以薛宝钗的学识及理智的性格,她很可以做第二个李纨,以无瑕的道德自我完成作自己的精神支柱,当不至于感到如此煎心焦首烧灼般的痛苦;即令被丈夫贾宝玉抛弃会使她痛苦、彷徨、期待如《忆菊》所感吟,但她"欲偿白帝凭清洁"(第三十七回宝钗《咏白海棠》诗)的自信仍会在一定程度上减轻她的苦痛,时间更会逐渐冲淡这苦痛的浓重。只有为自己行为的违反道德因而为自己道德之失落而自我谴责的痛苦才可能是最强烈的、最持久的,且不可能为时间所减弱磨灭的。这种痛苦将伴随薛宝钗的终生,如影子般不肯离去,它的存在使得一切富贵荣耀都变了质、变了味,使得一品夫人的名位变得毫无意义。然而,真不愧是薛宝钗蘅芜君啊,她以镇定如常的外表应付了日常生活,应付了变幻莫测的政治风云和家庭矛盾,以自己两鬓成霜的白发迎来了"不离不弃,芳龄永继"的老年:

光阴荏苒须当惜,风雨阴晴任变迁。

还是珍惜这渐渐消逝的光阴吧,至于人世的变迁也只能随它去了。宝钗的故作豁达仍然显示出她性格的本质特征:对现实功利的关心与"随时俯仰"的人生态度。这性格本质使她直上青云,又使她随遇而安;使她在屈辱中顽强地求生,又使她能忍受内心深处烧灼般的痛苦而安然无恙。

薛宝钗是这样一位强者,但又是一位弱者:因为封建时代的女性只能依赖男性而存在,她的命运将由丈夫的地位所决定。在曹雪芹的构思中,贾雨村最后将"因嫌纱帽小,致使枷锁扛"(甲戌本此两句旁有脂批:"贾赦、雨村一干人"),充军发配将是他的必然下场:他或如李煦"发往打牲乌拉"为奴,或如隋赫德"发往北路军台效力赎罪"①。薛宝钗作为他的家属随行,在北国荒原的风雪中苦度余生,终其天年,应验了太虚幻境薄命司中金陵十二钗正册"金簪雪里埋"的预言。

(刊载《红楼梦学刊》1997 年第 3 辑)

---

① 见《江宁织造曹家档案史料》附录一第 7 折及第 178 折。

（四）王熙凤形象探源

　　王熙凤是《红楼梦》女主角之一。由于曹雪芹以王熙凤形象贯串贾氏家族衰亡史并展开典型环境，且以她为中心刻画一批悲剧女性形象（如秦可卿、二尤、平儿等），使小说的两大情节主线——贾氏家族衰亡史与宝黛钗爱情婚姻悲剧相互联系、平行发展乃至最终并合。因而王熙凤形象与贾氏家族的衰亡史密不可分，曹雪芹在构思这一形象时显然是与贾氏家族衰亡史之构思同步。

　　笔者在《红楼梦论源》中已经指出："王熙凤是艺术形象，在她身上，作者凝聚了中国封建大家庭中管家奶奶的共同特征，又赋予她独特的个性。作为封建社会崩溃前夜即将衰亡的贵族官僚家庭的管家妇，她精明强干、能说会道、八面玲珑，必要时又凶悍泼辣、诡计多端，这或许是此类人物的共性。但是她性格中已带有资本主义折光：蔑视封建主义的道德说教，甚至蔑视神权、夫权，不顾一切地以追逐金钱和权力为人生目的，才是这一人物形象性格本质之所在。在世代簪缨诗书旧族的贾氏家族之核心已经出现了这样的'新人'，她将从内部影响这个家族的安定与稳固，甚至可能成为导致这封建家族趋向灭亡的'罪魁'之一。然而作者还是同情她，在一定程度上原谅她，并将她归入'薄命司'：因为在曹雪芹看来，她之所以成为罪人，是她受男性社会中须眉浊物所作所为影响毒害的结果，最根本的责任应该由男性去负。在这个人物身上，作者的赞叹同情与憎恶揭露始终交织在一起，充分流露出作者不同于世俗的、极为大胆的妇女观。"限于《红楼梦论源》的体例和篇幅，对王熙凤形象的构思之研究未能深入与展开，而这无疑是研究曹雪芹创作思想必不可少的一环，本文即以此为探讨目的。

1. 王熙凤形象的总体构思

　　根据成书过程研究的成果，我们知道，作为情节主线之一展开典型环境的贾氏家族衰亡史，在《红楼梦》早期稿本（初稿《石头记》、《风月宝鉴》及明义所见《红楼梦》）中已经不同程度地展开并逐步丰满。因此，作为这一情节主线中心的王熙凤形象，在《红楼梦》中可能先于薛宝钗形象而与贾宝玉和林黛玉形象同时出现。

综观今本前八十回,曹雪芹对主要人物形貌之美与智慧才能之美的描绘以王熙凤形象最为精细,对人物精神世界的刻画则除贾宝玉外也以她最为深刻。显然,对王熙凤形象曹雪芹倾注了最多的笔墨与情感。在第二回,作者即借冷子兴介绍了贾府上下对她的评价:"模样又极标致,言谈又爽利,心机又极深细,竟是个男人万不及一的。"简单几笔就勾勒出王熙凤形象的轮廓。从冷子兴介绍初知王熙凤的贾雨村,就把她与甄、贾宝玉和林黛玉并列,称之为"正邪两赋一路而来之人"。作者以此从哲学角度预示王熙凤形象性格本质的两重性。

第三回王熙凤形象正式出场已经是出嫁两三年的少妇,一颗已有不少瑕疵而仍然光彩夺目的宝珠。作者或正面交代,或侧面介绍,或让她本人叙述其出身背景:她生于一个俗谚"东海缺少白玉床,龙王来请金陵王"的贵族世家,曾祖贵为伯爵,荣任"都太尉统制","我爷爷单管各国进贡朝贺的事,凡有的外国人来,都是我们家养活。粤、闽、滇、浙所有的洋船货物都是我们家的"(第十六回)。在这个闭关自守的老大封建帝国,王家无疑是最早与西方有接触来往的家族,而王熙凤必是最早接受西风吹拂的新的一代。在有国防、外贸和外交背景的贵族之家长大的王熙凤,"自幼假充男儿教养"(第三回),"从小儿玩笑着就有杀伐决断"(第十三回),只可惜非书香之族的闺秀,不读书不识字,精神世界未免贫乏,道德教育显然欠缺,如水下流,倾向情欲的追求。嫁为琏二奶奶之后受到贾母宠爱代管荣府家务,初期颇受上下一致称颂,只是"待下人未免太严些个"(第六回)。随着年龄与生活经验的增长,在须眉浊物贾琏等言传身教日积月累的影响腐蚀下,她那"正邪两赋"性格本质中邪恶的一面逐渐发展,在其美丽的外表、聪慧的才智掩盖下日益膨胀,终于发展为她性格本质的主导方面。曹雪芹在《红楼梦》中结合贾氏家族衰亡史的描写,极其生动地展示了王熙凤形象从量变到质变,由无价宝珠变为瑕疵斑驳,最终成为凶狠残忍谋杀犯的发展过程。王熙凤形象显示出十八世纪中叶中国封建宗法社会的时代特征:在即将开始的最终崩溃之前,时代和社会的价值取向已经在实质上或明或暗地摒弃了高扬"忠孝仁义"的封建道德。与薛宝钗以封建淑女面目出现不同,王熙凤不是以稳重和平、"随时俯仰"的处世方式应付复杂的人际关系,以达到追求现实功利的人生目的,而是更露骨地显现出追逐金钱与权力的狂热及"泼皮破落户""辣子"(喇子)亦即世俗无赖的色彩。这种在贵族官僚家庭中出现的"新人",已经不是正统的地主阶级代表人物,而是从地主阶级、贵族官僚阶层中蜕变而尚未蜕尽封建主义外壳的市侩。身为女儿的她,则必然为封建末世的社会环境及须眉浊物所改造,逐渐失去她少女的清净洁白,为男权社会所异化并埋葬。

第五回金陵十二钗正册王熙凤的图画和判词以及《红楼梦曲·聪明累》集中显示了曹雪芹对王熙凤形象的总体构思。她的图画乃"一片冰山,上面有一只雌凤",其判词曰:"凡鸟偏从末世来,都知爱慕此生才。一从二令三人木,哭向金陵事更哀。"既蕴含着作者对这美丽的凤凰其形貌、智慧、才能如此卓荦超人的赞赏,又深藏着作者对她聪明才智被男性社会异化埋葬的深沉叹惜。美丽凤凰生于末世已经不幸,而又偏生为女儿身,那就是双重的不幸:无论她具有何等超越男性的才华,也只能在封建宗法制度下对男性俯首听命,收拾起全部雄心壮志,安心在"三层公婆"和"于世路好机变"的丈夫之下做孝顺媳妇、贤良妻子。可是机遇来了,贾府老祖宗看中了这才貌出众的孙媳妇,令其管理荣府家政家务。美丽的凤凰在"登利禄之场,处运筹之界"而后,接触到种种利弊之事,在"须眉浊物"及"鱼眼睛"们的教唆诱导下日益利欲熏心,以至把现实功利看作人生最高价值,不顾一切地追逐金钱与权力。为此目的,她运用一切手腕在男性社会中横冲直撞,康德所敬畏的"人类内心的道德律",在她心里已逐渐消失不复存在;她试图控制贾琏,玩弄贾琏和贾珍、贾蓉父子于股掌之上,实际上蔑视他们所代表的夫权和族权;她玩弄法律,操纵节度使、都察院,实则蔑视法律所代表的封建政权;而她之所以敢于如此,是因为她在内心深处蔑视道德,蔑视神权,敢于向统治人类精神世界的宗教宣战。在曹雪芹构思中的王熙凤形象,就是这样一个不平凡的女性。

作为一个封建末世的女性,王熙凤形象敢于挑战封建道德,敢于蔑视夫权、族权、政权及神权,如果她能将此上升为理论,用以冲决封建主义的网罗,王熙凤原可成为民主主义的先行者,可惜她不读书明理,只为个人的情欲所驱使:她蔑视它们,不是因为看清它们束缚人的自由、阻碍社会的发展与进步,而是要利用它们达到满足个人私欲的目的。在个人私欲的驱动下,她利用政治权力嘱托节度使云光拆散张金哥与守备之子的婚姻,赚得白银三千两。她又利用道德规范、夫权、族权及政权置尤二姐于死地;而在众人面前她又貌似虔诚求神拜佛,利用神权掩饰内心的贪欲与残忍。王熙凤以此为自己的精神支柱,日益无所不为,终于走到了比正统封建主义更为反动的极端,成为从内部蛀空腐蚀封建宗法家族即贾氏家族的可怕力量。

在现实社会中,王熙凤无疑是十恶不赦的罪人。但在曹雪芹的构思中,她是金陵十二钗正册人物之一,太虚幻境薄命司中的一员,"千红一哭,万艳同悲"的封建时代女性悲剧的代表人物。她的悲剧是封建末世最早接受西方影响、才智超群的美好少女,在须眉浊物言传身教影响毒害下私欲逐渐发展膨胀,终至成为金钱与权力狂热追逐者的人性异化的悲剧。曹雪芹将王熙凤美的毁灭与贾氏家族衰亡史糅合在一起描写:在贾府抄没败落之时,王熙凤亦将失去所依恃的"冰山",而蜕去凤凰绚丽的羽毛成为"凡鸟",露出其普通弱女子的真面目。她的种种罪恶将暴露并受到法律追究,被囚禁于狱神庙,原先她所蔑视的夫权、族权、政权和神权将联合起来给予她致命的打击。在小红、茜雪等人协助下逃脱法律追究的王熙凤形象,将"身微运蹇","扫雪拾玉",躬亲贱役,终被代表夫权、族权的贾琏休弃,哭向家乡金陵,死于途中。《红楼梦曲·聪明累》以"忽喇喇似大厦倾,昏惨惨似灯将尽"集中描绘了她临死前的心理状态,显示其全部精神支柱将彻底崩溃。而甲戌、己卯、庚辰、蒙戚三本在第十六回,王熙凤扬言"从来不信什么阴司、地狱报应"而胡作非为、贪贿三千两白银,致张金哥未婚夫妻双双自杀事件后均有双批,言及凤姐"回首时无怪其惨痛之态"。合而观之,可见王熙凤在临终前必将受到神权的威胁,自己灵魂将堕入万劫不复的阴司地狱,在极端恐怖中死去。直到此时,"痴人"王熙凤形象才可能认识到以往不择手段追逐金钱与权势的毫无意义。

众所周知,曹雪芹《红楼梦》原稿仅存前八十回,王熙凤形象至此尚未最终展现。为了较全面系统地表达笔者对王熙凤形象的认识,下文将逐步分析凤之美、凤之才、凤之欲、凤之妒及凤之毒,并根据前八十回的伏笔和脂批提供的线索略论王熙凤形象的结局。

2. 凤之美

随着一阵笑声:"我来迟了,不曾迎接远客!"一群媳妇丫环簇拥着她向正纳罕"谁这样放诞无礼"的林黛玉走来。她是那样光彩夺目，"彩绣辉煌，恍若神妃仙子：头上戴着金丝八宝攒珠髻，绾着朝阳五凤挂珠钗；项上戴着赤金盘螭璎珞圈；裙边系着豆绿宫绦，双衡比目玫瑰佩；身上穿着镂金百蝶穿花大红洋缎窄裉袄，外罩五彩刻丝石青银鼠褂；下着翡翠撒花洋绉裙。一双丹凤三角眼，两弯柳叶吊梢眉，身量苗条，体格风骚，粉面含春威不露，丹唇未启笑先闻"。这是曹雪芹对王熙凤的出场描写。甲戌本脂评云："第一笔，阿凤三魂六魄已被作者拘定了，后文焉得不活跳纸上。此等非仙助非神助，从何而得此机括耶？""另磨新墨，搦锐笔，特独出熙凤一人：未写其形，先使闻声，所谓'绣幡开，遥见英雄俺'也。""试问诸公，从来小说中可有写形追像至此者？"由此可知，王熙凤出场描写是曹雪芹精心构思创作的：在读者面前，令人目眩神迷的彩色凤凰翩然展翅飞来，王熙凤形象之美已经初次显现。

此后，我们看到，每到情节的重要转换处，作者就必换一番笔墨从他人眼中细细描绘另一品味的凤之美。实际上，除了抽象的评价"模样又极标致""美人胚子"外，曹雪芹数次以重彩浓墨精细描写王熙凤的装束形貌，从上中下三等人物的眼中再现其外形之美，为书中人物外形描写所仅见。

小说前五回完成了全书的总体布局，第六回"刘姥姥一进荣国府"即从王熙凤这贾府核心人物切入描写。乡村贫困农妇刘姥姥目中的王熙凤与盐政千金林黛玉所见迥然不同："那凤姐儿家常带着秋板貂鼠昭君套，围着攒珠勒子，穿着桃红撒花袄，石青刻丝灰鼠披风，大红洋绉银鼠皮裙，粉光脂艳，端端正正坐在那里，手里拿着小铜火箸儿拨手炉内的灰。"这是隆冬在家中炕上接待穷亲戚的王熙凤，在一片红色光辉的笼罩之中，神妃仙子般的潇洒灵动已经定格，化为在炕上盘坐的雍容艳丽的当家贵妇。刘姥姥倒身下拜，她忙说："周姐姐，快搀起来，别拜罢，请坐。我年轻，不大认得，可也不知是什么辈数，不敢称呼。"熟悉王熙凤原型的批评者曰："凡三四句一气读下，方是凤姐声口。"（见甲戌本）说话如流水般快速的凤姐与在贾母后院大声笑语的凤姐，在不同之中仍然有着相同的"爽利"之美。

第六十八回则从尤二姐目中写又一个王熙凤："只见头上皆是素白银器，身上月白缎袄青缎披风，白绫素裙，眉弯柳叶，高吊两梢，目横丹凤，神凝三角；俏丽若三春之桃，清洁若九秋之菊。"以纯白为主的打扮配上黑色闪光的披风,虽有少量淡蓝(月白)色作为过渡,然而与那丹凤三角眼和柳叶吊梢眉一起,加上"目横""神凝"的眼色,给尤二姐一股令人畏惧的肃杀之气。身穿这样一身孝服的王熙凤,此刻心中正深埋着欲以国孝、家孝中娶亲来陷尤二姐于罪的杀人动机,然而我们还是不能不承认她仍有着曹雪芹所谓的"俏丽"与"清洁"。

当她有朝一日落入狱神庙沦为囚犯,未知在小红、茜雪和刘姥姥目中又是何等形象?可惜我们不能见了!然而,在曹雪芹构思中的王熙凤即使极其困窘危急,还会呈现她那特有的英雄末路之美:在佚失的后半部有"王熙凤知命强英雄"(庚辰本及蒙戚三本第二十一回回前总评)即是明证。即使在临死之际,她的灵智之光也不会完全消失。因为曹雪芹同情她,必不忍丑化她的形象。而且《红楼梦曲·聪明累》曾以"生前心已碎,死后性空灵""枉费了意悬悬半世心,好一似荡悠悠三更梦,忽喇喇似大厦倾,昏惨惨似灯将尽"等句预示了她当时的心理状态。显然,在恐惧悔恨中死去的王熙凤即使处于最不堪的境地,在曹雪芹笔下仍将闪现她那独有的灵性之美。

3. 凤之才

曹雪芹最欣赏王熙凤之才,在其判词中写下了"都知爱慕此生才"的赞叹。在曹雪芹笔下,王熙凤之才突出地表现为"齐家",即管理之才以及言谈之才。在中国封建社会,这两种才能尤为一般女性所欠缺。因为齐家治国是男性的特权,社会要求女性"三从四德",做男性的附属品;而对女子"多言"的憎恶纳入所谓"七出"之条,更限制了女性的口才。曹雪芹敏锐地看到这一点,将王熙凤形象原型的管理之才与言谈之才进行艺术加工并典型化,以王熙凤形象本人的言行为主,通过她对各种大小事件、在各种场合的应对进退向读者展示了她卓异不凡的"新人"形象。除此而外,曹雪芹还不忘通过书中各色人等在她面前背后对她才智的欣赏和评价,形象而具体地表现出"都知爱慕此生才"的内涵。无论是她王家原来的奴才、王夫人的陪房周瑞夫妇及其女婿冷子兴,与她谋事的贾芸、贾珍、静虚老尼,她的妯娌尤氏与李纨,大观园中的姊妹,还是荣府和宁府的奴婢下人,甚至她的尊长王夫人乃至贾府的老祖宗贾母,都众口一辞地称赞她的才智之美。略引数语,以见大概:

（1）这位凤姑娘年纪虽小，行事却比世人都大呢。如今出挑的美人一样的模样儿，少说有一万个心眼子。再要赌口齿，十个会说话的男人也说他不过。（第六回周瑞家的之语）

（2）我包管必料理的开，便是错一点儿，别人看着还是不错的。从小儿大妹妹顽笑着就有杀伐决断，如今出了阁，又在那府里办事，越发历练老成了。（第十三回贾珍之语）

（3）真真你是个水晶心肝玻璃人。……你们听听，说的好不好？把他会说话的！（第四十五回李纨之语）

（4）今儿我才说这话，素日我不说，一则怕迟了凤丫头的脸，二则众人不伏。今日你们都在这里，都是经过妯娌姑嫂的，还有他这样想的到的没有？（第五十二回贾母之语）

通过对王熙凤思想言行的正面描写与周围人物的评价，王熙凤之才跃然纸上，真令二百多年后的读者"都知爱慕此生才"！虽读者明知凤之毒、凤之谲、凤之欲，亦都不能不为其叹服。曹雪芹以王熙凤才智之美唤起读者的怜才、爱才之心，并冲淡或部分抵销了读者对其性格负面的厌憎，从而使王熙凤形象可以在一定程度上得到原谅与同情。试详言之。

其一，精明强干的"齐家"之才。

为突出王熙凤的"齐家"（即管理）之才，曹雪芹采用了点面结合的方法，不仅在一般日常的家政管理中点点滴滴地加以表现，还集中构思了"王熙凤协理宁国府"情节，刻画她面临大事的思想言行，显示其超人的才干和英俊的风骨。

"修身、齐家、治国、平天下"，这是中国封建宗法制度下男子的人生责任。"国"是"家"的扩大，"身"是"家"的缩小，"家"才是组成社会的基本细胞，个人独立人格并不允许存在。在清代乾隆盛世天下一统，中国版图之大达到历史最高峰的时期，对男子的最高期望可以降到"治国"一项。然而在曹雪芹笔下，支庶繁盛的贾氏家族却把"齐家"的责任推给了孙媳妇王熙凤。男子既已不能"齐家"，"治国"也就成了空话。第十三回回末诗联"金紫万千谁治国，裙钗一二可齐家"，正是对当时"万千金紫"不能治国而致误国的讥讽和对王熙凤这样的"异样女子"、具有管理才能的裙钗，为封建礼法所限只能屈居家庭小试牛刀而治绩斐然的赞美。日常家政管理已可见其治才之一斑,特殊困难事务的办理更显示齐家之才能。因此在全书情节第一个高潮"秦可卿之死"中,曹雪芹即安排了王熙凤协理宁国府清除历年积弊而博得上下齐声称颂的三大回(第十三、十四、十五回)。

王熙凤的治家之才,首先表现为她的宏观目光,即善于总观全局,发现主要矛盾,并提出解决这主要矛盾的具体方法。在接受贾珍委托负责办理秦可卿丧葬事宜之后,她冷静考虑宁府管理及办事人员的具体情况,从全局着眼,从具体情况出发,总结出宁府的五大弊病:人口混杂,遗失东西;事无专执,临期推诿;需用过费,滥支冒领;任无大小,苦乐不均;家人豪纵,有脸者不服钤束,无脸者不能上进(见第十三回)。王熙凤找到了问题的症结亦即主要矛盾,也就抓住了解决问题的关键。于是她针对这主要矛盾提出了一系列具体的改革方案。而这些具体方案,又正显示出王熙凤观察考虑问题的微观眼光及其处理实际事务的能力。它们与总揽全局的宏观目光相辅相成,构成了王熙凤形象管理能力的两个方面。

王熙凤从全局观察总结出五大弊病,却没有一一对应采取五大措施,而是统一筹划、抓住根本,提纲挈领加以解决。她懂得管事必先管人,因而当日"即命彩明钉造簿册,即时传来升媳妇兼要家口花名册来查看,又限于明日一早传齐家人媳妇进来听差"。次日一早先向来升媳妇训话(即宣布施政纲要):

> 既托了我,我就说不得要讨你们嫌了。我可比不得你们奶奶好性儿,由着你们去。再不要说你们"这府里原是这样"的话,如今可要依着我行。错我半点儿,管不得谁是有脸的,谁是没脸的,一例现清白处治。

训毕,"吩咐彩明念花名册,按名一个一个的唤进来看视",当面审查以便量才录用。好凤姐,竟能一见识人,于是一一分派职务,事无大小都派专人负责,损坏丢失即由负责者赔偿,财物分发领用有预算,有登记规定。又引进西方科学管理方法,利用钟表作计时工具,确定上下班及工作会议时间,以协调工作。据凤姐自称,这种管理方法她在荣府已经实行过,并取得很好成效:"素日跟我的人随身自有钟表,不论大小事,我是皆有一定的时辰。"因而又推广到宁府,要求宁府奴仆守时,按照新制度办事:"横竖你们上房里也有时辰钟。卯正二刻(按:晨六时半)我来点卯,巳正(按:晨十时)吃早饭。凡有领牌回事的,只在午初刻(按:十一时至十一时半)。戌初(按:晚九时)烧过黄昏纸,我亲到各处查一遍,回来上夜的交明钥匙。第二日仍是卯正二刻过来。"王熙凤的新式管理为宁府带来了新风,"如这些无头绪、荒乱、推托、偷闲、窃取等弊,次日一概都蠲了"。于是,五大弊病的前四项得以消除。

对第五项弊病"家人豪纵",王熙凤采用杀一儆百的手段处置:一个有体面的管家娘子偶因睡迷迟到,即喝令革去一个月银米,责打二十大板,打罢"还要进来叩谢"。果然令众人"知道凤姐利害","不敢偷闲,自此兢兢业业,执事保全"。杀一儆百本是所有统治者、各级掌权者常用的手法,凤姐不过袭承常规而已,那"有体面的管家娘子"应即来升媳妇,被责罚后"还要进来叩谢",这大概是凤姐从宫廷(或爷爷广东巡抚府)中学来的新办法。它立刻又显示出了王熙凤封建奴隶主的尾巴:她虽然出生在当时接受西方文化较早的家庭,到底不能消灭那封建主义的印记。

王熙凤的管理才能如此出色,使混乱腐败的宁府焕然一新,也使自己背上了无休无止的工作:"忙的凤姐茶饭也没工夫吃得,坐卧不能清静。刚到了宁府,荣府的人已跟到宁府;既回到荣府,宁府的人又找到荣府。"可是她反而感到精神的满足:"凤姐见如此,心中倒十分欢喜,并不偷安推托,恐落人褒贬,因此日夜不暇,筹划得十分整齐。"既有超人的才干,又能坚忍地工作,即使其出发点是为了个人的荣誉,客观上总是有所成就。

此外,作者又在比较中突出王熙凤之不平凡:在秦可卿出丧前夕,"一应张罗款待,独是凤姐一人周全承应。合族中虽有许多姊妯,但或有羞口的,或有羞脚的,或有不惯见人的,或有惧贵怯官的,种种之类,俱不及凤姐举止舒徐,言语慷慨,珍贵宽大;因此也不把众人放在眼里,挥霍指示,任其所为,目若无人"。正如脂评所云:"写秦氏之丧,却只为凤姐一人。"(见甲戌、庚辰及蒙戚三本)"写秦死之盛,贾珍之奢,实是却写得一个凤姐。"(庚辰本第十四回回末总批)"写凤姐之珍贵。写凤姐之英气。写凤姐之声势。写凤姐之心机。写凤姐之骄大。"(甲戌本第十四回回末总评)通过这一情节高潮对王熙凤形象的描绘,一个精明强干的新型管理人才即所谓"齐家"之才已经活现纸上。

秦可卿之死是特殊事件。在荣府的日常家政管理中,王熙凤早已显露出超人的才干,并因而得到荣府上下人等的称颂与"男人万不及一"的评价。

她犀利的目光与抓主要矛盾的能力，使她能清楚荣府家政的症结所在："家里出去的多，进来的少。凡百大小事仍是照着老祖宗手里拿规矩，却一年进的产业又不及先时"（第五十五回），所谓"大有大的难处""鸡儿吃了卯年粮"（第六回、第六十九回）。探春理家采取的策略是"开源"（虽然一年只有四百两银子），凤姐理家采取的是"节流"，亦即她自称的"节俭"："我这几年生了多少省俭的法子，一家子大约也没个不背地里恨我的。我如今也是骑上老虎了。虽然看破些，无奈一时也难宽放。""多省俭了，外人又笑话，老太太、太太也受委屈，家下人也抱怨刻薄。若不乘早儿料理省俭之计，再几年就都赔尽了。"（第五十五回）她说得十分准确，冷子兴就评论贾府"外面的架子虽没很倒，内囊却也尽上来了"。只是贾氏家族"末世"的回光返照并不能使它如凤凰般在烈火中重生。王熙凤的"齐家"之才既不能延续其盛世的风范，而追求金钱永无厌足的欲望反从内部将贾氏家族蛀空，更加速了它的灭亡。

除了秦可卿丧事的重点描绘外，曹雪芹还注意在平凡的日常生活中表现王熙凤之才干。王熙凤第一次出场接待来自江南的小客人林黛玉，既热情关照黛玉，又照顾安慰贾母的心情，还不忘顺便谄媚贾母的慈祥，在安排林家仆妇时又不忘向王夫人汇报放月钱和寻绸缎等工作细节。真是一心多用，八面玲珑，显示出当家奶奶的身份，与贾母和王夫人的言谈完全不同。又如第六回写凤姐接待前来求助的八竿子打不着的穷亲戚刘姥姥，既不过分倨傲又不失大家风度，谈吐得体，顾全了王夫人的脸面，又使刘姥姥感激涕零，甲戌本双批所谓"写得阿凤乖滑伶俐，合眼如立在前"。第四十五回写凤姐在家务繁冗中，应李纨及众姐妹要求为大观园诗社出资并指点寻找大观园设计图，规划配全画具；第五十一回又为大观园众姐妹添设小厨房，都显示了这位管家奶奶处理日常事务和人际关系的细致精明。这些日常生活琐事乃一般的"面"之素描，与协理宁国府的"点"之特写相辅相成，王熙凤形象的管理之才已给人以立体感的全面凸现。

其二，爽利幽默的言谈之才。

在王熙凤未曾出场甚至姓名未现之前，作者就在第二回借冷子兴之口提及了她"言谈又极爽利"的口才。她第一次出场时"我来迟了，不曾迎接远客"的那句名言，自责、礼貌而兼调侃，显示了她一贯的言谈风格，以至脂评赞曰："第一笔，阿凤三魂六魄已被作者拘定了，后文焉得不活跳纸上？"的确,作者抓住了王熙凤形象特征,评者批出了言谈口才在完成王熙凤形象中的重要性,而这正是作者曹雪芹构思王熙凤形象的起点。

王熙凤的口才,在古典小说中几乎前无古人后无来者(只除林黛玉的口才或能与其仿佛)。凤姐以其口才调节贾府内部复杂的人事关系:她以口才承贾母之色笑,"效戏彩斑衣"而受老祖宗的赏识爱怜;她以口才接邢、王二夫人的辞色,保护自己的既得利益与地位;她以口才玩弄贾琏如三岁小儿(脂评语,见甲戌和庚辰本第十六回);她以其口才诱骗贾瑞和尤二姐并置之于死地;她以其口才安抚平儿,拉拢赵、李二嬷嬷,弹压赵姨娘,威胁奴婢,作成主子奶奶的种种威势。在前八十回,只要有凤姐,那场面就有声有色:或欢声笑语,或撒泼吵闹,即使对低贱的奴仆,如审问兴儿及讥讽王善保家的,也夹杂着她那恶意兼快意的尖刻言语与形色各异的笑声。曹雪芹以各种笔墨写凤姐之才,即表现凤姐"机关算尽太聪明",一个"太"字,饱含着作者多少同情与感叹!

孔子推崇"大智若愚,大言若讷",王熙凤则显然走向反面,处处卖弄聪明,时时显耀口才,尤其在老祖宗贾母面前,她的口才得到最大程度的发挥。凤姐绝大多数有趣的奇谈都是在这场合下的即兴创作表演,这也就是凤姐显得最善、最美的时候。当贾母捐资二十两为宝钗做生日时,凤姐凑趣笑道:"一个老祖宗给孩子们作生日,不拘怎样,谁还敢争,又办什么酒戏?既高兴要热闹,就说不得自己花上几两。巴巴的找出这霉烂的二十两银子来作东道,这意思还叫我赔上。果然拿不出来也罢了,金的银的,圆的扁的,压塌了箱子底,只是勒掯我们。举眼看看,谁不是儿女?难道将来只有宝兄弟顶了你老人家上五台山不成?那些体己只留于他,我们如今虽不配使,也别苦了我们。这个够酒的?够戏的?"引得满屋里都笑起来。贾母亦为之解颐,爱怜地称她"猴儿"(第二十二回)。老祖宗在藕香榭向众人回忆昔时游玩,木钉把头碰破留下鬓角一块伤痕窝儿,凤姐不等人说就先笑道:"那时要活不得,如今这大福可叫谁享呢?可知老祖宗从小儿的福寿就不小,神差鬼使碰出那个窝儿来,好盛福寿的。寿星老儿头上原是一个窝儿,因为万福万寿盛满了,所以到凸高出些来了。"贾母又再次笑称她为"猴儿"(第三十八回),凤姐调节、掌控气氛的语言能力可见一斑。

有的严重事件只有凤姐的口才能够化解。鸳鸯抗婚后贾母余怒未息,只有凤姐以其口才做出种种即兴表演,以有趣、幽默的言谈,哄着贾母捧着贾母,似乎冒犯而又轻搔痒处,终于一步步引得老祖宗笑逐颜开,怒火全消。这一节的构思最能显示凤姐幽默爽利的口才,值得细细分析以见作者当初之构想。

贾母其实并不真正反对贾赦纳妾,她反对的是他要纳鸳鸯为妾,这妨碍了她的舒适生活,侵犯了她的尊严与权利。以她久经世故的洞察力,她知道贾赦其实想一箭双雕:既得到年轻美丽的鸳鸯满足淫欲,又可以通过鸳鸯控制贾母,窥窃其私房银子。以凤姐之聪明,自然也明白贾赦目的之所在,但她既不能得罪公婆,又要设法使贾母息怒。这就需要她对症下药,转移目标,必须从目前的敏感焦点:年轻貌美与金钱二者开始。

凤姐的首招就是忽出奇言,支派老太太的不是:"谁教老太太会调理人?调理的水葱儿似的,怎么怨得人要? 我幸亏是孙子媳妇,若是孙子,我早要了,还等到这会子呢。"年轻美貌的鸳鸯是老太太调理出来的,儿子要了做妾是自然的有理的,责任在老太太! 看似歪理,老太太听了却很舒服。接着凤姐又嘲笑自己和平儿是"一对烧糊了的卷子",与老太太调理的"水葱儿似的"人对比。强烈的对比与幽默的自嘲果真使老太太开心地笑了,众人再一凑趣,紧张的气氛松弛了下来。老太太的气消了一半。

接着,在牌桌上凤姐又来了一串即兴创作的连珠妙语:"我正要算算命今儿该输多少呢,我还想赢呢! 你瞧瞧,场子没上,左右都埋伏下了!""可是我要算一算命呢,这是自己发的,也怨埋伏!""够了我的了,竟不为赢钱,单为赢彩头儿。我倒底小器,输了就数钱,快收起来罢。"一步步引导贾母转换注意方向,果然使老太太不知不觉间转移了目标,命鸳鸯取过凤姐的钱串,强令付出赌账。凤姐又赶忙凑趣说:"姨妈瞧瞧,那个里头不知顽了我多少去了。这一吊钱顽不了半个时辰,那里头的钱就招手儿叫他了。只等把这一吊也叫进去了,牌也不用斗了,老祖宗的气也平了,又有正经事差我办去了。""不用放在我眼前,也放在老太太的那一处罢。一齐叫进去倒省事,不用做两次,叫箱子里的钱费事。"一路说笑,将金钱拟人化,"贾母笑的手里的牌撒了一桌,推着鸳鸯叫:'快撕他的嘴!'"这时,老祖宗已不再生气了。(第四十七回)

在大庭广众的场合,凤姐的口才更是令人倾倒。贾府元宵夜宴,贾母大发议论,对当时流行的才子佳人小说进行了批评,"凤姐儿走上来斟酒,笑道:'罢,罢,酒冷了,老祖宗喝一口润润嗓子再掰谎。这一回就叫作《掰谎记》,就出在本朝本地本年本月本日本时,老祖宗一张口难说两家话。花开两朵,各表一枝,是真是谎且不表,再整那观灯看戏的人。老祖宗且让这二位亲戚吃一杯酒看两出戏之后,再从昨朝话言掰起如何?'他一面斟酒,一面笑说,未曾说完,众人俱已笑倒。两个女先生也笑个不住,都说:'奶奶好刚口!奶奶要一说书,真连我们吃饭的地方也没了'"。连专业的说书人也钦佩凤姐的口才!(第五十四回)

第五十五回开始,凤姐因小产养病谢事,从此前八十回不再有凤姐在贾母前承欢说笑的场景描写。第七十六回贾府过中秋,贾母就感慨:"偏又把凤丫头病了,有他一人来说说笑笑,还抵得十个人的空儿。可见天下事总难十全。"说毕,贾母不觉长叹。显然在曹雪芹构思中,王熙凤是承欢贾母膝下的孝顺孙媳妇,她"效戏彩斑衣"种种幽默趣谈使贾母的晚年过得快乐充实,真如她自己所说:"我这里好容易引的老祖宗笑了笑,多吃了一点东西,大家喜欢,多该谢我才是,难道反笑话我不成?"(第五十四回)我们当然更不能说她目的全在奉承贾母以巩固权势,其中当有对尊长的孝道即孔子所谓"色养"的成分在内。这种人类共同的道德要求,曹雪芹并不反对。王熙凤的这种口才正是她能得到作者和读者一定程度上的赞赏与同情的基础之一。

凤姐的口才是说不尽赞不完的。她初见黛玉就这样赞美新来的表妹:"天下真有这样标致的人物,我今儿才算见了!况且这通身的气派竟不像老祖宗的外孙女儿,竟是个嫡亲的孙女,怨不得老祖宗天天口头心头一时不忘。只可怜我这妹妹这样命苦,怎么姑妈偏就去世了!"她以"一击两鸣法"同时称赞了贾母和黛玉的大家气派,又以贾府孙媳妇的身份表示对黛玉母亲不幸病逝的哀悼与对表妹的怜爱,言谈何等得体。受到贾母的笑责之后,凤姐又"忙转悲为喜",连称自己"忘记了老祖宗,该打,该打"。其间情感的变换又是那么自然。应该说,她留给少女黛玉的印象是热情善良的二嫂,并没有一点贾母笑称"泼皮破落户""辣子"的影儿。

宝黛相爱未为众人所知时,聪明的凤姐已经看透这对少年儿女的心思并向黛玉开玩笑:"你既吃了我家的茶,怎么还不给我们家作媳妇?"虽然黛玉含羞笑着说她"贫嘴贱舌讨人厌恶",其实心里是欢喜的(第二十五回)。

黛玉"情重愈斟情"与宝玉吵架后对泣重归和好之时,凤姐跳进来,笑说他们:"三日好了,两日恼了,越大越成了孩子了!有这会子拉着手哭的,昨儿为什么又成了乌眼鸡呢?"又向贾母笑说:"我说他们不用人费心,自己就会好的,老祖宗不信,一定叫我去说合。我及至那里要说合,谁知两个人倒在一处对赔不是了。对笑对诉,倒像黄鹰抓住了鹞子的脚,两个都扣了环了,那里还要人去说合。"凤姐的言语如此流利生动,无论是当事人宝黛还是贾母等人,听了都觉得她确实是个善解人意的可人。(第三十回)

在前来为两个儿子求职的贾琏奶母赵嬷嬷面前,凤姐说话多么圆转动听:"妈妈你放心,两个奶哥哥都交给我。你从小儿奶的儿子,你还有什么不知他那脾气的?拿着皮肉倒往那不相干的外人身上贴。可是现放着奶哥哥,那一个不比人强?你疼顾照看他们,谁敢说个'不'字儿?没的白便宜了'外人'。——我这话也说错了,我们看着是'外人',你却看着'内人'一样呢。"赵嬷嬷为贾琏开脱说是"脸软心慈",她顺着发挥:"可不是呢,有'内人'的他才慈软呢,他在咱们娘儿们跟前才是刚硬呢。"又是"一击两鸣",说的满屋子人都笑了。终于照她的意思派赵嬷嬷两个儿子跟贾蔷下姑苏采买小女戏和乐器行头,遂了贾琏乳母的心愿,赢得赵嬷嬷的连声感谢。当宝玉乳母李嬷嬷因输了钱而迁怒于丫环,宝黛钗三人劝架都不行,凤姐"便连忙赶过来,拉了李嬷嬷笑道:'好妈妈别生气。大节下老太太才喜欢了一日,你是个老人家,别人高声,你还要管他们呢,难道你反不知道规矩,在这里嚷起来,叫老太太生气不成?你只说谁不好,我替你打他。我家里烧的滚热的野鸡,快来跟我吃酒去。'一面说一面拉着走,又叫:'平儿,替你李奶奶拿着拐棍子,擦眼泪的手帕子。'那李嬷嬷脚不沾地跟了凤姐走了"。晓之以理,诱之以酒食,软硬兼施,凤姐的口才化解了矛盾。

同是妯娌,凤姐对李纨和尤氏态度便不一样。李纨之父乃国子监祭酒,她出身诗礼之家,年轻守寡,受贾母、王夫人怜惜,凤姐也不敢轻慢。也只有李纨,敢当面嘲讽揶揄凤姐:"都像你破落户才好!"(第二十七回)"天下人都被你算计了去!""给平儿拾鞋也不要!"(第四十五回)于是,她以奉承求告兼为李纨着想的姿态笑道:"好嫂子,赏我一点空儿。你是最疼我的,怎么今儿为平儿就不疼我了?往常你还劝我说:事情虽多,也该保养身子,检点着偷空儿歇歇。你今儿反倒逼我的命了。况且误了别人的年下衣裳无碍,他姊妹们的若误了,却是你的责任。老太太岂不怪你,不管闲事,这一句现成的话也不说? 我宁可自己落不是,岂敢带累你呢?"当众赞赏感谢李纨素日对自己的照顾,做出自己也为李纨着想的高姿态,果然李纨笑着称赞凤姐:"把你会说话的!"一席话就把自己失言露出妒羡李纨事轻钱多的真相轻轻掩饰住了。

对出身小家的尤氏,凤姐就没有这么客气,常常开口就是"你少胡说","你别扯臊,我又没叫你来,谢你什么? 你怕操心,你这会子就回老太太去,再派一个就是了"(第四十三回)。贾琏偷娶尤二姐做二房,凤姐大闹宁国府,又哭又骂,把尤氏"揉搓成一个面团"(第六十八回),言语尖刻泼辣,显露出"泼皮破落户"的本色。如骂贾蓉:"天雷劈脑子五鬼分尸的没良心的种子,不知天有多高地有多厚,成日家调三窝四,干出这些没脸面没王法、败家破业的营生! 你死了的娘阴灵也不容你,祖宗也不容,还敢来劝我!"真是奇骂恶骂,非"泼皮破落户""辣子"(喇子)骂不出来。对李纨与尤氏身份地位的差异,凤姐竟分辨得如此清晰,"看人下菜碟儿",对这两个妯娌分别对待,言语色彩各不相同,正显示出凤姐处理人际关系的锋芒与手段,口才只是她运用娴熟的工具。

4. 凤之欲

王熙凤形象的时代特征乃是她对金钱与权势的狂热追求。曹雪芹构思创作的王熙凤理家过程,也就是其狂热地追求金钱与权势的过程。由于金钱与权势两者紧密关联且相互渗透,浑然为一而不可分割,故笔者即概括为"凤之欲"。

曹雪芹笔下的贾宝玉,把以八股文为进身之阶追逐功名利禄的须眉浊物称为"禄蠹",意即靠金钱与权势而生的蠹虫。王熙凤本是末世凡鸟,并非神话中非梧不栖、非醴泉不饮、非练实不食的圣洁凤凰。她出身武将世家,自幼假充男儿教养,不识字,不读书,精神世界未免贫乏,为周围污浊的环境所影响而渐渐趋向欲的追求。而她又不幸生为女儿身,没有可能通过八股科举考试走立身扬名的仕途经济之路,像一般须眉男子一样去猎取官位和俸禄。因而她所追逐的权势其实只是家庭内部的家政管理权,且仅限于琐细的家务,如婚丧节庆、婢仆调配、月例发放等;一出贾府二门,房产、田亩等财政大权就完全由贾政及他委托的贾琏管理,她无权问津。作为丈夫的附属品,她也不能独立获得财产所有权,因而她所追逐的金钱只是所谓"私房钱"。在胸怀大志的男子看来,她的志向实在是渺小而又可怜,不过是企图掌握家庭日常内务的管理权(还要受贾母和王夫人的制约),并积累一些个人的财富而已。与"禄蠹"们相比,她所追求的权势和金钱都是十分有限的。

在管家初期,王熙凤有一种荣誉感,此时她所追求的主要是荣誉,亦即他人的称赞或奉承及管家奶奶的权威和排场。在贾珍恳求她代管宁府秦可卿丧事时,作者这样描写她的心理:"那凤姐素日最喜揽事办,好卖弄才干。虽然当家妥当,也因未办过婚丧大事,恐人还不服,巴不得遇见此事。今见贾珍如此一来,他心中早已欢喜。"很明显,凤姐当时所追求的是荣誉。为了博取荣誉,她不辞劳苦,一人肩挑荣宁二府的家政,"于是合族上下无不称叹者"。人人称誉,个个叹服,美丽的凤凰心理上得到充分的满足,在荣耀的光辉中陶醉。凤姐此后的心力交瘁,不能不说与她的争胜好强有直接关系。

随着管家日久,接触利弊大事日多,凤姐日益世事洞明。她看透荣誉虽好,不能代替实利;权势虽盛,其最终目的还是金钱。从此,她把家政管理看作追逐金钱的手段,而不再单纯把它当作目的。她发现管理家政既能得到荣誉,也是获取金钱的捷径,犹如男性做官是发财的捷径一样。作为管家奶奶的她,至少有两条生财之道:一曰纳贿,二曰放债。

凤姐乘管家之机纳贿,方法又有多种。一是收取谋职者的金钱财物。如贾芸谋事百般不成,送了凤姐十七两多银子的冰片、麝香等名贵香料就谋得了种树的好差使(第二十四回);又如王夫人丫头的父母为女儿谋补金钏之缺,好得到一两银子的月例,就去凤姐处送礼,凤姐安下心:"这是他们自寻的,送什么来我就收什么,横竖我有主意。""自管迁延着,等那些人把东西送足了,然后乘空方回王夫人。"(第三十六回)二是收受回扣或好处费。贾琏托凤姐向鸳鸯借一千两银子的当头,她就要二百两银子好处(第七十二回)。对贾琏尚且如此,对其他人自然更甚。如大闹宁国府时,她也不忘乘机讹诈尤氏、贾蓉五百两银子(第六十八回)。三是干涉外事,包揽诉讼,借贾府势力利用官府欺压他人谋取钱财。最显著的一例是弄权铁槛寺,她假贾琏之名修书送与长安节度使云光,拆散张金哥未婚夫妇,安享白银三千两。自此凤姐胆识愈壮,以后有了这样的事便恣意作为起来(第十五、十六回)。曹雪芹以这样的典型事例反映了王熙凤借管理家政之便纳贿,作为其私房钱的来源之一。

凤姐深知若将纳贿所得收藏于箱柜,即使像贾母那样"金的银的,圆的扁的,压塌了箱子底",也不会自己增值。她采用自晚明已始盛行的放高利贷之经济手段进行盘剥,对此曹雪芹采用侧笔从平儿和来旺夫妇的言语加以简略交代:第十一回末平儿向凤姐报告"那三百两银子的利银,旺儿媳妇送来,我收了"。一次就收入三百两利银,可见凤姐放债数额之大。第三十九回平儿对袭人说:"这个月的月钱我们奶奶早已支了,放给人使呢。""这几年拿着这一项银子翻出有几百来了。他的公费月例又使不着,十两八两零碎攒了放出去。只他这体己利钱,一年不到,上千的银子呢!"凡此种种,都说明"放债"已成为王熙凤敛财手段的常态。

凤姐放高利贷有两种。一是整笔银子放债,这一般放给急需用银的官吏(或将要外放上任的官吏),所谓"放官吏债",利息特别高,常是一个月或两个月就本银翻倍。《金瓶梅》中的恶霸市侩西门庆就是靠放官吏债发财的。凤姐放官吏债的资本是每月由她经手发放的月例公费,其数目当至少每月数百两,她以提前支取月费并延迟发放的办法利用时间差赚取高额利息。自从干涉张金哥婚事纳贿三千两后,贿金源源不断而来,这些大笔款项亦是放高利贷的资本。

二是用零碎银子放债,放给急需用钱的普通市民,采取的方式是所谓"印子钱",其特点是还债周期特别短,累计利息常数倍于本金。这些肮脏且低下的违法之事,尊贵的琏二奶奶当然不会亲力亲为,而是假手于自己的陪房来旺夫妇去专管各种放债经营。为了奖赏这对亲信奴才,凤姐亲自出马说媒,逼迫彩霞之母将人才出众的女儿彩霞嫁给来旺夫妇那酗酒赌钱无所不为的儿子,连管家林之孝都为之不平(第七十二回)。程高本"锦衣卫查抄宁国府"提到在凤姐处抄出"两箱房地契又一箱借票,却都是违例取利的",应即其放债收取的抵押品和凭证,乃是凤姐"重利盘剥"的罪证。而其数量之多,足见她放高利贷时间之长,规模之大,取利之重。虽这一些文字不一定出于曹雪芹之手,然与前八十回的描写也是吻合的。

由此可见,由于对金钱的狂热欲望,王熙凤形象已从官僚地主阶级的少奶奶一步步蜕变为带有近代色彩的高利贷者,越来越远离本阶级,蜕化为叛变本阶级的一代"新人"。王熙凤形象的出现,标志着中国封建社会最终崩溃的趋势已经不可逆转,因为在此封建母胎中已经开始孕育出王熙凤形象这样的新时代的胎儿。

5. 凤之妒

对金钱与权势的欲望常常是与对性的欲望密切联系的,西门庆就是一个突出的典型。但曹雪芹构思的王熙凤形象身为中国封建时代的女性,在封建礼教和禁欲主义的双重锁链下,她没有表现出西门庆那样对肉欲的狂热,而是在内心深处强烈地持有独占夫妻生活的欲望。由于这种欲望为夫权、族权所否定,她不敢公然宣称她的独占要求,但暗中却坚持不懈地争取实现,为此而不惜手沾其他女性的鲜血。王熙凤形象这种独占的欲望,在一夫多妻的男权社会被称为"妒"。

王熙凤形象之"妒"视不同的对象有不同的表现方式,妒得有理论、有计划,妒得狠毒彻底,不似夏金桂式的胡来一气。对身为奴婢的妾侍与身为自由民的二房,王熙凤清楚她们对自己威胁程度的大小,解决她们的办法也就各不相同。

其一,对身份低下的侍妾或通房丫头,对付的办法是寻出不是,打发赶走。兴儿说:"我们家的规矩,凡爷们大了,未娶亲之先都先放两个人服侍的。二爷原有两个,谁知她来了没半年,都寻出不是来,都打发出去了。"凤姐既赶走了贾琏的侍妾,又要独占丈夫并得到"贤良"之名,于是逼着自幼的陪嫁丫头平儿做了"屋里人","一则显她贤良名儿,二则又叫拴爷的心,好不外头走邪的","那平姑娘又是个正经人,从不把这一件事放在心上,也不会挑妻窝夫的,倒一味忠心赤胆服侍她,才容下了"。但据说"虽然平姑娘在屋里,大约一年二年之间两个有一次到一处,他还要口里掂十个过子呢"(第六十五回)。

其二,对贾琏感兴趣而尚未成为侍妾或通房丫头者,采取的办法是防微杜渐,作法立威。兴儿所谓"凡丫头们二爷多看一眼,他有本事当着爷打个烂羊头"。这是打给贾琏看的,其理由必定是丫头犯了罪,最适宜的罪名是"偷窃"或"谋害主子",其结果当然是"立刻交给庄子上,或卖或配人"。至于贾琏私通的仆妇多姑娘和鲍二家的,后者一旦被发现,当即又打又骂,致鲍二家的羞愧自尽；多姑娘私赠的头发被贾琏藏过，所以没有即刻发作。据脂评："设使平儿收了再不致泄漏。故仍用贾琏抢回，后文遗失，方能穿插过脉也。"（见戚序本第二十二回，又见庚辰、蒙府本，有微异。）可以推知，届时王熙凤的泼醋必将引起更大的风波，成为导致王熙凤被贾琏休弃的原因之一。

出身名门的王熙凤对这些"身为下贱"的奴婢，可以采用最简单、最粗暴的办法——寻出"不是"，赶走了事。而尤二姐出身自由民，不是奴婢，与贾府贾珍的妻子尤氏有亲属关系，美貌温柔得到贾琏的欢心，身份有可能上升为"奶奶"，又有可能为贾氏家族生下传宗接代的儿子，甚至可能威胁到她在贾氏家族中地位（如果她自己生不下儿子的话），她最不放心。她不会如头脑简单只会撒泼的夏金桂那样，遇到这种情况不过大吵一场，不准其丈夫纳妾或娶"二房"，最多亲率仆妇打手把尤二姐赶走。王熙凤看到此事的严重性，定下了借刀杀人的毒计，将尤二姐置于死地（甚至命庸医杀死她腹中的胎儿清除隐患）。曹雪芹塑造的王熙凤形象之"妒"，妒得有计划，妒得狠毒彻底。

与以往多次的"妒"不同，王熙凤形象此次是以"贤良"面目出现，因而也就更为凶狠、毒辣。因她深知妒不容于男权世界，如果不用美丽的羽毛（亦即夫权要求于妻子的"贤良"）加以装饰以作掩护，已经行不通了。贾琏与鲍二家的私通，被老祖宗轻描淡写地说成"从小儿人人都打这么过"予以宽容，而抓住了贾琏偷情实据的她却被老祖宗训为"吃醋"。这人生的经验给予她的启示是深深掩藏自己的"妒"，乔装打扮"积极"帮助丈夫纳妾以广后嗣；表面上向夫权、族权屈服并主动执行，暗中却使用计谋坚决、彻底地打击一切对手，直至将她们的肉体消灭。尤二姐事件集中表现了王熙凤形象由妒而毒，亦表现出作为成熟了的封建家庭女性，玩弄蔑视政权、夫权、族权与神权的心理和手段。

6. 凤之毒

美丽的凤凰本应是高贵祥和的象征，在她却与"毒"联结一体！曹雪芹构思的王熙凤形象，诸如阴险、诡谲、残忍、凶狠等与"毒"意义相近的形容词几乎都可以用上。连她本人对自己的"毒"都有自知之明："若按私心藏奸上论，我也太行毒了。"（第五十五回）因此人人得见的残暴如用簪子戳小丫头的嘴，一巴掌把小道士或小丫头打得跌倒在地等还算不上什么。凤之毒是阴毒，她自己所谓"私心藏奸"，兴儿所谓"嘴甜心苦，两面三刀；上头一脸笑，脚下使绊子；明是一盆火，暗是一把刀：都占全了"（第六十五回）。这是一个毒辣而诡谲的女性。毒辣，是其用心恶毒残忍，一切对她稍有妨碍之人，她都不惜加以打击乃至彻底铲除，从肉体上加以消灭；诡谲，是手段的阴险多变，即所谓诡计多端，谋害暗算。概言之，毒辣与诡谲是一对孪生姐妹，它们是古今中外行恶之人共有的品性，因其背景的差异而表现为不同的形式，且往往为达到目的而不择手段。为了剖析展示王熙凤形象这一性格负面，曹雪芹构思了毒设相思局和诱杀尤二姐两大情节。

第十二回回目明标"王熙凤毒设相思局"，显示在曹雪芹构思中，贾瑞之死是王熙凤"设局"（亦即阴谋陷害）所致；"相思局"说明其性质或手段乃以色诱人，"毒设"证明其动机与效果均是存心行毒，以谋害对方为目的。

第十一回写九月贾敬寿辰，凤姐在宁府会芳园遇见贾瑞。贾瑞年仅二十，尚未娶亲，爱慕鲜艳的凤姐，故连声自称"有缘"，"一面拿着眼睛不住的觑着凤姐儿"。作者描写精细之处，正是王熙凤之"毒"：

> 凤姐儿是个聪明人，见他这个光景，如何不猜透八九分呢，因向贾瑞假意含笑道："怨不得你哥哥时常提你，说你很好。今日见了，听你说这几句话儿，就知道你是个聪明和气的人了。这会子我要到太太们那里去，不得和你说话儿，等闲了咱们再说话儿罢。"贾瑞道："我要到嫂子家里去请安，又恐怕嫂子年轻，不肯轻易见人。"凤姐儿假意笑道："一家子骨肉，说什么年轻不年轻的话。"贾瑞听了这话，再不想到今日得这个奇遇，那神情光景亦发不堪难看了。凤姐儿说道："你快入席去罢，仔细他们拿住罚你酒！"贾瑞听了，身上已木了半边，慢慢的一面走着，一面回过头来看。凤姐儿故意的把脚步放迟了些儿，见他去远了，心里暗忖道："这才是知人知面不知心呢，那里有这样禽兽的人呢？他如果如此，几时叫他死在我的手里，他才知道我的手段！"

曹雪芹明文点出凤姐手段毒辣，立意报复害死贾瑞。此后凤姐一连串的诱骗、冻饿、侮辱、逼债诸计都是根据此时情况而进行的策划，贾蓉、贾蔷等都是她"调兵遣将"实施计谋的工具。然其心理动机，只不过是因为贾瑞"癞蛤蟆想吃天鹅肉"，侵犯了她的尊严，而这却要贾瑞付出生命的代价。在贾瑞事件中,王熙凤形象的毒辣胜过了诡谲。

贾瑞在杀人不见血的软刀子下丢了性命,凤姐获此全胜,而她原就"从来不信什么阴司、地狱报应的"(见第十四回),对此根本无所畏惧。数年后,王熙凤对付尤二姐更是一次深思熟虑的谋害。

关于尤二姐的故事占了《红楼梦》整整两回半篇幅:"闻秘事凤姐讯家童""苦尤娘赚入大观园,酸凤姐大闹宁国府""弄小巧用借剑杀人,觉大限吞生金自逝"(第六十七回后半回、第六十八回、第六十九回)。曹雪芹所撰回目极为鲜明地标出了王熙凤诱赚尤二姐并借刀杀人的罪恶。事实上,在封建社会,一般最泼悍的妇女也不过是吵闹几场,不准其丈夫纳妾而已。正如第六十八回丫环善姐对尤二姐叫嚷"把你丢在外,死不死,生不生"就算达到了目的。连夏金桂那样的泼妇,也不过赶走香菱,"虽是香菱犹在,却亦如不在的一般,虽不能十分畅快,就不觉的碍眼了,且姑置不究"。而王熙凤却考虑得更加深刻,她决定设计诱骗尤二姐进入贾府,将其谋害以彻底根除隐患。这里,王熙凤形象显示出比夏金桂等更为毒辣的本质。

曹雪芹描绘了王熙凤形象的发展过程:她初婚时对贾琏的两个侍妾只以赶出为目标,其后手段逐渐凶狠,会把贾琏感兴趣的丫头打成烂羊头,再或卖或配小子。但这时还未想到将她们置于死地,鲍二家的含羞自尽,凤姐还"吃了一惊",而且露出"怯色"。为什么她对尤二姐就非杀之而后快呢?曹雪芹写出了其间的真实原因:凤姐生下巧姐之后数次"小月"(流产),已不大可能再生育,在封建社会的贵族家庭,作为女性没有生育男孩,不能担负繁衍家族的使命,在某种意义上已失去了价值。而尤二姐出身良家,乃宁府大奶奶尤氏之妹,为贾琏所宠爱并在外私立小公馆。她有可能生育男孩,具备升为贾琏正式妻子的条件。王熙凤所以必欲谋害尤二姐,根本原因在此。曹雪芹刻画出凤之毒的根源在于封建宗法家族制度,在于压迫女性的夫权与族权,这就将王熙凤形象与一般"妒妇"区分开来,揭示了其狠毒背后隐藏着的悲剧潜因。这也就是如此狠毒的王熙凤,何以在一定程度上得到曹雪芹同情的原因。

综观尤二姐事件,曹雪芹笔下的王熙凤形象之毒辣令人发指,其诡计多端亦令人惊骇。约略分析,她为了谋害尤二姐用了多种计谋。

首先是审讯家童掌握情况,设计全套谋略,见第六十七回后半回"闻秘事凤姐讯家童"。在她素日威势的恐吓面前,原系贾琏心腹的兴儿全线崩溃,将情况和盘托出。曹雪芹在此回结束时,以传统笔法写"凤姐越想越气,歪在枕上只是出神,忽然眉头一皱计上心来",此时残杀尤二姐的计谋已经初步形成。

其次,选择贾琏去平安州办事的时机,亲自上门诱骗尤二姐,以"调虎离山,伺机出击"。至于王熙凤身穿素服以"国孝家孝"威慑尤二姐,那是为了加强打击力度而精心设计的细节。

其三,花言巧语粉饰自己往日名声,奉承尤二姐,并"自怨自错,怨不得别人,如今只求姐姐疼我","我今来求姐姐进去同我一样同居同处,同分同例,同侍公婆,同谏丈夫,喜则同喜,悲则同悲;情似亲妹,和比骨肉"(第六十八回)。骗得尤二姐信任并引为知己,心甘情愿地随她来到贾府,住进大观园。这可称为口蜜腹剑、笑里藏刀,以苦肉计诱人入彀。

其四,清除异己,安插亲信,指使其讥刺虐待尤二姐。尤二姐进入大观园,凤姐就赶走她的丫头,指派善姐服侍。而善姐三日后就不听使唤,先则为头油而嘲讽二姐,"咱们又不是明媒正娶来的",后来索性"连饭也怕端来与他吃,或早一顿,或晚一顿,所拿来之物皆是剩的"。"隔上五日八日见凤姐一面,那凤姐却是和容悦色,满嘴里姐姐不离口","又骂丫头媳妇:我深知你们软的欺硬的怕,背开我的眼还怕谁。倘或二奶奶告诉我一个不字,我要你们的命"!真所谓"上头一脸笑,脚下使绊子""明是一盆火,暗是一把刀"。

其五,指使张华首告,操纵都察院传审贾蓉,以法律威胁珍蓉父子;又亲自大闹宁国府,辱骂恐吓尤氏贾蓉。内外两手目的都是为了打击尤二姐的后台,使二姐失去后援。这可称之为"釜底抽薪,孤立对手"。

其六,利用老祖宗的权威,向贾母谎说是自己看上尤二姐接来做二房,博得贾母和王夫人等称赞"贤良";一面又使人暗暗调唆张华,只叫他要原妻,又令自己的陪房王信透消息与都察院,命都察院批张华"所定之亲仍令其有力时娶回"。当张华来领人之际,她又去贾母处谎言"都是珍大嫂子干事不明,并没有和那人退准,惹人告了,如此官断"。进一步借贾母打击贾珍和尤氏,造成尤二姐是有夫之妇的舆论。真可谓"两面三刀,花样百出"。

在这场争斗中,王熙凤和贾珍都派亲信去都察院行贿,都察院两边收受赃银受命行事,作为最高检察机关的都察院竟成了王熙凤与贾珍斗法的工具。因此这场争斗的实质是，王熙凤以金钱和权势操纵法律向以贾琏和贾珍为代表的夫权与族权的挑战。这就注定了她的失败，她所利用的张华亦可为贾珍贾蓉父子所利用；她所操纵的都察院，亦可为珍蓉父子同样用金钱与权势加以操纵，而他们所代表的夫权和族权，王熙凤却没有任何理由公开反对。当张华在珍蓉父子金钱与权势的威胁利诱下逃走以后，王熙凤就失去了最后的一张王牌，操纵法律及其所代表的政权去反击夫权与族权已成为不可能。她这才慌了手脚，生怕张华日后翻案说出她调唆首告的实情，令其暴露实为贾氏家族中的罪人，以至被贾氏家族休弃。此时，诡计多端的王熙凤感受到了族权与夫权的巨大威慑力量，"悔之不迭"，"原先不该如此将刀靶付与外人去的"。于是阴险毒辣的她又行了一条斩草除根的毒计，"悄命旺儿遣人寻着了他，或说他作贼，和他打官司将他治死，或暗中使人算计，务将张华治死，方剪草除根，保住自己的名誉"（第六十九回）。人命关天的大事，她视同儿戏，诡谲之终将归于毒辣，实因它们本系孪生密不可分。

对夫权、族权的挑战既经失败，凤姐的第七计就完全是针对尤二姐，置之于死地而后快的一着狠棋，即所谓"借剑杀人"。这"借剑杀人"计包含几个小计：先则散布流言，败坏尤二姐名声，无人处又亲自以流言告诉尤二姐，打击其自尊心。再指使众丫头媳妇指桑骂槐暗相讥刺，然后假装气愤生病，不与尤二姐同餐，"每日只命人端了菜饭到二姐房中，那茶饭都系不堪之物"，以此虐待二姐。其三，利用秋桐这把剑，指使放任她辱骂并到贾母处诬告，使尤二姐处境更为恶劣，以至二姐气愤而病。其四，利用庸医胡君荣，打下尤二姐腹中胎儿。其五，利用算命打卦激怒秋桐继续辱骂，自己坐山观虎斗，意图待秋桐杀了尤二姐自己再杀秋桐。尤二姐不堪这种种磨折，终于吞金自尽。王熙凤并未露出半点坏影，尤二姐至死不敢抱怨，"借剑杀人"毒计圆满成功。

综观尤二姐事件，王熙凤的诡谲毒辣已变得十分充分。尤二姐死后，贾珍、贾蓉、尤氏及贾琏等十分悲伤，贾琏还扬言"终究对出来，我替你报仇"。在强大的夫权与族权面前，王熙凤已是一个无可逃遁的罪人。

7. 关于王熙凤形象结局的推测

由于曹雪芹年仅四十八岁即过早去世，第五次增删稿《石头记》未能完成。幸现存前八十回中曹雪芹多次运用象征、预示、伏线等艺术表现手法，脂砚和畸笏等人又留下有关的批语，我们能够据此对王熙凤形象的结局做出推测。

拙作《红楼梦论源》第二编第二章《红楼梦的素材与构思》中，笔者编有《好了歌》《好了歌注》及脂批对照表，其中有关王熙凤形象的一段：

《红楼梦》"创作"相关角色分析表

好了歌	好了歌注	旁批	眉批
世人都晓神仙好，只有金银忘不了。终朝只恨聚无多，及到多时眼闭了。	金满箱，银满箱，展眼乞丐人皆谤。正叹他人命不长，那知自己归来丧！	熙凤一干人。甄玉、贾玉一干人。	石火光阴，悲喜不了。风露草霜，富贵嗜欲，贪婪不了。

它概写金钱拜物教的王熙凤之悲剧：其"富贵嗜欲，贪婪不了"，转眼满箱金银化为泡影，沦为乞丐，在哭向金陵途中短命而死。对此，拙作《红楼梦论源》中《关于〈石头记〉后半部情节与人物结局之推测》有概要解释：

（1）其图为"一片冰山，上面有一只雌凤"：冰山象征贾、王家族及其代表人物贾元春、王子腾、贾赦等人，在统治阶级内部斗争中处于岌岌可危的境地；雌凤象征王熙凤，她以此自身难保之冰山为依靠，作恶多端，终将随冰山之倾倒而遭灭顶之灾。

（2）据脂批，八十回后有"王熙凤知命强英雄"一回，其时她已"身微运蹇"；又有"扫雪拾玉"之事（庚辰本和蒙戚三本第二十一回总评及第二十三回双批），最后"短命"而死（庚辰本第四十二回双批）。

（3）凤姐判词中"一从二令三人木，哭向金陵事更哀"应系凤姐结局之隐语。"哭向金陵"应指她被休回娘家；"一从二令三人木"有多解。第一类解释将"一、二、三"看作序数词，解为贾琏对凤姐先是服从，继则命令，最后休弃；第二类解释将"一从"解为"自从"，"二令三人木"解为"冷人来（繁体來）"。唯"冷人"为谁，又有多解：或为冷子兴①，此人将勾结贾雨村等落井下石，导致贾府抄没，凤姐下狱；或谓当指冷郎君柳湘莲②，他出家后又成了绿

---

① 详见吴世昌著《红楼梦探源外编》，上海古籍出版社 1980 年版。

② 详见杨光汉《论贾元春之死》，《社会科学辑刊》1980 年第 3 辑。

林好汉,将代尤氏姊妹向凤姐报仇;或谓冷美人薛宝钗①,她嫁为宝二奶奶后掌管荣府家政,凤姐无权问津,又受贾琏、邢夫人和贾赦厌恶而被休弃。

对判词"一从二令三人木"的解释多达三十多种,笔者以为最可能的解释应是:"一从"乃介词,与"自从"同义,"二令三人木"合成"冷人来"。在曹雪芹笔下,这"冷人"确实先后指代过这三个人:冷子兴、柳湘莲、薛宝钗。但笔者认为还指过第四个人:贾惜春。试析曹雪芹写及的这四个"冷人":

(1)"冷人"者乃姓"冷"之冷子兴。他是古董商人,贾雨村的好友。"雨村最赞这冷子兴是个有作为大本领的人,这子兴又借雨村斯文之名,故两人说话投机,最相契合。"(见第二回)而这冷子兴又是王夫人的陪房周瑞夫妇的女婿,因卖古董与人打官司,官府判决将其押解还乡,周瑞家的求了凤姐才得保释(见第七回)。

(2)"冷人来"者指性格上的"冷人"。曹雪芹所写至少有三个"冷人"。

其一,第四十七回回目"冷郎君惧祸走他乡",第六十六回回目又有"冷二郎一冷入空门",写及这冷二郎柳湘莲猜疑尤三姐索回订婚的鸳鸯剑,以致尤三姐以雌锋鸳剑自尽,受此变故,柳湘莲一度削发为僧。笔者在《柳湘莲与尤三姐、鸳鸯剑与鸳鸯女的联想》中,认为曹雪芹有可能在八十回后写及柳湘莲与金鸳鸯将以共同的思想为基础而相爱契合成婚,成为绿林好汉起义造反,最终陷入罗网的情节,可以参看。

其二,薛宝钗有胎里带来的一股热毒(第七回),幸有秃头和尚命其服冷香丸,方得解毒。这是薛宝钗形象的性格特征之一②。

其三,第七十四回回目为"惑奸谗抄检大观园,矢孤介杜绝宁国府",其中详写贾惜春性格之孤僻,回末尤氏称其"心冷口冷,心狠意狠",甚可注意。而第五回写及惜春的判词和图画:"一所古庙,里面有一美人在内看经独坐。其判云:勘破三春景不长,缁衣顿改昔年妆。可怜绣户侯门女,独卧青灯古佛旁。"此外第二十二回惜春所作佛前海灯诗谜下,庚辰本和戚序本均有双批:"此惜春为尼之谶也。公府千金至缁衣乞食,宁不悲夫。"又第七回惜春笑说要剃了头跟智能做姑子去,甲戌本眉批云:"闲闲笔,却将后半部线索提动。"可知她后有与智能重逢并出家为尼之情节。

---

① 详见任少东《抄检大观园初探》,《红楼梦研究集刊》第 14 辑(1989 年)。
② 详见拙文《薛宝钗形象探源》。

因此,"冷人来"隐语可能包括冷子兴、柳湘莲、贾惜春和薛宝钗四人,甚至可能最后会有先后或同时出现并与王熙凤结局有关的情节。可惜我们不能具体说明。需要特别注意的是《红楼梦曲·聪明累》,因为曹雪芹据此详细描述了王熙凤临死前精神崩溃的悲惨景象:

> 机关算尽太聪明,反算了卿卿性命。生前心已碎,死后性空灵。家富人宁,终有个家亡人散各奔腾。枉费了意悬悬半世心,好一似荡悠悠三更梦。忽喇喇似大厦倾,昏惨惨似灯将尽。呀! 一场欢喜忽悲辛。叹人世,终难定!

王熙凤形象走向毁灭的悲剧显示:在中国封建宗法制度崩溃的前夜,黑暗腐朽的社会将吞食"新人"之前,总是试图以金钱和权势引诱腐蚀其灵魂,将美逐步蜕变为丑,导致美的毁灭。正如警幻仙子所言:万丈迷津,唯有缘者可登上木居士掌舵、灰侍者撑篙的木筏渡引彼岸。而堕入欲海迷津的王熙凤形象只有毁灭,别无他途。

（刊载《曹雪芹研究》2017 年第 1、2 辑）

（五）贾探春形象原型和曹寅次女

二百多年来,关于贾探春形象的文学批评,笔者认为最有美学价值的当是王昆仑先生大作《红楼梦人物论·政治风度的探春》。因对此已不必多言,故笔者准备就贾探春形象原型,结合文本、文献研究试行探讨。

1. 曹寅次女:贾探春形象原型

1963 年一粟编《红楼梦卷》载有爱新觉罗·裕瑞(1771—1838)《枣窗闲笔》:"所谓元、迎、探、惜者,隐寓原、应、叹、息四字,皆诸姑辈也。"可见裕瑞认为:曹雪芹《红楼梦》中的贾探春形象原型是曹雪芹的姑母。笔者在《曹氏家族年谱简编》,提及曹寅长女曹佳氏于康熙四十五年(1706)十一月嫁镶红旗王子纳尔苏,次女四十八年(1709)二月嫁康熙帝某侍卫,而萧奭《永宪录续编》谓曹寅"二女皆为王妃",可知曹寅次女所嫁的侍卫后来也袭了王爵。然令我惊奇的是:曹寅长女曹佳氏在《关于江宁织造曹家档案史料》中有大

量文献可以查询,而关于曹寅次女却仅见于此书之康熙四十八年二月初八日第56件。下录此文献的上半部分:

> 江宁织造、通政使司通政使臣曹寅谨奏:
>
> 恭请圣安。
>
> 臣家奴赍折子回南,伏闻圣体全安,下慰亿万苍生之望,凡属臣民,无不欢欣舞蹈,庆祝无疆。
>
> 再,梁九功传旨,伏蒙圣谕谆切,臣钦此钦遵。臣愚以为皇上左右侍卫朝夕出入,住家恐其稍远,拟于东华门外置房移居臣婿,并置庄田奴仆为永远之计。臣有一子,今年即令上京当差,送女同往,则臣男女之事毕矣。兴言及此,皆蒙主恩浩荡所至,不胜感仰涕零。但臣系奉差,不敢脱身,泥首阙下,唯有翘望天云,抚心激切,叩谢皇恩而已。(下略)

曹寅次女所嫁乃"皇上左右侍卫",由当时内务府总管梁九功传旨"圣谕谆切",即康熙帝恳切而不厌倦地反复嘱咐曹寅谨慎办理,可见曹寅次女的婚姻具有特殊使命。我们知道,曹寅长女所嫁镶红旗王子纳尔苏乃是清代"世袭罔替"的八个铁帽子王之一,已极显赫,可是曹寅在有关奏折中却没有感激涕零的言辞。而且更可注意的是,这位"皇上左右侍卫"竟是家道窘迫,无房无田无仆且曹寅花费大量钱财加以照顾的人物!福格《听雨丛谈》卷一"侍卫"条云:

> 国初以八旗将士平定海内,镶黄、正黄、正白三旗皆天子自将之军。爰选其子弟命曰"侍卫"。用备宿卫侍从,视古羽林、虎贲、旅贲之职。一等侍卫六十人(职三品),二等侍卫百五十人(职四品),三等四等共二百七十人(均五品),蓝翎侍卫六十人。又有上驷院司鞍、司辔侍卫二十七人。又有以侍卫之秩别充尚茶、尚膳、上虞、鹰鹞房、鹘房、十五善射、善骑射、善鹄射:悉如古人侍中给事之任。

可见康熙帝身边共有520名侍卫,分成四等三级:正三品、四品、五品,并分任管理茶、膳、马、鹰、犬等各种职责。这些侍卫均从阀阅世家、宗室名门甚至藩属子弟中挑选。雄才大略的康熙帝将曹寅次女嫁与家穷无房无田且毫无亲属的侍卫(极可能是藩属子弟),乃出于怀柔远藩的政治需要。因曹寅次女将来可以升为王妃,以至曹寅"不胜感仰涕零""叩谢皇恩"。这位康熙帝特别关照的侍卫是谁?至今未见任何文献记载。周汝昌先生曾在其《红楼梦新证·史事稽年》中指出:"按寅之次婿为一神秘人物,至今尚不得其主名,颇疑此家与后来曹家之命运亦有关系。"

为此,笔者决定先观察检索曹雪芹笔下的贾探春形象特征,再论其他。

2.贾探春形象:精于书法、擅长文艺组织及经济管理的专家

贾探春形象乃书法精工的少女。因为第二十三回写及贾元春推许探春的书法文字:

> 话说贾元春自那日幸大观园回宫去后,便命将那日所有的题咏命探春依次抄录妥协,自己编次,叙其优劣。又命在大观园勒石,为千古风流雅事。

由此可知,大观园如"怡红快绿""有凤来仪""蘅芷清芬"即贾宝玉怡红院、林黛玉潇湘馆、薛宝钗蘅芜苑等处的匾额,就是贾探春用各种书体所写。我们查《辞源》就知道"匾额"亦即"扁额",以大字题额悬挂在门头、堂室、亭园等处,一般刻木为之。

第四十四回写及探春素喜阔朗,其住所秋爽斋内景观极可注意,乃是《红楼梦》所有人物中唯一详细描绘者:

> 探春素喜阔朗,这三间屋子并不曾隔断。当地放着一张花梨大理石大案,案上磊着各种名人法帖,并数十方宝砚,各色笔筒、笔海内插的笔如树林一般。那一边设着斗大的一个汝窑花囊,插着满满的一囊水晶球儿的白菊。西墙上当中挂着一大幅米襄阳《烟雨图》,左右挂着一副对联,乃是颜鲁公墨迹,其词云:
>
> 烟霞闲骨格,泉石野生涯。
>
> 案上设着大鼎。左边紫檀架上放着一个大观窑的大盘,盘内盛着数十个娇黄玲珑大佛手。右边洋漆架上悬着一个白玉比目磬,旁边挂着小锤。

这一切正显示出书法家的风度气象。至于唐代书法家颜真卿之诗联何以悬挂在秋爽斋内,如果我们记得第三十七回有探春致其二兄的花笺,就知

道这贵重的颜鲁公法书是宝玉赠送三妹的礼物,因而她信中提出建立大观园诗社的倡议。于是秋爽斋偶结海棠社,在众姐妹、叔嫂中出现了自号"稻香老农"的社长李纨,并为薛宝钗提出别号"蘅芜君"。探春因喜爱芭蕉的爽朗清雅而自号"蕉下客",又为林黛玉提出美号"潇湘妃子":充分发挥出其丰富的想象。接着次日又请来了"枕霞旧友"史湘云。海棠社的六首海棠诗中,虽然贾探春的七律不很出色,不及黛玉、宝钗、湘云三人,但从总体评价,贾探春确实独具风采,特有创想、联系、组织、扩展等能力与风范。

第五十六回"敏探春兴利除宿弊"中,曹雪芹极为深刻精细地描绘了贾探春形象的经济管理能力及其道德哲学理念。经济管理方面包括:削除宝玉、贾环、贾兰的学杂费每人每年八两,免去大观园诸女儿的脂粉化妆费每人每月二两。又召集园内种植竹子、稻米、菜蔬、花草、树木、鸟雀等人进行集中经济管理,因而节省每年四百两银子的支出。

至于贾探春形象的道德哲学理念即伦理学逻辑,其言行确合乎封建伦理道德。曹雪芹以精炼生动的文笔描写封建社会的道德哲学:她只承认嫡母王夫人而不承认庶母赵姨娘。第四十六回鸳鸯抗婚中,探春主动站出在贾母老祖宗面前为嫡母王夫人辩护,赢得了王夫人的欢心与信任,并因此得到管理家政的特权。

当然,贾探春形象更不承认庶母赵姨娘的弟弟赵国基是其"舅舅"。赵国基的丧葬费,她按家法规定办理。赵姨娘的眼泪与责备,大嫂李纨的错误提议与劝解,平儿代王熙凤出面表示可以从宽:因均将危及其名分地位,她仍坚持执行家法,只给二十两银子。总而言之,贾探春在社会、政治及经济方面的能力远远超过《红楼梦》中其他女性,甚至连王熙凤那样的以金钱与权力为人生目标的十八世纪中叶的"新人",也不得不承认自己对探春远不可及。

因此,贾探春形象乃是书法、文艺组织与经济管理专家的综合。笔者研究 36 位中国古代才女,完成《二十四才女传》(台北淑馨出版社 1996 年版),但的确还没有发现过像她这样性格特征的才女。

3. 贾探春形象的未来特征

由于曹雪芹过早去世,我们只能按照前八十回及有关脂批推想贾探春形象的未来发展及其最后结局。试分论之。

（1）第五回金陵十二钗正册第三幅画着两人放风筝，一片大海，一只大船，船中有一女子掩面泣涕之状，也有四句写云：

> 才自精明志自高，生于末世运偏消。
>
> 清明涕送江边望，千里东风一梦遥。

可见她将于清明节乘船出长江驶往东海某岛，今后只能乘东风梦回故国。

（2）同回《红楼梦曲·分骨肉》：

> 一帆风雨路三千，把骨肉家园齐来抛闪。恐哭损残年。告爹娘休把儿悬念。自古穷通皆有定，离合岂无缘？从今分两地，各自保平安。奴去也，莫牵连。

可见她将远离贾氏家族，东去不返。

（3）第二十二回末探春所作灯谜为：

> 阶下儿童仰面时，清明妆点最堪宜。
>
> 游丝一断浑无力，莫向东风怨别离。

谜底是风筝，其时空又是"清明""东风"。庚辰本在此有双批："此探春远适之谶也。使此人不远去，将来事败，诸子孙不至流散也。悲哉伤哉。"（蒙戚三本有微异，梦觉本仅存前一句，他本均无）可证她将如风筝远去东海某岛。

（4）清明正当杏花盛开之时。贾探春生日是三月初三（见第七十回），亦即杏花盛开的清明节前后。第六十三回"寿怡红群芳开夜宴"，探春掣得一枝杏花，诗云："日边红杏倚云栽。"注云："得此签者，必得贵婿。"因此众人笑道："我们家已有了王妃，难道你也是王妃不成？"预言贾探春将为王妃。

（5）第七十七回末即八月十五中秋节后数天，王夫人因"有官媒婆来求说探春等事，心里甚烦"，足证官方派人前来，说明对探春的未来已有安排，这使王夫人心神不定，因为探春今后将远离贾氏家族（见庚辰本、杨藏本、梦觉本、蒙戚三本及程甲本）。

（6）第七十回写及当年暮春，林黛玉与桃花社诸人填词并放风筝。探春所放的风筝是最美丽的"软翅子大凤凰"，而且又与另外一个凤凰及玲珑

"喜"字带响鞭的风筝在半天绞在一起,这三个风筝乃飘飘摇摇远去。《诗经·大雅·卷阿》:"凤凰于飞,翙翙其羽。"毛传:"雄曰凤,雌曰凰。"《左传·庄公二十二年》:"吉,是谓凤凰于飞,和鸣锵锵。"喻夫妇和谐。因这一对凤凰风筝又被一个"喜"字风筝卷在一起飞向远方,这正象征着贾探春形象原型将与某王子一起至东海某岛为王妃,那王子日后当是东海某岛的藩王。以上这些有关探春凤凰风筝的情节见于庚辰本、杨藏本、蒙戚三本及列藏本等六个版本,显示出其情节描写之重要及置信度确切无疑。

这一切既预言贾探春将身为王妃乘帆东去不返,那她将去的东海某岛又在何处?《红楼梦研究辑刊》第1辑有王根福先生大作《探春远嫁爪哇岛》。笔者在此并不同意,理由很简单:第五十二回薛宝琴所吟五律中"汉南春历历"即使是指中国南海的爪哇岛,也不可能是探春远嫁的东海某岛。因为爪哇岛与东海某岛方向相反。更何况当时在座者乃宝黛钗和邢岫烟,还有宝钗特意派人请来的"诗疯子"史湘云,却始终未出现贾探春。《红楼梦》作者曹雪芹是不会这样处理人物发展逻辑的。当然,曹雪芹可能会写及有关南海的人物与故事,对此笔者亦有所联想,本文暂不详论。

近年来,笔者反复细读清代乾嘉时期沈复《浮生六记》第五卷《中山记历》。经认真思考,找到了贾探春形象原型所嫁往的东海某岛。

4. 贾探春形象原型中的东海藩属即中山王国所在地:琉球之那霸

沈复(1763—约1838),字三白,其《浮生六记》前四卷《闺房记乐》《闲情记趣》《坎坷记愁》《浪游记快》早就为读者熟悉。笔者要详细介绍的是第五卷《中山记历》。此卷记述嘉庆五年(1800),琉球国中山王尚穆去世,世孙尚温表请袭封。于是五月初沈复乘船随嘉庆皇帝之诏书正使赵文楷、副使李鼎元至东海琉球群岛之那霸,在那里生活近半年之久,直至十月二十五日才扬帆归国。因为沈复对此地之思想、文化、风俗、习惯均有详细记载,内容述及明清时代的东海藩属之生活背景,故极可宝贵。笔者认为,那里就是曹雪芹《红楼梦》写及的东海某岛,也就是贾探春形象原型终身生活的地方。

沈复在那霸的使院敷命堂亲见明清时代袭封中山王之名册。其中康熙二十一年(1682)封中山王尚贞,五十八年(1719)封中山王尚敬。因此,笔者推论曹寅次女所嫁的当是那位中山王尚贞之曾孙尚敬。尚敬于康熙四十八年(1709)前已在清代皇帝身边任侍卫以示其忠贞不二,亦因此而得到康熙帝的特别关照。于是四十八年二月娶曹寅次女(当时少女一般于十六岁出嫁),十年后尚敬袭封为中山王。由此可知,曹寅次女即曹雪芹的姑母约二十六岁时(1719)正式升为中山王王妃。那时曹雪芹才五岁。而那位中山王王妃就是曹雪芹笔下的贾探春形象原型。据记载,中山王尚敬于乾隆二十一年(1756)去世。其子尚穆袭封中山王,至嘉庆四年(1799)去世。贾探春形象原型乃尚穆之母,她可能一直活到乾隆二十一年以后。当时她已是六十三岁的中山王太妃。

为了证实沈复《中山记历》的可靠性,笔者查阅了中国人民大学清史研究所编写的《清史编年·康熙朝》上下两卷,其中涉及琉球中山王的记录共二十五次,与中山王尚敬有关者多达八次,反映出当时清王朝与藩属琉球国间的密切交往,无论是数量还是质量均堪称为最。因它们均直接与贾探春形象原型有关,故记录如下:

(1)康熙二十三年六月十三日(1684年7月24日),准琉球国王尚贞之请,许该国官生四人入国子监读书。

(2)康熙二十七年二月初六日(1688年3月7日),琉球国中山王尚贞遣使入贡,请以子弟三人入监读书。

(3)康熙三十二年九月二十五日(1693年10月24日),琉球国中山王尚贞遣使进贡,并请在国子监读书之该国官生归国。

(4)康熙五十四年十一月初八日(1715年12月3日),琉球国中山王世曾孙尚敬遣使进贡,宴赏如例。

按:由此可见,原为康熙帝之侍卫的曹寅次女之婿已于数年前离开清朝皇宫回到琉球本国。贾探春形象原型即曹寅次女(曹雪芹的姑母)当亦随尚敬至琉球中山王国所在地即今那霸长期生活。

(5)康熙五十七年戊戌二月二十一日庚子(1718年3月22日),琉球国中山王世子尚敬遣使讣告故曾祖尚贞、故父尚益之丧,请袭封,贡方物。

按:可知此年尚敬将袭封为琉球中山王,曹雪芹的姑母亦将封为中山王王妃。

（6）康熙五十八年己亥十二月二十八日丙申（1720年1月7日），琉球国中山王尚敬遣使进贡，宴赏如例。

（7）康熙五十九年庚子八月初六日庚子（1720年9月7日），允琉球国中山王尚敬疏请，许该国官生入国子监读书。十月初一日甲午（10月31日），琉球国中山王尚敬遣官进贡方物，宴赏如例。

按：这是康熙帝第三次批准琉球中山王派遣该国官生入国子监读书，当是康熙帝对中山王及其王妃即曹寅次女的特殊关照，因而也有了同年的第二次进贡。

（8）康熙六十年辛丑（1721）十月二十二日己卯（12月10日），琉球国中山王尚敬遣使表贡方物，宴赏如例。

总而言之，沈复《中山记历》的可靠性已完全能够成立。

沈复《中山记历》约一万二千多字，详写他随船于嘉庆五年（1800）五月初四日从温州出发向东，途经东海钓鱼岛再向东北进发，五月十二日到达琉球之那霸港上岸。当时袭封的世孙尚温年方十七岁，精通汉语及汉文书法，率领当地官员庶民迎诏如仪：跪接清代嘉庆皇帝的诏书并接待贵宾。沈复亦受贵宾礼遇。他在那霸参观明代建筑的孔子庙与明伦堂，观察各地的寺庙、居民住屋，还有当地的饮食起居、花卉草木、风筝围棋等。尤其是对当地汉字书法、绘画、衣着、食品、婚姻等的描述，显示中华文化影响深远，更使笔者不胜感叹：这不就是贾探春形象原型生活的地方嘛！康熙帝对曹寅次女的安排，不就在这东海岛屿嘛！这里确实是清代的东海藩属。

因此，笔者个人的结论是：贾探春形象原型即曹雪芹的姑母将乘船远航东去，途经我国东海之彭佳屿、钓鱼岛，又往东北方向直至琉球群岛之那霸，后为中山王妃。她的子孙将继任清朝藩属中山王，直至1879年琉球群岛为日本侵占划为冲绳县为止。虽然曹寅次女所嫁之侍卫即琉球国中山王尚敬这一推论，目前尚未见直接证据，但《红楼梦》文本中的多次预示，康熙朝大量档案史料以及沈复《中山记历》中的描述，无不指向这一合理的推论。

节录《中山记历》（沈复著）：

嘉庆四年（1799）岁在己未，琉球国中山王尚穆薨，世子尚哲先七年卒,世孙尚温表请袭封。中朝怀柔远藩,锡以恩命。临轩召对,特简儒臣。于是赵介山先生名文楷,太湖人,官翰林院修撰,充正使;李和叔先生名鼎元,绵州人,官内阁中书,副焉。介山驰书约余偕行。……

五年五月朔日(1800 年 6 月 21 日),恰逢夏至,祓被登舟。向来封中山王去以夏至,乘西南风;归为冬至,乘东北风:风有信也。舟二,正使与副使共乘其一。……

初二日午刻,移泊鳌门(今浙江省温州市海边小镇)。申刻,庆云见于西方,五色轮困,适与楼船旗帜上下辉映:观者莫不叹为奇瑞。……

初四日亥刻起碇,乘潮至罗星塔(在今福建省福州市马尾区)。海阔天空,一望无际。……

初九日卯刻,见彭家屿(按,即彭佳屿),列三峰,东高而西下。申刻见钓鱼台(按,即钓鱼岛)。三峰离立如笔架,皆石骨,唯时水天一色,舟平而驶,有白鸟无数,绕船而送,不知所自来。……

初十日辰正,见赤尾屿。屿方而赤,东西凸而中凹,凹中又有小峰二,船从山北过。……

十一日午刻,见姑米山。山共八岭,岭各一二峰,或断或续。未刻,大风暴雨如注,然雨虽暴而风顺。十二日……到那霸港,实洋面六千里有奇。……辰刻进那霸港。先是二号船于初十日望不见,至是乃先至,迎封船亦随后至,亦泊临海寺前。伙长云:从未有三舟齐到者。午刻登岸,倾国人士聚观于路,世孙率百官迎诏如仪。

世孙年十七,白皙而丰颐,仪度雍容。善书,颇得松雪笔意。……余于中山、南山游历几遍。大村不及二里,而即谓之"国",得勿夸大乎?……

天使馆西向,仿中华廨署。……南楼为正使所居,汪楫额曰"长风阁"。北楼为副使所居。……桌椅床帐悉仿中国式。……

孔子庙在久米村,堂三楹,中为神座,如王者垂旒摺圭,而署其主曰:"至圣先师孔子神位。"左右两龛,龛二人立侍,各手一经,标曰"易""书""诗""春秋",即所谓"四配"也。堂外有台,台东西拾级以登。……堂之东为明伦堂,堂北祠启圣。久米士之秀者,皆肄业其中,择文理精通者为之师。岁有廪给,丁祭(每年二月、八月丁日祭孔子)一如中国仪。……

　　六月初八日辰刻,正副使恭奉谕祭文及祭银焚帛,安放龙彩亭内。出天使馆东行,过久米林,泊村,至安里桥即真玉桥,世孙跪接如仪。即导引入庙,礼毕,引观先王庙。正庙七楹,正中向外,通为一龛,安奉诸王神位。左昭自舜马至尚穆共十六位,右穆自义本至尚敬共十五位。是日球人观者弥山匝地,男子跪于道左,女子聚立远观,亦有施帷挂竹帘者。……国人呼中国为唐山,呼华人为唐人。球地皆土沙,雨过即可行,无泥泞。……

　　久米官之子弟能言教以汉语,能书教以汉文。十岁称若秀才,王给米一石。十五剃发,先谒孔圣,次谒国王。王籍其名,谓之秀才,给米三石。长则选为通事。为国中文物声名最:即明三十六姓后裔也。那霸人以商为业,多富室。明洪武初,赐闽人三十六姓善操舟者往来朝贡。国中久米村梁、蔡、毛、郑、陈、曾、阮、金等姓乃三十六姓之裔,至今国人重之。……

　　琉球山多瘠硗,独宜薯。父老相传:"受封之岁,必有丰年。"今岁五月稍旱,幸自后雨不愆期,卒获大丰。薯乃四收,海邦臣民,倍觉欢欣。佥曰:"非受封岁,无此丰年也。"六月初旬,稻已尽收。球阳地气温暖,稻常早熟。种以十一月,收以五六月。薯则四处皆种,三熟为丰,四熟则为大丰。稻田少,薯田多,国人以薯为命,米则王官始得食。亦有麦豆,所产不多。五月二十日,国中祭稻神。此祭未行,稻虽登场,不敢入家也。……

　　七月十五夜,开窗,见人家门外皆列火炬二,询之土人,云:"国俗于十五日盆祭,预期迎神,祭后乃去之。"盆祭者,中国所谓盂兰会也。……

　　纸鸢制无精巧者,儿童多立屋上放之。按:中国多放于清明前,义取张口仰视,宣导阳气,令儿少疾。今放于九月,以非九月纸鸢不能上,则风力与中国异。……

　　世传八月十八日为潮生辰。国俗于是夜候潮波上。……正、三、五、九为吉月,妇女率游海畔,拜水神祈福。逢朔日群汲新水献神,此其略也,余独疑国俗敬佛,而不知四月八日为佛诞辰。腊八鬼饼如角黍,而不知七宝粥。……见狮子舞，布为身，皮为头，丝为尾，剪彩如毛饰其外，头尾口眼皆活。镀晴贴齿，两人居其中，俯仰跳跃，相驯狎欢腾状。……重阳具龙舟，竞渡于龙潭。琉球亦于五月竞渡，重阳之戏专为宴天使而设。……

闻程顺则曾于津门购得宋朱文公墨迹十四字，今其后裔犹宝之。借观不得，因至其家，开卷，见笔势森严，如奇峰怪石，有岩岩不可犯之色，想见当日道学气象。字径八寸以上，文曰："香飞翰苑围川野，春报南桥叠萃新。"后有名款，无岁月。文公墨迹流传世间者，莫不宝而藏之。……又游蔡清派家祠，祠内供蔡君谟墨迹见示。知为君谟嫡派，由明初至琉球，为三十六姓之一。清派能汉语，人亦倜傥。由祠至其家，花木俱有清致，池圆如月，为额其室，曰"月波大屋"。……

国王有墨长五寸，宽二寸。有老坑端砚长一尺，宽六寸，有"永乐四年"字；砚背有"七年四月东坡居士留赠潘邠老"字。问之，为前明受赐物。国中有《东坡诗集》，知王不但宝其砚矣。……

使院敷命堂后旧有二榜（即文告、名册）。一书前明册使姓名。……一书本朝册使姓名。康熙二年（1663）封尚质，使兵科副理官张学礼，行人王垓。二十一年（1682）封尚贞，使翰林院检讨汪楫，内阁中书舍人林麟焻。五十八年（1719）封尚敬，使翰林院检讨海宝，翰林院编修徐葆光。乾隆二十一年（1756）封尚穆，使翰林院侍讲全魁，翰林院编修周煌。凡四次共八人。……

自来球阳忽已半年，东风不来，欲归无计。十月二十五日乃始扬帆返国。至二十九日见温州南杞山。少顷见北杞山，有船数十只泊焉。舟人皆喜。……舟人指曰："前即定海。可无虑矣。"申刻乃得泊，船户登岸购米薪，乃得食。

是夜修家书，以慰芸之悬系，而归心益切。犹忆昔年芸尝谓余："布衣菜饭可乐终身，不必作远游。"此番航海，虽奇而险，濒危幸免，始有味乎芸之言也。

以上沈复《中山记历》之置信度最大的证据是：那霸使院敷命堂后旧有"二榜"即文告名册，乃是明清二朝自洪武至嘉庆的中山王姓名和中朝派遣的特使姓名。而清代康熙二十一年（1682）、五十八年（1719）及乾隆二十一

年(1756)的特使有四名,我在商务印书馆《中国人名大辞典》中都查到,简录如下:

(1)汪楫　休宁人,侨居扬州,康熙间举鸿博,授翰林院检讨,充册封琉球正使。官至福建布政使。(见此书第481页)

按:《中山记历》中此人名出现两次,详见以上节录。"康熙间鸿博"即康熙十八年(1679)举行的博学鸿儒科,拙作《红楼梦论源》已论及。又查福格《听雨丛谈·己未宏词科征士提名》:"汪楫,江南休宁人,岁贡。现任赣榆县教谕。取一等十五名,用检讨。"故汪楫于康熙二十一年(1682)能充册封琉球正使。

(2)徐葆光　长洲人,字亮直,康熙进士,官翰林院编修,赐一品服,使琉球,敕封国王。还,撰《中山传信录》,述其风土。(见此书第793页)

按:此人在《中山记历》中出现两次,且有其诗一首。他于康熙五十八年(1719)出使琉球,封中山王尚敬,极可注意,如能查到他的有关著作,更可宝贵。

(3)全魁　清满洲镶白旗人,乾隆进士,以翰林院侍讲偕编修周煌册封琉球国王。还京进所纂《琉球国志略》,官至侍讲学士。(见此书第233页)

按:此人于乾隆二十一年(1756)出使琉球,封中山王尚穆。时为翰林院编修,后升为侍讲学士。

(4)周煌　涪州人,乾隆进士,授翰林院编修,以文学著名,屡典试事。尝以侍讲充册封琉球副使。官至左都御史,有《琉球国志》、《海上存移》。(见此书第540页)

(5)沈复　清元和人,字三白,工画花卉。(见此书第486页)

这部《中国人名大辞典》是商务印书馆于1921年首次出版,1980年重印。

以上《中山记历》录自上海书店民国二十四年(1935)《美化文学名著丛刊》第六种《足本浮生六记》。

又,查日本冲绳县地图册,见有久米岛、那霸市、龙潭等地名。1945年夏,冲绳美日激战,原建筑几乎全部烧毁。故沈复《中山记历》所写风光已不见踪迹。

再,查台湾省地图册(中国地图出版社 1993 年 6 月版),见彭佳屿、钓鱼岛、赤尾屿等皆属我国东海范围内。沈复《中山记历》均已提及。

(刊载《红楼梦研究辑刊》第 9 辑)

(六)柳湘莲与尤三姐、鸳鸯剑与鸳鸯女的联想

关于柳湘莲与尤三姐的悲剧,笔者在《贾宝玉形象探源》中已作剖析[1]。曹雪芹以其新颖的女性贞操观透视了封建社会后期的叛逆者柳湘莲从觉醒而再生的过程:他从目睹尤三姐以雌锋鸳剑自刎而认识到传统的女性贞操观之可鄙,才出于谅解与尊重而称死去的尤三姐为"刚烈贤妻,可敬可敬",终于同意了贾宝玉对尤三姐"堪配你之为人"的评价。

于是,我们看到在曹雪芹笔下,那手执祖传鸳鸯剑的柳湘莲在野外似梦非梦,与将去太虚幻境修注案中情鬼的尤三姐相遇:她一手捧着鸳鸯剑,一手捧着一卷册子,前来与他泣别。柳湘莲不舍,而三姐却一阵香风无影无踪。这时他见到的只是破庙与跏腿道士,他起身相问,道士笑道:"连我也不知道此系何方,我系何人,不过暂来歇足而已。"柳湘莲听了,不觉冷然如寒冰侵骨,遂掣那雄剑鸳锋将万根烦恼丝一挥而尽,随着道士走向远方。这就是己卯本和庚辰本第六十六回《情小妹耻情归地府 冷二郎一冷入空门》结束处的情节。可惜我们不知道曹雪芹将怎样完成他的杰作。然而,我们有曹雪芹已精心完成的前八十回及有关脂批,我们是二百多年来曹雪芹《红楼梦》的爱好者与研究者,我们可以也应该对此提出我们自己的假说。

首先,我们注意到,柳湘莲与其祖传的鸳鸯剑有密切关系:鸯剑为其贤妻尤三姐自刎而死,鸳剑为他本人挥去头发,柳湘莲携带着鸳鸯剑跟随着跏腿道士走向远方。研究者杨光汉先生《论贾元春之死》曾指出,冷郎君柳湘莲出家后又转而参加农民起义军成为绿林好汉,因为甲戌本第一回《好了歌

---

[1]　见本书《贾宝玉形象探源》。

注》有"训有方,保不定日后作强梁",旁有脂批:"柳湘莲一干人。"他对柳湘莲的未来说得有理。

我们既看到第六十六回有"冷二郎一冷入空门"的回目,则按照曹雪芹的构思惯例,其后会有"二冷"乃至"三冷"的情节①,以此展现绿林好汉柳湘莲的跌宕人生。而如果我们从鸳鸯剑联想到鸳鸯女,那为什么鸳鸯就不可能与柳湘莲彼此相逢,甚至相爱乃至深结连理?

如果我们认真反复思考,这的确是可能的,因为以曹雪芹的哲学逻辑,鸳鸯应是从最低微的出身向最高方向发展的人物。而按照清代的法律,她本是世世代代永为奴隶的家生子。由于鸳鸯本人谨慎小心,待人接物处事周密,善于管理、总裁而被破格提拔到贾母身边,实际上担任了荣府最高权威贾母事务总理的要职,以至连管理荣府内外诸事的贾琏和王熙凤都亲呼"姐姐",不敢怠慢得罪。当大老爷贾赦和邢夫人试图欺骗、引诱、胁迫鸳鸯为妾时,她断然拒绝了贾赦夫妇的诱迫,痛骂了兄嫂金文翔夫妇的贪婪。在第四十六回"鸳鸯女誓绝鸳鸯偶"即鸳鸯抗婚中,她奋起抗争她那家生子世世代代永为奴隶供主子玩乐的命运,唾弃贾赦之流的种种诱惑,以独身乃至自尽的誓愿争取到了贾母的支持,终于战胜了强暴,保持了自己人格的独立与尊严。虽然她尚未能逃脱奴隶的锁链,但她那"富贵不能淫,威武不能屈"的精神力量向强暴的统治者显示自己纯洁刚强的灵魂,令后世读者深为感动并肃然起敬。

同样,在第七十一回,鸳鸯偶然在大观园桂树阴下夜见司棋及其表弟潘又安的私情结盟。面对这一对惊慌失措的情人,鸳鸯主动给予了同情和保护。当潘又安脱逃、司棋病重,她又特意望候司棋,并支开他人立身发誓:"我告诉一个人,立刻现死现报! 你只管放心养病,别白糟蹋了小命儿。"司棋一把拉住鸳鸯哭道:

> 我的姐姐,咱们从小儿耳鬓厮磨,你不曾拿我当外人待,我也不敢怠慢了你。如今我一着走错,你若果然不告诉一个人,你就是我的亲娘一样。从此后我活一日是你给我一日,我的病好之后,把你立个长

---

① 对此脂批曾多次点出。如第六回回目为"刘姥姥一进荣国府",甲戌本回后总评:"此回借刘妪却是写阿凤正传,并非泛文,且伏二进、三进及巧姐之归着。"

生牌位,我天天焚香礼拜,保佑你一生福寿双全。我若死了时,变驴变狗报答你。再俗话说:"千里搭长棚,没有不散的筵席。"再过三二年,咱们都是要离这里的。俗话又说:"浮萍尚有相逢日,人岂全无见面时。"倘或日后咱们遇见了,那时我又怎么报你的德行!(据庚辰本)

正是鸳鸯安慰了病重的司棋,使其得以恢复健康。但不久荣府抄检大观园,司棋因与表弟潘又安私赠香袋及香串,且又私信往来暴露,以至被逐出大观园。这些情节详见第七十四回及第七十七回。以后至第八十回,我们再也没有看到其他有关情节。然而我们可以据此推测:忠于爱情自信无悔的司棋会乘机脱逃,设法寻找她之所爱。

众所周知,曹雪芹常以人物的言语、诗词或饰物等预示人物的未来。所以据此可知,在贾府抄没以后,鸳鸯与司棋还有异地重逢的可能,正如"浮萍尚有相逢日,人岂全无见面时"。她们的最终结局将是彼此相关的。对此,在本书《研红小札》第四十五则《司棋没有绣春囊》中已有详细评说,可以参看。

传说中,按照曹雪芹《红楼梦》人物发展的逻辑,司棋与潘又安会有相爱、相离而相逢及成婚的可能。而在当时即封建社会后期,这一对具有反抗性格的家生子,也许只有加入柳湘莲等绿林好汉亦即成为农民起义军这条路可走。因此,在这情况下与司棋重逢的鸳鸯就极可能随即与携带着鸳鸯剑的柳湘莲相逢契合。这也就是说,以鸳鸯剑为象征,鸳鸯女与绿林好汉柳湘莲会相遇、相爱而成婚。

我们知道,羽色绮丽的雄鸳与背苍褐色的雌鸯,它们的雄雌偶居不离正是夫妇的比喻。我认为,这才是曹雪芹构思中的以共同的思想与感情为基础的爱之结晶。

但是,《红楼梦》就将这样结束全局么?曹雪芹会把他本人的最高理想等同于现实世界么?我想这是不可能的。因为曹雪芹在第五回《红楼梦曲·飞鸟各投林》以"好一似白茫茫大地真干净"象征着贾氏家族的没落及子孙四散飘零,而那绿林好汉柳湘莲与金鸳鸯、潘又安与司棋等人也只有"保不定日后作强梁"的命运。而我们查《词源》,就知道"强梁"意即强横、强悍,出于《老子》"强梁者不得好死"。而《诗经·小雅·鸳鸯》:"鸳鸯于飞,毕之罗之。"意即引申为陷入法网(《词源》第 2486 页谓出于《汉书·刑法志》)。因此他们的结局必然是惊心动魄,悲惨异常。我们记得在第四十六回鸳鸯对自己将来的预言,也是"我或寻死,或是剪了头发当尼姑去"。

对曹雪芹未完成的《红楼梦》即甲戌本、己卯本和庚辰本,我们只能据此对鸳鸯剑与鸳鸯女作如此猜想。

（刊载《红楼梦研究辑刊》第 6 辑）

|下　编|

研红小札

(一)空、色、情

《红楼梦》第一回"楔子"介绍创作缘起云,此书初稿系空空道人从青埂峰顽石上抄录回来问世传奇,并谓空空道人自抄录此书而"因空见色,由色生情,传情入色,自色悟空,遂易名为情僧,改'石头记'为'情僧录'"。曹雪芹在《红楼梦》卷首就提出空、色、情并概括叙及了三者之间的关系,大可注意。

谈起空、色,读者就会联系到佛教的"色空"。佛教所谓的"色"乃梵文rupa 的意译,其概念内涵相当于近代哲学所称的"物质""物质现象"。而佛教的"空"为梵文 sunya 意译,其意谓世界一切物质现象("色")皆是因缘所生,刹那生灭,没有质的规定性和独立实体,虚假而不真实。当然,佛教的各个学派对"空"有不同解说,如魏晋时期的佛学即因对"空"的解释差异而形成"六家七宗",此处亦不必枝蔓。总之,佛教的"色空"论乃主观唯心主义哲学,《般若波罗蜜多心经》所谓的"色不异空,空不异色,色即是空,空即是色"可以视为"色空"论的最简洁之表述,盖其认为无需对物质现象进行分析,现象本身即空,一切皆空。如果曹雪芹单单提出空、色两者,则极易与佛教的色空哲学相混同。

曹雪芹自然无意以《红楼梦》来阐述佛教哲学,所以他在空、色两者之间加入了"情"。他模仿"色不异空,空不异色,色即是空,空即是色"的句式而将其改造为"因空见色,由色生情,传情入色,自色悟空",其涵意远比前者丰富。"因空见色":由空、色的对立与同一而肯定了"色"的客观存在;"由色生情,传情入色":客观的物质世界作用于认识了空、色两者对立同一的人们,使之"生情"(情欲、情感、情爱等等),而此种种"情"又必反作用于物质世界;"自色悟空":从"情"与"色"的对立同一而进一步觉悟"空"之所以为"空",并达到"空空"之境。"空空道人"其名即取义于此。为了清楚地解释"空空",先引录钱锺书先生《管锥编》第二册第十三节内一段文字:

> 《维摩诘所说经·文殊师利问疾品》第五:"又问:'以何为空?'答曰:'空空。'"……并无而无之,并空而空之,忘虚息止,遣其遣而非其非,皆否之否、反之反,所以破理之为障,免见之成蔽。西方神秘家言所谓"抛撇得下"(Gelassenheit),诗咏如白居易《重酬钱员外》:"本立空名缘破妄,若能无妄亦无空。"而杜荀鹤《题著禅师》"说空空说得,空得到空么"十字纂言提要,可当一偈。第一"空",名词;第二"空",副词,谩也、浪也;第三"空",动词,破也、除也;第四"空",又名词。若曰:"任汝空谈'空',汝能空'空'否?"语虽拈弄,意在提撕也。

钱先生虽然不是在专论"空空道人"之名,对"空空"之解说却甚为切合曹雪芹之原意。"空空"之第一"空"字为动词,破除之意,第二"空"字为名词,乃前一"空"字之宾语。破除佛家之"空",即所谓"空空"。既已"空空",则必已认识"色"与"情"的无所不在,于是,"空空道人"变成了"情僧"。这里,曹雪芹所谓的"空、色、情"三者之关系可以图示:

空 ←--→ 色 ←--→ 情

很明显,曹雪芹乃以"空、色""色、情"为两对对立同一的矛盾,而以"色"作为"空"与"情"的中介,最终"空"与"色"都必然回归到"情"。

因此,青埂峰顽石(其幻形为通灵宝玉,其人格化身为神瑛侍者)必须投入人世为贾宝玉并"历尽离合悲欢,炎凉世态",尝遍各种情缘滋味,方能回到大荒山无稽崖青埂峰,回复为一块顽石。对青埂峰顽石而言,这就是它"因空见色,由色生情,传情入色,自色悟空"的心灵历程。然而"青埂"者,"情根"也(甲戌本第一回首页脂评)顽石并没有停留在"悟空"的层次,而是回归"情根",以其一生经历证实了"空""色"必归结于"情"。因此,从"情根"出发而又回到"情根"的顽石以其亲身经历编述的《石头记》当然是"大旨谈情",空空道人也因检读抄录《石头记》而受到"情"的洗礼,以"情"战胜了

"空",真正做到了名副其实的"空空",且改名为"情僧"了。

由此可知,曹雪芹写作《红楼梦》绝不是为了宣扬佛家的色空观。在曹雪芹的哲学逻辑结构中,"情"才是核心,才是其起点与终点。

(二)真与假

在对空、色、情三者关系作概括叙述之后,曹雪芹又提出了"真假"与"有无"。那是借第一回甄士隐梦中所见太虚幻境玉石牌坊上的对联"假作真时真亦假,无为有处有还无"来显示的。第五回贾宝玉神游太虚境时此联又再次出现,犹如现代电影中前后两个彼此呼应的特写镜头,发人深思。自然,曹雪芹无意将《红楼梦》作为哲学的奴婢,以情节与人物为哲学概念作图解说明,但"真假"与"有无"的贯串全书则为人所共睹。必须注意的是:上下联"作""为"互文,皆连系动词,又称判断词,应释成"作为""做为""即是"诸义。"处"则是空间名词对上联时间名词"时",亦互文。时空的结合即构成宇宙,故此联明言宇宙间之至理:"真假""有无"乃对立而同一的两对矛盾。

先说真假。

中国古典哲学的两大派别儒、道两家,影响了中国二千多年来的几乎全部知识分子,汉魏时传入的佛教哲学到后来亦不得不向儒、道靠拢。儒学的偏重于伦理学与道家的偏重于本体论使得"善恶"与"有无"成为古典哲学讨论的主题,相对而言,就很少有人探讨属于认识论范畴的"真假"问题。就是在美学理论中,儒学固然偏向于美善统一,庄子美学(可为道家美学代表)所提出的美真合一也是指人的本体存在与自然存在的同一性(如著名的庄子梦蝶寓言),而非完全认识论意义上的"真"。而曹雪芹《红楼梦》第一回开首就提出"真假",不能不说是曹雪芹之慧眼独具。例如:

(1)以甄士隐、贾雨村象征"真事隐去""假语村言",显示"真"去"假"来,以"假"写"真"。

(2)以顽石经茫茫大士大施幻术变为晶莹美玉显示化"真"为"假","假"源自"真"。

(3)借石头之言提出"亲睹亲闻","追踪蹑迹,不敢稍加穿凿,徒为供人之目而反失其真传"的创作主张,贬斥"自相矛盾""假拟妄称"的野史及才子佳人小说，以示"真假"之对立。

（4）以太虚幻境牌坊上联"假作真时真亦假"从正面点明"真假"的对立同一。

（5）以甄士隐和贾雨村、甄英莲和贾娇杏两组人物的人生浮沉为"真假"对立同一的象征。

由此可见，曹雪芹不仅在卷首就提出了"真"与"假"的对立、转化、同一，从哲学意义上显示了"真假"的普遍性，而且以此显示了自己的创作思想：他采用"真事隐去""假语村言"的艺术手法创作《红楼梦》以"使闺阁昭传"（见庚辰本），即为他那时代"真应怜"与"假侥幸"的悲剧女性作传以明昭天下后世。其素材来源于作者本人的生活经验，乃"假"必赖乎"真"，犹如贾雨村凭借甄士隐之力而得飞黄腾达；而甄士隐的离尘出家由贾雨村出场表演，又影射着《红楼梦》的从"真"到"假"，化生活为艺术。

正因为以甄贾影"真假"，故江南甄家与京城贾家实为一家，写甄即所以写贾，写贾亦所以写甄，甄贾宝玉实为一人。从曹雪芹家世研究成果可知，《红楼梦》中贾氏家族衰亡史的素材主要来源系曹氏家族的家史。当生活真实中的曹家在曹雪芹笔下转化为艺术真实中的贾家时，自然会有作者的想象与虚构参与其间。对读者而言，知"假"源于"真"、写"假"即所以写"真"虽为必要，却不可认"假"为"真"，将艺术等同于生活，把贾家等同于曹家。否则那就真如作者所警告的，"假作真时真亦假"，把太虚幻境当作现实世界了。

又因为青埂峰补天不成的顽石是"真"，而其幻相通灵宝玉为"假"，故神瑛侍者（即已通灵的假玉真石）乃通灵宝玉的人格化身，由其投胎入世的贾宝玉当然是假宝玉了。现实生活中并未存在过贾宝玉其人。所以脂砚斋评曰："按此书中写一宝玉，其宝玉之为人，是我辈于书中见而知有此人，实未目曾亲睹者。……不独于世上亲见这样的人不曾，即阅今古所有之小说传奇中亦未见这样的文字。"（庚辰、己卯本第十九回双批，又见蒙戚三本，有微异）然而曹雪芹在塑造这个人物形象时，却又确实利用了现实生活中的原型素材，"假"本来源于"真"，非"真"无以成"假"。但"假"非即"真"，"真"亦非"假"，如果认为《红楼梦》里的贾宝玉就是现实中的曹雪芹，或曹頫，或脂砚，或其他什么人，那也就犯了"假作真时真亦假"的界限了。

由此综观《红楼梦》，种种"真假"对立同一的现象均极清晰：

（1）第十二回贾瑞所照风月宝鉴（据甲戌本《凡例》第一条及第一回页九眉批，此系《红楼梦》旧稿《风月宝鉴》之点睛），其反面为骷髅，正面为意中美人，反真而正假，乃一镜之两面。代儒烧镜，镜中哭道："谁叫你们瞧正面了，你们自己以假为真，何苦来烧我！""风月宝鉴"既为小说旧稿之名，则正寓"假作真时真亦假"之意。

（2）人物性格的真假对比：如黛玉的纯真与宝钗的虚伪，晴雯的率直与袭人的圆通，妙玉的未能忘情与宝玉的悬崖撒手，等等。

（3）人物的初衷与其命运的"真假"反差：如宝黛的木石前盟与镜花水月；宝钗的金玉良姻与"琴边衾里总无缘"；袭人的"素日想着后来争荣夸耀"与嫁为优伶蒋玉菡之妻；李纨的教子成龙凤冠霞帔与丧夫丧子孤独终身；贾元春的幽谷迁莺贵为皇妃与闭锁深宫英年早逝；贾探春的嫁为王妃与漂泊异国；贾惜春的皈依佛门寻觅长生与青灯独卧缁衣乞食；等等。她们似乎都真的顺遂了自己的愿望，可是愿望实现时它却改变了面目。这不正是"假作真时真亦假"的深刻表现么！

（三）有与无

再谈"有无"。

曹雪芹的"有无"观属于本体论范畴，它可以表述为"有即是无"。这命题不同于佛学的"一切皆空（无）"（一切事物都是虚幻不实，所以是空，空即无），因为后者只是就具体事物的存在与否所作论断，而前者已涉及一般和特殊的关系问题：因为"无"乃抽象的"有"，正因抽象，"有"就成为了"无"。《老子》四十章所云"天下万物生于有，有生于无"则是从宇宙发生论角度讨论"有无"，周敦颐《太极图说》的"无极而太极"直接继承了这个观点，也不同于曹雪芹的本体论"有无"观。当然，曹雪芹是文学家而非哲学家，这种哲学观点并非他个人创见，在中国古典哲学中很可以找到其渊源。

虽然《老子》已经提出了"有无异名同谓"的命题，但是曹雪芹的"有无"观未必即来自《老子》。这命题见于汉帛书本《老子》一章，其文字与通行的王弼本有异，冯友兰先生《中国哲学史新编》作如下点句："道，可道非常道。

名,可名非常名。无名,天地之始;有名,万物之母。故常无,欲以观其妙;常有,欲以观其徼。两者同出,异名同谓;玄之又玄,众妙之门。"冯友兰先生指出:"两者"即"有""无",故"有""无"为"异名同谓","有"即"无"。此乃老子的本体论。只是我们不能证明曹雪芹也精研过汉帛书本,因为据《楝亭书目》卷一,曹寅所收藏的是王弼本。王弼本一章末句为"此两者同出而异名,同谓之玄;玄之又玄,众妙之门",就不能作如上解释。而且老子没有将本体论与宇宙发生论相区别,《老子》四十章又云"天下万物生于有,有生于无",那就不可能"有"即"无","有无""异名同谓"了。因此,《老子》尚不能作为曹雪芹"有无"观的最早渊源。根据曹雪芹生平及《红楼梦》所反映的实际情况,其"有无"观的源头似应追溯至魏晋玄学以及北宋唯物主义理学家张载的"有无混一"论。

魏晋玄学讨论"有无"分三个主要派别:贵无、崇有和无无。它们所讨论的已是一般与特殊的关系问题。"有"即存在,中国古典哲学中又称为"天地""万物"或"天地万物",是为特殊;"无"即抽象之"有",即为一般。玄学的"贵无"论派认为"无"就是"道",其代表人物为王弼与何晏,他们着重"有"的内涵,所以"贵无"。"崇有"论的代表人物是阮籍和裴頠,他们着重"有"的外延,所以"崇有":"崇有"就是以天地万物为主,亦即以存在为主,故不需"无"。郭象更明确主张"无无",继承发展了"崇有"论而反对"贵无"论。玄学家对一般与特殊的论辩显示出很高的抽象思维能力,然而他们都没有能明确指出:"无"即"有"。

北宋理学家张载提出"太虚"和"太和"两个范畴,分别用以称谓宇宙的物质结构("有")与精神面貌("无"),主张"有无混一":"太和所谓道","道"就是规律,矛盾的统一;"太虚即气","气"就是存在。其代表作《正蒙·太和篇》云:

> 太虚无形,气之本体,其聚其散,变化之客形尔。……知虚空即气,则有无、隐显、神化、性命通一无二。顾聚散、出入、形不形,能推本所从来,则深于《易》者也。若谓虚能生气,则虚无穷、气有限,体用殊绝,入老氏"有生于无"自然之论,不识所谓"有无混一"之常。若谓万象为太虚中所见之物,则物与虚不相资,形自形,性自性,天人不相待而有,陷于浮屠以山河大地为见病之说。此道不明,正由懵者略知体虚空为性,

不知本天道为用,反以人见之小因缘天地。明有不尽,则诬世界乾坤为幻化;幽明不能举其要,遂躐等妄意而然。不悟一阴一阳,范围天地,通乎昼夜,三极大中之矩,遂使儒、佛、老庄浑然一途。语天道性命者,不罔于恍惚梦幻,则是以"有生于无"为穷高极微之论,入德之途:不知择术而求,多见其蔽于诐而陷于淫矣。……气之聚散于太虚,犹冰凝释于水。知太虚即气,则无无。

张载站在儒学的立场上反对道家哲学的"有生于无"以及佛教哲学的"一切皆幻(空、无)",提出"有无混一"之说,从本体论上阐述了"有"即是"无"。这是张载对中国古典哲学的很大贡献。

综上所论,可知曹雪芹"无为有处有还无"的本体论"有无"观并非来自佛道哲学,而是源于张载的"有无混一"说,其前身则是魏晋玄学。

(四)太虚幻境

"假作真时真亦假,无为有处有还无"以对联形式提出了"真假""有无"两对对立同一的矛盾,而"真假"与"有无"又是一对矛盾的两个方面:"有"是存在,是真;"无"是抽象的存在,是假。它们分别从认识论和本体论的角度表现了曹雪芹对宇宙的哲学思考。以如此简练的语言表达出如此深刻的辩证思想,大约只有取汉语诗文中的对偶形式才是可能的罢。

然而不能忘记,这副对联是镌刻在横额为"太虚幻境"的玉石牌坊上的,应该把它们看作一个整体。因此,在曹雪芹的构思中,太虚幻境本身即是"真假"与"有无"的对立同一。换言之,太虚幻境乃是某一现实存在("真","有")的本体("假","无")。而这一存在,就是小说中的大观园。

综观《红楼梦》,曹雪芹确是将太虚幻境作为大观园的本体来处理的。这从下列脂评可以得到证实:

(1)第五回贾宝玉梦游太虚幻境,见"仙花馥郁,异草芬芳,真好个所在",甲戌本与蒙府本、戚序本均有脂评:"已为省亲别墅画下图式矣。"

(2)第十六回叙及将建造别院迎接元春归省,"已经传人画图样去了",庚辰本有旁批:"大观园系玉兄与十二钗之太虚玄境,岂不〔可〕草索。"

(3)第十七回大观园试才题对额,宝玉见到正殿及玉石牌坊"心中忽有所动,寻思起来,倒像那里曾见过的一般,却一时想不起那年月日的事了"。
己卯、庚辰本及蒙戚三本均有句下双批:"仍归于葫芦一梦之太虚玄境。"

按:"太虚"典出《庄子·知北游》:"是以不过乎昆仑,不游乎太虚。"晋代
孙绰《游天台赋》亦有"太虚辽廓而无阂,运自然之妙有"之句,李善注:"太
虚,谓天也。""幻境"则是佛家语,指种种心造虚空之境。因而"太虚幻境"即
天外自在之境,曹雪芹以之命名大观园之本体,颇为切合。

这样,我们就懂得了曹雪芹构思大观园与太虚幻境之必要。大观园是
《红楼梦》主要人物活动的现实环境,在这"花锦繁华之地,富贵温柔之乡",
有青春和美在闪光,也有人间的种种缺陷、忧患和不平。宝黛钗和众女儿的
悲剧就在这人生舞台的一角逐步形成并发展,最后大观园及众女儿将伴随
着周围污浊黑暗的社会环境——贾府的没落而离散、凋零并毁灭。而太虚
幻境是虚无缥缈之中的精神世界,它是大观园在天国的本体,大观园众女儿
最终仍会回归太虚幻境。曹雪芹深切同情人间女儿的不幸,因而为她们在
天国心造了一个"清净女儿之境":在这里,不存在封建家长,也不存在摧残
压迫她们的须眉浊物;在这里,众女儿红颜永驻,青春长存,美之光辉永不衰
落。然也就在这里,贾宝玉品尝了"群芳髓(碎)""千红一窟(哭)"和"万艳同
杯(悲)":这正象征着作为小说主人公的"情种"贾宝玉将一一目睹众女儿的
悲剧,亲尝她们的苦痛,承受她们苦痛总和的重负,并为之付出他全部的爱
与同情。

因而,《红楼梦》中的太虚幻境与大观园同等重要。不理解曹雪芹为什
么要写太虚幻境,也就不能理解他为什么要写大观园,更不能深入理解《红
楼梦》。

(五)警幻与幻情

正如贾宝玉乃大观园之中心人物一样,警幻仙子是太虚幻境的主持。
第五回警幻仙子正式出场,作者有一篇赋专以描摹她的容貌仪态,其上甲戌
本有眉批(蒙戚三本已录为双行批注):

> 按此书《凡例》,本无赞赋闲文。前有宝玉二词,今复见此一赋,何
> 也?盖此二人乃通部大纲,不得不用此套。

脂评称贾宝玉和警幻仙子为"通部大纲",应指二人在《红楼梦》结构中的地位和作用而言。贾宝玉为小说主角,绝大多数情节围绕贾宝玉而展开,很多重要人物与贾宝玉有"情"的联系,有位清代评说者将《红楼梦》称为"怡红公子传",就是注意到贾宝玉贯串全书,为"通部大纲"的缘故。可是警幻仙子仅在第五回出现一次,第一、十二回由一僧一道叙及数语(据脂评,原稿末回有"警幻情榜",则其时她将再次出场),何以亦为"通部大纲"? 这就必须注意曹雪芹创造警幻仙子的缘由。

原来,在曹雪芹的构思中,警幻仙子是情爱女神。然而在中国,却从来只有婚姻之神而没有情爱之神。从远古神话的高禖到唐代传奇中的月下老人,都是主管婚姻而不问爱情。这正是封建主义传统思想的体现:恋爱是不正当的,不需要的,而婚姻却是人之大伦,传宗接代的手段,不可缺少。因而情爱之神可以无,婚姻之神必须有。曹雪芹创造警幻仙子这样一个中国神话中从未出现过的情爱女神,乃是对封建主义传统观念的反叛。对此,本书《〈红楼梦〉神话论源》已有详论。

但曹雪芹偏偏给这位情爱女神取名为"警幻",其义安在? 甲戌本第五回页六眉批云:

> 菩萨天尊皆因僧道而有,以点俗人。独不许幻造太虚幻境以警情者乎?

作者构思太虚幻境的目的既是"以警情者",则"警幻"实即"警情"。这情爱女神以情警幻,以幻警情:情与幻正是对立同一的一对矛盾。第五回金陵十二钗正册判词之十一曾以"情天情海幻情身"称秦可卿,意谓秦可卿乃情天情海之中"幻情"的化身。据曹雪芹的设计,可卿乃警幻仙子之妹,应即这位情爱女神之副,将她作为"幻情"的化身,亦即以警幻仙子为"幻情"之象征(在希腊神话中,爱神亦有两位:女神阿佛洛狄忒 Aphrodite 及其子小爱神厄洛斯 Eros,可谓巧合,或亦中外智者对爱情两重性认识一致之体现)。

曹雪芹就这样提出了他的"幻情"说。它与佛家的"色空"说有根本不同:"色空"说根本否定"情",把"情"看作虚幻不实的东西;而"幻情"说首先肯定了"情"的存在,"情"之所以向"幻"转化,是由于不合理的社会存在和不可抗拒的自然规则使然。全部《红楼梦》都体现了这种"幻情"思想。因此,作者以贾宝玉和警幻仙子为"通部大纲",正是以"情"为全书之贯,显现了

"情"在人间和天国的无穷力量。

(六)好与了

《好了歌》及甄士隐所作《好了歌注》是《红楼梦》的主题歌。"好"与"了",乃是曹雪芹提出的又一对矛盾。

跛足道人(即渺渺真人)以《好了歌》嘲笑世人对功名、金钱、妻妾、儿孙四者无餍的追逐需求及痴心想望,以"世人万般,好便是了,了便是好;若不了,便不好;若要好,须是了"唤醒了甄士隐的迷梦,显示"好"与"了"的对立同一。而甄士隐《好了歌注》则着重描述从"好"至"了"、从"了"至"好"的发展变化:"好"与"了"彼此向对立面转化,不断在两者之间流转,而终于不能达到完美的"好",完全的"了"。《好了歌》及《好了歌注》相辅相成,不但展示出"了便是好,好便是了",而且展示出"了"未必便是"好","好"未必便是"了",在社会生活中客观存在的实际上是"不好"与"不了"。

"好"原指美善而令人满意,此处形容词作名词,指人们的理想境界。"了"有终了、了悟二义,此处乃动词作名词,在不同的场合曹雪芹有不同的用法,或取其一义,或兼用二义而有所侧重。《红楼梦》中有两处情节可以为例:

(1)第四十三回贾宝玉去水仙庵祭奠金钏,回目明标"不了情暂撮土为香"。所谓"不了情"当然系指贾宝玉对金钏之情,"不了"即"了"的反面,未能了悟且无所终止之意。宝玉因金钏为之投井而"情""不了",第三十四回"不肖种种大承笞挞"以后,贾玉曾谓"我便为这些人死了,也是情愿的",大约可作此"不了情"的注解。白居易《长恨歌》咏唐明皇"天长地久有时尽,此恨绵绵无绝期",亦可引作补注。而曹雪芹将太虚幻境正殿的匾额题为"孽海情天",又拟对联为"厚地高天,堪叹古今情不尽;痴男怨女,可怜风月债难偿",实乃在普遍意义上肯定"不了情"。

"情"既以"不了"为其特征,则有情者永远也不可能达到"好"的境界,等待着有情者的只能是"不好"与"不了"。曹雪芹是否意在展示"情"是人类一切悲剧的根源呢?《红楼梦曲·好事终》有"宿孽总因情"之句,即使是曹雪芹未能摆脱佛教的宿命论罢,但是他指出了在宿命的背后有"情"之原动力在。"了"与"好"都不是"情"所能达到的境界,"不了"与"不好"才是"情"的特征。由是观之,《红楼梦》中人物均"不了"且"不好",其结局不可能不是悲剧:金陵十二钗三十六名女子全部进了"薄命司"就是曹雪芹这种思想的表现。

(2)第七十四回"矢孤介杜绝宁国府",惜春向尤氏称"不作狠心人,难得自了汉","我不了悟,我也舍不得入画了"。此处之"了"即"了悟",佛教所谓的"明心见性":既经认识自己内心的佛性,其结果自然是皈依佛门。《红楼梦》中有很多人物最后做了佛教信徒:惜春和芳、藕、蕊三官均出家为尼;妙玉出场时已是带发修行的尼姑;柳湘莲随跛道人而去,却又"将万根烦恼丝一挥而尽",大概是去做和尚吧?贾宝玉则脂评已指明他将弃宝钗而为僧(庚辰本、蒙戚三本第二十一回双批)。曹雪芹有没有认为他们已"了"而"好"呢?没有。以惜春为例:她自以为已经"了悟",《红楼梦曲·虚花悟》即以其口吻吟唱皈依佛教的心理过程,亦即其"了悟"的过程。她自以为在佛门可以躲开"生关死劫",寻觅到"清淡天和",实际上却是:"可怜绣户侯门女,独卧青灯古佛旁。"庚辰本、蒙戚三本第二十二回海灯诗谜下脂砚斋双批亦谓:"此惜春为尼之谶也。公府千金至缁衣乞食,宁不悲夫!"可见曹雪芹认为她出家为尼是"可怜"、可悲而非可羡,她自以为"了"而得到的"好",只是"缁衣乞食"的俗尼生涯而已。芳、藕、蕊三官之"斩情归水月",作者也早已揭明智通、圆心二尼系"拐子","巴不得又拐两个女孩子去作活使唤",连王夫人也觉得她们"伤心可怜",她们哪里有"了""好"可言?遁入佛门的结果就是如此:既不了,也不好,名虽"了"而实未"了",何来"好了"?

因而,如从"好""了"的角度观察《红楼梦》人物结局并推测未完成部分的构思,似可推定:任何人物都不可能达到其理想境界,而且常常会走向其理想的反面。例如:

尤三姐倾心爱慕柳湘莲,五年等待,方结红丝,鸳鸯剑定婚,自笑终身有靠。岂知却因曾经失足而不为柳湘莲谅解,只得自刎以明心迹。尤二姐嫁为贾琏二房,"一心只想入府同住方好",终至被王熙凤逼迫吞金而死。"好"转而为"了":真是"若要好,须是了"。不过,这"了"是"终了"之义,因求觅理想境界而致结束了自己的生命。

晴雯痴心,"只说大家终在一处",却担了"狐狸精"的虚名,被逐出大观园而夭逝。临死前她与宝玉交换了贴身小袄,想"将来在棺材内独自躺着,也就像还在怡红院的一样了"。谁料她到底未能满足愿望,她的遗体以十两赏银为代价焚化成灰。她虽已"了",而仍未"好"。

秦可卿屈从贾珍的兽行,最后自缢于天香楼,这又是"了"而未"好"。

薛宝钗成就了"金玉良姻",贾宝玉却弃而为僧;她自许"清洁"(《白海棠诗》),最后却"运败金无彩"(第八回《嘲通灵宝玉诗》),"钗于奁内待时飞"(时飞,贾雨村字),被迫改嫁贾雨村;她祈求"好风频借力,送我上青云",最后却又从青云中跌落,直至"金簪雪里埋"。这又是一种"了"而未"好"。

她们最后都是既没有"好",也没有真正的"了"。她们如此,书中其他人物亦是如此。这就是曹雪芹的"好了"观。

(七)气:阴阳与正邪

气、阴阳是中国古典哲学的基本概念。各家对此概念的定义虽不尽相同,但程颐、程颢、张载和朱熹等理学(或称"道学")大师都承认"气是形而下者","阴阳,气也"(《二程遗书》卷三)。在程朱理学那里,"气"被看作是与"理"对立的东西,是可以为人们所感知的客观存在。

曹雪芹在《红楼梦》中也借史湘云和贾雨村之口谈到"阴阳"和"气"的哲学问题。第三十一回"因麒麟伏白首双星"(杨继振藏本回目为"拾麒麟侍儿论阴阳")内,史湘云说:"天地间都赋阴阳二气所生,或正或邪,或奇或怪,千变万化,都是阴阳顺逆";"阴阳两个字还只是一字,阳尽了就成阴,阴尽了就成阳";"阴阳可有什么样儿,不过是个气,器物赋了成形"。因而,气分阴阳实即对存在或物质的一分为二,阴阳乃对立同一的两面,相反而复相成。第二回"冷子兴演说荣国府"内,贾雨村所说"正邪二气"实即阴阳二气,只是贾雨村更明确地谈到作为万物之灵的人赋正邪二气而生以致气质秉赋相异的问题,故"正邪二气"说较之"阴阳二气"更具道德伦理色彩。为便论述,先引其说:

> 清明灵秀,天地之正气,仁者之所秉也;残忍乖僻,天地之邪气,恶者之所秉也。今当运隆祚永之朝,太平无为之世,清明灵秀之气所秉者,上至朝廷,下及草野,比比皆是。所余之秀气漫无所归,遂为甘露、为和风,洽然溉及四海。彼残忍乖僻之邪气不能荡溢于光天化日之中,

遂凝结充塞于深沟大壑之内。偶因风荡，或被云摧，略有动摇感发之意，一丝半缕误而泄出者，偶值灵秀之气适过，正不容邪，邪复妒正，两不相下，亦如风水雷电，地中既遇，既不能消，又不能让，必至搏击掀发而后始尽。故其气亦必赋人，发泄一尽始散。使男女偶秉此气而生者，在上则不能成仁人君子，下亦不能为大凶大恶。置之于万万人中，其聪俊灵秀之气，则在万万人之上；其乖僻邪谬不近人情之态，又在万万人之下。

由此可见，在曹雪芹的哲学逻辑结构中没有"理"的地位。他认为：

$$\text{阴} \atop \text{阳}\Big\}\text{气}\Big\{{\text{正} \atop \text{邪}}\Big\}\text{物（人）}$$

这就与理学大师的哲学观念产生了根本差异。如朱熹的哲学逻辑结构是：

$$\longrightarrow \text{理（太极、道、天理）} \longrightarrow$$
$$\text{物（物理 心理）} \longleftarrow \text{气（阴，阳）}$$

朱熹曾再三声言："太极只是个极好至善的道理""总天地万物之理，便是太极""理乘气而行，如人跨马相似"（《朱子语类》卷九十四）；"理则只是个净洁空阔的世界，无形迹，他却不会造作。气则能酝酿凝聚生物也。但有此气，则理便在其中。"（《朱子语类》卷一）可见他认为"太极"或"理"才是万物的本源最高本体，"气"只是中介，只能在"理"的范围内循环往复。朱熹的哲学是客观唯心主义的哲学，曹雪芹曾在《红楼梦》中借贾宝玉焚书、薛宝琴批评宝钗提议作《咏太极图》诗等情节（见第三十六、五十二回）显示了对程朱理学的反对排斥态度。

因此，曹雪芹的"阴阳二气"（或"正邪二气"）说是唯物主义的。如从中国古典哲学中寻找其渊源，北宋唯物主义理学家张载的气一元论最为可能（贾雨村曾将张载列入"大仁者"名单之中）。张载主张"气"即"理"，其学可称为气学。他在《正蒙·太和篇》中提出："太和所谓道，中涵浮沉、升降、动静、相感之性，是生絪缊、相荡、胜负、屈伸之始。……散殊而可象为气，清通而不可象为神。不如野马絪缊，不足谓之太和。"他认为"太和"即"道"，亦即"气"。在《参两篇》中，他又将《周易·说卦》"参天两地而倚数"之"参"解作

"三",谓"一物两体,气也。一,故神(自注:两在故不测);两,故化(自注:推行于一):此天之所以参也。""若阴阳之气,则循环迭至,聚散相荡,升降相求,绵缊相揉。盖相兼相制,欲一之而不能。此其所以屈伸无方,运行不息,莫或使之,不曰性命之理,谓之何哉?"很明显,张载认为气是一,其中有两,即阴阳;阴阳两者相感相荡,阴阳的变化即气的变化,故张载所谓的"道"即"阴阳之气",亦即"性命之理"。张载的这气一元论是唯物主义的。但张载的气学以后没有得到大的发展,影响较小,直到明代中期的王廷相和罗钦顺推崇张载,方才复兴了气学。其后继承发展气学的是晚明吕坤和清初王夫之。吕坤谓:"天地万物只是一气聚散,更无别个。形者,气所附以为凝结;气者,形所托以为运动。无气则形不存,无形则气不住。"(《呻吟语》卷四外篇《天地》)又谓:"宇宙内主张万物底只是一块气,气即是理;理者,气之自然者也。"(《呻吟语》卷一内篇《谈道》)所论较张载更为明晰。王夫之是前期理学的总结者,他说:"理只是以象二仪之妙,气方是二仪之实。……天人之蕴一气而已,从乎气之善而谓之理,气外更无虚托孤立之理也。"(《读四书大全说》卷十)又说:"理即是气之理,气当得如此便是理。理不先而气不后。"(《思问录》内篇)为了阐发张载的学说,王夫之还作了《张子正蒙注》。但王夫之的绝大部分著作到清末方始刻印,曹雪芹读到的可能性不大。张载、吕坤的著作流传颇广,曹雪芹读过并从中吸取养分以至继承其学说都是极有可能的。特别是吕坤《去伪斋文集》卷一《说天》《说地》所言,几乎与《红楼梦》第二回的贾雨村"正邪两赋"说类似。试引数行:

> 气运之天,后天也,有三。一曰中正之气:一阴一阳,纯粹以精,极精极厚,中和之所氤氲,秀灵之所钟毓。人得之而为圣为贤,草木得之而为椿桂芝兰,鸟兽得之而为麟凤龟龙、驺虞鹭鸶。二曰偏重之气:孤阴孤阳,极浊极薄,各恣其有余,各擅其所能,为邪为毒。人得之而为愚为恶,草木得之而为荆棘樗栎、钩吻断肠,鸟兽得之而为枭鸩豺虎、虺蝮蜓蝮。三曰驳杂之气:多阴多阳,少阴少阳,不阴不阳,或阴阳杂糅而不分,为昏为乱,为细为浮,人得之而为虫为庸,草木得之而为虚散纤茸,鸟兽得之而为羊豕燕雀、蟻螻蚍蜉之属。

> 纯粹不杂之谓理,美恶不同之谓气。……著于清淑之气,则为上智;著于愚浊之气,则为下愚;著于驳杂之气,则有美有恶;著于纷纭之

气,则为庸众。

综观《红楼梦》的哲学思想,曹雪芹受张载、吕坤学说的影响颇为显明。曹雪芹祖父曹寅及叔祖曹宣都是"讲性命之学"的理学信徒,查《楝亭书目》卷一《经部·理学》有张载《张横渠全书》十五卷及吕坤《呻吟语》四卷,然未有王夫之著作。因此,曹雪芹少年时代通过楝亭藏书接受张载、吕坤的学说,中年时期形成自己的哲学思想并借《红楼梦》中的人物之口传述,当是符合实际情况的。

(八)关于"太极图"

第五十二回冬闺集艳谈及作诗,宝钗提出:"下次我邀一社,四个诗题,四个词题,每人四首诗,四阕词。头一个诗题《咏太极图》,限一先的韵,五言律,要把一先的韵都用尽了,一个不许剩。"宝琴反对她的姐姐:"这一说可知是姐姐不是真心起社了,这分明难人。若论起来,也强扭的出来,不过颠来倒去弄些《易经》上的话生填,究竟有何趣味。"宝钗为何要众姐妹作《咏太极图》诗,说来原因颇不简单,还得从什么是"太极"说起。

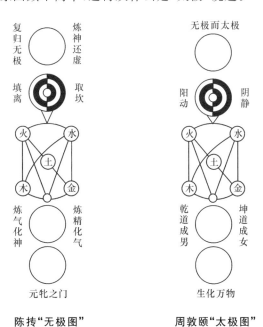

陈抟"无极图"　　周敦颐"太极图"

"太极"此词最初见于《易经·系辞上》："《易》有太极，是生两仪。"郑玄注《易》，谓"太极"乃"淳和未分之气"；孔颖达《周易正义》云："太极谓天地未分之前，元气混而为一，即是太初、太一也。"据此意见，则"太极"乃表示最高存在的哲学范畴，宇宙万物的本源。北宋理学家周敦颐根据宋初道教祖师陈抟的"无极图"绘成"太极图"，将以上两图加以比较，可以明显看出它们之间的联系。周敦颐所绘太极图以远较陈抟无极图为简单明了的图式表示宇宙万物的生成且更富理论色彩，但太极图来源于无极图却是毋庸置疑的。朱震《汉上易传》即谓："陈抟以太〔无〕极图授种放，放授穆修，修授周子（按：指周敦颐）。"朱彝尊《经义考》亦云："无极图乃方士修炼之术……在道家未尝诩为千圣不传之秘。周子取而转易之为图……更名之曰'太极图'，仍不没无极之旨。"因而，太极图来自道家，乃是道家与儒家思想的混合。但太极图所表示的哲学理论更为简明清晰，更宜于由此而进一步发挥儒家的政治理论与道德伦理学说，故很快为最大多数的儒家知识分子所接受，并进而为最高统治者所利用。为了扩大理论影响，周敦颐又著《太极图说》加以阐发。文甚简练，云：

> 无极而太极。太极动而生阳，动极而静，静而生阴，静极复动。一动一静，互为其根；分阴分阳，两仪立焉。阳变阴合而生水火木金土，五气顺布，四时行焉。五行一阴阳也，阴阳一太极也，太极本无极也。

> 五行之生也，各一其性。无极之真，二五之精，妙合而凝。乾道成男，坤道成女，二气交感，化生万物，万物生生而变化无穷焉。

> 唯人也得其秀而最灵。形既生矣，神发知矣，五性感动而善恶分、万事出矣。圣人定之以中正仁义（自注：圣人之道，仁义中正而已矣）而主静（自注：无欲故静），立人极焉。

> 故圣人"与天地合其德，日月合其明，四时合其序，鬼神合其吉凶"。君子修之吉，小人悖之凶。故曰："立天之道，曰阴与阳；立地之道，曰柔与刚；立人之道，曰仁与义。"又曰："原始反终，故知死生之说。"大哉《易》也，斯其至矣！

周敦颐在文中阐发"太极"的内涵，谓"无极而太极""五行一阴阳也，阴阳一太极也，太极本无极也"，亦即是说"太极"本为"无极"，世界来源于无，从无生有，有生于无，从太极而阴阳，而五行，而男女，而至万物化生。这种哲学思想与《老子》四十章"天下万物生于有,有生于无"的命题是一致的。这样,周敦颐把万物的来源和化生归结为一个超时空而存在的本体,构成了一个客观唯心主义的哲学体系。后来经程颐、程颢和朱熹的发展,终于成为程朱理学的理论基础。明代编刻《性理大全》,第一卷即收入周敦颐的《太极图说》;清乾隆帝亲纂《性理精义》,也将此文列入卷首:它在明清两代的知识分子中产生了广泛而深远的影响,成为官方哲学即理学的代表作。

这样,薛宝钗推崇太极图并要求众姐妹作诗为之阐释,甚至要求:"把一先的韵都用尽了,一个不许剩。"(按:这是与她以往的主张截然相反的,第三十七回夜拟菊花题时她对史湘云说:"我生平最不喜限韵的,分明有好诗,何苦为韵所缚?"查《佩文韵府》,一先的韵字有二百三十二个,如写成五言律,首句一般不入韵,那么即使各人用韵均不重复,亦至少将写成五十八首。真有这么多的诗思? 恐怕也只能如宝琴所说:"不过颠来倒去弄些《易经》上的话生填"而已!)其原因也就很清楚:她要以程朱理学为大观园众姐妹的指导思想,教育她们自觉地做程朱理学的忠实信徒。这与她平时教导黛玉、湘云读正经书及有益身心的书是一脉相承的。然而,宝玉是"除四书外,竟将别的书(按,应即程朱理学及科举程文等书)焚了",其他姐妹也爱好文学艺术对此不感兴趣,因此她的提议不但为"年轻心热"的薛宝琴所批评,而且遭到了众姐妹的冷落,竟无一人接口表示支持。

短短几句关于《咏太极图》诗题的对话,就绘出了宝钗对理学的膜拜、宝琴对理学的大不敬以及众姐妹对理学的冷淡,曹雪芹之文才大矣哉!

(九)金陵十二钗共三十六人

金陵十二钗共有多少人? 或曰六十人,或曰三十六人。

前一说由俞平伯先生《红楼梦研究》首先提出,徐恭时先生《芹红新语》亦持此说,并拟出六十人的名单,文见《红楼梦学刊》1980 年第 1 辑。此说的根据乃庚辰本第十七、十八合回的一条眉批(影印本第 377 页):

树〔数〕处引十二钗总未的确,皆系漫拟也。至末回警幻情榜方知正、副、再副及三、四副芳讳。壬午季春,畸笏。

原脂评无标点,此标点是俞先生加的。这样,"正、副、再副及三、四副"

就可以解释为金陵十二钗的正册、副册、再副册、三副册和四副册,每册十二人,共得六十人。

此说虽有脂评为根据,但在《红楼梦》正文中尚找不到相应的内证。后说则在第五回宝玉神游太虚境中可找到两处旁证,据小说描述:

(1)警幻仙子称金陵十二钗图册为"彼家上、中、下三等女子之终生册籍","三等"共应为三册。

(2)薄命司内藏金陵十二钗图册的大橱有三个,一橱一册,称正册、副册和又副册,其中正册有十二人,符合"金陵十二钗"之名。副册、又副册当亦各十二人。

这样,可推论全部金陵十二钗共有三十六人。除此而外,第一回女娲炼石补天一段有更加明确的证据:

> 原来女娲氏炼石补天之时,于大荒山无稽崖炼成高经十二丈、方经二十四丈顽石三万六千五百零一块。娲皇氏只用了三万六千五百块,只单单的剩了一块未用,便弃在此山青埂峰下。

甲戌本在"十二丈"旁有脂评"总应十二钗",在"二十四丈"旁又有脂评"照应副十二钗"。这两条脂评还见于蒙戚三本及梦觉主人序本,均已录为句下双批。

由此可证:正十二钗有十二人,副十二钗有二十四人(包括副册及又副册),总计应是三十六人。这与第五回的正文描写吻合。

那么,上引庚辰本第十七、十八回的眉批该如何解释呢?蔡义江先生《论〈红楼梦〉佚稿》提出了另一种标点法,标为"正副、再副及三、四副芳讳",解作金陵十二钗副册的第一、二、三、四名。这样,金陵十二钗共有五册六十人的问题就不再存在。蔡先生所说虽亦有理,然畸笏此评明明针对全部十二钗而言,何能专谈副册的前四名呢?还是应该解释为"正、副、再副及三、四副"五本册子。然畸笏之评语与正文不符,这也是不可忽视的事实。笔者的看法是:我们今日所见的《石头记》抄本均是曹雪芹在乾隆十九年甲戌(1754)开始的第五次增删稿的过录本,而脂砚、畸笏等人涉及后半部情节内容的评语所根据的只能是在乾隆十九年甲戌之前完成的第四次增删稿。在此旧稿末回《情榜》中,很可能确有"正、副、再副及三、四副"共六十名女子的"芳讳"。因为庚辰本第四十九回回前总评谓:"此回乃大观园集十二正钗之文。"透露出在第四次增删稿中,十二正钗的人选与今本第五回正册判词有四人之差(参见拙著《红楼梦论源》),故可据以推断第四次增删稿与今本在金陵十二钗的人选及人数方面都并不相同。畸笏据旧稿内容加批,自然就与今本正文的实际描写不相符合了。但本文讨论的是今本中的金陵十二钗,自不能混为一谈。

(十)英莲与英菊

甄士隐之女甄英莲即后来沦为薛蟠婢妾的香菱,她的名字在三个早期脂本中就已出现差异:甲戌本作"英莲",己卯、庚辰本为"英菊"。他本皆同甲戌本。"莲"与"菊"无论字形还是字音相距均甚远,故抄者误写的可能很小。这情况显示:在甲戌原本和己卯原本(庚辰秋点改为庚辰原本)上,她的名字即已分别抄为"英莲"和"英菊"。而它们均应在曹雪芹原稿上存在过,也就是说,它们都是曹雪芹所拟。

笔者在对《红楼梦》版本及成书过程作整体研究后曾提出一个新的假说:甲戌原本系脂砚斋从乾隆十九年甲戌(1754)开始抄阅再评的自留编辑本,而己卯原本系畸笏叟在乾隆二十四年己卯(1759)冬抄成,他们所据以过录的当系作者原稿即已经第五次增删的稿本。故从版本源流及成书过程分析,作者为甄士隐之女原拟名"英菊",乾隆十九年甲戌开始的第五次增删方改为"英莲"。脂砚和畸笏分别抄录甲戌原本和己卯原本时,脂砚据改后新名抄成"英莲",畸笏则据其原名抄为"英菊";今存甲戌本和己卯、庚辰本再分别据以录为"英莲"或"英菊"。今存其他脂本都是己卯庚辰原本的子孙,却都抄成"英莲",那是因为它们所据底本的祖本已用甲戌原本(或其过录本)点改过的缘故(参见拙著《红楼梦研究·〈红楼梦〉版本源流总论》)。

以上推论尚可从《红楼梦》正文及有关脂评得到佐证:

(1)"英莲"之名有象征封建时代女性悲剧的意义。甲戌本第一回页八眉批解释"甄"字云:"真。后之甄宝玉亦借此音,后不注。"同回页九"英莲"之名旁批:"设云'应怜'也。"第四回页六拐子卖英莲一段又有旁批:"可怜真可怜。一篇薄命赋,特出英莲。"脂评证实"甄英莲"谐音"真应怜",象征作者对全书悲剧女性的深切同情。而这与卷首作者自叙的创作动机(见甲戌本

《凡例》第五条、其他脂本第一回回前总评)以及《红楼梦》的主题正相一致。如为"英菊",则或谐音"应觉",可能反映了作者的出世思想。这种思想在今存第五次增删稿过录本内仍有所流露,然已不占主要地位。因此"英菊"为旧稿文字的可能性更大。

(2)第五回金陵十二钗副册首名即香菱,其判词及图均双关"英莲"。其图"画着一株桂花,下面有一池沼,其中水涸泥干,莲枯藕败":桂花象征夏金桂,莲藕象征香菱,且隐其本名"英莲"。其判词首句"根并荷花一茎香",甲戌本句下有脂评:"却是咏菱妙句。"荷花即莲花,"英莲"即莲之英,亦即荷花:此乃香菱本名为"英莲"的又一旁证。所以,在第五次增删稿中,作者应已为之定名"英莲",这样方与副册首页的判词和图相合。如是以"英菊"为最后定名,则与其判词和图均不能相符,故"英菊"必系旧稿文字。

从甄英菊到甄英莲的修改,反映了在《红楼梦》创作过程中曹雪芹思想演变的轨迹:在早期稿本中可能较为浓厚的老庄与禅宗思想逐渐减弱;到乾隆十九年甲戌(1754)开始的第五次增删稿,对不幸女性的爱与同情则显然占据了最为重要的位置。

(十一)贾娇杏:金陵十二钗副册第二人

金陵十二钗副册的十二名女子,我们只知道其冠首者为香菱即甄英莲,这从第五回副册首页题画和判词可以推知,又有甲戌本脂评可为佐证。至于副册的其他人选,小说正文并未写明,仅脂评谓平儿"想亦在副册内者也"(甲戌本第六回句下双批),"后宝琴、岫烟、李纹、李绮皆陪客也,《红楼梦》中所谓副十二钗是也"(己卯、庚辰本及蒙戚三本第十八回双批)。据传,靖本批语抄件第135条录第六十七回眉批:"似糊涂却不糊涂,若非有风〔凤〕缘根基之人,岂能有此? □□□姣姣册之副者也。"应指尤三姐。由此看来,副册所收应是贾府的亲友闺秀或侍妾,估计除琴、烟、纹、绮、尤氏姊妹和平儿以外,还可能有傅秋芳以及林小红、龄官(二人可能嫁为贾芸、贾蔷的妻妾)等人。当然,她们在副册中的序次无法得知。

但通过对曹雪芹总体构思的研究,我们可以推知副册第二名的人选,她就是第一回中与甄英莲先后出场的贾娇杏。据甲戌本第一、二回脂评,甄英莲谐音"真应怜",贾娇杏谐音"假侥幸"。作者在开卷第一回即介绍这两个人物,实有以她们"托言寓意",象征两种不同类型悲剧女性之作用。此点本书《〈红楼梦〉第一回析论》已有论述。因而作者将甄英莲和贾娇杏列为副册之第一、二名不但是可能的,而且是必要的。

这样,金陵十二钗的正、副、又副三册的前两名就形成了彼此对照且密切相关的组合。从横向看:

正　册　　林黛玉　　薛宝钗

副　册　　甄英莲　　贾娇杏

又副册　　晴　雯　　袭　人

三组人物的性格和结局均成对比,构成三对矛盾。从纵向看,则又构成两个人物系列:

林黛玉、甄英莲、晴雯

薛宝钗、贾娇杏、袭人

甄贾二人分属林晴、薛袭两系,则作者以林晴为"真",以薛袭为"假",并以之为"真应怜"和"假侥幸"两类不同悲剧人物之典型也就十分清晰了。

必须说明的是,作者在金陵十二钗正册判词及《红楼梦曲》中始终将钗黛两人并列,不明显露出她们孰先孰后,在具体描写中也极尽"两山对峙,两水分流"之妙;然贾娇杏之为副册第二人可定,则在曹雪芹构思中林黛玉为金陵十二钗正册之冠也就可以确定无疑。这也正符合《红楼梦》正文对钗黛二人的实际描绘。为了隐藏自己的创作意图并使文章更有蕴藉之致,曹雪芹真是花费了很多心血。

(十二)偶因一着错

在第二回始,作者交代了贾娇杏"命运两济",扶册为贾雨村之正室夫人,并以"正是:偶因一着错,便为人上人"结束了她的小传。在此上方及右侧,甲戌本共有三条脂评:

(1)从来只见集古、集唐等句,未见集俗语者,此又更奇之至。

(2)妙极。盖女儿原不应私顾外人之谓。

（3）更妙。可知守礼俟命者终为饿殍。其调侃寓意不小。

所谓"集俗语"，当指其来自俗谚"一着错，满盘输""吃得苦中苦，方为人上人"而言。"一着"原指走一步棋，引申为一次行动。按照封建礼教的要求，女子本不应该私看男子，娇杏回顾雨村，虽云"偶然"，实际亦系为其"腰圆背厚，面阔口方，更兼剑眉星眼，直鼻权腮"所吸引，因甄士隐赞其"必非久困之人"而动心。脂评谓"其调侃寓意不小"，乃是指明作者集此俗谚之目的：嘲笑并讽刺封建礼法的虚伪，如贾娇杏者，实非"守礼俟命"之徒；此类人物，情场、官场历历皆是也。

如前所述，贾娇杏谐音"假侥幸"，与"真应怜"相对，乃是曹雪芹对世俗观念视为幸运的那部分悲剧女性所作之概括评论。与甄英莲之为林黛玉的投影相仿，贾娇杏乃第二女主角薛宝钗的小影。薛宝钗后来因改嫁贾雨村而成为贵夫人（参见吴世昌先生《红楼梦探源外编》），这当然是另一形式的"偶因一着错，便为人上人"了。最信奉封建礼法并恪守"妇德"的淑女薛宝钗因改嫁而最多地失却了她的"妇德"，然又因失却"妇德"而最终实现了她"好风频借力，送我上青云"的心愿：曹雪芹对封建礼法虚伪性的讽刺可谓深婉之至。然作者所嘲讽的是礼教而非个人，尤其不会嘲讽蘅芜君薛宝钗。对她，作者也是始终只有谅解与同情：在作为封建礼法牺牲者这一基本点上，她与林黛玉和晴雯等人并无质的不同。

顺便说一说，此联各本有不小的差异：

（1）偶因一着错。（己卯、列藏、甲戌本）

（2）偶然一着错。（庚辰本）

（3）偶因一着借。（舒序本）

（4）偶因一着巧。（杨藏本）

（5）偶因一回顾。（梦觉及程甲、乙本）

应以己卯、列藏、甲戌等三本为是。庚辰本亦通，但"然"未见版本依据。舒序本明显抄了别字。杨藏本应为抄手臆改，他可能认为娇杏没有"错"，倒是下了一着"巧"棋；用字如老吏断狱，却大失风雅之旨，不是《红楼梦》的风格了。梦觉主人序本将"一着错"改为"一回顾"，那就不是"集俗语"，且句意过实，缺少回味，显系此本抄整者（或即梦觉主人）妄改。程甲、乙本又继承了梦觉本的改动。甲戌本原抄"一着错",被点改为"一回顾",检查改字笔迹,乃甲戌本早期读者孙小峰(别号"情主人")所书,当是他根据程本点改。

(十三)宁荣二公的祖先与后人

贾氏家族的先世只能追溯至宁荣二公,再往上去便十分茫然。甚至在贾氏宗祠中供奉的祖先亦自宁荣二公而始:这就显示出这个号称"诗礼传家"的名门大族其实不过是暴发户。贾氏先人宁荣二公贾演和贾源乃是在新皇朝建立的过程中以军功封爵起家的,因为焦大曾谓贾演"九死一生挣下这家业",贾政亦自称"武荫之属",连贾珍和贾赦从祖先那里承袭的官爵,也是"三品神威将军"与"一等将军"之类的武官。因此贾演和贾源兄弟出身必然是贫贱之家,其父祖很可能是穷苦农民,上不得贵族公爵的家谱,只能在宗祠中取消了他们受子孙祭奠、歆享香烟的权利。

不但宁荣二公的祖先茫无头绪,其后人的情形也不很清楚。《护官符》云:"贾不假,白玉为堂金作马。"各脂本句下有小字注明贾氏家族的始祖官爵与房分(甲戌本误录为朱笔旁批):"宁国、荣国二公之后,共二十房分。除宁荣亲派八房在都外,现原籍住者十二房。"有意思的是,这小注前后两句自相矛盾。前句说宁荣二公的后裔共二十房,后句又说宁荣的嫡亲后裔只有八房。这矛盾透露:原籍的十二房并非宁荣二公的后人,而是远族或连宗的同姓。像宁荣二公这类暴发户,为了扩大自己的势力,延揽或接纳一些趋炎附势愿意加入贾氏家族的同姓僚属,乃是可能的甚或是必然的。《红楼梦》中也写到过相似的情况,如王成之父与凤姐之祖"联宗""认作侄儿"(第六回),贾雨村则干脆拿了"宗侄"的帖子去拜贾政,连"联宗"也省掉了(第二回)。此乃封建社会的常见习俗,不必深论。

贾氏家族的房分应是按"代"字辈即宁荣二公的子系划分的。据冷子兴介绍:"宁公居长,生了四个儿子;宁公死后,长子贾代化袭了官",荣公死后则"长子贾代善袭了官",虽未讲明荣公有几子,但"长子"一词已透露出荣公尚有次子等存在。如果宁荣二公后人确有《护官符》小注所说的"二十房分",那么荣公就有十六个成年并留下后代的儿子了。而这显然与小说所写情况不合。荣公当亦有四个儿子,在京的八个房分乃是宁荣二公的直系亲派,在金陵原籍的十二房则不过是贪图这两位显赫公爵权势而依附门下的同姓或远族而已。因而,作者对贾府在金陵的老家始终未予正面描写,反而设计了一个"钦差金陵省体仁院总裁甄家"与都中贾家对比相映,以寓"假作真时真亦假"之意。宁荣二公在金陵的十二房后人实乃子虚乌有也。

(十四)从荣国公的孙子到重孙

贾宝玉是荣国公贾源的孙子还是重孙?小说正文交代前后不一。

从第二回冷子兴演说荣国府所叙贾氏家族的世系看,荣国公贾源生代善,代善生贾政,贾政生宝玉;贾宝玉明明是荣国公的重孙。但是小说正文中其他三处提及宝玉,都把他说成是荣国公贾源的孙子:

(1)第五回警幻仙子转述宁荣二公的嘱托云:"吾家自国朝定鼎以来,功名奕世,富贵传流,虽历百年,奈运终数尽,不可挽回者。故遗之子孙虽多,竟无可以继业。其中惟嫡孙宝玉一人,禀性乖张,性情怪谲,虽聪明灵慧,略可望成,无奈吾家运数合终,恐无人规引入正。"

(2)第十六回末,秦钟求众鬼放他暂时回阳,与一个好朋友说句话,众鬼问谁,秦钟道:"不瞒列位,就是荣国公的孙子,小名宝玉。"

(3)第二十九回清虚观打醮,张道士(系当日荣国公的替身)对贾母说:"我看见哥儿的这个形容身段,言谈举动,怎么就同当日国公爷一个稿子!"说着两眼流下泪来。贾母听说,也由不得满面泪痕,说道:"正是呢,我养这些儿子孙子,也没一个像他爷爷的,就只这玉儿像他爷爷。"

这三处描写都很具体,都说贾宝玉是荣国公的孙子,末例更显示荣国公乃是贾母的亡夫,这就与第二回的交代产生了明显矛盾。这一矛盾透露出《红楼梦》成书过程中的特征:此书从初稿到第五次增删稿,其规模逐步扩展,内容亦逐渐丰富。作者旧稿原将贾母设计为荣国公贾源之妻即荣国公夫人,而将贾宝玉安排为荣国公之孙。乾隆十九年甲戌(1754)开始第五次增删时,作者扩大了旧稿的规模,在贾氏家族世系中增加了贾代化、贾代善这一代,于是贾宝玉就变成了荣国公重孙,贾母亦变为荣国公的儿媳了。

（十五）贾宝玉的外貌

贾宝玉第三回正式出场，作者以"面若中秋之月，色若春晓之花"两句描写其面貌特征。甲戌本此处有眉批两条：

（1）此非套满月，盖人生有面扁而青白色者，则皆可谓之秋月也。用满月者不知此意。

（2）"少年色嫩不坚劳〔牢〕"以及"非夭即贫"之语，余犹在心，今阅至此，放声一哭。

它们又见于蒙戚三本，已录为句下双批，"坚劳"作"坚牢"，比甲戌本文字更为准确。这两条批语显示：贾宝玉的外貌描绘是以批者少年时代的面貌为模特儿的。这位批者读《红楼梦》时常常忆及往事并失声痛哭，综观其批语特征，他很可能即畸笏，亦即作者之叔父曹頫。对此国内外已有不少红学家著文考证，此不赘言。

此评提及"少年色嫩不坚牢""非夭即贫"之语，应是批者少年时听看相人所说。查《金瓶梅词话》第九十六回，自称"善会麻衣神相"的叶头陀为陈经济看相，谓：

色怕嫩兮又怕娇，声娇气嫩不相饶。老年色嫩招辛苦，少年色嫩不坚牢。……麻衣祖师说得两句好："山根断兮早虚花，祖业飘零定破家。"早年父祖丢下家产，不拘多少，到你手里都了当了。……头先过步，初主好而晚景贫穷；脚不点地，卖尽田园而走他乡，一生不守祖业。

脂评曾多次提及《金瓶梅》，说明批者对它很熟悉。例如：

（1）此段与《金瓶梅》内西门庆、应伯爵在李桂姐家饮酒一回对看，未知孰家生动活泼？（甲戌本第二十八回薛蟠请客一段眉批）

（2）极奇之文，极趣之文。《金瓶梅》中有云"把忘八的脸打绿了"，已奇之至；此云"剩王八"，岂不更奇？（己卯、庚辰本第六十六回柳湘莲语下双批）

（3）写个个皆到，全无安逸之笔，深得金（夺"瓶"）壶奥。（庚辰本第十三回薛蟠送楠木一段眉批）

此外,甲戌本第七回脂评又引用了《金瓶梅词话》第二十五回"柳藏鹦鹉语方知"之句。故"少年色嫩不坚牢"亦应取自《金瓶梅词话》。此乃明清时相士之所常道,且叶头陀之言又颇合曹頫之生平经历,以至畸笏(曹頫)读到以自己少时面貌为模特儿的描写"面如中秋之月,色若春晓之花"要浮想联翩并放声大哭自伤身世了。

(十六)林黛玉的眉目

第三回宝黛初见,宝玉眼中的林妹妹风神绝世,与众各别,给其印象最深刻的就是她那含愁带露的眉目。今存十一种脂本及程甲本,除郑藏本缺此回外,其他十一个版本对林黛玉眉目的描绘差异甚大,竟有八种文本:

(1)两湾似蹙非蹙笼烟眉,

　　一双似□非□□□□。(甲戌本)

(按:□系原抄之朱笔方框,清末孙小峰据程甲本填补,不录。"笼"字有涂改痕,然系原抄手笔迹。)

(2)两湾似蹙非蹙罥烟眉,

　　一双似笑非笑含露目。(己卯本)

(按:加点的五字系旁添,有小钩示添入之处。五字笔迹与该页原抄相同。应系抄手夺落而后自己添补者。)

(3)两湾半蹙鹅眉,

　　一对多情杏眼。(庚辰本)

(4)两湾似蹙非蹙罩烟眉,

　　一双俊目。(蒙戚三本)

(5)两湾似蹙非蹙罥烟眉,

　　一双似泣非泣含露目。(列藏本)

(6)两湾似蹙非蹙冒烟眉,

　　一双似百态生愁之俊眼。(杨藏本)

(按:此系原抄。后有人将"冒"字圈去,旁改"笼"字。下句亦圈改同程甲本。"冒"字应系"罥"字之误抄。)

(7)两湾似戚非戚笼烟眉,

一双似喜非喜含情目。(梦觉本,程甲本)

(8)眉湾似蹙而非蹙,

目彩欲动而仍留。(舒序本)

据《红楼梦》成书过程及版本源流可知:甲戌本的底本即甲戌原本从乾隆十九年(1754)开始由脂砚斋抄录再评,故今存甲戌本林黛玉的眉目反映了当时作者的构思创作情况:她的眉已经基本画好,目则尚未找到确切而精彩、堪与上句相媲美的文词。直到己卯原本抄整时〔乾隆二十四年(1759)冬以前〕,曹雪芹方将她的眉目画全。因此"笼烟眉"之改"罥烟眉"当是乾隆二十四年前不久的事。今存梦觉本和程甲、乙本皆为"笼烟眉",显示梦觉本所据底本亦同甲戌本之"笼烟眉"。蒙戚三本共同祖本的整理者所据底本亦应系"罥烟眉",但他也见到过为"笼烟眉"的本子(或其所据底本即"笼""罥"两存);因为只有这样,这位不太高明的文人才可能从"笼"字联想,将他不能欣赏的"罥烟眉"改成"罩烟眉"。庚辰本和舒序本的抄手则大改特改,不仅改动了文词,而且改换了句式(舒序本的异文有可能系舒元炜、舒元炳兄弟臆改),与作者原稿相差更远了。杨藏本前七回本系己卯原本系统,"罥"字抄成"冒"虽令人冒火,但显系"罥"字之误抄,可以不论。总之,林妹妹的眉可以定为"两湾似蹙非蹙罥烟眉",从己卯本。

黛玉之目在甲戌本上尚是未定草,今存己卯本抄录于乾隆二十五年庚辰(1760)春夏间,其上已有定稿:"两湾似蹙非蹙罥烟眉,一双似笑非笑含露目",画出了林黛玉那独一无二的容貌和悲剧性格,文字形式上的工稳优美更令人击节叹赏。除己卯本外,梦觉本的"一双似喜非喜含情目"与列藏本的"一双似泣非泣含露目"也可能是曹雪芹本人的拟稿,"似喜非喜"极佳,但"含情目"未及"含露目"之新颖工整;"似泣非泣"则过于渲染了黛玉的悲愁,形象较少魅力,且"泣""蹙"皆入声字,声韵不甚铿锵。总之,无论从版本源流抑或从文字校勘,均以己卯本为胜。今后校本似可考虑从己卯本;或取己卯、梦觉二本之长定为"似喜非喜含露目"。至于蒙戚三本、庚辰本、舒序本及杨藏本原抄的林妹妹之目,形式上既难与"两湾似蹙非蹙罥烟眉"对仗,形象又流于平凡甚或庸俗,均不可能是作者原稿。笔者怀疑它们的底本此句仍系甲戌本那样的未定草,所以抄整者不得不自己动手另拟,以至出现了种种异文。如果它们的底本上已有与己卯、梦觉、列藏三本相同或相仿的文句,它们的抄手谅亦不会这样自告奋勇,揎拳捋袖来越俎代庖的罢。

(十七)"罥烟眉"诠释

林黛玉那"两湾似蹙非蹙罥烟眉",究竟是怎样的眉?每次见到有关她的绘画、塑像或者戏剧,笔者总要注意她的眉,而结果总是失望。似乎艺术家们在塑造她形象时都忽略了曹雪芹的警句,未曾注意表现她眉目之间的神韵,于是也就失去了林黛玉。

自古以来,中国人就特别重视女子双眉之美。二千多年前的《诗经·卫风·硕人》在赞颂庄姜的美貌时,就不忘提及她的"螓首蛾眉"。翻开《事文类聚》《佩文韵府》和《渊鉴类涵》等类书,则"愁眉""啼眉""绿眉""提扬眉""桂叶眉"等描写女子眉毛的词语多至百余,甚至连词牌也有称为"眉妩""眉峰碧"者。然女子之美不单在眉,正如李商隐所说:"倾国宜通体,谁来独赏眉?"林黛玉的"似蹙非蹙罥烟眉"也只有与"似笑非笑含露目"以及她整个人格合为一体时,才会显出她那超凡脱俗的美。

前节已谈及,从版本源流分析,曹雪芹构思黛玉之眉有一过程,先拟为"笼烟眉",后方改"笼"为"罥"。周汝昌先生引曹雪芹好友敦敏《懋斋诗钞·晓雨即事》"遥看丝丝罥烟柳"以证"罥烟眉"为曹雪芹定稿,很具说服力(见《石头记鉴真》)。"笼烟"在古代诗文中本以形容山峦、柳枝或翠竹的朦胧美,如《古三坟》"山气笼烟,川气浮光"、韦庄诗"无情最是台城柳,依旧烟笼十里堤"与元稹诗"花笼微月竹笼烟"皆其例证。曹雪芹用以形容黛玉之眉,可以想见她的双眉如远山羞黛、柳丝细长,再加以"似蹙非蹙",则林妹妹双眉半颦,略带幽怨之神情可见。这已是颇为巧妙的构思,然还有所不足:"笼烟"乃诗词古文中常见旧词,且常用以描摹较大范围内的景物,以之形容细长的眉毛似不够贴切。"罥烟眉"则新而韵,妙而文,前此未见有人运用,应系曹雪芹自创新词,故敦敏从而用此"新典"。罥,音 juàn,霰韵,意为挂、缠绕。"罥烟眉"谓林妹妹双眉似绾绕着一缕轻烟,其形象之灵秀远胜"笼"字,而其声韵之曼妙更为出色。盖"罥"为十七霰,"烟"属一先,二字乃声调不同的叠韵字,在《词韵》中同属第七部,且以去声接平声,故其声韵细长。若"笼烟"则无此声韵之美。"罥烟眉"而"似蹙非蹙",更显古典少女多情多愁之性格特征。

当然,曹雪芹这一警句的构思实与前人诗词文赋有渊源关系。较明显者有:

(1)《庄子·天运》有"西施病心而矉"之语,"矉"即颦,意为蹙眉,可因而联想构思发展为"似蹙非蹙"。宝玉为林妹妹取字"颦颦"亦于此取义。

(2)《西京杂记》写卓文君之"远山眉":"文君姣好,眉色如望远山,脸际常若芙蓉,为人放诞风流,故悦长卿之才而越礼。"远山为深蓝绿色,烟雨迷蒙时远山之色更如画眉之黛,且其时远山仅露峰尖,亦更似略颦之眉。

(3)《海录碎事》载:"唐明皇令画工画十眉图:一曰鸳鸯眉;二曰小山眉;三曰五岳眉;四曰三峰眉;五曰垂珠眉;六曰月棱眉,又名却月眉;七曰分稍眉;八曰涵烟眉;九曰拂云眉,又名横烟眉;十曰倒晕眉。"其中"涵烟眉"与"笼烟眉""胃烟眉"相近,有由此联想的可能。

(4)以青黛画眉始自汉明帝宫人,当时称为"青黛眉",见《事文类聚》。

(5)《隋遗录》记隋炀帝幸江都,有殿脚女吴绛仙善画长蛾眉,帝赐以波斯国之螺子黛,画眉号为"蛾绿"。此后诗词中遂常有黛眉、黛绿、黛颦等词语出现。

(6)晏几道《小山词·少年游》有"南楼翠柳,烟中愁黛,丝雨恼娇颦"之句,以雨中烟柳比情人之颦眉,其意象与"笼烟眉""胃烟眉"均有相似之处。

(7)作者祖父曹寅《栋亭词钞别集》有《眉峰碧》一词,似对曹雪芹的构思有所启发:

> 感得郎先爱,谁假些儿黛。凭你秋来那样山,不敢向、奁前赛。
> 扫尽从前派,秀色真难改。喜浅愁深便得知,天教压在秋波外。

此词所咏乃少女"喜浅愁深"的黛山眉,与"似蹙非蹙笼烟眉"的联系更为显明。

综上所论,我们可对"两湾似蹙非蹙胃烟眉"作如下定性诠释:黛玉之眉细长而弯,其形色如轻烟薄绕之远山和柳丝,眉峰若蹙,淡淡含愁。未知此解可得曹雪芹之文心否。

（十八）谈"绛芸轩"

贾宝玉幼时随贾母,稍长分房后亦住贾母院内,且自题其居室名为"绛芸轩",见第八回。贾宝玉搬入大观园怡红院以后,绛芸轩之名仍不时出现,如第二十三回《秋夜即事》诗有"绛芸轩里绝喧哗"之句,第三十六回回目为"绣鸳鸯梦兆绛芸轩",第五十九回回目曰"绛芸轩内召将飞符":这说明贾宝玉仍将"绛芸轩"作为他在怡红院居室的名字。按照古今文人的习惯,尽管多次搬家,室名仍往往相沿不改:如吴敬梓的"文木山房",全祖望的"鲒埼亭",黄景仁的"两当轩";至若今人郑逸梅先生的"纸帐铜瓶室",更是延续八十余年未曾改动。戴不凡先生因怡红院中有绛芸轩而谓作者失误,乃是忽略文人旧习而致(按:戴文见《红楼梦学刊》1979 年创刊号,题为《曹雪芹"拆迁改建"大观园》)。

查今存十一种脂本及脂评,"绛芸轩"之名有四个异称:

(1)紫芸轩。两见于甲戌本第一回脂评:一为茫茫大士语"富贵温柔乡"旁批:"伏紫芸轩。"二为《好了歌注》"蛛丝儿结满雕梁"旁批:"潇湘馆、紫芸轩等处。"

(2)紫芝轩。见于蒙戚三本及梦觉本第一回,在"富贵温柔乡"下有双批:"伏紫芝轩。"

(3)绛芝轩。据传,见于靖本批语抄件第 25 条:"绛芝轩诸事由此而生。"

(4)绛云轩。见于列藏本和舒序本第八回回目及第二十三回《秋夜即事》诗。

分析这些异称,"芝""云"皆与"芸"形近,"云""芸"又同音,且明末清初柳如是有"绛云楼",或有抄误之可能。但"紫"与"绛"音、形差距很大,且又在多种版本上出现,这就不能单用抄误来解释了。

本书《〈红楼梦〉神话论源》考出:绛珠草实乃中国古代神话中炎帝季女瑶姬精魂所化的灵芝仙草。灵芝仙草共有三百六十种,其中有名"紫珠芝"者,"叶黄茎赤,实如李而紫色",常略称为"紫芝"。"紫"乃红色之一种,由"紫"改"绛",色彩更为艳丽,音韵更为响亮。曹雪芹最喜绛色(大红色),故以"绛珠"命名自己理想中的仙草。"绛珠"之名既由"紫珠芝"联想而来,则在早期脂本中出现的"紫芸轩""紫芝轩""绛芝轩"等三个异名就有可能是作者构思创作中曾经一度用过的旧称。笔者推测：有可能在《风月宝鉴》或明义所见《红楼梦》旧稿中，贾宝玉之居室原名"紫芝轩"或"绛芝轩"（按：吴方言中芝、珠同音），以表现贾宝玉儿时对绛珠仙草的朦胧记忆，这与第三回宝黛第一次见面就触发了心灵惊悸出于同一构思。后来作者恐此意过于显露，又将它改为"紫芸轩"，第五次增删稿《石头记》中才改写成"绛芸轩"。绛芝轩、紫芝轩、紫芸轩三名均仅见于脂评而不见于正文，证实在作者最后定稿中它们已经改去。脂砚斋和畸笏叟则因熟知作者创作过程，见过旧稿，故有可能仍沿用旧称，以致数名并出。至于列、舒二本回目及正文中出现的"绛云轩"，则应系"绛芸轩"之误抄。因为一则列、舒二本较晚方始形成，二则"绛云轩"与柳如是的"绛云楼"重出，曹雪芹必不至出此复笔。

细思之，"绛芸轩"这室名确是很适宜的。它既切合贾宝玉爱红的心理，又暗示了他爱红的心理根源：与其前身神瑛侍者对绛珠仙草的灌溉之情及其木石前盟密切相关。查蒙府本第八回，在正文"绛芸轩"三字旁正有"照应绛珠"四字脂评。此评虽短，恰可为此短文之有力佐证。

（十九）"我也为的是心——你的心"

第二十回宝黛吵架，贾宝玉有几句关于"心"的妙论，似通而非通，不通而又通。己卯、庚辰本及蒙戚三本且有句下双批，谓："此二语不独观者不解，料作者也未必解。不但作者未必解，想石头也不解。"大约正是由于它们令人难解的缘故罢，今存各脂本及程甲本出现了大量异文：

（1）我也为的是心你的心。难道你就知你的心，不知我的心不成？（己卯、庚辰、蒙府本）

按：庚辰本有后人笔迹点去"心你的"三字，旁添"我的"二字，成为：我也为的是我的心。

（2）我也为的是你的心。难道你就知你的心，不知我的心不成？（戚序二本）

（3）我也是为的是我的心。你的心难道你就知道，我的心难道你就

不知道不成？（杨本原抄）

（4）我也为的是我的心、你的心。难道你就知你的心，不知我的心不成？（舒序本）

（5）我也是为的我的心、你的心。你就知道你的心，不知我的心不成？（列藏本）

（6）我也为的是我的心、你的心。难道你就知道你的心，绝不知道我的心不成？（程甲本）

（7）我也为的是我的心。你难道就知道你的心，不知道我的心不成？（程乙本，杨本改文）

共有七个不同文本。如将第二句话的异同暂忽略不计，则第一句可归并为四类：

a. 我也为的是心你的心。（己卯、庚辰、蒙府本）

b. 我也为的是你的心。（戚序二本）

c. 我也为的是我的心。（杨藏、梦觉、程乙本）

d. 我也为的是我的心，你的心。（舒序、程甲本；列藏本作"是为的"，并入此类）

据脂评，宝玉此言是观者、作者和石头都不理解或不能充分理解的，所以它应有一定的模糊性。有正书局老板狄楚青在有正大字本（其影印底本即戚序本，其前四十回今藏上海图书馆）上加眉批谓：

宝玉道"我也为的是你的心"，今本（按：指程乙本）改为"我的心"，初看甚是，细思之未免浅率。夫黛云我为我心矣，玉于是云我心即你心，我心知你心，我所以如此者皆为的是你的心，是深一层说法。

狄楚青以解人自居，分析颇精，可谓读书得间。于此已可见杨本、梦觉本及程乙本之误矣。但是他因当时条件所限，未能及见其他脂本，而只根据戚序本和程乙本立论，以致忽略了极为重要的版本源流问题：蒙戚三本曾有过一个共同的祖本，这祖本所依据的乃是己卯庚辰原本系统的抄本。所以，今蒙府本尚同己卯、庚辰本作"我也为的是心你的心"，而据蒙府本的姊妹本再整理的戚序本已改为"我也为的是你的心"，实乃删夺第一个"心"字所致。作者的原文应同今存己卯、庚辰、蒙府本，且应作如下标点：

我也为的是心——你的心。难道你就知你的心,不知我的心不成?

戚序本漏掉了第一个"心"字,这句话就失去了一个停顿。在当时情景中,这个停顿是必要的:贾宝玉不会说"我也为的是我的心",因为这样说太针锋相对,似乎在宣称自己理解黛玉而责备黛玉不理解自己;他也不会立即直说"我也为的是你的心",因为这样说太唐突,敏感的黛玉受不了这样直露的表白;因此还是先含糊其词,说"我也为的是心",然后稍作停顿,看她并无不快的表示,再补充解释"你的心",这样紧接下句"难道你就知你的心,不知我的心不成"就较少反诘色彩,而较多为黛玉设想的意味了。短短两句话,顺利地解决了黛玉的疑虑,使她"低头一语不发",继则转过话题,关心起宝玉穿衣冷暖的问题来了。甲戌本第五回页十七旁批曾谓:"按宝玉一生心性,只不过是体贴二字,故曰意淫。"这一细节就是显例:一句话,一个停顿,都表现出他对黛玉的至爱之情。

综上所论,可见己卯、庚辰、蒙府本的这两句乃曹雪芹之原文。其前句戚序本漏夺或删夺,杨藏本和梦觉本擅改,而舒序、列藏、程甲本则是妄添,程乙本乃承梦觉一系版本之误。其后句则戚序、舒序、梦觉本亦准确,列藏本夺"难道",杨藏本和程甲本都有添改,其误更甚了。

(二十)"睡里梦里也忘不了你"

宝黛彼此相爱,情深意重,但从未当面说出。只有第三十二回"诉肺腑",宝玉向黛玉表示过:"睡里梦里也忘不了你。"然而她并没有听见,听到此言的乃是袭人。又第三十六回"梦兆绛芸轩",宝玉在梦中喊骂:"和尚道士的话如何信得?什么是金玉姻缘,我偏说是木石姻缘!"这潜意识的梦呓真实地暴露了他的内心世界:拒绝封建淑女薛宝钗,深爱思想个性叛逆了封建正统的女儿林黛玉。然听见他梦话的亦不是林黛玉,而是正在绣鸳鸯的薛宝钗。

所以贾宝玉确实睡里梦里也不忘林黛玉,而她虽能凭直觉感受到,却不一定很明确。因为尚需"印证",故她与他吵架,为此还了不少泪债。除这些作者明白描叙的文字而外,曹雪芹虚点暗写贾宝玉睡里梦里也忘不了黛玉之处还有不少,第二十三回的《四时即事》组诗即是一例。为论述方便,先引全诗：

春夜即事

霞绡云幄任铺陈，隔巷蟆更听未真。

枕上轻寒窗外雨，眼前春色梦中人。

盈盈烛泪为谁泣，点点花愁为我嗔。

自是小鬟娇懒惯，拥衾不耐笑言频。

夏夜即事

倦绣佳人幽梦长，金笼鹦鹉唤茶汤。

窗明麝月开宫镜，室霭檀云品御香。

琥珀杯倾荷露滑，玻璃槛纳柳风凉。

水亭处处齐纨动，帘卷朱楼罢晚妆。

秋夜即事

绛芸轩里绝喧哗，桂魄流光浸茜纱。

苔锁石纹容睡鹤，井飘桐露湿栖鸦。

抱衾婢至舒金凤，倚槛人归落翠花。

静夜不眠因酒渴，沉烟重拨索烹茶。

冬夜即事

梅魂竹梦已三更，锦罽鹴衾睡未成。

松影一庭惟见鹤，梨花满地不闻莺。

女儿翠袖诗怀冷，公子金貂酒力轻。

却喜侍儿知试茗，扫将新雪及时烹。

组诗概写了贾宝玉一年从春到冬的大观园生活，充满着"富贵闲人"的气息，也蕴含着怡红公子对所爱者的思念。从此组诗描绘的形象特征分析，怡红公子睡梦难忘的所爱者正是林妹妹。

《春夜即事》的背景为春夜将尽黎明即至之时的怡红院，诗人为六更鼓所惊醒，回忆着梦中美好情景。"盈盈"一联承上具体描绘"梦中人"，以流泪之烛与含愁之花喻多愁善感的林妹妹，用简练的笔触画出了她的个性特征。在贾宝玉的梦境中，他们是否还在重复着生气、吵架、流泪等少年男女恋爱中常有的小小冲突？精炼含蓄本为诗词之魂，此诗虽远远谈不上思想深刻技巧圆熟，难得它写出了少年宝玉对所爱者的一片真情，倒也不无可取。

《夏夜即事》首联即谓:"倦绣佳人幽梦长,金笼鹦鹉唤茶汤。"诗中倦于刺绣且有鹦鹉为伴之人为谁? 如果记得第二十六回林黛玉"每日家情思睡昏昏"和第三十五回潇湘馆内鹦哥念《葬花词》的描写,又记得第三十二回花袭人说林黛玉不作针线,"旧年好一年的工夫,做了个香袋儿,今年半年,还没见拿针线呢",那诗中人不言而喻是娇弱的林妹妹了。

《秋夜即事》和《冬夜即事》所咏秋冬之夜极安宁静谧,其中"倚槛人归落翠花"和"女儿翠袖诗怀冷"所描绘的秋夜倚槛望月不眠、冬夜吟诗忘却寒冷的幽雅女郎,显然是从杜甫《佳人》"摘花不插发,采柏动盈掬。天寒翠袖薄,日暮倚修竹"联想构思。在怡红公子的想象之中:她倚槛凝望秋月,又悄然归去,盈把的绿叶和花朵从她手中落下,散发出阵阵清香;冬夜,面对满园白雪,她忘却了周围的寒气迫人,还在苦吟着诗词。在大观园里,除了林黛玉之外,还有谁能当得起杜甫"绝代有佳人,幽居在空谷"的赞誉呢?

巧得很,列藏本第六十四回标题诗咏林黛玉,从语汇到形象都有极其明显的模仿杜甫《佳人》的痕迹。诗云:

> 深闺有奇女,绝世空珠翠。情痴苦泪多,未惜颜憔悴。哀哉千秋魂,薄命无二致。嗟彼桑间人,好丑非其类。

据考,早期脂本的回前标题诗乃曹雪芹本人所作。既然作者本人也将林黛玉比为杜甫笔下的幽谷佳人,则作者为贾宝玉拟写的《四时即事》诗(秋、冬)从杜甫《佳人》取意用典就是完全可能的了。

贾宝玉不愧为多情公子,他确实是从秋到冬又从春到夏思念着他所爱的林妹妹。而曹雪芹为其拟作的诗歌能如此紧扣人物性格和具体情境,也真令人叹为观止了。

(二十一)花冢与埋香冢

黛玉葬花,有一个"花冢",又称"埋香冢",见第二十三回正文及第二十七回回目。按:"花冢"一词见于明末清初杜濬《变雅堂文集》卷八《花冢铭》:

> 余性爱瓶花,不减连林。……凡前后聚瓶花枯枝计百有九十三枚,为一束,择草堂东偏隙地,穿穴而埋之。铭曰:汝菊汝梅,汝水仙木樨。

> 莲房坠粉，海棠垂丝。有荣必落，无盛不衰。骨瘗于此，其魂气无不之，其或化为至文与真诗乎！

又见于同卷之《茶丘铭》：

> 吾之于茶也，性命之交也。……因慨生平，赋命奇薄，与物无缘，惟茶为恩。我负之不祥，岂可使堕落污秽中。且余既有花冢矣，耳目之玩孰如性命之交乎？于是举凡所用之败叶，必检点收拾，置之净处。每至岁终，聚而封之，谓之茶丘。

杜濬（1611—1687），字于皇，号茶村，与其弟杜岕均系明代遗老，与曹寅之舅顾景星为同乡好友，与曹玺、曹寅父子均有密切交往。阎若璩曾称杜濬为曹寅之"父执"（见《潜丘札记》卷六《赠曹子清侍郎》四首之二自注），杜濬曾为曹寅、曹宣兄弟纪念其亡父曹玺的《楝亭图》题五律四首，屈复《曹荔轩织造》诗亦提及曹寅"相寻几度杜茶村"（按：本事尚未考知。明亡后杜濬隐居南京鸡鸣寺下，屡因文字得罪当道，曹玺、曹寅父子或有所救助）：是二杜与曹氏有通家之谊。杜濬诗宗李太白，才气奔放，尤工五言律，据邓之诚《清诗纪事初编》卷二，其诗文生前已有刻本流传，后更多次翻刻。查《楝亭书目》卷三，虽未见杜濬《变雅堂文集》著录，然曹雪芹博览群书，应有涉猎之可能。且曹寅《楝亭诗钞》卷四《题柳村墨杏花》："勾吴春色自蓁莛，多少清霜点鬓华。省识女郎全匹袖，百年孤冢葬桃花。"末两句之意象亦极可能予曹雪芹之构思黛玉葬花及"花冢"以影响。

至于花冢之又名"埋香冢"，应取意于唐李贺《李长吉歌诗》卷四《官街鼓》"柏陵飞燕埋香骨"。第二十七回回目下句正作"埋香冢飞燕泣残红"，以往总觉此比拟突兀，今见其出处，方知曹雪芹联想构思之由来。敦诚《挽曹雪芹》有"牛鬼遗文悲李贺"之句，又评曹雪芹"诗追李昌谷"：可知曹雪芹朋辈拟之为李贺鬼才，则曹雪芹必熟读李长吉歌诗无疑。"埋香冢飞燕泣残红"回目源自李贺诗句确很可能。

附注：《辽海丛书》收《楝亭书目》三卷，疑非全本。因其中清人著作甚少，甚至连曹寅捐资千金助刻的其舅氏顾景星《白茅堂诗文全集》及施闰章《学余全集》亦未见著录，而二书皆已在曹寅生前出版。故不能排除曹家藏有杜濬诗文集的可能。

(二十二)贾元春与大观园的出现

金陵十二钗正册人物之一的贾元春,除了其人生悲剧本身具有典型意义而外,在全书结构上亦有不可或缺的独特作用。从《红楼梦》中客观存在的某些矛盾现象,我们可以推知在作者的早期稿本中尚无贾元春这个人物,她是曹雪芹为建造大观园而创造的艺术形象,她很可能是到第四次增删稿即明义所见《红楼梦》中方始出现的。

首先,根据今本第二十八回贾宝玉的一段自述,我们可以肯定在早期稿本中他并没有这么一位阔气的姊姊。在黛玉吟《葬花词》以后,宝玉向她表白心迹:"我又没个亲兄弟亲姊妹,虽然有两个,你难道不知道是和我隔母的?我也和你似的独出。"探春和贾环是赵姨娘所生,与他是隔母的,这不错。但第二、十八、二十三回等处多次交代元春和宝玉是同父同母的亲姊弟,且谓元春"怜爱宝玉与诸弟不同",宝玉"三四岁时已得元春手引口传,教授了几本书、几千字在腹内,名分虽系姊弟,情状有如母子"。宝玉偏偏把这位姊姊忘了,是何道理?对此只有一个解释:葬花故事在早期稿本中已经写成,而当时贾元春这个人物尚未出现。

其次,根据小说正文及脂评,我们还可以推知早期稿本中并没有大观园:

(1)第三十回写贾宝玉"从贾母这里出来,往西过了穿堂,便是凤姐的院落","西"字各脂本及程甲、乙本均无异文。而此句所示的贾府院宇方位,与今本第三、十二等回所述正好相反:今本他处皆写贾母院在荣府之西,而此句反映出贾母院在荣府之东。这矛盾显示:在早期稿本中,荣府花园与宁府的会芳园一样都是在府西。这样,它们就不可能合并改建为大观园。

(2)今本第三回交代贾赦住在荣府东部花园,甲戌本此回有与正文相反的旁批,云:"试思荣府园今在西,后之大观园偏写在东,何不畏难之若此?"确证了早期稿本中荣府花园确系在府西。

(3)第七十五回尤氏称贾赦之妻邢夫人为"北院里大太太",反映出早期稿本中贾赦夫妻原住在北院,而不是今本所写的荣府东花园。

综观以上各点,可知早期稿本中贾母住在东院,贾政夫妇住正院居中,贾赦夫妇住北院(他们在早期稿本中的身份也可能正面写明为庶长子,今本含糊其词,乃曹雪芹"狡猾之笔"。参见下节),而荣府花园在西部。这早期稿本中的荣府院宇方位可能是以江宁织造署的院宇结构为素材的,当时曹雪芹还没有创造出"天上人间诸景备"的大观园。对此,戴不凡先生《曹雪芹"拆迁改建"大观园》已有论述,文载《红楼梦学刊》创刊号,可以参看。

贾元春和大观园在早期稿本中既均尚未出现,那我们可以设想两者可能是同时构思创作的。这有两条脂评可为佐证:

(1)大观园用省亲事出题,是大关键事,方见大手笔行文之立意。畸笏。(甲戌、庚辰本第十六回)

(2)大观园原系十二钗栖止之所,然工程浩大,故借元春之名而起,再用元春之命以安诸艳,不见一丝扭捻。己卯冬夜。(庚辰本第二十三回)

这两条评语出于畸笏和脂砚二人,可知借元春省亲之名以创建大观园乃曹雪芹构思这一艺术形象的目的之一,因而贾元春与大观园同时诞生是极为可能的。

那么,贾元春与大观园是何时出现于《红楼梦》中的呢?笔者认为,他们至迟在第四次增删稿即明义所见《红楼梦》中已经出现了,因为明义《题红楼梦》组诗小序已提到了大观园。他们的出现亦不会更早,因为明义所见《红楼梦》乃脂砚斋初评本,前引甲戌本第三回旁批谓"今荣府园在西,后之大观园在东"云云,只可能是脂砚斋的初评,亦即原在明义所见稿本上的评语。从《红楼梦》成书过程考察,明义所见旧稿完成于乾隆十九年甲戌(1754)之前,如假定曹雪芹写定明义所见稿本需要两三年时间,则贾元春和大观园出现于作者笔下当在乾隆十六年(1751)。

回顾清史,乾隆十六年正月十三日至三月乃清高宗弘历首次南巡时间。曹雪芹其时尚在内务府任职,或有可能随乾隆帝巡游江南。据《清实录》卷三百八十四,此次南巡的随行人员数量庞大,单为准备随从的兵丁和拜唐阿(满语音译,意译为"执事人")之乘骑,一次就从山东省驿站调拨驿马达四千零五十五匹之多。凭曹雪芹的广泛社会联系及内务府成员的身份,要谋得一执事人的差使是不难的。如果曹雪芹曾随清高宗此次南巡,则贾元春和大观园的构思有可能是从乾隆帝首次南巡得到的启示和灵感。甲戌本第十六回脂评曾云："借省亲写南巡，出脱心中多少忆惜〔昔〕感今。"庚辰本第十七、十八回旁批元春省亲仪仗一段又云："难得他（疑夺"写"字）的出，是经过之人也。"两批显示作者有过类似经历。则曹雪芹将乾隆帝首次南巡的素材糅合曹家在康熙朝"四次接驾"的盛况，以构思创作元春省亲之情节场面并创建大观园扩大旧稿内容也是有可能的。此点因文献不足，尚难断定，聊记于此，以待他日文献之佐证。

（二十三）贾赦是庶长子

贾赦在《红楼梦》里的身份很特殊：他是贾代善长子，承袭了荣国公世职（按：清代除八个"世袭罔替"的铁帽子王以外，其他世爵都要降等承袭。所以第十三回写宁国公贾演的儿子贾代化是"世袭一等神威将军"，而贾珍代贾敬所袭的世职就是"三品爵威烈将军"了。清代降等世袭的详细情形可参见《清朝通典》卷三十二）为"一等将军"，却又偏安于荣府花园，与荣府正宅隔断。据书中多次叙及，贾赦的经济亦完全独立。而其弟贾政虽是次子，却占据了荣国府的正宅"荣禧堂"。为解释这种奇特现象，周汝昌先生《红楼梦新证·人物考》提出：贾赦、贾政都是贾代善之弟的嫡亲儿子，贾政过继为代善之子，因而贾政住荣禧堂正宅，贾赦住荣府花园且经济完全独立。周先生所言乃从曹頫过继给曹寅为子联想比附，《红楼梦》正文并未谈到过继，而且这也还不能解释贾赦承袭世职的问题。实际上，曹雪芹虽可能运用曹頫的素材写贾政，以至在某些具体情节的描写上显示出贾政为过继之子的迹象，如周先生所举第三十三回宝玉被笞后贾母与贾政的一段对话；但《红楼梦》中的贾母与贾赦、贾政还是母子关系，解释小说中的人物关系还是得根据小说本身，周先生所言只能用来探考小说中人物的原型及素材。

第二回冷子兴演说荣国府，对荣府人物关系是这样介绍的：

> 自荣公死后，长子贾代善袭了官，娶的也是金陵世勋史侯家的小姐为妻，生了两个儿子：长子贾赦，次子贾政。如今代善早已去世，太夫人尚在，长子贾赦袭着官。次子贾政，自幼酷喜读书，祖父最疼，原欲以科甲出身的；不料代善临终时遗本一上，皇上因恤先臣，即时令长子袭官

外,问还有几子,立刻引见,遂额外赐了这政老爹一个主事之衔,令其入部习学,如今现已升了员外郎了。

这段话有三点值得注意:

(1)它只说贾代善生了两个儿子,却没有说贾赦、贾政都是史太君所生。按照当时社会的现实状况,代善必有侍妾(第五十六回探春曾提及"老太太屋里的几位老姨奶奶"),如侍妾生子,亦应以史太君为嫡母。

(2)荣国公生前最疼贾政,欲命其从科甲出身,获取所谓"正途功名"。贾政既要以科甲出身,就不能再承袭世爵。因此袭职者只能是贾赦,无论其生母是否史太君。这既是荣国公生前安排,则家人亦无从反对。

(3)贾赦袭世职是皇帝特旨,贾政点主事系皇上恩典额外赏给,皆非他人所能改变。

且《红楼梦》中多次明写贾母与贾赦母子感情冷漠,贾母厌恶贾赦,贾赦则公开当面讥讽贾母"偏心"(第七十五回)。贾赦甚至不参加元宵家宴,"贾母知他在此彼此不便,也就随他去了"(第五十三回)。综观以上描述,似可推知:贾赦乃代善之妾所生庶长子,虽因荣公贾源的愿望和皇帝特旨而得承袭世爵,荣府的财产他无权问津,财产还得按照宗法制度规定由嫡子承继绝大部分。这就是贾政之所以能占据荣禧堂的原因。

由此可知,荣府在贾赦、贾政一代出现了政治权力与家庭财产继承权分离的情况。而且,正因为贾赦袭世爵乃特殊情形,所以到下一辈这世爵仍应由嫡子贾政的后代继承。贾宝玉之所以受到全家特殊的宠爱与关注,就是因为他乃贾政唯一的嫡子(嫡长子贾珠已逝),有资格承袭荣国公世职及荣府家产的缘故。荣府内部种种矛盾之根源亦正在这里。

第七十五回荣府赏中秋,有一情节大可注意:贾环平时是不得长辈喜爱的庸琐之人,而贾赦却特别当着贾母和贾政之面夸奖贾环的中秋诗,说"我爱他这诗,竟不失咱们侯门的气概","以后就这么做去,方是咱们的口气,将来这世袭的前程定跑不了你袭呢"。贾赦少时必受嫡母史太君轻视,偶因机缘凑巧而得承袭世职,故对与他少时同样处境的贾环特别关心拉拢,甚至许以将来让其承袭荣府世职。如果贾赦不是庶子而是嫡长子,那此世职自然该贾琏袭,贾琏即使早逝,还有贾琮;再说贾政也有嫡长孙贾兰和嫡子宝玉,何能轮到贾政的庶子贾环?可见贾赦此言乃是代表庶系向嫡系的示威,故贾政听见连忙劝说:"不过他胡诌如此,那里就论到后事了。"分明是以嫡系的身份否决了贾赦的许愿,不让庶系干预世职的承袭问题。

总观《红楼梦》,贾赦必为庶长子,方能与书中所写种种情形相合。不正面交代贾赦是庶长子,乃是曹雪芹的"烟云模糊"法。吴组缃先生把《红楼梦》比作冰山,写出来的是一小部分露在水面上,大部分没有明写出来沉在水底下,读者需要把书中描写到的联系起来进行思索并加以具体考察,否则就无法看到那些大量潜在内容。吴先生的譬喻很巧妙,实在发人深思,对后人研究《红楼梦》是很有益的启示。当然,研究者的态度需要尽量客观,方法必须科学。

(二十四)虎兕与虎兔

第五回贾元春判词末句各版本有差异:

(1)虎兕相逢大梦归。(己卯本、杨藏本)

(2)虎兔相逢大梦归。(甲戌本、庚辰本、蒙戚三本、舒序本、梦觉本、程甲本、程乙本序)

杨本前七回来自己卯本一系,今存庚辰本的底本曾据甲戌原本(或其过录本)点改,故己卯、杨本作"虎兕",而甲戌、庚辰作"虎兔"与版本源流有直接关连。究竟何者为曹雪芹之原文?论者意见不一:或谓"兕"非常用字,由"兔"而误抄"兕"的可能极小,作者原文应为"虎兕";或谓"虎兔"乃据《推背图》中虎扑白兔(美女化身)之民间传说构思,应系作者原文。由此论者又对元春之结局产生两种不同的解释。主前说者认为,兕乃独角凶兽,"虎兕相逢大梦归"谓元春将死于两派敌对政治势力之恶斗;主后说者认为,元春将如白兔为虎所噬,亦即被皇帝赐死,且其死亡时间正在除夕,寅卯两年交替轮接之时。

笔者认为,这两种说法都颇见心思,且均有相当根据。实际上,前后两解都说对了一部分,将它们合起来就是元春之死的较完整梗概:元春在朝廷两派敌对政治势力的恶斗中被皇帝作为替罪羊赐死,她死于寅年除夕之夜,卯年元旦将临之时。理由可以归纳表述如下:

(1)金陵十二钗正册中元春的图为一张弓上挂着一只香橼,"弓"谐音宫,"橼"谐音元、缘,隐喻元春入宫为妃。但弓又系武器,可以象征斗争或战争,香橼为果品,可以象征青年女子,故香橼挂在弓上正象征元春的命运为两派政治力量的争斗所左右,即与判词"虎兕相逢大梦归"同义。

(2)小说正文两次将元春与杨贵妃相比:一在第十八回她回家省亲点戏《乞巧》,己卯、庚辰、蒙戚三本及梦觉本其下均有脂评:"《长生殿》中,伏元妃之死。"证实作者意图在以此预示元春之死与杨贵妃类似。二在第三十回宝钗借扇双敲一节,宝钗将宝玉比杨国忠,隐以杨贵妃比其姊元春。如所周知,杨贵妃在安禄山谋反后为唐玄宗赐帛勒死于马嵬坡,实际上是政治斗争中的替罪羊,元春之死当与此相类似。

(3)曹雪芹在前八十回已写到朝廷中的两股政治力量:一以东南西北四郡王为首,宁荣二府亦系此派;二以忠顺亲王为首,贾府与之素无来往(贾政因宝玉与忠顺亲王驾前承应的琪官交游而谓"祸及于我",透露出贾府与之素不相能且明显对立)。贾元春作为前一派政治势力在宫内的代表,当两派斗争尖锐且后一派占上风能左右政局时,有可能被当作替罪羊成为皇家祭坛的牺牲。

(4)第五回金陵十二钗正册一段甲戌本有眉批云:"世之好事者争传《推背图》之说,想前人断不肯煽惑愚迷。即有此说,亦非常人供谈之物。此回悉借其法,为儿女子数运之机。"脂评证实作者确系以《推背图》为金陵十二钗图册的模型。俗谚云"伴君如伴虎",《推背图》之虎扑美女化身的白兔确可象征皇帝杀害贵妃元春。故"虎兔相逢大梦归"也极可能是作者原文。

(5)第二十二回春灯谜一节,元春之谜为爆竹,除象征其青年夭亡之外,还可能暗示她死于新年将临的爆竹声中。清乾隆时人潘荣陛《帝京岁时纪胜·元旦》记:"除夕之次,夜子初交……爆竹声如击浪轰雷,遍乎朝野,彻夜无停。"而元春之判词又谓"虎兔相逢大梦归",则元春死于寅卯两年交替之时自亦可能为作者之设计。

(6)《红楼梦曲·恨无常》透露了元春含恨而死的惨状,预示元春之死将导致贾府的破败。曲名"恨无常","无常"原为佛教用语,梵文 anitya 的意译,指世间一切事物都处于起始、变化、坏灭的过程中迁流不停,绝无常住性;又旧时迷信称勾摄生魂的地府使者为无常。故"恨无常"曲名双关,既可指君恩易变、荣辱无定,又可指元春失宠而不得善终。因而元春被皇帝赐死亦极可能。

结合《红楼梦》版本源流分析,似可推测:作者在乾隆十九年甲戌(1754)开始的第五次增删稿中定稿为"虎兔",意在据《推背图》以虎喻皇帝,以兔喻在皇帝淫威下葬送了青春、欢乐直至生命的元春,揭示封建皇权是造成元春悲剧的直接凶手,将矛头指向了最高统治者。这十分大胆的构思已足以成为弘旿所说的"碍语"(见永忠《延芬室稿》第十五册《因墨香得观〈红楼梦〉小说吊雪芹三绝句(姓曹)》眉批)。到乾隆二十四年己卯(1759)冬前畸笏叟抄整己卯原本时,可能出于谨慎的考虑而选用了作者旧稿中的文字"虎兕",将矛头移向两派权臣以避免直指皇帝(第二回"成则王侯败则贼"己卯本、杨本均作"公侯",当亦出于同样的考虑)。乾隆二十五年庚辰(1760)秋曹雪芹点改己卯原本为庚辰原本,或又将"虎兕"改回"虎兔"。故今存庚辰本为"虎兔",很可能即出自庚辰原本。如或不然,则可能是己卯庚辰原本后又经用甲戌原本点改的缘故。

从"虎兕"和"虎兔"的修改,似可窥见作者的创作思想:对皇权的轻蔑与揭露,乃是《红楼梦》的要旨之一。

(二十五)省亲、南巡与隋炀帝

《红楼梦》第十八回写贵妃元春目中的大观园夜景:

> 只见清流一带,势如游龙,两边石栏上,皆系水晶玻璃各色风灯,点的如银花雪浪;上面柳杏诸树虽无花叶,然皆用通草、绸绫、纸绢依势作成,粘于枝上的,每一株悬灯数盏;更兼池中荷荇凫鹭之属,亦皆系螺蚌羽毛之类作就的。诸灯上下争辉,真系玻璃世界,珠宝乾坤。船上亦系各种精致盆景诸灯,珠帘绣幕,桂楫兰桡,自不必说。

省亲时乃元宵佳节,盛设灯彩为民俗之一,且此处所写灯景还不及晚明张岱《陶庵梦忆》中所记的"龙山放灯""鲁藩烟火""绍兴灯景"那么奢华,故尚属可原。不可思议的是为了制造春光明媚的假象,不惜用通草、绸绫、纸绢等制成假的花叶粘于树枝,又用螺蚌、羽毛做成假的荷荇、凫鹭等动植物置于溪流。这样大规模地制作人工花鸟,其奢侈靡费,古今中外唯有隋炀帝一个先例。据《资治通鉴》卷一百八十《隋纪·炀帝大业元年》:

五月,筑西苑,周二百里。其内为海,周十余里,为蓬莱、方丈、瀛洲诸山(像海中三神山),高出水百余尺,台观殿阁,罗络山上,向背如神。北有龙鳞渠,萦纡注海内,缘渠作十六院,门皆临渠,每院以四品夫人主之(内命妇之品视百官),堂殿楼观,穷极华丽。宫树秋冬凋落,则剪彩为花叶,缀于枝条,色渝则易以新者,常如阳春。沼内亦剪彩为荷芰菱芡,乘舆游幸则去冰而布之。十六院竞以肴羞精丽相高,求市恩宠。上好以月夜从宫女数千骑游西苑,作《清夜游》曲,于马上奏之。

但上引文字不见于《隋书·炀帝本纪》,不知司马光所记确系史实否。然其中有关人工花叶的描写与《红楼梦》中的描绘如此一致,显示曹雪芹在此处大胆地运用了隋炀帝的素材。

甲戌本第十六回回首总评云:"借省亲写南巡,出脱胸中多少忆惜〔昔〕感今。"曹雪芹在元春省亲情节中运用有关隋炀帝的素材,显然是在指斥康熙、乾隆二帝南巡之失。在曹雪芹笔下,南巡之奢靡已经步隋炀帝之后尘。然而,康熙、乾隆二帝南巡究竟有无以绫罗制花叶莲芡,以螺蚌羽毛作野鸭鹭鸶的恶政呢?查清史,未见正式的详情记载。除康熙帝第一次南巡在冬十月,其他历次南巡均在春天,似乎没有必要以人工花鸟来点缀春色,而康熙帝第一次南巡尚俭朴,亦无此奢侈可能。唯《南巡盛典》载乾隆十六年(1751)首次南巡时,盐商在扬州平山堂行宫植梅万株,耗银数万两,专供乾隆帝观赏,其事似乎相近。然植梅万株耗银虽多,尚不同于用人工花鸟装点春光,因前者得天然之美且可长存,后者则瞬息繁华而转眼云烟。大约是连当时一般文人也都反对这种隋炀帝式的享乐吧,在《圣祖五幸江南恭录》和《南巡盛典》中竟都找不到有以绫罗花叶装饰风景的记载,只泰州张符骧《自长吟》卷十《竹西词》之二有"五色云霞空外悬,可怜锦绣欲瞒天"之句,或有所隐指而已。

但脂评既点明"以省亲写南巡",曹雪芹岂有以虚构想象代替"史笔"的道理?我相信《红楼梦》作者不会毫无根据地把他那时的"当今"比作荒淫的隋炀帝。果然,我在史书夹缝中找到南巡时确有"假作真时真亦假"以人力制作假景观的证据,见《清史稿》卷三百五十七《吴熊光传》,吴在嘉庆初期任直隶总督:

及东巡返,迎驾夷齐庙,与董诰、戴衢亨同对。上曰:"道路风景甚佳!"熊光越次言曰:"皇上此行,欲稽祖宗创业艰难之迹,为万世子孙法,风景何足言耶?"上有顷又曰:"汝苏州人,朕少屡跸过之,其风景诚无匹。"熊光曰:"皇上所见,乃剪彩为花。苏州惟虎丘称名胜,实一坟堆之大者,城中河道逼仄,粪船拥挤,何足言风景!"上又曰:"如汝言,皇考何为六度至彼?"熊光叩头曰:"皇上至孝。臣从前侍皇上谒太上皇帝,蒙谕:朕临御六十年,并无失德,惟六次南巡,劳民伤财,作无益害有益。将来皇帝如南巡,而汝不阻止,必无以对朕。仁圣之所悔,言犹在耳。"同列皆震悚,壮其敢言。

吴熊光"剪彩为花"一语,证实了乾隆帝南巡时以绸绢为花叶取悦皇帝的情况。由是观之,曹雪芹在《红楼梦》中所记必有事实依据:南巡时柳杏诸树虽已有花叶不必造假,未曾开花和花期已过的树林尚需装饰;且春二、三月间湖中荷荇菱芡之属尚无踪影,必须以假作真。则南巡时单此一项花费就令人咋舌,"把银子都花的淌海水似的","'罪过可惜'四个字竟顾不得了"!

因此,曹雪芹《红楼梦》以文学形式批评"太祖舜巡"和元妃省亲,实际乃影射康熙、乾隆二帝南巡之"奢华糜费"。曹雪芹以"史笔"勇敢地记述了其他书籍所不敢或未能记载的历史真实,且大胆地以之比拟隋炀帝,显示了他艺术家的敏锐眼光和伟大人格。

(二十六)迎春的身世

贾府二小姐迎春,温柔善良而又懦弱无能。她虽生在公侯之家,身世却很可怜:贾赦、邢夫人和贾琏、王熙凤名分上是她的父母兄嫂,实际上对她毫不关心。她性格的懦弱实在与其身世大有关系。今存各脂本和程甲、乙本对她身世的交代前后均不统一,透露出作者对她的出身有过两种不同的构思。

第七十三回邢夫人教训迎春:"总是你那好哥哥好嫂子,一对儿赫赫扬扬,琏二爷凤奶奶,两口子遮天盖日,百事周到,竟通共这一个妹子全不在意。但凡是我身上吊下来的,又有一话说,只好凭他们罢了。况且你又不是我养的,你虽然不是同他一娘所生,到底是同出一父,也该彼此瞻顾些,也免别人笑话。我想天下的事也难较定，你是大老爷跟前人养的，这里探丫头也是二老爷跟前人养的，出身一样。如今你娘死了，从前看来你两个的娘，只有你娘比如今赵姨娘强十倍的，你该比探丫头强才是，怎么反不及他一半！谁知竟不然，这可不是异事。倒是我一生无儿无女的一生干净，也不能惹人笑话议论为高。"这一大篇啰里啰嗦的话对迎春的出身倒讲得很清楚：迎春是贾赦的庶出女儿，贾琏的异母妹，其生母乃姨娘，在迎春童年时已经去世。但第二回"冷子兴演说荣国府"对迎春的出身又有多种说法：

(1) 二小姐乃赦老爹前妻所出。（甲戌本）

(2) 二小姐乃赦老爷之女，政老爷养为己女。（己卯本、杨藏本）

(3) 二小姐乃政老爹前妻所出。（庚辰本）

(4) 二小姐乃赦老爷前妻所出。（蒙府本、舒序本）

(5) 二小姐乃赦老爷之妾所出。（戚序二本）

(6) 二小姐乃赦老爷姨娘所出。（梦觉本、程甲本、程乙本）

(7) 二小姐乃赦老爷之妻所生。（列藏本）

其中，庚辰本之"政"显系"赦"字之误，其所据底本文字应同今存甲戌本。故早期版本中实乃甲戌本与庚辰本一致，己卯本与杨藏本相同。至于其他各本，蒙府、舒序二本基本同甲戌、庚辰（"老爹"为南京话，"老爷"为官话，与迎春出身无关，暂不论），列藏本疑夺"前"字，亦可归入一类；戚序本和梦觉本应系整理者为与上引邢夫人语取得统一而作改动，意思一致而文字不同。程本则承梦觉本一系而来。因此，甲戌、庚辰、蒙府、舒序、列藏等本显示出作者早期的一种构思：迎春乃贾赦前妻所生，与贾琏同母，邢夫人是贾赦的续弦夫人。但后来作者的构思又发生变化，故有了第七十三回邢夫人的那段训话：迎春的生母降为姨娘，与贾琏不再是同母兄妹。作此改动当然是为了反映迎春身世的孤零可怜。己卯本和杨藏本不再提及她的生母是贾赦前妻，显然已是后来所改；但此二本比他本多出一句"政老爷养为己女"亦应系作者原文，大约是己卯原本抄整时畸笏叟据作者原稿本补入。因为第八十回迎春曾向自己的命运提出抗议："我不信我的命就这么不好！从小儿没了娘，幸而过婶子这边过了几年心净日子，如今偏又是这么个结果！"这说明她确实是在生母去世后为王夫人所养育的。这种前后一致的呼应而又出现于早期脂本的文字必出作者本人之手。

综上所述,可知作者对迎春身世有过两种不同的设计构思:贾赦前妻之女与已故姨娘之女。今后如出校本,第二回交代迎春身世的文字似以据己卯本和杨本为佳:既有可靠的早期版本为依据,又可与后文呼应且避免自相矛盾。

(二十七)中山狼与孙绍祖

中山狼的典型特征是忘恩负义、恩将仇报。自从明代马中锡《中山狼传》和康海、王九思的同名杂剧流传,这个文学典型已尽人皆知。贾府的抄没败落自有其内在和外部的深刻原因,但为中山狼所袭击却是引起一切矛盾总爆发的导火线。对此作者在第十八回元春省亲点戏一段文字中已有预示。

元春点了四出戏:《豪宴》《乞巧》《仙缘》《离魂》,己卯、庚辰、蒙戚三本及梦觉本在《豪宴》下有批:"《一捧雪》中,伏贾家之败。"在此段之后还有双批:"所点戏剧伏四事,乃通部书之大过节、大关键。"可见《一捧雪·豪宴》有隐寓贾府败落之作用。

《一捧雪》乃明末清初苏州戏剧家李玉所撰传奇,全剧三十出,《豪宴》为第五出:莫怀古带汤勤拜会严世蕃,严留两人宴赏新编的《中山狼》杂剧,剧完后严留下汤勤为清客帮闲,莫怀古告辞而去。其中的《中山狼》杂剧乃是所谓的"戏中戏",是李玉自编的单折杂剧,由旦角扮东郭先生唱《北仙吕·点绛唇》等六支曲。它的主题,此剧定场诗已点明:"世路险巇恩作怨,人间反覆德成仇。好把中山狼着眼,醒时休!"看来,曹雪芹之所以要安排元春点演《豪宴》,是因为要以其预示贾府之败与中山狼有直接关连。

《一捧雪》传奇里的中山狼当然是影射汤勤即汤裱褙:他在贫困潦倒之际为莫怀古收留,最后却以怨报德,向严世蕃告密莫怀古家藏祖传玉杯一捧雪,以致莫怀古家破人亡、宠姬雪艳亦被其所夺。据第五回贾迎春的判词、图画、《红楼梦曲·喜冤家》及第七十九回回目"贾迎春误嫁中山狼"可知,"中山狼"应指迎春的丈夫孙绍祖。《喜冤家》曲斥责他:"中山狼,无情兽,全不念当日根由。一味的骄奢淫荡贪还构。"活画出孙绍祖骄奢蛮横贪婪构陷的脸谱。

孙绍祖虽是中山狼,却需假手于严世蕃式的权贵才能达到反噬的目的。而《红楼梦》里严世蕃式的角色应非贾雨村莫属。贾雨村阴险毒辣而又野心勃勃,为了功名利禄,他可以不顾一切伦理道德:乱判葫芦案,将恩人之女英莲拱手送与杀人犯薛蟠；诬陷石呆子，为贾赦抢夺石呆子古扇而不惜置之于死地。短短几年内，他从黜革废员起复补应天府知府，升京兆尹，又"补授大司马，协理军机，参赞朝政"。"大司马"即兵部尚书，清代以尚书衔入军机者其官职为从一品（见《大清会典》卷二），已远远超过贾赦（一等将军）、贾珍（三品将军）和贾政（五品员外郎）等人。此时他已不再需要贾府的支持提携，一旦时机适合，这种心狠手辣的伪君子必会落井下石。这在正文和脂评中已有多处预示：

（1）第一、二回脂评多次称贾雨村为"奸雄"，见甲戌、梦觉本及蒙戚三本。

（2）第三回贾雨村以宗侄帖拜见贾政，甲戌本有两条旁批："此帖妙极，可知雨村的品行矣。""君子可欺其方也。况雨村正在王莽谦恭下士之时，虽政老亦为所惑。"前批又见蒙戚三本，后批又见靖本批语抄件。批者以王莽比雨村，可见作者后文将脱下雨村伪装谦恭之假面，露出其奸雄之真相。

（3）第十七回贾政带众清客和宝玉游园，"又值人来回，有雨村处遣人回话"，句下有双批："此处渐渐写雨村亲切，正为后文地步，伏脉千里。"此批见于己卯、庚辰本和蒙戚三本，它指出雨村与贾政的"亲切"与后文有直接联系，应与贾府之抄没有关。

（4）第七十二回贾琏说贾雨村"将来有事，只怕未必不连累咱们，宁可疏远着他好"，可见将来贾府要受其"连累"。

（5）蒙戚三本第四回脂评及靖本批语抄件第83条两次指出贾氏等大族之败亡原因最重要者，即为"子孙不肖，招接匪类"。从前八十回看，贾府招接的"匪类"只有孙绍祖与贾雨村。据第七十九回正文，孙绍祖"现袭指挥之职""在兵部候缺题升"，正是"大司马"即兵部尚书贾雨村的直系下属。两人相互利用、彼此勾结并狼狈为奸极有可能。当然，由于小说后半部的散失，这两个中山狼将怎样构陷贾府已难以详知，但贾府败亡的导火线由他们点燃应无疑义。

顺便说一说，《喜冤家》曲"一味的骄奢淫荡贪还构"乃庚辰本文字，甲戌、己卯、杨藏、蒙府、梦觉等五本"构"皆作"搆"，二字通。古籍中构怨、构造（诬陷、捏造）、构陷、构结、构衅等词，均合中山狼恩将仇报的凶恶本质，故"构"（或"搆"）应系作者原文。戚序本整理者改为"贪顽豰"，音同，而中山狼化为嬉戏之家犬，大误。舒序本改作"贪婚媾"，程甲、乙本为"贪欢媾"，其意思不但与"淫荡"重复，而且将尽人皆知的中山狼典型特征都除去了，必系抄整者妄改。

又，已故的戴不凡先生在其《红楼梦诠释》一文中也谈及：孙绍祖应是反噬贾府的中山狼，而不只是虐杀迎春的凶手（文载《东海》1979 年第 7 期，可以参看）。

（二十八）"觅那清淡天和"考

《红楼梦曲·虚花悟》各本文字颇有异同，其中最可能产生歧义的第四句为：

> （1）觅那清淡天和。（甲戌、庚辰、舒序本）
>
> （2）不见那清淡天和。（己卯、杨藏本）
>
> （3）觉那清淡天和。（蒙戚三本）
>
> （4）那清淡天和。（梦觉、程甲本）

梦觉本经过多次删整且抄成已晚，此句前夺一动词，以致意义不完整；程甲本承梦觉本之误，皆可不论。蒙戚三本的共同祖本亦在乾隆中期经过整理，因其来自庚辰原本系统，故误抄或妄改"觅"为"觉"的可能性极大，亦暂可不议。需要加以讨论的是：曹雪芹之原文究竟是"觅那清淡天和"抑或"不见那清淡天和"？巧在甲戌、庚辰和舒序本的"觅"字皆抄成异体字"覔"，显示在作者原稿及己卯庚辰原本、甲戌原本上都写成"覔"或"不见"（竖行），故殊难判定是抄手将"覔"一分为二抄成"不见"呢，还是将"不见"合二而一抄成了"覔"。

为了解决这个问题，可从版本源流及文义两方面考察。

先看版本源流。因为今存甲戌本来自甲戌原本一系，而其他今存脂本皆来自己卯庚辰原本一系，故凡甲戌本与庚辰本相同的文字极可能是曹雪芹的原文。虽然目前我们还难以肯定，今存庚辰本同甲戌本而异己卯本的文字，全部是曹雪芹本人在庚辰秋所点改，抑或其中有部分是在他逝世以后畸笏叟据脂砚斋的甲戌原本所校改，但今存庚辰本的底本或祖本亦即庚辰原本曾据甲戌原本校改是没有问题的。因此，从版本源流判断，应以"觅"字为可靠。

再看文义。"清淡天和"指自然界清净淡泊之元气,"觅那清淡天和"意谓惜春在"将那三春看破,桃红柳绿待如何?把这韶华打灭"之后,试图到佛教中去寻找心灵的安宁。她能否在佛门找到自己的归宿呢?曲文并没有写,只是以"说什么""到头来""则看那""更兼着""这的是""似这般""闻说道"等三衬字引出以对偶句为主体的曲文,发挥富贵虚幻、人生短暂、佛门长生的思想,完整地传达了她出家为尼之前的心理活动。至于她是否在佛门内得到自己所寻觅的理想,不在这支《虚花悟》曲所咏范围之内。如果曲文为"不见那清淡天和",则惜春在皈依佛门之前已知佛教之空虚,这不仅不符合生活真实,而且使以下一连串表现她对佛教热切期望的歌词与之断裂,全曲自相矛盾而难以贯串融汇成整体。《红楼梦曲》是一组艺术成就很高的抒情诗,不至于会出现这样明显的缺陷。

因而,此句可校定为"觅那清淡天和"。除此而外,本曲还有一句较多异文:

(1)说什么天上夭桃盛,云中杏蕊多。(甲戌本、庚辰本、蒙戚三本、梦觉本)

(2)说什么天上夭桃盛,雪中香蕊多。(己卯本、杨藏本)

(3)说什么天上夭桃盛,云中香蕊多。(舒序本)

据版本源流,亦应从甲戌、庚辰等本,此句实用唐代高蟾《下第后上永崇高侍郎》"天上碧桃和露种,日边红杏倚云栽"典,意在点明功名富贵之不足恃。"雪中香蕊多"云云就无从索解了,当是己卯本抄手误书。杨藏本前七回为己卯本系统,故亦承其误。香、杏音形皆近,雪、云形近,都很有可能抄误。

(二十九)智能与惜春的结局

智能是水月庵(别名馒头庵)的小尼姑,秦钟的情人。第十六回末秦钟临死时还记挂着被老父逐出的智能尚无下落,不肯就死。甲戌、己卯、庚辰本及蒙戚三本此处皆有双批:"忽从死人心中补出活人原由,更奇更奇。"此后直至第八十回就再也没有提起过她,于是智能的结局如何就成了一个永远的谜。

其实,曹雪芹在第七回智能第一次出场时对此小人物的结局已有所安排。此回写周瑞家的送宫花与惜春,"只见惜春正同水月庵的小姑子智能儿两个一处顽笑",甲戌本及蒙戚三本此句下有双批:"总是得空便入,百忙中又带出王夫人喜施舍事,一笔能令千百笔用。又伏后文。"接着又写惜春笑说:"我这里正和智能儿说,我明儿也剃了头同他作姑子去呢,可巧又送了花儿来。若剃了头,把这花可带在那里!"甲戌本在此段话上有眉批:"闲三〔闲〕笔,却将后半部线索提动。"据此可推知所谓"后文""后半部线索"必定是与惜春、智能两人有关的。

贾府败落之后,惜春流落为尼,这有第五回惜春册上的图画、判词、《虚花悟》曲文为证,又有第二十二回惜春海灯谜及谜下脂批为旁证。此条脂批见于庚辰本和蒙戚三本:"此惜春为尼之谶也。公府千金至缁衣乞食,宁不悲夫?"但她怎样进入尼庵以及与谁一起在尼庵礼经拜佛,却值得一思。程甲、乙本后四十回写她在栊翠庵带发修行,有紫鹃为伴,这自然非曹雪芹原意。据上引第七回脂评,她在家破人散以后很可能是在水月庵出家,将她引入佛门并晨钟暮鼓共度寂寞时光的应是智能。

按,水月庵别名馒头庵,与铁槛寺相近,作者以此一寺一庵象征"纵有千年铁门槛,终须一个土馒头",见于甲戌本第十五回脂评。铁槛寺是贾府家庙,水月庵亦是贾府香火,两者实为一体,俞平伯先生《读〈红楼梦〉随笔》已言及。铁槛寺所居系男僧,而水月庵所居为尼姑。水月庵主持原为老尼净虚,即第十五回内与凤姐合谋拆散张金哥和守备之子婚姻以致逼死两条人命的案犯。第七十七回芳、藕、蕊三官出家时,水月庵的主持已是智通。第十五回写到过一个"智善",看来智通、智善、智能三人都是净虚之徒,乃师兄弟。芳官跟了智通出家,净虚老尼此时已圆寂了罢。水月庵原为贾府香火,贾府败落后,水月庵失去了施主和经济来源,也将成为一座破庙。惜春最后与智能、芳官一起在水月庵出家为尼,做了变相的乞食者,这就是她们深可悲悯的归宿。至于那"西方宝树唤婆娑,上结着长生果"的西方极乐世界,只能存在于她们永恒的幻想之中。

（三十）蓼风轩、藕香榭与暖香坞

四小姐惜春在大观园内的住处很难定于一统,因为小说正文有过三种不同的交代,似乎她在园内搬了三次家:

其一,第二十三回众女儿搬进大观园,"惜春住了蓼风轩"(据庚辰、杨藏、戚序、舒序、梦觉本。郑、列藏两本作"蓼风轩",蒙府本作"暖香岛",应系抄误或擅改)。但蓼风轩在何处?书中始终未曾提及。它有可能在萝港花溆附近,因为贾宝玉题额时为此处原拟"蓼汀花溆",想必水滨红蓼密集,近处建筑名曰"蓼风轩"的可能性较大。

其二,第三十七回偶结海棠社,宝钗有言,"四丫头住在藕香榭",并因此为她题别号"藕榭",有一次又叫她"藕丫头"(第四十二回)。

四小姐从蓼风轩搬到藕香榭去了么?然而书中几次写到藕香榭,又似乎都不可能是她的闺房。第三十八回螃蟹宴就铺设在藕香榭,据此回介绍:"原来这藕香榭盖在池中,四面有窗,左右有曲廊可通,亦是跨水接岸,后面又有曲折竹桥暗接。"也只适合夏天作卧室,秋冬之时就嫌太凉。第四十一回又写贾府小戏班的女孩子们在藕香榭奏乐。看来,此时(约当阴历八月下旬)藕香榭已不是惜春的香闺了。

其三,第五十回又写惜春住在暖香坞。正文有一段描写,很可说明其位置和建筑特点:

> 过了藕香榭,穿入一条夹道,东西两边皆有过街门,门楼上里外皆嵌着石头匾,如今进的是西门,向外的匾上凿着"穿云"二字,向里的凿着"度月"两字。来至当中,进了向南的正门,贾母下了轿,惜春已接了出来。从里边游廊过去,便是惜春卧房,门斗上有"暖香坞"三个字。早有几个人打起猩红毡帘,已觉温香拂脸。

可见暖香坞在藕香榭之西,一条东西向的夹道之南。由于它的北面有夹道挡住北风,门后又有游廊(说明房前有宽阔的庭院),故阳光充足且保暖性特别好,用作冬季住房十分合宜。暖香坞建筑的构思很可能即借鉴自清代康雍时艺术家高凤翰的《人境园腹稿记》中设计的"香雪步"和"雪窟阳春",此点邓云乡先生《红楼梦风俗谭》已经言及。

此后直至第七十四回抄检大观园，惜春仍住在暖香坞，文中且交代李纨与惜春是"紧邻"。故可推知暖香坞实际位置介于藕香榭与稻香村之间。

小说中写了惜春的三个住处，要说是曹雪芹搞错了四小姐的闺房地点，这是说不过去的：他连这也搞不清，还写什么《红楼梦》呢？综观全书，似乎可以这样解释：惜春起初住在蓼风轩，暑天迁居于藕香榭（第三十七回偶结海棠社时天仍暑热，见贾芸《送白海棠帖》），秋冬之时则居住在暖香坞。随气候季节而搬迁，也合乎这位女画家的艺术趣味。

(三十一)释"昏惨惨黄泉路近"

第五回《晚韶华》曲咏李纨悲剧，曲文之入骨凄凉令人不忍卒读。然由于对其中"昏惨惨黄泉路近"一句的解释不同，李纨悲剧的性质也随之而发生了根本差异。

比较流行的解释是："昏惨惨黄泉路近"者是李纨。李纨是够不幸的：青春丧偶，中年又遭家难，好容易熬到贾兰科举成名，"光灿灿胸悬金印，威赫赫爵禄高登"，总算得到了凤冠霞帔和一卷诰封。如果她不久即死去，那么李纨就没有什么"晚韶华"（迟到的春光）可言。在临死之前，她可以为自己一生的道德完善感到满意，更为自己教子有方而自豪，为儿子的荣华富贵而欣悦。撒手西去之时，她该是含着笑容的，西方诸佛一定会用金台来迎接她的，她有这样的信念。李纨以自己的一生证明了封建礼教的胜利，她的精神支柱始终不溃：多么崇高的妇女啊！这样，李纨的"悲剧"不过是丈夫早死，没有享到儿子可以给予的老福而已。就《红楼梦》全书的思想水平来看，我们不能设想曹雪芹会这样构思作为金陵十二正钗之一的李纨之悲剧。

要准确理解作者构思，还是应该反复诵读并逐句细绎《晚韶华》曲：

镜里恩情， 更那堪梦里功名。	总起。前句咏其夫贾珠早夭，夫妇恩爱 如镜花水月；后句叹其子贾兰功名如梦。
那美韶华去之何迅！ 再休提绣帐鸳衾。	伤己青春已逝，夫妇恩情 已不可再。
只这戴珠冠披凤袄， 也抵不了无常性命。	愿以自己的富贵荣华抵算儿子 寿命，而无常不许。

虽说是人生莫受老来贫， 也须要阴骘积儿孙。	虽自己老年富贵，但贾府未积 阴骘，儿孙难得寿福。
气昂昂头带簪缨， 光灿灿胸悬金印， 威赫赫爵禄高登， 昏惨惨黄泉路近。	贾兰骤贵，威权显赫。 贾兰突然死亡。
问古来将相可还存， 也只是虚名儿与后人钦敬。	总结。 叹息贾兰虚名之无用。

　　由以上解析可知：此曲明显分成前后两部分：前段从李纨方面咏唱，后段就贾兰角度描绘。其中"昏惨惨黄泉路近"一句与上下曲文连贯，明指贾兰而言，断断插不进李纨之死。况且前面"梦里功名""抵不了无常性命""也须要阴骘积儿孙"等句，亦早已咏及贾兰将功名如梦，故"昏惨惨黄泉路近"一句之主语应是贾兰。

　　这才是曹雪芹所构思的李纨之悲剧：她将自己一生的希望寄托于儿子贾兰的荣耀显达之上，那遥远的理想世界之光辉吸引着她带领儿子艰难地前进。最后，她希望她儿子得到的一切都得到了；但就在她实现理想的同时，她失去了她最可宝贵的现实——儿子贾兰。于是，她理想的殿堂全部倒塌，成为一片空无所有的虚幻。她将在老年富贵即所谓"晚韶华"中，为虚假的荣光所笼罩，孤身一人反复咀嚼咂摸她那无穷无尽的悔恨。只有这种长期的灵魂折磨，才会使她从功名富贵的梦幻中觉醒，认识到以往数十年教育儿子贾兰致力于仕途经济的全然错误。

（三十二）"箕裘颓堕皆从敬"正义

　　《红楼梦曲·好事终》有句曲文各本有较大差异：

　　　　（1）箕裘颓堕皆从敬。（甲戌本、庚辰本、蒙戚三本、舒序本、梦觉本）

　　　　（2）箕裘颓堕皆荣王。（己卯本）

　　　　（3）箕裘颓堕皆莹玉。（杨藏本）

　　如前所论，杨藏本前七回来自己卯本系统，"莹"字又显系"荣"字之误，故杨本"皆莹玉"之所据底本实为"皆荣玉"。今己卯本的"荣王"与"荣玉"只差一点,何者为是,需见文献佐证。据靖本收藏者谓,靖本正作"荣玉",则或可推定今己卯本的底本即己卯原本亦作"荣玉"。这样,实际上版本差异就是"皆从敬"与"皆荣玉"之不同。

"从敬"与"荣玉"音形相差均很大,故抄错的可能极小,均应是作者原文。两者立意亦不同:前者认为贾府之子孙不肖、不能继承祖业从贾敬就开始了,亦即认为贾府的败落应由贾敬负责;而后者却把贾府破败的责任归于荣府的玉字辈,实际上是归罪于贾宝玉。

贾敬之罪,不仅在于他迷信道教,也不仅在于他因欲求仙得道而弃家不顾,身为族长、家长而不理家事,放任珍蓉父子胡作非为。贾珍与贾蓉的罪恶众所周知,毋庸多言,贾敬的罪恶则比较隐蔽。俞平伯先生《读〈红楼梦〉随笔》曾谓:贾敬死后由尤氏主持丧礼,第六十三回回目明标"死金丹独艳理亲丧",实暗示贾敬与儿媳尤氏关系暧昧,故贾珍与秦氏乱伦,乃是"上梁不正下梁歪"。因而,作者才在秦可卿的曲文中以"箕裘颓堕皆从敬,造衅开端实在宁"将贾府事败归罪于宁府和贾敬。俞先生此说顺理成章。

作者将贾府败落归因于贾宝玉也并非不可能。在卷首"作者自云"一段中已有"自欲将已往……背父兄教育之恩,负师友规谈之德,以至今日一技无成、半生潦倒之罪编述一集,以告天下人"等深自忏悔之语。第三回王夫人称贾宝玉为"孽根祸胎",甲戌本脂砚旁批:"四字是血泪盈面不得已无可奈何而下。四字是作者痛哭。"(下句脂批又见蒙戚三本)则贾府破败的导因或亦可能与贾宝玉有关。张锦池先生《论〈姽婳词〉在〈红楼梦〉悲剧结构中的地位》(百花出版社《红楼十二论》)即提出:贾宝玉《姽婳词》内"天子惊慌恨失守,此时文武皆垂首。何事文武立朝纲,不及闺中林四娘"诸句揭露并嘲笑了"天子"与"文武"的昏庸无能,可能因此而召来文字之祸,导致贾氏家族的败亡。这也是一种可能的设计。

这两种设计构思既均有可能,甲戌本和己卯本又均为可靠的早期脂本,则"皆从敬"与"皆荣玉"就都应出于作者曹雪芹的手笔。据《红楼梦》的成书过程及版本源流推测可知:在乾隆十九年甲戌(1754)作者开始第五次增删时,原稿的"皆荣玉"修改定稿为"皆从敬",脂砚斋之自留编辑本甲戌原本即据改定稿抄录;乾隆二十四年己卯(1759)冬前畸笏抄录己卯原本时,据较早的原稿文字抄为"皆荣玉",次年庚辰秋作者重定为"皆从敬"。

这两种不同的构思设计反映出作者在《红楼梦》创作过程中的思想轨迹。原稿的"箕裘颓堕皆荣玉"虽亦有理,且可表现作者"独于自身,深所忏悔"之情,然实不及"皆从敬"贬斥揭露封建宗法家族罪恶之尖锐深刻。且《好事终》曲原系咏叹秦可卿之悲剧,"皆从敬"亦更能揭示造成她人生悲剧的直接原因。盖在宁府这样的腐朽宗法家族中,越是美貌多情的女子越是容易招来家长的侮辱蹂躏,她们为了保持并巩固自身在家族中的地位而不得不承受家长的欺凌;特别是像尤氏和秦氏这样的小家碧玉,得以攀上国公府这高枝,"飞上枝头变凤凰"亦全靠了自身的美貌。"箕裘颓堕皆从敬",这就从正面指出贾氏家族败亡的一切责任应由封建家长负责,其中包括了他们与儿媳乱伦的责任。曹雪芹的这种思想与封建主义的"女色祸水"论是根本对立的,因而是十分大胆的。它反映出作者对封建宗法家族衰亡根源的深刻思考,也反映出作者对悲剧女性秦可卿的深切同情。曹雪芹在庚辰秋重定时改回"皆从敬",乃是明智之举。

(三十三)秦可卿死于八月二十五日

俞平伯先生《红楼梦研究》考出:在曹雪芹原稿中,秦可卿因与贾珍私通被尤氏和丫环瑞珠、宝珠撞破而羞愤自缢于天香楼。后来作者接受畸笏叟的劝告,将此情节的正面描写文字删去,改为秦可卿病死,但在第五回金陵十二钗正册秦可卿的图画和判词中仍保留着她自缢身死的痕迹。此项考证成果已为广大读者所熟悉。

然而秦可卿死于何时仍是个疑问。根据今存各脂本及程甲、乙本,作者对她的死期有过三种不同的安排:

(1)第十二回末交代林如海病重,贾琏送黛玉去扬州,其时乃是"冬底";第十三回开始写贾琏去后不久,凤姐与平儿"灯下拥炉倦绣,早命浓熏绣被,二人睡下",是夜秦可卿托梦于凤姐,即她身死之时。它们所反映的时令乃是冬末春初,应是同时撰写的文字。

(2)第十四回写秦可卿"五七正五日上"(死后第五个"七"的第五天,即死后第三十三天),跟随贾琏到苏州去的昭儿已回京,回凤姐说:"林姑老爷是九月初三日巳时没的,二爷带了林姑娘同送姑老爷灵到苏州,大约赶年底就回来。……叫把大毛衣服带几件去。"第十六回贾琏将林如海葬入祖茔，又将黛玉带回都中，"本该出月到家，因闻得元春喜信，遂兼程而进"，回京提前至十一月底。综观此两处描写，秦可卿"五七"时约在九月底，则她的死期应在八月下旬。这两处所写时间概念统一，亦应是同一次的改定稿，但与前者文字所反映的时间"冬末春初"则显然不符。

（3）第六十四回贾敬丧期中宝玉回怡红院，看见袭人在打灰色绦结子，她说："我见你带的扇套还是那年东府里蓉大奶奶的事情上作的。那个青东西除族中或亲友家夏天有丧事方带得着，一年遇着带一两遭，平常又不犯做。如今那府里有事，这是要过去天天带的，所以我赶着另作一个。等打完了结子，给你换下那旧的来。"据此则秦可卿又死于夏天。

对秦可卿死期的这三种不同安排反映了小说创作过程中作者构思的变化，在《红楼梦》长达十九年的创作过程中，出现这些时间前后不统一的描叙是毫不足怪的。然如就上述三种不同构思而论，秦可卿死于八月下旬当是作者原定稿，即曹雪芹听从畸笏叟劝告删改秦可卿之死情节前的定稿。而她死于冬末春初的文字是删改时所添写的。根据《红楼梦》的其他内证，我们还可以进一步推论：作者当时将她自缢于天香楼的日期定在八月二十五日。作此推论乃是基于如下理由：

（1）第一、三种写法与前后情节无牵一发而动全身的紧密联系，是添改文字的可能性较大。而第二种写法涉及第十三、十四、十六等回的大量具体情节，应系作者原定稿。甲戌本和庚辰本第十三回脂评证实：曹雪芹在乾隆十九年甲戌（1754）开始的第五次增删中删去了"秦可卿淫丧天香楼"的情节，以至第十三回少却四五页。因而这些反映秦可卿死于八月下旬的情节均应是甲戌年以前写定的文字。

（2）第四十二回凤姐听刘姥姥之言为巧姐儿查《玉匣记》，庚辰、蒙戚三本、列藏、杨藏、梦觉本及程甲本均作："八月二十五日病者，在东南方得遇花神。用五色纸钱四十张，向东南方送之，大吉。"唯独程乙本在"病者"之后多出一句"有缢死家亲女鬼作祟"。按，大观园在宁荣二府花园的基础上改建而成，其东南方即原宁府之会芳园，亦即秦可卿自缢处天香楼所在地，所谓"缢死家亲女鬼"除了她还能是谁？故此句断非程伟元和高鹗所能想象添入者，必系曹雪芹旧稿原文。据程乙本《引言》，程、高二人排印程乙本时曾"复聚集各原本详加校阅,改订无讹",此句当系他们据某今佚钞本文字补入。这条异文显示:曹雪芹原将秦可卿自缢于天香楼的时间安排在八月二十五日。

至于今存各脂本均无"有缢死家亲女鬼作祟"一句,其原因可能是这样的:畸笏叟既命雪芹删去天香楼一节将秦可卿死因隐去,又在抄整己卯原本时删削了第四十二回的这句话。今存各脂本除甲戌本外均是己卯庚辰原本的子孙,而甲戌本又残损,仅存前二十八回之中的十六回,所以此句在今存脂本中已不见踪迹,程甲本的底本是梦觉本(或其姊妹本),故亦无此句。今后如能发现甲戌原本系统的钞本,或许还可能在第四十二回找到这条异文的罢。

(三十四)"丰年好大雪"与薛家兄妹的取名

第四回"护官符"云:"丰年好大雪,珍珠如土金如铁。""雪"谐音薛,江淮方言和吴方言此二字读入声,乃同音字,故可谐代。"雪"又双关"金簪雪里埋""山中高士晶莹雪",是相当巧妙的构思。但即使是曹雪芹这样的天才作家,他的构想也不可能全无根据。求诸曹雪芹之前的文学艺术作品,李玉的《一捧雪》传奇似是曹雪芹联想取意之所在。

《一捧雪》中女主角雪艳是莫怀古之妾,但第一出《谈概》中称她为"千贞万烈的薛艳娘",第十九出"丑醋"中汤勤的丑老婆又唤她作"莫家姓薛的婆娘":可见"雪艳"即薛艳,李玉以吴方言雪、薛同音而为取此名。曹雪芹既很熟悉《一捧雪》传奇,则他以"丰年好大雪"之"雪"代指金陵富豪薛家极有可能是从李玉那里得到的启示。

薛宝钗之取名,据第六十二回所云,乃出自南宋郑会《题壁间诗》"敲断玉钗红烛冷"和唐李商隐《残花》"宝钗无日不生尘",皆象征分离、孤独,都与她未来的遭遇相关,对此吴世昌先生《红楼梦探源外编》已有详论,且引用了很多古典诗词中的例子,此不赘言。唯薛宝钗"艳冠群芳"的花名签题词,或许亦是从《一捧雪》传奇女主角薛艳而生的联想。

薛蟠之取名,也很有可能取自《一捧雪》传奇。据第二出《嘱训》和第六出《娄贿》,莫怀古的传家之宝玉杯一捧雪原系和氏璧,"盘着九龙,唤蟠龙和玉杯,俗呼为一捧雪"。薛蟠字文龙(据甲戌本第四回,又据蒙戚三本及列本

第七十九回回目），与此或亦有关。如果不考虑这一可能，则薛蟠字文龙或从晋代张勃《吴录》中著名的两句"钟山龙蟠，石城虎踞"取意，这也很适宜于显示呆霸王的骄横气焰。但"蟠"又系小虫名，《尔雅·释虫》："蟠，鼠负。"《注》："瓮器底虫。"《疏》："《本草》云：多在鼠坎中，鼠背负之。"故作者或有以薛蟠之名隐喻其豪奢骄横与渺小猥琐混合气质之构想。

同样，薛蟠之堂弟薛蝌，"蝌"亦系虫名，《尔雅》谓："虾蟆子也。"亦即蛙类动物的幼体蝌蚪。前八十回写薛蝌全用褒笔，似乎亦是个翩翩佳公子，但曹雪芹对小说人物的命名均有所考虑，并非随意率尔下笔，名之为"蝌"似有贬意。在作者构思的后半部中，薛蝌或许将扮演不光彩的角色亦说不定。

（三十五）梨香院与薛家居处

薛家进京后留住在贾府，寄居于梨香院，见于第四回。据此回介绍："原来这梨香院即当日荣公暮年养静之所，小小巧巧约有十余间房屋，前厅后舍俱全，另有一门通街，薛蟠家人就走此门出入。西南有一角门通一夹道，出夹道便是王夫人正房的东边了。"同回并借贾政之言点明梨香院在荣府的位置：各脂本（梦觉本除外）均作"东北角上"，唯梦觉本与程甲本为"东南角上"。按版本的可靠程度，似乎总该以甲戌、己卯、庚辰等本"东北角上"为是，然而这又与第六十九回的交代相矛盾。

据第六十九回，尤二姐死后贾琏向王夫人借梨香院停灵，"贾琏嫌后门出灵不像，便对着梨香院的正墙上通街现开了一个大门"，似乎梨香院又该在荣府的东南角上，否则怎能现开大门通街呢？且下文写贾琏在梨香院哭尤二姐，扬言要给她报仇，贾蓉忙上来劝，"又向南指大观园的界墙"；又写凤姐"往大观园中来，绕过群山至北界墙根下往外听，隐隐绰绰听了一言半语"云云，则梨香院应在大观园之北，与大观园仅有一墙之隔，它在荣府的东南角似乎不成问题。

这样，关于梨香院的方位，作者就有过两种不同的构思。由于这两处描述均甚具体，何者为是殊难判定。

与梨香院方位有关的是薛家居处。薛家先住梨香院，贾府将宁荣二府花园合并为大观园时，梨香院辟为小戏班教练所，薛家另迁于"东北上一所幽静房舍居住",见第十八回。薛家新居应在大观园之东北,所以第五十八回贾母去薛姨妈家祝寿,回来时可以顺路去看视病中的宝黛。然而据第七十八回宝钗之言"自我在园里,东南上小角门子就常开着,原是为我走的",似乎薛家新居又在大观园之东南了。这两处所写何者为是,亦难遽断。然薛家新居仍在东南、东北上缠夹不清,与梨香院的方位东南、东北游移不定一般,却令人悟到这两者之间必有某种联系。

如果将梨香院与薛家居处的种种迷雾联系起来考虑,就不得不认为:在《红楼梦》长达十九年的创作过程中,作者的构思曾发生变化。在早期的稿本中,贾赦住"北院",薛家所住荣公晚年养静之所的梨香院在荣府东南角上。在乾隆十六年(1751)后开始的第四次增删中,曹雪芹将荣府花园由西迁东,增写了元春省亲及大观园等有关情节,贾赦从"北院"迁至荣府东花园的南端临街之处,亦即旧稿中梨香院的原址。这样,梨香院的位置为贾赦院所据,曹雪芹就不得不把梨香院迁往"东北角上"(疑即原贾赦"北院"位置)。贾府小戏班进驻梨香院迫使薛家不得不搬往他处,而荣府东南部此时已为贾赦占领,于是薛家只好迁入"东北一所幽静的房舍居住"。举凡梨香院和薛家居处的东南、东北地域之争,其根源即在于此。本篇第二十二、二十三则曾谈及大观园和贾赦居处等问题,可以参看。

(三十六)"蘼芜满手泣斜晖"笺

第十七回"大观园试才题对额",有清客为后来的蘅芜苑题联"麝兰芳霭斜阳院,杜若香飘明月洲"。众人有异议,谓"妙则妙矣,斜阳二字不妥",此清客又引古诗"蘼芜满手泣斜晖"为出典。各脂本皆同,庚辰本上"手"字圈去旁改"院"字,因非本页抄手笔迹,可断为后人据程乙本所改(程甲本亦作"手")。"斜晖"程甲、乙本均作"斜阳",大概是程伟元或高鹗为了照应前联"斜阳院"而改动。

经查,引诗出自唐代女道士鱼玄机《闺怨》,见《全唐诗》第十一函第十册。诗云:

蘼芜盈手泣斜晖,闻道邻家夫婿归。

别日南鸿才北去,今朝北雁又南飞。

> 春来秋去相思在，秋去春来信息稀。
>
> 扃闭朱门人不到，砧声何事透罗帏。

曹雪芹引其首句，"盈"作"满"，未必是记忆之误。因第二十三、二十八回两次引用陆游《村居喜书》"花气袭人知昼暖"句，"昼"皆作"骤"。这类差异，很难肯定是曹雪芹有意改动抑或别有版本依据。

蘅芜苑后来成为薛宝钗的闺房，李纨且因而给她取别号"蘅芜君"：这显示作者构想中蘅芜苑的背景及自然环境都与薛宝钗有所关合。不少学者认为蘅芜苑之名出自晋代王嘉《拾遗记》卷五《前汉（上）》所载汉武帝李夫人故事：

> （汉武）帝息于延凉室，卧梦李夫人授帝蘅芜之香。帝惊起，而香气犹着衣枕，历月不歇。

则"蘅芜君"之称或有将她比作帝王后妃之意。耐人寻味的是，她署名"蘅芜君"的《忆菊》诗竟与上引女道士鱼玄机的《闺怨》七律十分相类。试引而比较：

> 怅望西风抱闷思，蓼红苇白断肠时。
>
> 空篱旧圃秋无迹，瘦月清霜梦有知。
>
> 念念心随归雁远，寥寥坐听晚砧痴。
>
> 谁怜我为黄花病，慰语重阳会有期。

曹雪芹以此诗预示薛宝钗的未来：在贾宝玉弃宝钗之妻、麝月之婢而为僧之后（据庚辰本及蒙戚三本第二十一回双批），她将年复一年徒劳地思念永远弃她而去的丈夫并为之终身痛苦。当然，号为帝妃的蘅芜君薛宝钗之《忆菊》在艺术风格上比风流女道士鱼玄机之《闺怨》典雅委婉得多了，但它们所反映的女主人公热切盼望丈夫归来的心态是何等一致！曹雪芹既将薛宝钗比为雍容华贵的后妃，又将她比作风流放诞的女道士，是否有象征薛宝钗两重人格的隐含意义呢？联系作者对薛宝钗多重性格的描写以及她最后"运败金无彩"的安排，这的确是一个可以探讨的问题。

鱼玄机，晚唐长安人，字幼微，一字蕙兰。先嫁为李亿妾，因不容于大妇，出家咸宜观为女道士。她为人风流疏宕，与名士李郢、温庭筠等酬唱，有诗一卷。后因妒嫉而笞杀婢女绿翘，为京兆尹温璋处死。详见《唐诗纪事》

卷七十八、《唐才子传》卷八。唐代皇甫枚《三水小牍》内收有《绿翘》一文，记述较详，但难免有虚构之小说家言，未可尽信，见《太平广记》卷一百三十。

（三十七）药王与赵姨娘

第二十五回赵姨娘问马道婆："前日我送了五百钱去在药王跟前上供，你可收了没有？"赵姨娘为什么要花钱请马道婆供奉药王？回答这问题先要弄清"药王"是谁。

"药王"有国产和进口两种。国产的"药王"又有多说。明末刘侗、于奕正《帝京景物略》卷三有《药王庙》一节，内谓：

> 天坛之北药王庙，武清侯李诚铭立也。庙祀伏羲、神农、黄帝，而秦汉来名医侍。……药者、勿药者，药效、罔效者，月朔望，焚楮香，祈报弸焉。

据此，"药王"乃伏羲、神农、黄帝的合称。清初高士奇《扈从西巡日录》所记不同：

> 城东北有药王庄，为扁鹊故里。……药王庙专祀扁鹊。……万历间，慈圣太后出内帑，增建神农、轩辕、三皇之殿，以古今名医配食。

据此则"药王"原系扁鹊，明代万历年间才由慈圣太后出内帑增建，连"药王"的美号也归了神农、轩辕、三皇等人。

北京天坛以北的药王庙到清初已经不存，见纳兰成德《通志堂集》卷十五《渌水亭杂识一》：

> 药王庙，天启中魏忠贤所建。落成时帝加奖谕，赐赉甚厚。当年必有丰碑，今无片石，盖为人所踣矣。

据此则迟至康熙二十四年（1685）药王庙已不存片石。但无论"药王"是扁鹊还是伏羲等人，都不是赵姨娘所供奉的药王，因为马道婆是佛教徒，庙里供奉大光明普照菩萨（观音的六种化身之一），故她庙里的"药王"也该是佛教菩萨才对口。

据查，佛教菩萨中确有名药王菩萨者，梵文为 Bhaisajyaraja，乃施良药治除众生身心病苦的菩萨。据《观药王药上二菩萨经》，药王名星宿光：

（星宿光）闻大乘，心生欢喜，持诃黎勒果及诸杂药，供养日藏比丘及诸众，因发人菩提心。时星宿光之弟曰电光明，示随兄持诸良药，供养日藏及诸众，发大誓愿，此时大众赞叹，号兄为"药王"，弟为"药上"，是今药王、药上二菩萨也。佛告弥勒，是药王菩萨久修梵行，诸愿已满，于未来世成佛，号净眼如来；药上菩萨，亦次药王成佛，号净藏如来。

《法华经·药王菩萨本事品》亦记其为供养法华烧身燃臂的事迹，文繁不引。

所以，赵姨娘所供奉的必系此从印度进口的星宿光药王菩萨即净眼如来，而其供奉目的显系在祈求药王解救她身心两方面的痛苦。这位贵族之家的姨娘，出身是"家生子"，即奴婢之女，属于世代为奴的阶层。她向家主贾政奉献了自己的青春和美貌，为他生育了一子一女，名义上虽已是"半个主子"，实际上却仍改不了奴才的身份。她在王夫人身边躬执贱役，常受训斥唾骂，甚至被当家的二奶奶王熙凤斥责，被亲生的女儿探春所鄙视。因为按照封建礼法，她只是太太的奴才，代替太太为老爷作性的服役并生养儿女的工具，贾环和探春虽是她所生育，按礼法却是王夫人的儿女。她认为自己名正言顺地是贾环和探春的母亲，想不到她自己的女儿却称之为"阴微鄙贱的见识"，并宣称"他只管这么想，我只管认得老爷、太太两个人，别人我一概不管"。划清界线，不认生身之母为母。赵姨娘在这贵族之家受尽了蔑视与欺凌，她内心是十分痛苦的，省下私房钱给药王上供，祈求星宿光和电光明兄弟睁眼看清她的处境并设法解救，这或许是她唯一的希望了。

但是，在马道婆的挑拨下，她凶残地噬人了，妄图以魇魔法杀害贾宝玉和王熙凤，夺取贾政所谓的"冠带家私"。如果说她供奉药王菩萨是可怜的善举，那祭起魇魔法就完全是可恨的恶行了。赵姨娘之终于难为作者和读者所原谅亦即在此。

然而，根据前八十回的伏笔，赵姨娘的结局似颇为得意，说明她祈祷药王菩萨大有灵验。这些"伏笔"可分三点来说：

（1）她的两个丫头，一名吉祥，一名小鹊（分别见第五十七、七十二回），其名皆寓喜事。

（2）她的亲生女儿探春将贵为"王妃"（第六十三回）。虽探春对赵姨娘甚为凉薄寡情，但母女天性未必全然泯灭。第五十六回赵姨娘因兄弟赵国基丧葬费事责备探春,探春曾称:"我但凡是个男人,可以出得去,我必早走了,立一番事业,那时自有我一番道理。"什么"道理"? 她没有说。然从当时具体情景分析,其意当是:将来如能成就大业,方可真正照应赵家;目前迫于礼法,只能遵从家规。探春原是一个有政治家风度的女儿,屈而求伸的可能是存在的。

(3)贾环将来有可能承袭荣府世职,见第七十五回"赏中秋新词得佳谶"。此回写及贾赦赞赏贾环的中秋诗,说"不失咱们侯门的气概","以后就这么做去,将来这世袭的前程跑不了你袭呢"。此诗应即所谓"佳谶",它将会应验。

如果赵姨娘的女儿成了王妃,儿子袭了世职,而王夫人又去世的话,她岂不成了荣府的下一代老太太了么? 贾环所袭的世职当与贾珍相仿,是"三品××将军"(贾珍为"三品威烈将军",见第十三回),这样,她就成了三品太夫人,王妃的生身之母,真是好不威风。届时荣府的"冠带家私"都归了贾环,赵姨娘可算彻底遂了心愿。只可惜"好一似食尽鸟投林,落了片白茫茫大地真干净",贾氏家族的最终衰败毕竟是不可避免的,赵姨娘的得意也未必会绵延久长,药王菩萨也不可能永保其富贵不衰,这倒是可以肯定的。

(三十八)琉璃世界白雪红梅

《红楼梦》善写自然景色,且常常是"惜墨如金"(脂评语),几句白描便凸现了景物特征,如第四十九回写大观园冬景"琉璃世界白雪红梅":

> (宝玉)出了院门,四顾一望,并无二色,远远的是青松翠竹,自己却如装在玻璃盒内一般。于是走至山坡之下,顺着山脚刚转过去,已闻得一股寒香拂鼻。回头一看,却是妙玉门前栊翠庵内有十数株红梅,如胭脂一般映着雪色,分外显得精神,好不有趣。

真是诗一般的境界,令人心醉。然栊翠庵红梅的花期颇为特别。据第五十回,薛姨妈表示要请贾母赏雪,贾母笑道:"这才是十月里头场雪,往后下雪的日子多呢,再破费不迟。"大观园内的红梅竟是在十月里开放的! 是作者偶尔疏忽以致笔误吗? 不是。因为在第五回也有过相同的介绍:因宁府会芳园内梅花盛开,尤氏治酒请贾母等赏花;宝玉午倦,在秦可卿房内梦游太虚幻境,其时正当"秋尽冬初"(第六回),恰是十月。会芳园后来改建成大观园,栊翠庵地处大观园东部,正在原会芳园故址,所以栊翠庵之红梅即是原会芳园的梅花。这两段文字相隔四十五回而细节吻合若此,可见作者文心之细。

然而,大观园的红梅怎么可能在十月里开放呢?固然唐人诗云"十月先开岭上梅",但《红楼梦》的背景在北京和江南地区,且大庾岭地处亚热带,亦绝不可能出现"白雪红梅"之景色。北京天寒,梅花不能在户外过冬,因而并无梅林,姑置不论;江南地区的红梅则从古及今都是在初春开放,一般花期在农历正月底到二月初,相当于公历三月上中旬光景。其时天气已经转暖,如偶逢春雪飞扬,即可呈"琉璃世界白雪红梅"之景观。唯春雪易融,一旦雪止,一两日间便融化无踪。南宋范成大在故乡苏州石湖建置园林名曰范村,又性爱梅,故遍植梅花,并著《范村梅谱》,内云:"(红梅)标格犹是梅,而繁密则如杏⋯⋯与江梅同开,红白相映,园林初春绝景也。"所记与今相同。清初情况亦然。作者祖父曹寅《楝亭诗钞》卷三有《朱园看梅忆子猷次同人韵》诗,云:"中春陟梅园,出谷复入谷。芳条不可折,秀色夺人目。"时已"中春"即二月。同书卷四《苍翠庵看梅》:"野寺弥春旭,清霜湿半桥。"卷六又有《二月四日雨后北门探梅限韵》及《西城看梅吴氏园》诗,内有"老我曾经香雪海,五年今见广陵春"之句,可证康熙后期南京、扬州等地红梅花期正在春天。所以曹雪芹笔下的大观园何以红梅在十月就含芳吐蕊,真令人百思难解,难道他那时代气候特别温暖,以至"冬行春令"了么?然据竺可桢《中国近五千年来气候变迁的初步研究》,我国历史上"寒冷时期出现在公元前一千年(殷末周初)、公元四百年(六朝)、公元一千二百年(南宋)和公元一千七百年(明末清初)等时代,汉唐两代则是比较温暖的时代"。所以曹雪芹生活的时代气温并不比今日高,红梅花期不会较今提早,更不可能在十月。

其实,曹雪芹观察细致且博览群书,岂有不知红梅盛放应在春天之理。在第五十回的三首《咏红梅花》和《访妙玉乞红梅》诗中,他早已写明其时已是春天:

(1)桃未芳菲杏未红,冲寒先已笑东风。

(2)江北江南春灿烂,寄言蜂蝶漫疑猜。

(3)疏是枝条艳是花,春妆儿女竞奢华。

（4）酒未开樽句未裁，寻春问腊到蓬莱。

第五十四回还写到荣府元宵夜宴，贾母等击鼓传红梅行"春喜上眉梢"之令。这些情况显示：曹雪芹所构思的大观园众女儿割腥啖膻、即景联诗等有关情节在旧稿中可能原在贾府庆元宵之后，亦即在相当于今本第五十五回以后的位置。作者增删旧稿时将它们挪移到今本第四十九、五十回，内容上也有所扩展。这样剪裁情节虽然造成了物候学上的失误，然从《红楼梦》"假作真时真亦假"的角度观察，自为小说创作所容许。

（三十九）凫靥裘与雀金裘

第五十回"宝琴立雪"久已成为艺术家喜爱的题材。然不知何故，在现代画家笔下，宝琴所披的凫靥裘是大红色的。电视剧《红楼梦》里，"立雪"一场众姊妹的披风五色缤纷，粉白黛绿耀人眼目，偏偏宝琴与宝玉两人披了大红斗篷。突出主角原是应该的，只是宝琴的凫靥裘和宝玉的雀金裘其颜色都不合原著之描写，未免令人生憾。

首先，曹雪芹构想中的凫靥裘绝不是大红色的。第四十九回叙述得很清楚：贾母喜欢新来的客人宝琴，给她一领斗篷，"金翠辉煌"；香菱不认识，猜测是"孔雀毛织的"，侯门小姐史湘云见过世面，认出是"野鸭子头上的毛作的"。由此可见，宝琴凫靥裘的基本色调是翠绿而闪金光，绝不可能是大红色。

凫靥裘的名字很漂亮。"裘"是皮衣，宝琴的这件斗篷应是以毛皮做衬里的；"凫"即野鸭，指其面料系用野鸭头颈部的翠毛织成；"靥"系人颊上之笑涡，乃人所特有而为野鸭所决无，则"靥"或指此裘面金光闪灿，不定令人联想起美人双颊之笑涡欤？

然则笑靥是金黄色的吗？不错。古代女子妆饰，除施粉、涂唇、描眉、点朱而外，又有在额上涂黄（所谓"额黄"，又以绸绢等物先制成片状物敷贴额中称"花黄"）、颊边添靥之举。今敦煌壁画中尚可见唐代供养仕女颊上妆靥，其色彩黄、红、绿、黑皆有，大抵随一时风尚而变，据文献记载，则以黄色者为正宗。晚唐段成式《西阳杂俎》云："近代妆尚靥，如射月，曰黄星靥。"他所说的"近代"，自然是指唐代中期以后了，则女子脸颊画靥还是中唐以后才流行的，其时所点笑靥正为黄色。李贺《同沈驸马赋得御沟水》有"入苑白泱泱，宫人正靥黄"之句，可为旁证。宋代高承《事物纪原·妆靥》谓："远世妇人妆喜作粉靥，如月形，如钱样，又或以朱若燕脂点者，唐人亦尚之。"看其行文，似乎宋代女子已不再流行画靥了。明代杨慎《词品》卷二谓："唐韦固妻，少时为盗刃所刺，以翠掩之，女妆遂有靥饰。"杨慎此言实出自唐人李复言《续玄怪录》中著名的《定婚店》即月下老人故事；但《定婚店》中韦固妻所贴翠饰在眉心，并非笑靥，故杨慎之言未可置信。综观以上材料，宝琴的凫靥裘其名分明是从野鸭头上的翠绿羽毛和唐人的黄星靥取意，则此裘为绿色而闪点点金光无疑。唯其衬里为何种毛皮，书中未曾交代。

宝玉的雀金裘亦是皮斗篷，但与凫靥裘的面料与衬里均不相同。据第五十二回描写：

> 贾母道："下雪呢么？"宝玉道："天阴着，还没下呢。"贾母便命鸳鸯来："把昨儿那一件乌云豹的氅衣给他罢。"鸳鸯答应了，走去果取了一件来。宝玉看时，金翠辉煌，碧彩闪灼，又不似宝琴所披之凫靥裘。只听贾母笑道："这叫作雀金呢，这是哦啰斯国拿孔雀毛拈了线织的。前儿把那一件野鸭子的给了你小妹妹，这件给你罢。"

这件大氅以乌云豹为里子，以孔雀毛织呢为面料。所谓"乌云豹"，乃是沙狐颈下一块毛皮的别名，颜色青灰，毛最长最轻，又名"青狐肷"，乃狐皮中最珍贵的品种（参见邓云乡先生《红楼识小录》）。面料因系孔雀毛拈线所织，故其色彩为金黄、碧蓝、翠绿混色，其色调随视角的不同而变化，与凫靥裘之翠绿主调而闪点点金光不同。

总之，凫靥裘与雀金裘都是十分珍贵的呢绒面皮大衣。这种贵重服装古已有之，如《西京杂记》载司马相如所穿之鹔鷞裘，据吴世昌《红楼梦探源外编》考释，即以"凫翁"即野鸭颈毛制成，所以宝琴的凫靥裘应与司马相如的鹔鷞裘是同一类服装，只是曹雪芹给它想出了一个特殊的美名罢了。又晋代太医司马程据所献"雉头裘"，乃以野鸡头部毛羽织成，其主色调应为金红而略带黄褐，见于《晋书·武帝纪》。此后各代常有以鸟类羽毛织制衣裘的记载，如南齐文惠太子"织孔雀毛为裘，光彩辉煌"（《南齐书·文惠太子传》），宝玉的雀金裘与之相类；唐中宗女安乐公主有百鸟羽毛裙，正看旁看各为一色，日中影中又各为一色，百鸟之状并见裙中（《旧唐书·五行志》）；

武则天男宠张昌宗有"集翠裘",价值千金(《太平广记》卷四〇五引《集异记》)。直至清代嘉庆间,西林觉罗·西清还见到过以"雉头氄毛"制成的马褂,乃黑龙江地区普通妇女缝制(见《黑龙江外纪》卷六)。

要之,曹雪芹在《红楼梦》中写了凫靥裘与雀金裘两件贵重毛呢皮衣,确有现实生活依据。在曹家的鼎盛时期,家中有这类珍异服装也是有可能的。

(四十)椿灵、椿龄与龄官

贾府小戏班中有个色艺双绝的小旦龄官,她的名字很可一说。

现存各脂本及程甲、乙本的正文中,她数次出现,名字均为"龄官";然而在第三十回回目内,她的名字却有三种不同的写法:

  (1)椿灵。(庚辰、杨藏、舒序、列藏等本)

  (2)椿龄。(梦觉本和程甲、乙本)

  (3)龄官。(蒙戚三本)

从版本源流分析,蒙戚三本的共同祖本系来自庚辰原本的某传抄本,此祖本曾经过整理,故回目中的"龄官"应系整理者为求统一而据小说正文改动。梦觉本和程甲、乙本一系的"椿龄",应系梦觉主人所改,其所据底本应亦同庚辰等本为"椿灵",因其与正文"龄官"不合,折衷将"灵"改为同音之"龄"。所以第三十回回目中的"椿龄"和"龄官"都是小说流传过程中整理者所改,并非作者笔墨,曹雪芹原拟回目应为"椿灵划蔷痴及局外",庚辰、杨藏、舒序、列藏等四本是准确的。

但这就出现了一个问题:为什么正文所写的是"龄官",而回目中却是"椿灵"呢?有一个解释可以比较圆满地回答这问题:"椿灵"是她的原名,"龄官"是她的艺名。正文与回目互为补充,这是有相同的例证可举的:贾瑞字天祥,正文中并无交代,但第十二回回目却明标"贾天祥正照风月鉴";贾珍之妻尤氏很美,正文中亦未写及,但第六十三回回目"死金丹独艳理亲丧"将尤氏与"群芳"对举称之为"独艳"。龄官原名椿灵,当亦如是。红楼梦研究所校注本据蒙戚三本校定为"龄官划蔷痴及局外",虽有版本依据,然似以从庚辰等本为佳。

古代艺人一入戏班便取艺名,清初戏曲演员艺名为"×官"者很常见,

《扬州画舫录》《燕兰小谱》等书均有记载(参见徐扶明先生《红楼梦与戏曲比较研究》)。贾府小戏班的十二个女孩子都是从苏州采买来的贫家女儿,一到贾府便改了艺名,其本来名姓湮没不彰了。除了龄官原名椿灵、芳官姓花、葵官姓韦而外,其他作者均未写明,读者也就不得而知了。

(四十一)关于龄官

龄官在贾府戏班十二名小演员中正式出场最早,关于她的情节描写也最多且最重要。

第十八回省亲演戏,元春点了四出:《豪宴》《乞巧》《仙缘》与《离魂》,其中除《豪宴》戏中戏《中山狼》唱北曲系杂剧外,其他均系传奇,唱昆曲(分别选自《一捧雪》《长生殿》《邯郸梦》和《牡丹亭》)。龄官是小旦,又称贴旦或六旦。在这四出戏中,她扮演的可能是《豪宴》中的东郭先生、《离魂》中的春香、《乞巧》中的织女和念奴。《乞巧》中的织女和念奴不一定都由龄官扮演,因为贾府小戏班还有一个小旦药官,药官死后又补有蕊官(见第五十八回)。这两个角色中织女较容易引起注意,故可假定她演的是织女。这样,龄官在元春所点剧目中曾三次上场表演,其中春香和织女虽是次要角色,但织女独唱《越调引子·浪淘沙》及《越调过曲·山桃红》两曲,春香也独唱《金珑璁》《集贤宾》《红衲袄》曲三支,亦很能一展歌喉。东郭先生更是以小旦反串男主角,又独唱六支《北仙吕·点绛唇》套曲,与第二十一回宝钗生日所点《山门》同一曲调,用她品评此套曲的话来说,"铿锵顿挫,韵律不用说是好的了",故令元春称赞不已的当是龄官在《豪宴》中的表演。

接着,龄官正式出场:

> 刚演完了,一太监执一金盘糕点之属进来,问:"谁是龄官?"贾蔷便知是赐龄官之物,喜的忙接了,命龄官叩头。太监又道:"贵妃有谕,说'龄官极好,再作两出戏,不拘那两出就是了'。"贾蔷忙答应了,因命龄官作《游园》《惊梦》二出。龄官自为此二出原非本角之戏,执意不作,定要作《相约》《相骂》二出。贾蔷扭他不过,只得依他作了。贾妃甚喜,命"不可难为了这女孩子,好生教习"。额外赏了两匹官缎、两个荷包并金银锞子、食物之类。

《相约》《相骂》系传奇《钗钏记》内的两出，龄官所演当系女主角史碧桃之使婢芸香，在这两出中芸香为主角，唱做俱重，以贴旦应工。看来龄官的演技是不错：既能唱北曲，又能唱昆曲，既能演雍容典雅的织女，又擅演泼辣俏皮的丫环，甚至还能反串小生。元春赏识她不是没有道理的。这次贾府小戏班第一次演出，作者突出描写了龄官一人，字里行间又伏下了有关龄官的后文。脂批云："何喜之有？伏下后面许多文字，只用一'喜'字。""如何反扭他不过，其中便隐许多文字。"（己卯、庚辰本及蒙戚三本双批）所云当指龄官与贾蔷的一段后文，作者曾借贾宝玉眼中所见细加描写，那就是第三十回"椿灵划蔷痴及局外"与第三十六回"识分定情悟梨香院"。在佚失的后半部中，或许还有关于龄官与贾蔷的"后文"吧。曹雪芹在龄官第一次出场时就用数十字笼罩住她的"后文"乃至结局，其笔力之雄厚实无与伦比。

然而，自"情悟"一回以后，小说中虽亦数次写到小戏班的演出，如第四十一回奏乐、第五十四回元宵演《寻梦》《下书》，龄官却再没有出现过。甚至第五十八回老太妃去世贾府遣散小戏班女伶时也没有直接提到龄官。按此回正文，愿回家者只有四五人，其他均愿留下，于是分给各房使唤。留下者八人：文官、芳官、藕官、蕊官、艾官、葵官、豆官、茄官。第三十回、五十八回还提到过另外四个优伶的名字：龄官、玉官、宝官、药官。其中药官早夭，算来愿回家者止有三人：龄、宝、玉三官。书中写明：王夫人"令其干娘领回家去，单等他亲父母来领"。龄官是被其亲父母领回苏州了呢，还是嫁给贾蔷了呢？不得而知。

贾蔷是个品质恶劣的青年，由于"上有贾珍溺爱，下有贾蓉匡助"，终日"斗鸡走狗，赏花玩柳"（第九回）。但贾蔷生得比贾蓉还风流俊俏，且又内性聪明，远离家乡父母的龄官与幼失父母的贾蔷相爱是有可能的，贾蔷因为爱龄官而自我检束也是有可能的。从"情悟"一回看，贾蔷对龄官似亦不乏真情。但龄官青年咳血，必患肺痨，按当时医疗条件，长期存活实不可能。且优伶社会地位低贱，贾蔷系国公府玄孙，如娶龄官为妻，必遭家长干涉反对（贾府老戏班的女伶后都由主子指配嫁与奴仆），故龄官最多只能做贾蔷之妾。一旦嫁为贾蔷之侍妾，贾蔷的本性恐亦将暴露无遗，不免像薛蟠对香菱："过了没半月，也看的马棚风一般了。"她的结局也只能是悲剧。

蒙戚三本在第十八回回后有一首七律云：

　　一物珍藏见至情，豪华每向闹中争。

　　黛林宝薛传佳句，《豪宴》《仙缘》留趣名。

　　为剪荷包绾两意，屈从优女结三生。

　　可怜转眼皆虚话，云自飘飘月自明。

　　其中"屈从优女"即指龄官执意要演《相约》《相骂》，"贾蔷扭他不过，只得依他作了"之事。至于"结三生"云云，似此诗作者认为贾蔷将与龄官结为连理。然据版本研究成果，蒙戚三本的回前回末诗并非脂砚斋或畸笏叟等曹雪芹亲友所题，而是蒙戚三本共同祖本之整理者所写。这位整理者（其别号可能是"立松轩"）未必见到过小说后半部的稿子，因而尚难据此诗推断龄官的结局。

（四十二）袭人的"争荣夸耀"之梦

　　袭人是文学评论家深恶而痛绝之的人物，称她为"贾府主子的忠实奴才"还算客气，加以"暗中袭击人"的"恶狗""特务"之类恶名者亦有。从小说中所描写的袭人形象看，这些评论似乎也不能算错，只是都有些片面，未能反映她的全貌。

　　在作者构思中，袭人的性格有美丑两个方面。警幻册子中袭人的画面为"一簇鲜花、一床破席"，就象征着其性格有如鲜花般俊俏芳香，又如破席般污秽卑陋。如果只是强调了后者，就失去了曹雪芹的作意。

　　据小说描写，袭人性格确有其美好的一面。她出身贫家，为了让父母兄长能生存下去，她心甘情愿地卖身为婢，以至脂批称赞她"孝女义女"：虽系封建观念，不乏自我牺牲精神。她进贾府后伏侍老太太数年，被久经世故的贾母评为"心地纯良，克尽职任"，脂批也连声称她为"贤袭人"。但随着时间的推移，她性格的另一侧面逐渐发展显露，甚至向主子告发其他女奴的言行与宝黛爱情，并提出将宝玉搬出大观园的"隔绝"方案，终至走上了"暗中袭击人"的卑鄙之路。袭人何以会从美变化为丑？作者除了以具体的情节写出其令人信服的发展过程，还在第三十一回以点睛之语挖掘出她的深层心理：原来这位"温柔和顺""似桂如兰"的女子，内心深处有着不可遏制的向上爬的欲望。这段文字对理解作者构思创作袭人形象至关重要，必须引录：

　　　　袭人见了自己吐的鲜血在地,也就冷了半截,想着往日常听人说:
"少年吐血,年月不保,纵然命长,终是废人了。"想起此言,不觉将素日
想着后来争荣夸耀之心尽皆灰了,眼中不觉滴下泪来。

　　袭人"素日想着后来争荣夸耀",这就是她之所以会从美好走向丑恶的
根本原因。为了达到将来"争荣夸耀"之目的,她必须取得王夫人的信任,必
须压倒她的竞争对手,必须争取最大多数人的舆论支持,以实现她的第一个
目标:成为贾宝玉的侍妾。这个目标她基本上达到了,只是尚未正式得到侍
妾的名分而已。她的第二个目标是劝导贾宝玉读书做官,以为这样可以"夫
荣妻贵"。但她忘了,她不是妻而最多只是妾,丈夫的诰封是没有她的份的,
除非她像娇杏一样扶册为正室,而这又是极为渺茫的事。她的第三个目标
大约就是赵姨娘的"理想"了:为贾宝玉生儿育女,熬到儿女长成,儿子飞黄
腾达,女儿嫁为贵妇,自己做个名正言顺的老太太。但她不知道,按照清代
制度:"凡嫡母在,生母不得并封。"(《清史稿·志八十九·职官一》)她也不
知道满洲世家的家法之严:尹继善做到两江总督,他那生身老母(尹继善之
父尹泰的侍妾)徐氏还得青衣服役;尹继善的女儿做了乾隆帝皇八子永璇的
王妃,她的生身之母(尹继善之妾)张氏仍是妾侍;后来由于极其偶然的原
因,她们的遭遇为雍正帝和乾隆帝获知,徐氏和张氏才例外地被封为一品夫
人(见《清稗类钞·婚姻类》)。所以,不识字的袭人大约并不知道,她想通过
做贾宝玉侍妾的方式取得"争荣夸耀"的地位是多么艰难,其成功的可能又
是何等渺茫。如果她知道的话,或许也就不会肯以出卖自己的良心为代价
去争取那不值得争取的侍妾名分了吧。然而,赵姨娘就是一个摆在她面前
的反面教材,一个前车之鉴。相当聪明的袭人竟会视而不见,实在是很令人
奇怪的事。

　　庚辰本第二十二回脂评曾谓:"袭人为好胜所误。"的确,袭人如果不是
那么"好胜",那么渴望日后"争荣夸耀",又何至于从"心地纯良"的无价宝珠
般的珍贵女儿变成卑劣的告密者呢!晴雯和黛玉之死,芳官的出家,四儿的
被逐,她是有一定责任的。贾宝玉《芙蓉女儿诔》"虽诔晴雯而实诔黛玉"(庚
辰本第七十九回脂评),其中有"钳诐奴之口,讨岂从宽?剖悍妇之心,忿犹
未释"诸句,"诐奴""悍妇"中就有袭人在,虽然贾宝玉作诔文时还只是怀疑
袭人而未能肯定。随着情节的发展与贾宝玉的更趋成熟,他必定会发现:他

最亲近的袭人，就是告密者之一。这时，也就到了他遣走袭人、让她去嫁琪官蒋玉菡的时候了。

在封建时代，优伶是最下贱的行业；特别是在清代，由于法律禁止官吏嫖妓，男性优伶实际上均已沦为贵族官僚的玩物男妓，其身份与妓女一样低贱。当时法律规定：优伶及其子女三代内不得与良人通婚，不得参加科举考试。嫁为优伶之妻，袭人的"争荣夸耀"之梦就永远破灭，再无实现之时。出卖了自己的灵魂以追求虚荣的袭人，最终还是两手空空，一无所得。

(四十三)"倒像杀了贼王，擒了反叛来的"

这是第五十八回晴雯批评芳官太狂的俗谚。据清代乾嘉间礼亲王昭梿《啸亭杂录》卷三"流俗之言"条下记：

> 《避暑录话》载：宋时流俗，言甚喜而不可致者云"如获燕王头"，盖当时以取燕为急务也。雍正中，尝与准夷构兵，里巷鄙自矜伐者必曰："汝擒得策王至耶？何自夸张若此！"盖谓策旺阿拉布坦也。余少时闻老妪妇犹言及之，可见准夷鸱张一时。非纯皇帝之神武，安能剪灭其国，夷为郡县？其威德胜于宋代，不啻霄壤之别矣。

策旺阿拉布坦乃丹济拉之子，噶尔丹之侄，噶尔丹于康熙三十六年(1697)自杀后，即由其担任回部准噶尔的首领，死于雍正五年(1727)(见《清史稿》卷五二〇)：是昭梿所记俗语当产生于康熙后期至雍正初元之际。晴雯之言当是从此里巷俗语进一步通俗化演变而成："贼王"可能即"策旺"的音转；"擒了反叛来的"，是将芳官比作投诚立功的小土番。这与第六十三回贾宝玉将芳官改妆成土番并改名为"耶律雄奴"是前后呼应的。戚序二本和杨藏本无此俗谚，列、杨、梦觉及程甲、乙本无芳官改妆一节(蒙府本第六十二回缺失，现存此回系据程甲本抄补)，应系抄录整理者所删，显示这些版本的形成年代已经较晚。

昭梿生于乾隆四十一年(1776)，卒于道光九年(1829)，他少年时代还听见老妇说过这句俗语，可知它一直到乾隆末期还相当流行。大约随着乾隆帝"十全武功"的完成，此俗谚也就逐步消亡了。

(四十四)《五美吟》与马銮《咏美人三十六绝句》

第六十四回"幽淑女悲题《五美吟》",林黛玉自说:"我曾见古史中有才色的女子,终身遭际令人可欣、可羡、可悲、可叹者甚多,今日饭后无事,因欲择出数人胡乱凑几首诗以寄感慨。"她选择虞姬、西施、红拂、昭君和绿珠等五人写了五首七绝,贾宝玉命名为《五美吟》。这五首诗,虽薛宝钗说"命意新奇,别开生面",其实并不甚佳。其中以《红拂》一首较有新意,赞美红拂为敢于冲破牢笼的女英豪;只是红拂乃唐人传奇《虬髯客传》中的人物,于史无征;这也无碍题旨,可以不论。

清代康熙时人卓尔堪选明末遗老诗作编成《遗民诗》二十卷,第十二卷收有马銮《咏美人三十六绝句》,似与《五美吟》有所关联。马銮所咏三十六美人依次为:西子、息夫人、如姬、虞姬、李夫人、卓文君、赵飞燕、明妃、绿珠、张丽华、侯夫人、梅妃、杨太真、班婕妤、冯小怜、红拂、乐昌公主、任夫人、关盼盼、陈云室、潘妃、莫愁、李势妹、桃叶、木兰、投梭女、漂母、文姬、阿娇、琵琶妇、聂隐娘、铜雀伎、苏蕙、曹娥、濡口女郎、七岁女子。今录与《五美吟》同题者五首以作比较:

西 子

君王有恨胆空尝,妾面如花不敢藏。
漫道溪边轻一出,此身原自系兴亡。

虞 姬

泉台犹著楚宫罗,垓下同歌不再歌。
若问野鸡当日事,可怜当日愧颜多。

明 妃

安边无策始和戎,箫鼓含情出禁中。
天子若怜沙塞苦,愿先延寿罪三公。

绿 珠

清歌才罢动悲声,忍负君恩别有情。
十斛明珠楼底碎,可怜不似落花轻。

红 拂

身经两朝不寻常，尚觉杨公逊李郎。

一见便能知国士，笑人索骏只骊黄。

据卓尔堪《遗民诗》卷十二注：

> 马銮，字伯和，贵州人。壮岁值南都新建，执政者纷张，进言不听，
> 常怀忧郁，遂绝意仕进。及国破家亡，君子亦深谅之。晚年垂帘白下，
> 有《咏美人三十六绝句》，寓意有在。

据《金陵诗征》卷四十一《顾在观诗传》，马銮实乃南明弘光朝大学士马
士英之次子，故卓尔堪所云"执政者"即马士英。马士英虽被称为"大奸"，倒
是为南明殉节的忠臣，没有投降清朝，马銮又曾屡次为国事向其父进谏，故
卓尔堪谓"及国破家亡，君子亦深谅之"云云。马銮的诗集未见，《遗民诗》所
收《咏美人三十六绝句》大概是其代表作。此组诗借美人托言寓意，歌颂忠
贞，处处流露明代遗老惋惜明亡誓死不贰的感情心态，内中颇有佳篇，上引
五首七绝可见一斑。林黛玉《五美吟》中虞姬、明妃、绿珠三首与马銮之绝句
立意颇为接近，故曹雪芹构思拟作时或有受马銮影响的可能。

作此推论是否太鲁莽了些？一点也不，因为马銮与曹雪芹家有不寻常
的关系。卓尔堪说马銮"晚年垂帘白下"，他在江宁所教的学生不是别人，就
是曹雪芹的祖父曹寅和叔祖曹宣。这从《楝亭诗别集》卷一《哭马伯和先生
二首》可以推知。诗云：

> 五十飘零霜鬓侵，旧时颜色杳难寻。魂归故国青山晚，梦绕枫林白
> 雪深。几见文章甘没齿，谁知蒙难苦伤心。而今更有遗诗在，读向天南
> 泪满襟。

> 忆昔提携童稚年，追欢多在小池边。义熙老尽江门柳，姑熟新添栝
> 陇烟。天地以私贫一老，烽烟何日返山川。忍闻风雨秦淮上，六尺孤儿
> 守旧毡。

从两诗首联可知，马銮为曹寅蒙师时年已五十岁左右，"小池"即江宁织
造府西花园的池塘，曹寅与曹宣兄弟读书之楝亭即在此池边。从"烽烟"句
可知马銮死于吴三桂叛乱期间，由《楝亭诗别集》卷一诗作顺序推算，其时应
为康熙十八年(1679)底、十九年(1680)初，曹寅正在京銮仪卫任职。《楝亭

诗别集》卷二又有《见雁怀马伯和》，约作于康熙十七年（1678）或十八年深秋（十七年春曹寅曾为次年的博学鸿词科考试南下）：

> 苦忆白眉叟，频来送我归。空江停去棹，老泪落吾衣。半醉怜携锸，长歌羡采薇。忍看霜后雁，日日向南飞。

从上引曹寅三诗可知：曹寅与马銮感情深厚，且藏有马銮之遗诗。故马銮虽未见有诗集传世，因曹家有其诗稿（按：《楝亭书目》未见著录。然《书目》所载不全，应以曹寅诗句为据），曹雪芹确有可能读过他的《咏美人三十六绝句》，则《五美吟》的构思曾受马銮此组诗影响也是有可能的。

已故的吴美渌先生有《曹寅塾师马伯和考》，载《贵州文史丛刊》1982 年第 1 辑，可以参看。

（四十五）司棋没有绣春囊

第七十四回绣春囊事件引起两次抄检大观园，以致司棋、入画被逐，芳官、藕官、蕊官"斩情归水月"，晴雯"抱屈夭风流"。因小小一物而推出轩然大波，牵动贾氏家族将因自杀自灭而导致抄家败落之线索，并在此情节波澜中进一步刻画各人物的典型性格，曹雪芹之艺术手法可谓高超。

然而，这绣春囊到底是何人之物，曹雪芹并未明写。一般读者均认为它是潘又安送给司棋的定情之物，他们在大观园内私会被鸳鸯撞见，慌忙之中将绣春囊失落于山石之上。其实这印象乃是程高本所引起，曹雪芹本人从来也没有过这种构思。

细读现存脂本中有第七十四回的庚辰、杨藏、列藏及蒙戚三本，可知绣春囊其实与潘又安和司棋毫无关系。在这六个脂本上，潘又安给司棋的信与程高本有所不同（引文据庚辰本）：

> 上月你来家后，父母已觉察你我之意，但姑娘未出阁，尚不能完你我之心愿。若园内可以相见，你可托张妈给一信息。若得在园内一见，倒比来家得说话，千万千万。再所赐香袋二个今已查收外，特寄香珠一串，略表我心，千万收好。表弟潘又安拜具。

此信证实：司棋与潘又安真心相爱，除了私赠表记而外，并无什么越轨行为。司棋赠潘又安亲自绣制的香袋一对,潘又安回赠香珠一串,乃圣人之诗所谓"投之以木瓜,报之以琼瑶",亦无可非议。香袋乃是装香饼的小荷包,古代少女以亲手精工刺绣制作的香袋赠送爱人随身佩带,以示相爱不离;时至今日,还有各种名为"绣荷包"的情歌流传。司棋赠给潘又安的香袋当然是她自己设计、绣花、缝制、打结的,所绣图案无非是花草虫鸟,断无绣上粗俗下流的春意之理。而且凤姐也说那个绣春囊"是外头雇工仿着内工绣的,带子穗子一概是市卖货",那当然不是司棋绣制而是唯利是图的小商贩出售之物了。司棋以一深宅大院内的未婚丫环,岂有去购买此种物品赠送情人的可能? 由此可见,在曹雪芹的构思中,绣春囊根本不是司棋的东西。

但是,在乾隆四十九年(1784)梦觉主人序本里,上引潘又安的书信作了改动,改动最大的是有关两人互赠信物的一段,成为:"再所赐香珠二串,今已查收外,特寄香袋一个,略表我心。"与其他六个脂本比较,两人的信物正相颠倒。程甲、乙本皆同梦觉本。杨藏本原抄同庚辰、列藏本及蒙戚三本,后被人用程乙本涂改,改文同梦觉本和程甲、乙本,其涂改的痕迹在影印本上仍宛然可见。

梦觉主人不知何许人,吴世昌先生《红楼梦探源》(英文版)认为系高鹗的化名,若然,则改动潘又安书信原文者为高鹗。这样改动,从表面看不过是把司棋和潘又安的爱情信物颠倒了一下,未为大事,但是它的实际影响却是相当坏的。香袋本是司棋送潘又安的,现在变成潘又安送司棋;男子有无送女子香袋的风俗姑且不论,潘又安不会刺绣做女红,则他送的香袋必然是从集市上购买的了,把绣春囊充作潘又安送司棋的礼物也就能蒙骗读者了。今日一般读者认为是司棋丢失绣春囊,其缘由固在于此。

有评论家说,潘又安和司棋都没有文化,只能以这种粗俗的方式表达爱情云。这并不符合小说的实际描写。潘又安和司棋都识字能写信;司棋且是贾府二小姐的贴身侍女,小姐入塾读书时她是伴读丫环;两人都有相当文化。且贾府的高等丫环在富贵风流的文化氛围中受到熏陶,"连平常寒薄人家的小姐也不能那么尊重呢"(第十九回袭人母兄之语),周瑞家的且称之为"副小姐",当亦不至粗俗到只会借春意传情的地步。梦觉主人的妄改实在没有道理。

因此,绣春囊系何人之物实系一谜。笔者以为曹雪芹在第七十四回留下这个悬念是有原因的:在其构思的后半部,作者很可能还将借这枚小小的绣春囊推出新的情节高潮。这也就是脂评所谓的"伏笔"。

顺便提一提,程甲、乙本后四十回写司棋和潘又安双双自杀殉情,写得虽不算坏,然其基本思想乃是宣扬义夫贞妇,且未必合于曹雪芹的原意。笔者作此推测的根据是第七十二回司棋对鸳鸯的一席话(引文据庚辰本):

> 我的姐姐,咱们从小儿耳鬓厮磨,你不曾拿我当外人待,我也不敢怠慢了你。如今我虽一着走错,你若果然不告诉一个人,你就是我的亲娘一样。从此后我活一日是你给我一日,我的病好之后,把你立个长生牌位,我天天焚香礼拜,保佑你一生福寿双全。我若死了时,变驴变狗报答你。再俗话说:"千里搭长棚,没有不散的筵席。"再过三二年,咱们都是要离这里的。俗话又说:"浮萍尚有相逢日,人岂全无见面时。"倘或日后咱们遇见了,那时我又怎么报你的德行!

曹雪芹在《红楼梦》中常以人物的诗词及言语预示其未来,故据司棋此言可推测:在贾府抄没以后,司棋和鸳鸯或者还有异地重逢的可能,她们的最终结局或许是彼此相关的。

(四十六)林四娘:"烈妇殉夫"与"武死战"的混合范型

林四娘在《红楼梦》之前很久就已进入文学作品,成为一个著名的文学人物则是在《红楼梦》流传以后。清代初年王士禛《池北偶谈》、蒲松龄《聊斋志异》、陈维崧《妇人集》等都写到过她,文中均记其为明代青州衡王府宫嫔,具体记述则各不相同。《红楼梦》第七十八回写到的姽婳将军林四娘,据贾政所言,乃"前朝"(即明朝)青州恒王之姬妾。恒、衡同音可以通假,故曹雪芹所写之林四娘形象与前人记载有一定渊源,应是曹雪芹根据以上各书记载重新构思创作的。而从文学角度看,前人笔记、小说中的林四娘与曹雪芹笔下的姽婳将军乃是完全不同的文学形象。据王士禛《池北偶谈》记:

> 闽陈宝钥,字绿崖,观察青州。一日燕坐斋中,忽有小鬟,年可十四五,姿首甚美,褰帘入曰:"林四娘见。"……逡巡间,四娘已至前万福。

蛮髻朱衣,绣半臂,凤嘴靴,腰佩双剑……四娘曰:"妾故衡王宫嫔也。生长金陵,衡王以千金聘妾入后宫,宠绝伦辈,不幸早死,殡于宫中。不数年,国破,遂北去,妾魂魄犹恋故墟。今宫殿荒芜,聊欲假君亭馆延客……愿无疑焉。"……自是日必一至。……久之,设具宴陈,……嘉肴旨酒,不异人世,然亦不知何从至也。酒酣,四娘叙述宫中旧事,悲不自胜,引节而歌,声甚哀怨,举坐沾衣罢酒。一日,黯然有离别之色,告陈曰:"妾尘缘已尽,当往终南……"自后遂绝。……有诗一卷,……其一云:

> 静锁深宫忆往年,楼台箫鼓遍烽烟。
>
> 红颜力弱难为厉,黑海心悲只学禅。
>
> 细读莲花千百偈,闲看贝叶两三篇。
>
> 梨园高唱兴亡事,君试听之亦惘然。

蒲松龄的《林四娘》乃承此文铺衍,但增加了林四娘与陈宝钥人鬼恋爱的内容。又林云铭《林四娘记》亦记其与晋江人陈宝钥在青州遇合事,唯林四娘非衡王宫嫔,而是一自尽的贞女。据其自述:"故明崇祯年间,父为江宁府库官,逋帑下狱,我与表兄某悉力营救,同卧起半载,实无私情,父出狱而疑不释,我因投缳以明无他,烈魂不散耳。"与《红楼梦》中的姽婳将军似无直接联系。据陈维崧记,林四娘"貌本上流,妆从吴俗,秀鬌鬟发,峨如远烟,覆以雾縠,缀以珠璧,身紫半臂,足蹑翠靴,锦绦双环,环悬利剑,冷然如聂隐娘、红线一流",竟是一名女侠。看来,曹雪芹的姽婳将军即可能从这位女侠客联想,结合孙武训练女兵的历史记载(见《史记·孙子吴起列传》)想象虚构的。

如果草草看去,似乎《红楼梦》中的林四娘是个为尽忠义而自愿牺牲的忠节之士,似乎曹雪芹是肯定并赞扬这个人物的。然而,作者的思想倾向往往从主要人物那里表现出来,我们应该注意贾宝玉素昔的言论以及他所作的长歌《姽婳词》。

贾宝玉并不赞成封建主义的"忠节",作为封建地主阶级的叛臣逆子,他最反对"文死谏,武死战""大丈夫死名死节",其言论见于第三十六回(引文据庚辰本):

人谁不死? 只要死的好。那些个须眉浊物,只知道"文死谏,武死战",这二死是大丈夫死名死节,竟何如不死的好!必定有昏君他方谏,他只顾邀名,猛拚一死,将来弃君于何地!必定有刀兵他方战,猛拚一死,将来弃国于何地!所以这皆非正死。

　　那武将不过仗血气之勇,疏谋少略,他自己无能送了性命,这难道也是不得已!那文官更不可比武官了,他念两句书横在心里,若朝廷少有疵瑕,他就胡谈乱劝,只顾他邀忠烈之名,浊气一涌,即时拚死,这难道也是不得已!还要知道,那朝廷是受命于天,他不圣不仁,那天地断不把这万几重任与他了。可知那些死的都是沽名,并不知大义。

将此言论与其《姽婳词》比较,可以见到:它们的实际思想是一脉相承且前后呼应的。《姽婳词》前半叙林四娘闺中习武及恒王战死,后半方是咏及林四娘"忠义""死节"并表示作者态度的全诗重心。作者贾宝玉对林四娘之"忠义"实颇有微词:

> 纷纷将士只保身,青州眼见皆灰尘。
> 不期忠义明闺阁,愤起恒王得意人。
> 恒王得意数谁行,姽婳将军林四娘。
> 号令秦姬驱赵女,艳李秾桃临战场。
> 绣鞍有泪春愁重,铁甲无声夜气凉。
> 胜负自然难预定,誓盟生死报前王。

　　林四娘明知"胜负自然难预定"而又必"誓盟生死报前王",其精神世界与那些"猛拚一死""仗血气之勇,疏谋少略,他自己无能送了性命"的武将何等相似!因为报答恒王而以死相殉,其精神世界的愚昧与烈妇的自杀殉夫实质并无二致。她本人自愿赴死以博"忠义"虚名已经愚昧可叹,而又"号令秦姬驱赵女,艳李秾桃临战场",带领一批青年女子自蹈死地,犹如绵羊之为一山羊带领自动走入屠肆任人宰割,这就更由愚昧而发展为残忍。联系上引第三十六回贾宝玉对"文死谏,武死战"的批评,可知在他眼中,林四娘等之死亦"皆非正死""竟何如不死的好"。林四娘实际上不过是贾政等正人君子所赞美的封建道德伦理的人格化身,烈妇殉夫与"武死战"的混合范型而已。

　　当然,林四娘是个美貌多才的女子,在尊重同情女性的贾宝玉心目中,她与那些标榜"文死谏,武死战"以沽名钓誉的须眉浊物还是有区别的。对那些自诩"大丈夫死名死节"的文武大员,他对之公开鄙视与抨击;而对为"忠义""死节"所愚的林四娘,他给予了由衷的同情:"我为四娘长太息,歌成余意尚彷徨。"这两句余音不尽的诗句,证明了作者对林四娘的真实态度乃是叹息、同情而决非赞美、颂扬。这正是贾宝玉与贾政之流的区别,也正是曹雪芹与其同时代文人的区别。

(四十七)香菱爱不爱薛蟠

诗的女儿香菱爱她那粗俗可笑的丈夫呆霸王薛蟠,这是可能的吗？是的,虽然《红楼梦》中正面写及此点的文字极少。有三处细节描写很能说明问题:

其一,第四十七回薛蟠因调情而被冷郎君柳湘莲痛打一顿,贾蓉将他送往家中,其时薛姨妈母女到赖大家去吃喜酒,家里只有香菱一人。书中有句为人忽视而实堪注意的描写:"贾母等回来各自归家时,薛姨妈与宝钗见香菱哭得眼睛肿了。"我们记得,曹雪芹也正是以同样的语言写林黛玉的,那是宝玉受笞之后,她去看他:

> (宝玉)忽又觉有人推他,恍恍忽忽听得有人悲戚之声。宝玉从梦中惊醒,睁眼一看,不是别人,却是林黛玉。宝玉犹恐是梦,忙又将身子欠起来,向脸上细细一认,只见两个眼睛肿的桃儿一般,满面泪光,不是黛玉,却是那个?(第三十四回)

宝玉受责,黛玉哭得眼睛肿如桃儿;薛蟠挨打,香菱哭得眼睛肿了:她们都是为了爱。只是爱的出发点不同:黛玉爱宝玉是基于共同的思想基础与自幼培养的亲切感情;而香菱之爱薛蟠乃是出于封建时代妻妾对其丈夫亦即其主人的义务与责任。因而香菱对薛蟠的爱不是近代意义上的爱情。

其二,第四十九回香菱所作第三首《咏月》诗,众姐妹评为"新巧有意趣",其中就有她怀念薛蟠的情感在:

> 精华欲掩料应难,影自娟娟魄自寒。
>
> 一片砧敲千里白,半轮鸡唱五更残。

> 绿蓑江上秋闻笛,红袖楼头夜倚栏。
>
> 博得嫦娥应借问:缘何不使永团圆?

古代妇女于秋夜敲砧捣衣以缝制绵衣寄与远人,久已成为诗词中表现思妇之情的熟典。"一片砧敲"四句正是从思妇与离人的彼此思念着笔:月下捣衣,红袖倚栏,均是出于对远方丈夫的怀念;江上闻笛,半轮鸡唱,虚写想象中终夜不寐思念故乡的离人。这就从侧面反映了她的痴心:她希望在南方的薛蟠也能像她思念他一般地想念她。"红袖楼头夜倚栏"可以看作香菱的自我写照,嫦娥"缘何不使永团圆"的疑问亦即是香菱本人的疑问。此诗透露出香菱对薛蟠的爱还相当深沉。

其三,第六十二回斗草,香菱以夫妻蕙压倒对手赢得胜利,引来了荳官的嘲笑:"你汉子去了大半年,你想夫妻了?便扯上蕙也有夫妻,好不害羞!"香菱一听就红了脸。这场十分轻俏的小喜剧反映出香菱思念薛蟠的潜意识。

这三处细节描写均刻画出香菱的性格:宝钗说她"呆头呆脑",黛玉称她"痴丫头",作者在回目中名之曰"呆香菱",呆、痴,其实乃是纯真和一往情深的代词。无论是对学诗、对薛蟠还是对他人,香菱都表现出这一性格特征。即使是对夏金桂,她也是那样的纯情而毫无戒备之心:她满心欢喜地盼望夏金桂早日过门,可以"又多一个作诗的人了"。及至金桂每每折挫她,她还"不知何意,百般竭力挽回不暇",以至中了金桂的圈套,撞破了薛蟠与宝蟾的幽会,得罪了贪夫薛蟠。香菱对薛蟠也是一片痴心,既然他成为她的丈夫,她就给予了她全部的爱。然而她的爱情从未得到过回报,薛蟠一旦将香菱要到手,"过了没半月,也看的马棚风一般了"。但香菱还是爱着薛蟠,不为别的理由,只因为他是她名分上的夫主。直至夏金桂和薛蟠联合起来对她摧残迫害之时,她方才清醒地认识到她的一片痴情已付诸流水,她的存在在薛蟠眼中已毫无价值,于是,她那骄傲而又纯洁的心灵受到不能愈合的创伤,促使她"对月伤悲,挑灯自叹","酿成干血之症",过早地走向了死亡。

这就是香菱的悲剧:一个社会的悲剧,也是一个性格悲剧。如果香菱并不对夏金桂抱有那么不切实际的美好想象,如果香菱并不爱薛蟠,或者虽爱而不爱到呆、痴的程度,或许香菱也未必会感到如此深切的苦痛,更未必会如此迅速地病入膏肓以至夭逝的吧?封建时代受正妻虐待的侍妾多得很,伤心而死如香菱者又有多少呢?

香菱原名甄英莲,曹雪芹以之象征他那时代"真应怜"的女性悲剧。"真应怜"的女性悲剧虽各有特征,香菱的悲剧却实际上代表了最大多数古代妇女的悲剧:她们以冰雪之清、金玉之贵、星月之慧而遭人生诱拐,终其一生,以其全部的爱奉献给在品格才华等各方面远远逊色于她们的夫主,而她们的爱却被忽视、浪费、蔑视乃至弃如敝屣。曹雪芹为"薄命司"题联"春恨秋悲皆自惹,花容月貌为谁妍":美和爱导致了痛苦和不幸,这是怎样的黑暗与荒诞啊!曹雪芹为她们敬献了最多的爱与同情,为她们不平,为她们呐喊,而绝非把悲剧的原因归之于她们自身。香菱的人生悲剧就是证明。

(四十八)"疗妒"解

第八十回,贾宝玉有感于香菱之受妒妇夏金桂凌逼致病,问王道士:"可有贴女人妒病方子没有?"王道士就胡诌了一个"疗妒汤"。这是一段极为风趣的小品,也是作者对一夫多妻制恶果的调侃。

在古代中国,"妒"的含义是特定的:妻子不满乃至反对丈夫纳妾,是名为"妒"。中国古代宗法社会确认:纳妾是男子的权利,是保证宗法家族繁衍扩大的手段;因而,妻子反对丈夫纳妾,乃是对丈夫权利的侵犯,对其夫家族的犯罪。《礼记》将妇人妒嫉列入"七出"之条,就是基于这条理由。

其实,这种特定意义的"妒"后面,隐藏着依附于男性的统治阶级妇女唯恐自己的权益和地位受到损害而对年轻貌美女奴所产生的戒惧心理。这心理本身有它产生的客观现实原因,也有合理的一面。但可悲亦复可恨的是:古代贵妇的这种心理及其宣泄不是针对远比自己强大高贵的男子,而是指向地位身份远比自己低贱且无援无告的女奴;在某些妇女那里,这种心理会发展到极为可怕可憎的程度,甚至不惜以残害女奴之生命为其最终目的。曹雪芹在《红楼梦》中塑造的王熙凤与夏金桂就是这类妇女的代表人物。王熙凤以极其毒辣阴柔的手段害死了尤二姐,因为尤二姐有可能生下为贾琏传宗接代的儿子以至威胁损害她在贾氏家族中的地位;夏金桂残害香菱,则仅仅由于香菱的才貌胜过她自己,有夺走丈夫宠爱的可能。为了她们自己的这一点"利益",尤二姐和香菱就得付出生命为代价。妒妇之可憎正在这里。

因为"妒"在客观上损害了男子的权利,所以统治者也在寻找解决方法。他们除了运用法律将"妒"列为"七出"以威吓妇女恪守本分自加检束而外,还以《女诫》《列女传》《贤媛集》等对女子进行道德伦理教育。然而这一套软硬兼施往往失灵,于是他们便产生了药物疗妒的奇想。如《淮南万毕术》记:"门冬、赤黍、薏苡为丸,令妇人不妒。"明末张岱《陶庵梦忆》写到过"化妒丹",吴炳作《疗妒羹》传奇,连曹雪芹的祖父曹寅也有诗咏及疗妒酒。曹寅此诗题为"雨中李使君饷浙东薏苡酒戏成二绝","李使君"即其妻李氏之从兄苏州织造李煦。诗见《楝亭诗钞》卷七:

> 一具春槽十斛珠,栗留枝上唤提壶。永嘉别调应谁赏?自笑高阳独鄙夫。

> 曲部诗张乱典型,拟教甘石换茶星。此行悉受神农法,细向中山注《酒经》。

诗末并有自注:"《本草》云:服薏苡三斗已妒。"身为三品贵官的曹寅尝到薏苡酒就立即联想起它的疗妒奇效,并发愿要为《酒经》作详细注释,以推广薏苡酒治疗天下之妒妇,真是可笑得很。但我们也因而得知:在曹氏及其戚友家中很可能有几个妒妇在。有关她们的"妒"必有一些经过修饰、夸张的故事在曹家流传,数十年后曹雪芹创作《红楼梦》,就将它们作为塑造王熙凤、夏金桂等形象的素材。

必须指出,虽然曹寅和曹雪芹都有"疗妒"之愿,但是其出发点截然不同。曹寅等欲疗之"妒"乃是不容丈夫纳妾,目的在于维护封建婚姻制度,申张男子的纳妾权利。而曹雪芹借贾宝玉之口提出"疗妒",乃是出于对身为下贱的婢妾之同情。实际上是要求妻对妾的人格尊重,呼唤人对人的善良与真诚,而绝不是借此规劝妻子对丈夫纳妾的支持,如同张岱、吴炳及其祖父曹寅等人那样。曹雪芹的这种态度,我们从《红楼梦》中有关鸳鸯、平儿、香菱等情节中都可以看出。

从"疗妒"思想内涵之不同,我们已可见到曹雪芹思想之为时人所不可及。然更加值得注意的是,在《红楼梦》的总体构思中,即使是王熙凤和夏金桂这种因妒杀人的妇女,也是"千红一窟(哭)""万艳同杯(悲)"的"薄命司"中一员,是可以寄予悲悯及同情的悲剧人物。这是因为,相对于丈夫来说,她们乃是弱者;纳妾是男子的权利,为法律及传统所保证;她们不敢公然向法律和传统挑战,反而不得不在表面上假装"贤良",作出积极为丈夫及家族利益考虑选取妾侍的姿态;在私下则发泄对多妻制的怨愤,挥舞利剑刺向比自己更弱的弱者。曹雪芹在《红楼梦》中对王熙凤和夏金桂的这种心理及表现作了入木三分的描写。这样,曹雪芹就显示了一个新的观点:这类因妒杀人的妇女之所以会变得如此愚昧凶残,乃是一夫多妻的封建婚姻制度所促成,因而她们的罪行应由这种制度及其制订者与执行者即男性统治者负最根本的责任。这正是曹雪芹思想的大胆与深刻之处。

当然,曹雪芹虽然看到了封建婚姻制度的弊病且有改进这种制度的要求,但并没有从根本上反对一夫多妻制;就是他为主角贾宝玉设想的以爱情和共同的思想为基础的婚姻,也还是以黛玉为妻,以晴雯为妾。毋庸讳言,这也正是曹雪芹思想的不足之处。

(四十九)"情不情"与"情情":宝黛《情榜》考语

曹雪芹已经完成的第四次增删稿即明义所见《红楼梦》,其末回以《情榜》结束,《情榜》上有贾宝玉与全部金陵十二钗的评语。这些评语实即作者对人物性格特征的概括,在一定程度上显示出作者构思这些人物的创作意图,乃是研究《红楼梦》创作思想的宝贵资料。可惜由于小说后半部旧稿的散失与第五次增删稿的未能最后完成,《情榜》人物考语已不可详知。

然大可欣幸的是,男女主角贾宝玉和林黛玉的《情榜》考语却由于脂评的转引而可以确知。这从下列脂评均可见及:

(1)余阅此书亦爱其文字耳,实亦不能评出二人终是何等人物。后观《情榜》评曰:"宝玉情不情,黛玉情情。"此二评自在评痴之上,亦属囫囵不解,妙甚。(己卯、庚辰本及蒙戚三本第十九回双批)

(2)按警幻《情讲〔榜〕》,宝玉系"情不情",凡世间之无知无识,彼俱有一痴情去体贴。(甲戌本第八回眉批)

(3)撕扇子是以不知情之物,供娇嗔不知情时之人一笑:所谓"情不情"。

金玉姻缘已定,又写一金麒麟,是间色法也。何颦儿为其所感?故

颦儿谓"情情"。(己卯、庚辰本及蒙戚三本第三十一回回前总评)

  (4)天生一段痴情,所谓"情不情"也。(蒙府本第十九回旁批)

  (5)情情。情情本来面目也。(甲戌本第二十八回旁批)

情情衷肠。(庚辰本第二十八回旁批)

  由以上所引五处共七条脂评,我们知道在作者所拟《情榜》中,贾宝玉的考语为"情不情",林黛玉的考语为"情情"。所谓"情不情",按脂评解释,"不情"指"不知情之物""不知情时之人",第一个"情"字则是意动词;以不情为情,向不情用情,这就是"情不情"。脂评解为"凡世间之无知无识,彼俱有一痴情去体贴",是很确切的。综观全书,贾宝玉的"情不情"时有表现。略举数例:

  (1)宝玉见一个人没有,因想:"这里素日有个小书房,内曾挂着一轴美人,极画的得神。今日这般热闹,想那里自然无人,那美人也自然是寂寞的,须得我去望慰他一回。"(第十九回)

  (2)宝玉……从沁芳桥一带堤上走来,只见柳垂金线,桃吐丹霞,山石之后一株大杏树,花已全落,叶稠阴翠,上面已结了豆子大小的许多小杏。宝玉因想道:"能病了几天,竟把杏花辜负了! 不觉倒'绿叶成荫子满枝'了!"因此仰望杏子不舍。又想起邢岫烟已择了夫婿一事,虽说是男女大事不可不行,但未免又少了一个好女儿。不过两年,便也要"绿叶成荫子满枝"了。再过几日,这杏树子落枝空;再几年,岫烟未免乌发如银、红颜似槁了。因此不免伤心,只管对杏流泪叹息。正悲叹时,忽有一个雀儿飞来,落于枝上乱啼。宝玉又发了呆性,心下想道:"这雀儿必定是杏花正开时他曾来过,今见无花空有子叶,故也乱啼。这声韵必是啼哭之声,可恨公冶长不在眼前,不能问他。但不知明年再发时,这个雀儿可还记得飞到这里来与杏花一会了。"(第五十八回)

  (3)……宝玉蹲在地下,将方才的夫妻蕙与并蒂菱用树枝儿抠了一个坑,先抓些落花来铺垫了,将这菱蕙安放好,又将些落花来掩了,方撮土掩埋平伏。(第六十二回)

  以上三例都是很典型的"情不情":画中美人、杏树和雀儿、并蒂菱蕙等"无情之物"都成了贾宝玉用情的对象。其他诸如晴雯撕扇、玉钏送羹、龄官画蔷、情悟梨香院等回,亦是很精彩的对贾宝玉"情不情"性格的展示。

准此,林黛玉的考语"情情"意即对有情者用情。黛玉"孤高自许,目无下尘",唯一片至情对待深爱她的宝玉,甚至甘愿为之泪尽;薛宝钗"兰言解疑癖",薛姨妈"爱语慰痴颦",她毫不怀疑在她们母女表面的关切之下还隐藏着什么,立即赤诚地报之以"情"。这就是"情情"。《红楼梦》所写黛玉之爱,都是掌握在这一尺度的,如第二十回宝黛吵架,黛玉气哭了,然而当宝玉剖白"亲不间疏,先不僭后",表示不会为了宝钗而疏远她,她就"低头一语不发",并责备宝玉不穿青肷披风,显示了她深情的关心。再如第四十五回"风雨夕闷制风雨词",她怕宝玉滑倒,给他点了玻璃绣球灯,并以"跌了灯值钱,跌了人值钱"的反诘和"剖腹藏珠"的责备流露出她无微不至的关怀。正因为黛玉的性格特征为"情情",所以"绛珠之泪至死不干,万苦不怨",她对宝玉之爱亦即绛珠对神瑛之爱,无论在人间还是在天国终将长存不灭。程本后四十回写黛玉之死亦颇有精彩动人之处,但写她临死怨恨宝玉却未免背离了作者的构思,与曹雪芹的创作思想距离太远了。

当然,曹雪芹所谓的"情"内涵丰富,对此尚需作专门讨论。周汝昌先生写过《曹雪芹所谓的"空"与"情"》(《献芹集》),李希凡先生有《说"情"》(《文史哲》1986 年第 5 期),均可参看。

(五十)"无情":宝钗《情榜》考语

宝黛在《情榜》上的评语有脂批为证,可以肯定为"情不情"和"情情"。另一女主角薛宝钗的《情榜》考语也可以基本确定为"无情",这有多处正文和脂评为推理根据。

首先,第六十三回怡红夜宴,作者以花名签预示群芳命运,薛宝钗抽得牡丹花,其上镌有"艳冠群芳"及"任是无情也动人"。小说正文描写贾宝玉对这句诗表现出异乎寻常的兴趣,在席上颠来倒去地念诵"任是无情也动人"。按此句出自晚唐诗人罗隐的七律《牡丹花》:

似共东风别有因,绛罗高卷不胜春。

若教解语应倾国,任是无情亦动人。

芍药与君为近侍,芙蓉何处避芳尘?

可怜韩令功成后,辜负秾华过此身。

此诗咏牡丹之美解语倾国,远胜芍药芙蓉,而又责其"无情"且气势凌人,以至不得韩弘赞赏,命人斫去牡丹(见《唐国史补》)。牡丹为中书令韩弘斫去,象征宝钗终将为宝玉所弃;"辜负秾华过此身"的牡丹,亦正象征着"终身误"之宝钗。而首句"似共东风别有因"与宝钗《柳絮词》中"白玉堂前春解舞,东风卷得均匀""好风频借力,送我上青云"亦有联系,似可能影射她后来与贾雨村的一段因缘。因此,作为点睛之句的"任是无情也动人"实际上是薛宝钗性格的判词,则作为其性格本质特征概括的《情榜》考语,应即此句中的"无情"二字。

其次,从第十八回元春省亲宝钗为宝玉改诗一段的正文及脂评,也可以推知宝钗的考语实为"无情"。宝玉咏芭蕉句原为"绿玉春犹卷",宝钗因元春不喜"红香绿玉",就敦促他将"绿玉"改成"绿腊",且嘲笑宝玉因紧张而遗忘出典。此下己卯、庚辰本及蒙戚三本均有双批:

> 有得宝卿奚落,但就谓宝卿无情,只是较阿颦施之特正耳。

可见脂砚认为:宝钗虽代宝玉改诗,然其目的是奉承元春而非为宝玉考虑,故她奚落宝玉显示了她的"无情"。下文又写黛玉为宝玉代作《杏帘在望》诗,为的是"省他些精神不到之处",其出发点就与宝钗不同,乃是向有情者用情即"情情"了。己卯、庚辰本和蒙戚三本亦有双批:

> 写黛卿之情思,待宝玉却又如此,是与前文特犯不犯之处。

所谓"特犯不犯",乃是脂砚所总结的曹雪芹刻画人物的艺术手法之一:将两个或两个以上人物在同一情境下的不同思想行动作映衬或对比,以显示人物的个性特征。此处"特犯不犯"很明显是以黛玉的"情情"与宝钗的"无情"作对比。据考,钗黛的生活原型本系一人,作者乃以一分为二的方法创造出这两个人物形象(参见拙著《红楼梦论源》),她们一则泪尽夭亡一则改嫁他人的结局设计也显示出"情情"和"无情"的对比,因而作者以"无情"和"情情"为其性格本质特征构思钗黛形象是极可能的。

再从薛宝钗素昔为人处世之道观察,她的许多言语行动确表现出"无情"的特征。如第三十回宝玉比她为杨妃,她即刻勃然大怒,借扇双敲讥嘲宝黛,毫不留情。金钏为维护自己的人格尊严投井自尽,她冷酷地说"纵然有这样大气,也不过是个糊涂人,也不为可惜"。尤三姐自刎,柳湘莲出家,众人无不叹息,连呆霸王薛蟠还大哭一场,她却"并不在意"。史湘云视她如亲姐姐,特意搬去蘅芜院与她同住,她却不即不离与湘云保持适当间距;甚至决定搬出大观园也不事先告知湘云,反而当着李纨、探春等人公开宣布搬走,并让李纨出面邀湘云同住,一副公事公办的模样;以至连素昔"英豪阔大量"的湘云也觉察了她的"无情",不再依依惜别,而是默默地"回房打点衣衫",就此与宝姐姐分手。正如脂评所言,"宝钗之行止端肃恭严不可轻犯","宝卿待人接物不疏不亲,不远不近,可厌之人亦未见冷淡之态形诸声色,可喜之人亦未见醴蜜之情形诸声色"(庚辰本、蒙戚三本第二十一回)。可见宝钗绝不会让自己做感情的奴隶,更不会为感情而牺牲自己,一切均有明白恰当的计算,一切均以自己的利益为依归。这种现实而理智的性格,即是曹雪芹所谓的"无情"。

《红楼梦》的读者均认为袭人是宝钗的影子,也就是说,她们的性格本质相类似。袭人那种"伏侍贾母时,心中眼中只有一个贾母;如今服侍宝玉,心中眼中又只有一个宝玉"的性格特征,可以归结为"得新忘旧"四字,这正是"无情"的表现之一,且贾宝玉也曾批评过袭人"无情无义"(第十九回)。又第一回中的贾娇杏是宝钗的象征(参见本篇第十一则),甲戌本有脂评谓:"是无儿女之情,故有夫人之分。"袭人和娇杏的性格都以"无情"为特征,亦可为曹雪芹构思中薛宝钗《情榜》考语为"无情"的佐证。

附注:钗黛的生活原型实系一人,有庚辰本第四十二回回首总评为证:"钗玉名虽二个,人却一身,此幻笔也。今书至三十八回时已过三分之一有余,故写是回,使二人合而为一。请看黛玉逝后宝钗之文字,便知余言不谬矣。"脂砚了解曹雪芹构思创作过程,此批应有根据。且畸笏叟也有类似的批语,见庚辰本第二十二回眉批:"将薛林作甄玉、贾玉看书,则不失执笔人本旨矣。丁亥夏,畸笏叟。"甄贾宝玉实乃一人两面,故知畸笏叟也认为钗黛的原型系同一人。戴不凡先生有类似意见,参见伏琛《戴不凡论红函札辑录》(《北方论丛》1981年第1期)。

(刊载拙著《红楼梦研究》,台北贯雅文化事业公司1991年出版社)